中国,
是我心中的世界开始的地方

      杨福家

作者简介

霍四通，1973年7月生，1997年3月起在复旦大学中文系任教，2001—2003年在复旦大学计算机系做博士后研究。现为复旦大学中文系副教授。主持并完成上海社科项目"积极修辞话语的生成机制研究"（2007）、国家社科基金项目"陈望道《修辞学发凡》考释"（2009），现主持教育部人文社科基金项目"修辞学视角的汉语违实表达研究"（2016）、上海社科基金"改革开放40周年、建国70周年、建党100周年"系列研究项目"陈望道翻译《共产党宣言》及参与建党活动研究"（2017）。发表论著90余种，主要著作有《中国现代修辞学的建立——以陈望道〈修辞学发凡〉考释为中心》（上海人民出版社，2012年）、《汉语积极修辞的认知研究》（复旦大学出版社，2018年）、《中国近现代修辞学要籍选编》（上海教育出版社，2019年）等。

前　言

杨福家先生是中国当代核物理学家、教育家。他出生于1936年7月，1958年复旦大学物理系毕业后即留校任教。2018年是杨福家先生从复旦大学物理系毕业、留校任教60周年。时光荏苒，当年的小伙儿已经变成两鬓斑白的老人。他把这60年献给了我们祖国的科技事业和教育事业。他的学生遍布天下，他的博雅教育思想传遍神州大地。

1963年10月，杨福家作为新中国派往西方国家的第一批学者，到丹麦哥本哈根的玻尔研究所进修。多年以来，他在核物理研究领域取得了一系列开创性成就。例如，他给出复杂能级的衰变公式，概括了国内外已知的各种公式，用于放射性厂矿企业，推广至核能级寿命测量，给出图心法测量核寿命的普适公式；领导实验组用γ共振吸收法发现了国际上用此法找到的最窄的双重态，在国内开创了离子束分析研究领域，在他主持下的实验组以质子X荧光分析技术对千年古剑——勾践剑进行了无损分析；首次采用双箔研究斜箔引起的极化转移，提出了用单晶金箔研究沟道效应对极化的影响，确认极化机制等。1991年，杨福家几乎同时当选中科院学部委员和第三世界科学院院士。他领导建成了"基于加速器的原子、原子核物理实验室"，在1987年至2001年兼任中科院原子核研究所（现为中科院上海应用物理研究所）所长期间，为促成"上海光源"（上海同步辐射光源）的立项做了很多工作，得到了时任中国科学院院长路甬祥、上海市市长徐匡迪的大力支持。

杨福家先生是一位卓有建树的教育家。他钟情于人民教育事业，授业解惑，诲人不倦；辛勤耕耘，桃李满园，为祖国发展建设培养了众多优秀英才。1987年，他的著作《原子物理学》获得国家级优秀教材奖，同年被评为国家教委优秀科研奖、科技进步奖。他与美国名校范德比尔特大学杰出教授哈密尔顿（J. H. Hamilton）合写的英文专著《现代原子和核物理》（Fujia Yang & J. H. Hamilton, *Modern Atomic and Nuclear Physics*），经过7年打磨后于1996年在著名的美国麦克劳-希尔（McGraw-Hill）公司出版。在这一出版社出版专著被认为是一位科学家在事业上达到一个高度的标志。1997年，他的著作《原子核物理》（第二版）获得国家教委颁发的国家级教学成果二等奖。《原子物理学》（第三版）于2002年获教育部优秀教材二等奖，《原子物理学》（第四版）于2009年度入选教育部普通高等教育精品教材。

杨福家先生从24岁（1960年）起担任复旦大学原子能系副系主任后，先后担任复旦大学原子核科学系主任、复旦大学现代物理研究所所长、复旦大学研究生院院长、复旦大学副校长等职务，并在1993年到1999年间，担任了6年复旦大学校长职务。任校长期间，他高瞻远瞩、总揽全局、运筹帷幄、开拓创新，领导学校取得了各项事业的大发展、大跨越，为将复旦大学建设成为中国特色、世界一流、国际知名的高水平、综合性、研究型、国际化大学做出了杰出贡献。从复旦校长职位退下来不到两年，杨福家先生又接受了英国方面的正式邀请，担任英国诺丁汉大学校长一职，成为出任英国诺丁汉大学最高职位的第一位外国人。他在英国诺丁汉大学做了12年校长。这不仅在中国教育史上是绝无仅有的，也在西方教育史上书写了浓墨重彩的一笔。

长期担任国内、国外知名大学校长的经历，使杨福家对中国高等教育和人才培养问题有了更多、更深入的思考和积累。他推动创办了宁波诺丁汉大学，成功开启了中外合作办学的新模式。多年来，他积极提倡博雅教育，并围绕道德学风建设、青年人才成长等方面著书立说，出版了多本关于中外高等教育的专著，包括《追求卓越》《博学笃志》《中国当代教育家文存——杨福家卷》和《走近一流学府》等。他在世界各地演讲、座谈，为推动中国高等教育的国际化、推进中国的教育改革做出了卓越的贡献。

2017年12月,他被推选为"当代教育名家"。①

自1995年起,杨福家先生先后被日本创价大学、美国纽约州立大学、香港大学、英国诺丁汉大学、美国康涅狄克大学、澳门科技大学、香港中文大学及香港岭南大学授予名誉博士。他曾担任香港大学校长特别顾问、马来西亚第一所由华人创办的大学——拉曼大学的国际顾问、美国德州(达拉斯)大学国际顾问委员以及美国防核威胁倡议(NTI)董事会成员。他还曾担任上海市科协主席、中国科学技术协会副主席等职。杨福家先生于2010年起担任国家教育咨询委员会委员,当年还获聘国务院参事室特约研究员。2012年1月他被聘为中央文史研究馆馆员(终身),并受聘国家教育考试指导委员会委员。

杨福家院士是科学家,也是教育家,更是一位与时俱进的深沉的思想者。他的科研和教育生涯,集中体现了习近平总书记在2014年两院院士大会上所倡导的"胸怀报国为民的理想追求,发扬不懈创新的科学精神,秉持淡泊名利的品德风范,聚焦国家战略需求,勇攀科学技术高峰"等精神。"既赢得崇高学术声望,又展示高尚人格风范"。杨福家曾在多次讲演中提到罗丹的雕塑作品"思想者",以鼓励有更多的人,特别是年轻人一起来思考和探求,如何在全球化时代把我们中国的事情做好。事实上,杨福家本人首先

◆ 2006年8月2日杨福家在罗丹雕塑作品《思想者》旁留影

---

① 《关于当代教育名家推选结果的公告》,《中国教育报》2017年11月29日。

就是一个不倦的思想者,一个挚爱自己的国家、充满使命感且清醒的思想者,同时也是一位勇于和善于表达自己思想的建言者。中央政治局常委、曾经是复旦大学最年轻教授的王沪宁,曾经这样评价他的复旦大学校长:杨福家是"一位理想主义者",在他的身上"有一种吸引人的特质,这就是毫无迟疑的信念和绝无虚妄的豪情"。①

杨福家是爱国科学家、爱国教育家。他说:"中国是我心中的世界开始的地方。"爱国不是空喊口号,而是需要扎扎实实的奋斗和拼搏。杨福家曾从博雅教育的角度诠释"中国"的英文内涵,他说:"我希望大家记住一个词:'China',不要忘记我们有这么一个古老的祖国,要多考虑怎么为我们的国家做贡献。我把这个词的每个字母拆开:'C'就是'Citizen',一个大学是要培养优秀公民的;'H'是'Honesty',如何重树诚信,是当前非常关键的;'I'就是'我'的意思,要善于发现自我。温家宝总理就曾讲,要知道自己的火种在哪里,点燃自己的火种你就会有所成就;'N'是'Never

◆ 中国是我心中的世界开始的地方

---

① 王沪宁《敢于做理想主义者》,载杨福家等《从复旦到诺丁汉》,上海交通大学出版社2013年版,第267页。该书随文刊出杨福家于1989年3月首次访问香港时与同行的王沪宁的合影。

give up',面对困难,永不放弃,要坚持下去;最后一个'A'是'Ability',人不仅要有学习的能力、思考的能力,更重要的是还要有与人相处的能力。"[1]他的话指引着年轻人健康成长、知行合一。

最后说明一下本书的章节安排。全书按照杨福家先生学习和工作主要阶段的自然转换并参照中国当代历史分期的时间点,分为10章。第一章写他的童年和中学时代。第二章写他在复旦大学读书的4年和刚留校工作的4年。第三章主要写他丹麦留学的两年。第四章是写"文革"10年。第五章主要写20世纪80年代,因为杨福家先生自己说,"从1980到1990年是我教学、科研双丰收的10年"[2],所以这一章的标题为"迎来双丰收的10年"。但这只是为了分期的方便,实际上这一章我们以"文革"结束为起点,一直写到他担任复旦大学校长为止。第六章写他担任上海核物理所所长的14年,我们按照杨先生的"最有成就感的14年"的发言[3],采用了相应的标题。第七章写他从1993年到1999年担任复旦大学校长的6年。第八章写他担任英国诺丁汉大学校长的12年。第九章写他创办宁波诺丁汉大学的经历。最后一章综述杨福家先生在教育方面的成就和主要思想。全书10章共81小节。

---

[1] 杨福家《年轻人怎样成长——杨福家院士在上海青年干部管理学院的演讲》,《解放日报》2012年9月22日。
[2] 方鸿辉、陈建新编《博学笃志 切问近思——杨福家院士的科学与人文思考》一书的第一篇文章,上海教育出版社2016年版。
[3] 杨福家《我最有成就感的14年:中科院给我的机会——2006年11月15日在上海院士圆桌会议上的发言》,《文汇报》2006年11月19日。

目 录

序言 ·· 白春礼　1
前言 ··· 1

| 第一章 | 童年和中学时代 ································ 1
　　一、上海宁波人 ································ 1
　　二、一门两院士 ································ 4
　　三、永葆好奇心 ································ 7
　　四、格致燃火种 ································ 8
　　五、终成栋梁材 ······························· 12
　　六、感念母校情 ······························· 16

| 第二章 | 复旦校园　书写青春 ························ 20
　　一、报考复旦物理系 ··························· 20
　　二、复旦大学初入学 ··························· 26
　　三、大师云集小校园 ··························· 29
　　四、一级教授卢鹤绂 ··························· 33
　　五、"三好"青年树楷模 ························ 38
　　六、同窗好友多奇才 ··························· 41
　　七、留校工作建新系 ··························· 44

1

八、"五八中队"带队人 ………………………………… 47
九、毛头小伙挑大梁 …………………………………… 49
十、成立家庭携手行 …………………………………… 53

第三章 负笈丹麦　第二故乡 …………………………… 59

一、新辟交流通道 ……………………………………… 59
二、刻苦练习英语 ……………………………………… 62
三、来到哥本哈根 ……………………………………… 65
四、珍惜宝贵机会 ……………………………………… 69
五、通宵忘我工作 ……………………………………… 71
六、广交四方朋友 ……………………………………… 73
七、祖国利益至上 ……………………………………… 75

第四章 动荡岁月　不忘初心 …………………………… 80

一、无辜被关黑房间 …………………………………… 80
二、同步翻译外文书 …………………………………… 82
三、闭塞年代交流频 …………………………………… 86
四、跨国合作搞研究 …………………………………… 91
五、勤思精研出成果 …………………………………… 94

第五章 迎来双丰收的 10 年 …………………………… 97

一、重视交流与合作 …………………………………… 97
二、甘心砌"炉"搭平台 ……………………………… 103
三、无损鉴定越王剑 …………………………………… 109
四、引领学术最前沿 …………………………………… 111
五、教学名师美誉传 …………………………………… 115
六、桃李芬芳遍天下 …………………………………… 120
七、高等教育思变革 …………………………………… 124
八、院士大会展风采 …………………………………… 128

九、三代校长共提携 ………………………………… 131
　十、担任复旦副校长 ………………………………… 133

| 第六章 | **最有成就感的14年** …………………………… **137**

　一、一波三折任所长 ………………………………… 137
　二、"一所两制"树目标 ……………………………… 141
　三、"四菜一汤"拿金牌 ……………………………… 143
　四、一掷家产办公司 ………………………………… 146
　五、"上海光源"第一功 ……………………………… 148
　六、"核所精神"聚一体 ……………………………… 155
　七、党委、行政一条心 ……………………………… 159

| 第七章 | **主政复旦　6年辉煌** …………………………… **163**

　一、追求卓越，首"创一流" ………………………… 163
　二、谁敢作弊，立马退学 …………………………… 166
　三、大牌教授，回归讲台 …………………………… 170
　四、先教做人，后学思考 …………………………… 173
　五、通才教育，重在素质 …………………………… 176
　六、文理并重，齐头共进 …………………………… 180
　七、关心青年，创造机会 …………………………… 185
　八、狮城舌战，名噪一时 …………………………… 188
　九、复旦智库，英才辈出 …………………………… 191
　十、服务上海，发展复旦 …………………………… 195
　十一、"知识经济"，时代旋律 ……………………… 197
　十二、既请进来，又走出去 ………………………… 202
　十三、把握机遇，再次腾飞 ………………………… 213
　十四、深情告别，圆满交棒 ………………………… 217

| 第八章 | 英国校长 12 年 ·················· **220** |

　　一、英国名校诺丁汉 ················ 221
　　二、杨院士当洋校长 ················ 224
　　三、大学章程明职责 ················ 227
　　四、为何选中杨福家 ················ 230
　　五、再创辉煌 12 年 ················· 235
　　六、慨叹曾经"不称职" ·············· 243

| 第九章 | 第一所中外合作大学的创办与发展 ····· **245** |

　　一、梦想·行动·诞生 ················ 245
　　二、开工·开学·成立 ················ 249
　　三、关怀·落成·足迹 ················ 253
　　四、追求·选择·担当 ················ 262
　　五、碰撞·坚守·理解 ················ 265
　　六、危机·改变·挑战 ················ 267
　　七、导师·火把·火种 ················ 272
　　八、党委·服务·文化 ················ 276
　　九、焦点·样板·征途 ················ 280

| 第十章 | 为推动中国的教育进步而不懈奋斗 ····· **285** |

　　一、比较高等教育中外差异 ············ 285
　　二、针砭中国高教发展乱象 ············ 297
　　三、总理写信面谈问计教育 ············ 304
　　四、基础教育点燃心智火焰 ············ 314
　　五、民办大学育人放在首位 ············ 320
　　六、职业教育倡导均衡发展 ············ 327
　　七、网络教育发展重在质量 ············ 334
　　八、积极宣传推广博雅教育 ············ 340

| 附录 | ·· **350**

　　附录一　杨福家大事年表 ·························· 350
　　附录二　杨福家著作目录 ·························· 353
　　附录三　杨福家任复旦大学校长公开活动纪事 ········ 356

| 后记 | ·· **386**

| 第一章 |

童年和中学时代

杨福家出生在上海的宁波人家庭。他自幼聪明伶俐,活泼好动,在父母和哥哥姐姐的呵护下健康成长。自从进入格致中学,他开始用功读书,一跃成为学习尖子。

一、上海宁波人

杨福家 1936 年出生于上海的一个宁波人家庭。祖籍是宁波镇海。镇海今为宁波市五区之一,地处东海之滨、甬江入海口,面积仅 218 平方公里,人口约 27 万。镇海自古以来人杰地灵,历史文化名人层出不穷。在近代,镇海籍商人更是"宁波帮"中的中坚,"东方船王"包玉刚、"影业之王"邵逸夫都是从这片土地出发,建立了遍布世界的庞大商业王国。镇海人更为骄傲的还数他们是著名的"名人故里""院士之乡",这里人才辈出,作为中国科技界最高学术称号的两院院士,镇海就有 30 位。[①]

杨家故居在团桥,就在今天的镇海区骆驼镇上。这里水网交织、物产富饶,是典型的江南水乡。相传,骆驼街沿河有大桥 6 座,"骆驼"即宁波话"六大"的谐音。杨家故居是团桥村一幢很不起眼的农家宅屋。杨姓先世系从三北、范市镇杨范村(今慈溪市龙山镇)迁于此处,至今已有 200 余

---

① 镇海基础教育地方课程编委会编《镇海院士》,宁波出版社 2012 年版;宁波市镇海区科学技术协会编《镇海院士》,光明日报出版社 2017 年版。

◆ 位于宁波市高教园区的"宁波院士林"院士群塑,左二为杨福家的雕塑

年。①

  上海开埠以后,舟楫云集,商贾辐辏,在短短几十年间,已经成为远东著名的大都会,经济繁荣,文化发达。而宁波地少人稠,隔杭州湾相望的上海滩成了宁波人外出谋生的首选地。宁波人无论是经商还是治学,都有一个肯吃苦、勇开拓的传统,很快就成为上海这座移民城市中最大的一个移民群体。杨家在祖父杨志甫一辈就辞别明山甬水来到上海经商,祖父从学徒做到上海著名的方萃和糖行②经理,挣下了一份可观的家业,在上海站稳了脚跟。祖父于1932年12月去世。父亲杨善卿继承父业,也通过自己的努力从学徒做到糖行经理,收入丰厚,还持有同在咸瓜街上的寿和糖行的股份③,家中的光景较好。祖父和父亲都热心公益慈善事业,乐善好施。杨福家出生时,杨家住在上海新落成的巴黎新村的洋房里,装

---

① 宁波市镇海地区地名志编纂委员会《宁波市镇海区地名志》,西安地图出版社2010版,第103页。
② 方萃和糖行由宁波镇海著名的方氏家族经营(由方黼臣创办),在同业中居翘楚地位。方黼臣(1842—1898)另外还经营宁波紫金银楼、杭州方裕和南货店等,事业执上海商界牛耳。曾参与领导两次四明公所事件,是19世纪末宁波帮的领袖人物。(黄文杰《文·化宁波——宁波文化的空间变迁与历史表征》,浙江大学出版社2015年版,第324页)
③ "福建路、南市内外咸瓜街多甬人甬号。"(《上海小志》"杂记",传经堂书店1930年版)

有一部电话,号码是"85122";家中有两辆黄包车,专门雇黄包车夫拉车。

巴黎新村(现重庆南路 169 弄)在法国租界,是上海一流的新式花园里弄的典型,1912—1936 年竣工。沿街而建的是巴黎公寓(现重庆南路 165 号),1923 年建,是一幢坐东朝西的 4 层钢筋混凝土大楼(20 世纪六七十年代间又加盖 1 层)。巴黎公寓似拱卫巴黎新村的西城墙。公寓的底层建有 3 个弄口,通往巴黎新村。进出的大门有 3 扇,其中一扇是进出汽车的,新村不少人家都有自备车。车库就设在大门旁。进了大门有并列的 3 条大弄堂。有混合结构 3 层楼房 31 幢,建筑面积为 5 624 平方米。每个门户都是 3 层楼,格局相同,二楼有个大阳台,底楼前门有个小花园。住宅很雅致,有露台和小庭院,所在的街区路边种满法国梧桐。

杨福家就在巴黎新村长大,杨家是 3 号。著名的翻译家傅雷家住 4 号,是杨家多年的老邻居。① 在杨福家印象中,傅雷脾气很暴躁,经常把小孩赶出家门作为惩罚。但其大儿子成了有名的音乐家。② 这里住了不少做生意的,如住 1 号的陈清净家,很有钱,家里有汽车。5 号的住客是个国会议员,据说邹韬奋 1937 年也在 5 号短住过。③ 后来他们的邻居还包括蒋介石的第二任妻子陈洁如(住 8 号),著名的音乐家马思聪(马育航之子,和长兄马思

◆ 巴黎新村今貌,过去一家独用的楼房今天一般都有几户人家居住

---

① 傅雷家自 1949 年搬至江苏路 284 号安定坊,直至 1966 年去世。
② 参看傅雷 1956 年所写:"我的教育不是没有缺点的,尤其所用的方式过于严厉、过于偏急;因为我强调工作纪律与生活纪律,傅聪的童年时代与少年时代,远不如一般青少年的轻松快乐、无忧无虑。"(《傅聪的成长》,《傅雷文集》文艺卷,当代世界出版社 2006 年版,第 676 页)
③ 邹嘉骊编著《邹韬奋年谱长编》下卷,上海交通大学出版社 2015 年版,第 761 页。

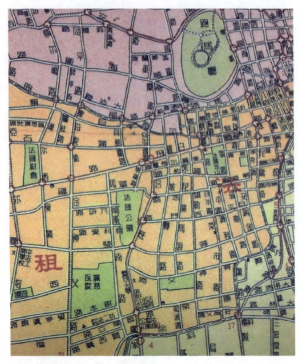

◆ 巴黎新村附近区域地图(《新上海全图》局部,新申制图社,1937 年)

齐等同住)家住 18 号。① 马思聪经常在报纸上做音乐家教的广告,授课地点就在巴黎新村的家里。还有不少邻居是外国人。

对面是法国公园(现在的复兴公园),居民可以享受开阔的草地和一座典型的法式花园。门口就是通往号称"东方巴黎"霞飞路(今淮海路)的吕班路(今重庆南路)。有一个电影院叫"巴黎电影院",咖啡馆和酒吧随处可见。南边是震旦大学校址。震旦大学原称震旦学院,旧址在徐家汇土山湾北面,1908 年迁至吕班路,辟建新校园。

二、一门两院士

杨家有 4 男 4 女共 8 个孩子,杨福家最小,他上面有 4 个姐姐和 3 个

---

① 黄炎培著、中国社会科学院近代史研究所整理《黄炎培日记》第五卷(1934.12—1938.7),华文出版社 2008 年版,第 96 页。

哥哥。不过大哥过早夭折,家里人都不愿提起,所以他的名字杨福家也不清楚。其他哥哥姐姐分别是:

大姐杨佩芬,1919年生,解放初参加里弄工作。

二姐杨佩芳,1923年生,解放初在丈夫的店中从事会计工作,兼做英语翻译。

二哥杨福耀,1925年生。

三哥杨福愉,1927年生。

三姐杨培澜,1931年生,解放初担任新知小学校长。

四姐杨佩菲,1933年生,解放初为浙江医学院学生,现为福建省立医院眼科主任医师。

和小弟弟杨福家一样,他们也都兼具宁波人吃苦耐劳和上海人聪颖高雅的气质。

杨福家出生不久,抗日战争爆发,上海一度成为中日双方交锋的主战场。杨福家随父母滞留于战火纷飞的上海而没有逃难外地。杨福家的童年在日军的铁蹄下度过,亲眼目睹了日本人在中国土地上横行霸道的一幕幕,在心中埋下了盼望祖国强大的爱国种子。

父亲杨善卿虽是生意人,但他尊重读书人,自己也爱好学问,因此十分重视教育,很希望他的下一辈都能得到很好的教育,能够上中学、大学甚至到国外去留学。他把子女送到上海最好的学校接受教育。三哥杨福愉小学读的是育才小学,高中就转到南洋模范中学,应该说是上海最拔尖的中学之一。

抗战以后,父亲的生意就差了。由于长期辛苦谋生,工作紧张,父亲的身体一直很不好。他患有很严重的胃病,虽然饮食数量正常,但精神委顿,进餐后往往全数呕尽,如此七八年,到处寻医问诊,方得痊愈,但体质已羸弱不堪。1945年杨福家9岁那年,父亲不幸患肺病去世。由于父亲病逝,家庭经济就更加捉襟见肘。二哥杨福耀当时正读高中,他其实很喜欢读书,成绩也很好,但是为了家庭不得不中止学习,子承父业,学做生意来养活全家。二哥很聪明,很快就做到糖行经理的职位,成了家里的"顶梁柱"。哥哥为了弟妹的前途而早早挑起了生活的重担,这对弟弟妹妹触动很大,成为他们用功学习的动力。在这种情况下,如不好好学习就对不

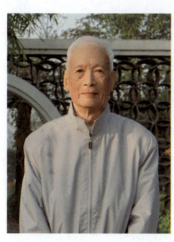

▲ 杨福家的二哥杨福耀先生

起这个友爱的家庭,对不起操劳的二哥。弟弟妹妹都在想,读书、工作,往大里说要为国家做贡献,而从个人来讲,也是为了给二哥一个交待,给他争口气。兄弟姐妹感情都很好,因为大家彼此都很理解。这么大的一个家庭,支撑下来是很不容易的。

就这样,在母亲与二哥的合力支撑之下,杨福家兄弟姐妹中竟然有3人上了大学,其中研究细胞膜的三哥杨福愉与研究核物理的杨福家兄弟俩在1991年同一年入选中科院学部委员(后称院士),兄弟俩闻道有先后、术业有专攻,年龄也差了9岁,却同时登上中国科学殿堂的金字塔顶,一时传为佳话。

三哥杨福愉,著名生物化学家和生物物理学家,中国生物膜研究的奠基人。他是镇海另一位院士贝时璋先生的高足。他1927年出生于上海,1950年毕业于浙江大学化学系。1956年去苏联进修,1960年在莫斯科大学生物系研究生毕业,获副博士学位。回国后在贝老新建成的中国科学院生物物理研究所从事研究工作。在几十年的研究生涯中,杨福愉主要从事线粒体和生物膜的结构与功能的研究。在电离辐射对线粒体膜的损伤及线粒体膨胀和收缩依赖于内膜能量转换过程方面,取得了重要成果。

▲ 杨福家的三哥杨福愉院士

他努力联系国计民生,为国家的经济发展做贡献。例如,在农业方面,结合线粒体膜的研究,用"匀浆互补法"替代"线粒体互补法",来预测谷子等农作物的杂种优势;用线粒体膜脂流动性和"ATD含量发光法",来测试水稻等作物的抗冷性。在医学方面,通过对云南楚雄克山病的综合考察,提出"克山病是一种心肌线粒体病"的观点。这不仅是对克山病发病机理的研究,而且对它的防治都极有意义。①

二哥杨福耀在解放后一度失业,先在二姐夫的保罗摄影店里帮工,后来经过自己的努力,也成为中科院出色的高级工程师。周光召院长了解到这个情况,有一次对杨福愉和杨福家说:"你们两个不要忘记哥哥啊,如果他换了你们的位置,说不定他也就成为院士了。"②

骆驼镇出了好几位院士,而杨家一门就走出了两个。这是杨家的光荣,也是宁波人的光荣。

三、永葆好奇心

杨福家兄弟姐妹一共7人,父亲做生意,家境在上海还算富裕。童年里对他影响最大的是母亲朱琴(1897—1984),她很民主,从小给了杨福家一个宽松、不压抑的家庭环境。哥哥姐姐也都非常疼爱这个聪明伶俐的小弟弟。

和所有聪明的男孩子一样,杨福家童年时十分淘气,好奇心很强,凡事都喜欢一探究竟,对感兴趣的事情更是要"打破砂锅问到底"。他从小就爱看书,特别是喜欢读通俗科学图书,但他绝不死啃书本。他很喜欢独立思考,从书中发现问题。同样读一本书,他的着眼点总与别人不同。譬如读《三国演义》,不少同学只看攻城夺地、刀光剑影的场面,他却注意琢磨诸葛亮发明的"木牛流马":奇怪,怎么机关一开动,它们就能行走如飞呢?由于一直沉浸在这些思考中,上课回答老师提问时,他经常答非所问,有时竟然还"胆大妄为"地将自己琢磨已久的问题反问老师。老师常常被这些古怪的问题弄得不知所措,在全班同学面前下不了台,十分尴尬,所以很不喜欢他。在老师的眼里,杨福家是个很不懂事的差生,有点儿"不知好歹"。他的一位任课老师甚至武断地"预言":"你这倒霉的小家伙,长大以后决不会有什么成就的。"

他初中开始上的是育材中学,有一次在化学课堂上,杨福家偷偷在黑板擦里嵌入一支粉笔,老师拿它擦黑板,越擦越花,不由得勃然大怒。杨

---

① 刘凤、黄有国、龚惠玲《情系生物膜:杨福愉传》,中国科学技术出版社、上海交通大学出版社2018年版。
② 王耀成《商行四海——解读宁波帮》,宁波出版社2014年版,第124页。

福家虽然调皮,但十分诚实,他怯生生地站起来承认:"老师,是我干的。"可这次老师没有轻饶他,拎着他去找训导主任和校长。因为这件事,也因为他平时一贯捣蛋,学校决定将他开除以整肃校风。后来通过家长说情,从轻发落,给了他一个"勒令退学"的处分。

但母亲很宽容,一点都没有责备他,想方设法托人把他换到震旦初中继续读书。几个哥哥姐姐也都鼓励小弟弟,帮他补习落下的课程。杨福家如同一株小树,在家人的呵护之下,按照自己的天性自然发展,没有被古板的学校教育"斫直、删密、锄正",得以按照自己的意愿继续学习和钻研,始终保持着那份纯真和朴实的"好奇"。因为自己的这段经历,杨福家深知保护学生兴趣与好奇心的重要性。所以他后来努力提倡博雅教育的理念,竭力呼吁要尊重学生提问的权利,保护学生的兴趣,呵护他们创新的种子。

四、格致燃火种

杨福家初中毕业时,职业教育与普通高中具有同样的吸引力。上海文化广场旁边的国立上海高级机械职业学校(即国立高机)是他当时最想上的学校。这所学校是当时很有名的一所中专,教学水平很高,教学设施先进,学生均享受公费待遇,学子们竞相投考,非常难进。跟别的中学不一样,它的录取名单都是登在报上的。杨福家初生牛犊不怕虎,开始也报了这个学校。但报名之后,同学都纷纷劝他:"这个学校太难考了,别去了。"只是因为这个偶然的因素,他才打了退堂鼓,放弃国立高机,改报了两个普通高中。而今天几乎只有所谓"差生"才会去报考这种职业学校。所以杨福家感慨这种情况完全不正常:"我们几乎完全忘记了先辈提出的'三百六十行,行行出状元'!"[1]

不过幸运的是,杨福家上的高中是一所很好的学校——上海格致中学。从1951年进入上海格致中学就读,一直到1954年从格致中学毕业,这是一

---

[1] 方鸿辉、陈建新选编《博学笃志 切问近思——杨福家院士的科学与人文思考》,上海教育出版社2016年版,第27页。

段杨福家难以忘怀的成长过程。

格致中学是上海市重点中学,前身为格致书院,1874年由清朝重臣李鸿章发起倡办、中国近代著名化学家徐寿、数学家华蘅芳和英国人傅兰雅等中外绅商学士共同创建,是我国近代最早系统传播自然科学知识、培养科技人才的新型学堂。格致的先驱取《礼记·大学》"格物、致知、诚意、正心、修身、齐家、治国、平天下"中的"格致"二字为书院命名,由李鸿章亲自题写校匾。"格致书院"的倡办体现了中国近代进步知识分子"修身治平"的理想,也是"科学救国""科学兴国"思想的伟大实践。

◆ 格致中学校园

◆ 格致中学校园内的徐寿、傅兰雅铜像

在格致中学老师的启发诱导下,杨福家开始奋发上进。时至今日,杨福家还记得在格致中学,他所在班级高一丙班的班主任项秀荣[①]老师带领同学们阅读《钢铁是怎样炼成的》的场景。"一个人的一生应当这样度过,当他回首往事时,不会因虚度年华而悔恨,也不会因碌碌无为而羞耻……"这是对杨福家人生影响最大的3句话中的第一句。他想道:"一个人活在世界上干什么?匆匆来,匆匆去,人生是非常短暂的,相比宇宙的年龄,那是根本算不了什么。你来到这个世界上,享受了人家给你创造的条件,给你创造的环境,你什么都没有交代你就走啦,讲不过去。"通过

◆ 1955年项秀荣老师和格致中学高三丙班校友在北京颐和园的合影

---

① 项秀荣,1923年出生于浙江温州。1944年毕业于浙江省立温州中学。1949年毕业于上海市国立暨南大学。1949年9月开始任公立中学教师,在上海、南京和北京的中学工作。1962—1966年任北京一中副校长。(王晋堂主编《古校迈向21世纪——北京一中校史稿》,华艺出版社1990年版,第212页)

这句话,他明白了"人不能虚度时光,要对社会有所贡献"的道理。① 正是格致中学这样的教育氛围,让杨福家逐步懂得:人活着是要有理想的;有了理想,才会有生活的动力,才会有长足的进步。还让他懂得,单有理想还不够,还要艰苦奋斗,还要有机会、并善于抓住机会。这样才能做到在短暂的人生中,对社会有所贡献。

在格致中学浓厚的学习气氛里,看着同学们一个个奋发向上,杨福家觉得调皮捣蛋已毫无意思,于是收起野性开始潜心学业。老师们的精彩讲课,将一个个绚丽多彩的知识世界在杨福家面前打开,吸引着他步入神圣的知识殿堂。

◆ 中学时代的杨福家(左二)

杨福家从小学就开始学英语,可原先总也学不好。老师一味要求死记单词、死背语法规则。这种陈旧的教学方法让他对学英语彻底失去兴趣。"我小学的时候换了很多学校,现在人家问我,你为什么换这么多学

---

① 杨福家《中国梦首先是教育梦》,载孙勤主编《核铸强国梦:60位核科技院士专家访谈录》,中国原子能出版社2015年版。

校?① 我要避开有英文的学校,看到英文就头痛,所以跟家长吵,要去一个没有英语的学校。但是这个高中,英语老师讲了很多有趣的故事,使得我对英语也产生了兴趣。"高一时的英文老师是从国外回来的,她用讲故事的方式让学生对英语大感兴趣。这位优秀的女教师用英语讲述《卖火柴的小女孩》,这些美丽的童话故事激发了杨福家对于英语的浓厚兴趣,学习劲头也鼓起来,从此英语成为他的强项。不光是英语,杨福家"对数学也大有兴趣,对物理更有兴趣。一个人有了'motivation',又有了兴趣以后,劲道就来了"。

后来,杨福家在他的专著《原子物理学》的绪论中,特意写了法国生物学家巴斯德的一段话:"当你生活于实验室和图书馆的平静之中时,首先应问问自己:我为自己的学习做了些什么?当你逐渐长进时,再问问自己:我为自己的祖国做了些什么?总有一天,你可以因自己已经用某种方式对人类的进步和幸福做出了贡献而感到巨大的幸福。"这一段和保尔的那段话高度契合,异曲同工,寄托着杨福家对于当代青年刻苦学习、报效国家、造福社会的殷殷期盼。

就这样,杨福家这个顽皮的小男孩,他心中的火种被点燃。他开始发奋图强,一跃而成为一名好学上进的优等生。

五、终成栋梁材

格致中学优秀的师资更加激发了杨福家学习的兴趣。杨福家先生至今还记得起名字的任课教师有物理老师朱章、化学老师叶晓寒、几何老师黄松年、代数老师夏守岱、英语老师顾维吉等。② 这些老师都非常敬业,专业水平很高。像夏守岱老师,本来就是暨南大学理学院的天文数学系专任讲师③,有着丰富的教学经验和专业知识,在 20 世纪 50 年代高等学

---

① 从 1943 年 7 月起,杨福家先后在齐鲁小学(一上)、西成小学(二上)、民主小学(二下)、圣德小学(三上)、齐鲁小学(三下至六下)就读。
② 格致中学 1954 年高三丙班部分校友《我们"高三丙"班——贺母校成立 140 周年》(2014 年),朱亦梅新浪博客。
③ 据暨南大学 1948 年第一学期开设课程名录,载张晓辉、夏泉主编《暨南大学史》(1906—2016),暨南大学出版社 2016 年版,第 174 页。

校院系大调整时调到格致中学任教。后来他作为上海100多名优秀中学教师中的一员被调回高校任教①,夏老师去的是上海市中学教师进修学院。②

杨福家考进格致中学的时候,成绩还是不太好的。但是格致中学的老师们给他很多鼓励。格致中学的老师常说"红木的料不能当柴烧",不管原来基础怎样的学生,课堂提问答对了,他们都喜形于色,念念道:"好的呀!聪明的呀!"很多学生就是因为感受到老师的这些循循善诱,不知不觉地被引进学习的圣殿。杨福家清晰地记得,数学课上老师经常会穿插一些趣味题以提高同学们的学习兴趣,还常留出20分钟让大家动脑筋做习题,老师则来回巡视检查,回答同学疑问,启发解题思路,辅导后进学生。

入校时,杨福家的数学考试不及格,成绩单是用红笔填写的。他很长时间都保留着这张成绩单,提醒自己暗暗努力。他决心利用暑假的时间赶超同学们。"第二个暑假,上海暑假还是蛮热的,我的家庭条件当时还不错,给我的一间房间是亭子间。亭子间朝北,夏天也蛮热的。这个暑假我基本上就在亭子间里度过,做了1 000多道题目。1 000多道题目做下来,第一,数学我不怕了。数学你怎么考也不怕,总会考满分,已经由一个必然王国走向自由王国了。第二,更重要的还不是单单数学本身,它给了我一个逻辑的观念。思考问题、写文章、讲话,逻辑是非常重要的。我没有学过逻辑学,但是数学本身就给人以逻辑。"这种"题海战术",绝不是死做死记、耗时费力的笨办法,而是重在培养探索兴趣、提高学业水平。杨福家回忆,即使到高三总复习,老师每周布置200多道习题,也只规定同学们仔细阅读,对熟悉、已掌握的题型一览而过,对不太熟练的题型详细复习、归纳总结,并选几题演算到正确无误,对陌生的题型要仔细研究分析,实在"无门"时与同学讨论或请老师答疑。③ 杨福家非常喜欢钻研。

---

① 《新华社新闻稿》1956年8月4日,第21页。
② 夏守岱《关于两角和与两角差的正切函数公式的一个直接证明法》,《数学教学》1957年第5期。
③ 大量做题是很多科学家在基础学习阶段的一个重要经历。如复旦老校长、数学家苏步青在中学迷上数学之后,4年中演算了上万道习题。现在温州一中(即当时的浙江省立十中)还珍藏着苏步青的一本几何练习簿,毛笔书写,工工整整。(参见何晓波主编《数学家的故事》,四川大学出版社2015年版,第43页)

别人解几何题,会做了就跳过去,但他并不满足,往往还要追究是否存在其他求解途径。

由于父亲去世,杨福家知道读书机会得来不易,因此,读书特别用功。清晨,他就骑自行车到五马路(现广西北路)、北海路上的学校,踏着露珠在操场的一角背读英语单词;课外活动时间,同学们成群结队在外面打闹嬉戏,他却独自一人在教室里演算数学题。他对英语和数学特别偏爱。老师和校长很快就注意到这位衣着整洁、老爱坐在教室前排的勤奋而聪明的学生。

在老师的谆谆教导和自己的不懈努力下,杨福家的学习成绩直线上升。他的进步大家有目共睹。当时的团总支书记方廷钰就是丙班同学,他亲自介绍杨福家加入中国新民主主义青年团。方廷钰很有领导才能,在礼堂召开的全体团员大会上,他上台讲话或作报告,滔滔不绝且神采飞扬。后来他考入北京外国语学院学习英语,1957年被打成右派,但历经磨难,终有成就。

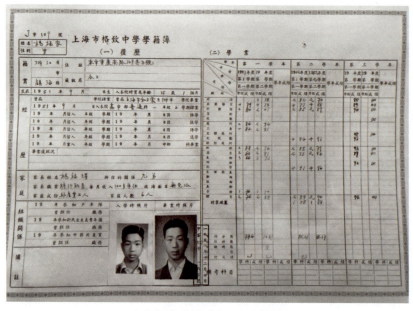

◆ 杨福家在格致中学的学籍簿

在学习之余,杨福家还积极承担了一些学生工作。杨福家笑着说:

"当时我们学生不太愿意做这个,认为这个工作是负担,我学习都来不及,你还要叫我做什么学生工作?"但是杨福家却主动承担了班级宣传委员的工作,为班级编辑团讯。他写得一手好书法和美工字,每期黑板报也都由他编写。教室里有4块黑板,一个礼拜有4天都必须要写一块黑板报。杨福家回忆说,这些工作给了他极大的锻炼。早晨上课以前这块黑板报要写好,因此他经常提早半个小时来到学校,自编自写,乐在其中。杨福家后来说:"第一,这个玩艺,你要去访问很多人,要去了解很多情况,否则你怎么写得出?第二,笔头要很快,培养了我的写作能力。所以我现在虽然是搞自然科学的,但我文章写起来还很快。人家问我你为什么很快?中学里学的。所以现在我感到你们要了解,一个人在学校不是单单念书本,而应该从实际中学习,社会工作是非常好的机会。现在有些人恐怕要抢着做社会工作,像复旦大学毕业生,人家大公司来经常会问这个人在学校里担任过什么社会工作,对他将来工作都是很重要的。"[1]他注重广与博,这为他日后从物理学研究"越界"成为杰出的教育家、社会活动家打下了坚实的基础。

格致中学的培养是全方位的。当时学校有很多社团活动,培养了同学们的文艺爱好。杨福家还记得当时学校演出过一场很轰动的朗诵剧《卓娅》,是由同学们自己根据《卓娅和舒拉的故事》改编的朗诵词;根据发型的需要,选了一位同学扮演卓娅造型,由普通话讲得好的同学来朗诵;还凭学校介绍信,到远在郊外的上海戏剧学院学习垫高鼻子的化妆技术,外语老师则将自己的俄式小红花布拉吉借给学生。在这种氛围下,丙班的课余活动也开展得丰富多彩、活跃多姿。杨福家是班级的合唱团成员,经常参加排练和表演。据同学们回忆,杨福家的强项还有体育。他的"单杠飞轮"在学校堪称一绝,非常有名。在中学就练就了一副健康、强壮的体魄,保证了他日后能够长年保持日以继夜地勤奋学习和工作的状态。

格致中学还努力培养同学们讲求诚信的道德品格,有些做法至今看

---

[1] 杨福家《理想、立志、成才》(2004年在上海教育电视台"世纪讲坛"演讲),载张德明主编《世纪讲坛》,复旦大学出版社2005年版,第203页。

来都很"前卫"。当时采用"荣誉考试",老师来教室发完考卷就离场,不设监考,学生都很自律,整个考场从始至终非常安静。同学们由此而树立了自尊、自爱、自强的进取精神,终生受益。

六、感念母校情

今天的格致中学,在人民广场鳞次栉比的高大现代化建筑的衬托下,已显得十分狭小,校舍条件并不好。但校园里充满着浓郁的历史文化气息。南门旁矗立着一块高达3米多的巨石,上面镌刻着毛泽东同志亲笔书写的"格致中学"4个大字。校园里4幢外墙赭红色的建筑错落有致、庄重典雅,分别叫"格意楼"、"物趣楼"、"致远楼"和"知行楼",楼名首字连读为"格物致知",次字连读为"意趣远行",寓意隽永,耐人寻味。格致中学为国家培养了大批优秀人才。20世纪90年代初,时任上海市长的朱镕基同志到格致中学视察,不无感慨地说:"格致中学以三流的校舍、二流的设备,培养了一流的人才。"格致简陋的校园,至今已走出19位院士,包括杨福家、杨玉良在内的两任复旦大学校长。可见,作为一所历史名校,它的魅力不在于楼有多高、设施有多好,而在于先进的教育理念和显著的办学业绩,更在于其丰厚的历史底蕴和学校文化。

多年之后,杨福家犹念念不忘格致中学给他的人生两件最宝贵的东西:一是人生观,从一个糊里糊涂的"小捣蛋",成为有梦想、有追求的人;二是点燃了他头脑里知识的火种,培养了学习和后来做学问的兴趣,更让他懂得了在追求理想的过程中必须尊重客观、尊重知识。也许,正是这两件"宝贝"奠定了他日后成为一个爱国科学家的基础。

在格致中学的求学经历,也给杨福家日后的教育管理思想的形成埋下了最初的种子。他说:"对我一生起到很大影响的便是我的中学——格致中学。这所中学对我最大的影响就是树立了我正确的人生观和点燃了我热爱知识、热爱科学的'火种'。""所以人如果回顾自己的一生,你应该想到,我应该对这个世界有所贡献,这就是人生观和教育观。这种教育我感到很管用,因为当你理解到你应该有所贡献的时候,一个人就有了动力。""进格致中学之前,我没追求,一个人糊里糊涂的,早晨起来就糊里糊涂。进学校,成绩很一般。第一个成绩单我保存了很久,用红笔写的就是不及格的,我的数学是开红灯的。但是有了动力以后,我开始转变了。"

"格致中学的气氛很浓厚,学术的气氛,还有政治的气氛。我感到学校的好坏不是看它的房子,关键看它有没有气氛。复旦大学我感到它有名也就有名在将近100年里积累了这种气氛。这种气氛不是一两年能形成的,要有个积累的过程。"

杨福家对母校的感情深厚。在他担任复旦大学校长之后,狠抓学风校风,厉行"作弊即开除"的政策。结果有一名格致中学的毕业生"顶风作案"被开除。杨福家感到十分痛心,他特地写了一封信给母校。他写道:"格致中学是我的母校,对它我一直怀有深厚的感情。不久前我闻悉,由格致中学保送到复旦的某同学因请人代考某课程被复旦大学勒令退学。该同学及其家属均痛哭求情,但法规如山,上午作弊行为被证实,下午退学布告就已登出,没有任何商量余地。据说此同学曾有过不少优秀事迹,现在被逐出复旦校门,很多人表示惋惜,我作为格致校友、复旦校长,同样深感遗憾。""首先要学习的是如何做人,如何做一个有用于祖国的人。对此,人的品格的磨炼是十分重要的。我经常说:格致中学给我最可贵的财富是,初步懂得了人活在世界上做什么?一个人应该怎么生活?作弊是十分可耻的行为,是与上进青年的素质毫不相称的,是绝对不允许在任何一所大学中存在的。""格致中学是一所优秀的中学。我希望同学们在校期间懂得树立正确人生观的重要性,努力学习如何做人的道理。"这封信发表在《新民晚报》(1995年2月20日)上,很多人都被杨福家对母校的一片赤忱所感动,也充分理解了他的治校理念。

1997年,杨福家个人出资在母校格致中学设立了一项奖学金,不少人提议命名为"杨福家物理奖",但被他婉言谢绝了,他把它定名为"爱国奖"。他认为爱自己的祖国是一个人最起码的情感,设"爱国奖",就是希望格致学生铭记自己是祖国的儿女,激励自己担负起祖国赋予的责任。"爱国奖"前10年是4.5万元,新的10年增加到了10万元。每年,杨福家不管身在何地,都会不远万里地准时赶回母校给同学们颁奖,并为同学们作一场报告。这一天已经成为格致中学的一个节日。在"爱国奖"颁发10周年的纪念日,母校送了他一份特别的礼物:镜框里镶着他高中3年

◆ 1954年格致中学高三年级毕业合影

的成绩单。最早的那张上有一个标识不及格的红三角赫然在目,这个红三角正是杨福家走向成功的起点。

◆ 2014年5月30日格致中学杨福家院士"爱国奖"颁奖大会

| 第二章 |

复旦校园　书写青春

"我要把自己培养成一个物理学家,为祖国的物理事业贡献出毕生精力。使祖国迅速赶上世界科学水平,成为世界上第一流强国。"[①]杨福家写下这段话的时候刚刚19岁。历史见证了他的奋力拼搏。杨福家把这段话的每个字都落在了实处,实现了自己对母校、对祖国的庄严承诺。

一、报考复旦物理系

复旦名师荟萃,英才辈出,其校训"博学而笃志,切问而近思",集中体现了"学在复旦""志在创新"的深刻内涵。自1905年创办以来,它像一块巨大的磁石吸引着一批又一批年轻学子前来求学。

1954年杨福家中学毕业的时候,复旦大学刚刚经历了一次脱胎换骨的院系大调整,浙江大学、交通大学、同济大学、大同大学、沪江大学、震旦大学、圣约翰大学、南京大学、金陵大学、安徽大学、上海学院等10多所院校的有关系科陆续并入复旦大学,大大增强了复旦的教学科研实力。复旦大学声名鹊起,地位猛升,一跃而成为中国顶尖的名校。

复旦大学本来就名师云集,经过这次院系调整,更有众多一流学者加盟,如生物系的谈家桢,物理系的周同庆,化学系的吴征铠、吴浩青,数学系的苏步青、陈建功,历史系的蔡尚思,中文系的朱东润等人,他们都是各

[①] "复旦大学青年先进人物登记表",复旦大学档案馆馆藏档案,编号:1956 - DQ17 - 004。

学科、各专业的领军者,国内外的知名教授,名垂中国学术史的重量级人物。杨福家说:"我还很清晰地记得,我们当年就是仰慕那些著名学者之名来复旦的。"复旦之所以成为复旦,是和陈望道、苏步青、陈建功、周谷城、谈家桢、谢希德这些大师的名字分不开的。

陈望道(1891—1977),浙江义乌人,中国著名学者、翻译家、教育家、社会活动家,是用白话文将《共产党宣言》完整翻译出来的第一人,也是中国共产党、社会主义青年团重要的创建人之一。他解放前编辑过《新青年》,在复旦大学、上海大学等多所大学担任教授,著有《作文法讲义》(民智书局,1922年)、《美学概论》(民智书局,1926年)、《因明学》(世界书局,1930年)、《修辞学发凡》(大江书铺,1932年)等,他写的每本书都开创了一个领域。特别是《修辞学发凡》,创立了中国第一个科学的现代修辞学体系,标志着中国现代修辞学的建立。1952年10月起陈望道出任复旦大学校长。

◆ 陈望道(1891—1977)

陈建功(1893—1971),浙江绍兴人,著名数学家。从小好学,一向文理兼优,数学尤其突出。1929年他获得日本理学博士学位,成为20世纪初留日学生中第一个获得理学博士学位的中国人,也是在日本获得这一

◆ 陈建功(1893—1971)

荣誉的第一个外国科学家。这件事当时轰动了整个日本列岛。他的导师藤原松三郎教授苦于自己专业领域缺少日文著作,只能用英文上课,便委托陈建功用日文写了一部《三角级数论》。该书既反映了国际最新成果,也包括了陈建功自己的研究心得。他在写书时首创的许多日文名词,至今还在使用。藤原教授在庆祝会上说:"我一生以教书为业,没有多少成就。不过,我有一个中国学生,名叫陈建功,这是我一生的最大光荣。"1952年院系调整后陈建功来到复旦。

◆ 苏步青(1902—2003)

苏步青(1902—2003),浙江平阳人,著名的数学家、教育家,是我国近代数学的主要奠基人之一,是微分几何学派的开山鼻祖,被誉为"东方国度上灿烂的数学明星""东方第一几何学家""数学之王"。苏步青是继陈建功之后第二位获得日本理学博士学位的中国人,并经陈建功介绍到浙江大学任教授、数学系主任。1952年院系调整后,苏步青来到复旦大学,担任教授、教务长。在他的领导下,复旦大学数学系建成了一个有相当高水平的教学和科研基地,为国家培养了"数不清"的优秀数学人才。

20世纪50年代,苏步青说的"学好数理化,走遍天下都不怕"传遍全国,虽然不完全对,也助长了当时已经开始出现的"重理轻文"现象,但还是比较切合当时国家迫切需要提高科技水平、发展生产力、进行社会主义建设的实际情况。

周谷城(1898—1996),著名历史学家。他和毛主席交往的很多小故事当时在社会上广为流传。他于1921年春到湖南第一师范教书,在那里和青年毛主席成为同事,毛主席当小学部主任,周谷城教师范部的

◆ 周谷城(1898—1996)

英文兼伦理学。受毛主席的影响,他参加了1925—1927年的大革命,还参加了毛主席主持的全国农民协会。国共分裂后他来到上海,开始从事文教工作。1930—1933年他在中山大学任教授,并兼任社会学系主任。1933—1941年他在暨南大学任教授,并兼任史社系主任。1942年起周谷城在复旦大学任教。他曾题诗赞杨福家、彭秀玲伉俪"志同道更合,年少正有为"。

谈家桢(1909—2008),浙江宁波人,著名遗传学家。1934年他远涉重洋,到加州理工学院深造,1936年在27岁时获得博士学位。谈家桢的名字在20世纪50年代已响彻复旦师生的耳边。杨福家和彭秀玲曾撰文怀念:"他在世界顶尖大学——加州理工大学获博士学位的年代,正是我们诞生的年代。""谈老又是一位坚定的爱国者。他在1936年获得博士学位后即回国效劳,后又赴美研究并做出重大贡献。正当他的科研处于顶峰之际,1948年他婉拒各方挽

◆ 谈家桢(1909—2008)

留,决断地回国迎接新中国的诞生。""他是我们心目中的长者、名师。复旦因为他的来到,使生命科学在国内迈向一流。培养出一批又一批杰出的、在国内外有影响的学者。""他从来不是跟风者。在全国几乎一片倒向米丘林学派时,他是摩根学派的中国奠基人、维护者,并受到毛泽东主席的多次接见。"[1]1952年院系调整后谈家桢从浙江大学来到复旦大学,任生物系主任。

谢希德(1921—2000),福建泉州人,著名物理学家。1946年毕业于厦门大学数

◆ 谢希德(1921—2000)

[1] 彭秀玲、杨福家《谈老风范》,载赵寿元、金力主编《仁者寿——谈家桢百岁璀璨人生》,复旦大学出版社2008年版。

理学系。后留学美国,获麻省理工学院博士学位。1952年10月回国到复旦大学任教。

而当时的复旦大学物理系,由复旦大学数理系物理组及交通大学、同济大学、浙江大学、沪江大学(除电讯组)、大同大学5校的物理系合并组成。原数理系物理组留系11位:江仁寿、王恒守、叶蕴理、黄瑞璋、何育辽、章志鸣、戴乐山、王樨德、周福洪、华惠迪、吴治华。从其他高校调整来系14位,包括王福山(同济大学)、周同庆、方俊鑫、蔡祖泉、周雄豪、华中一、蔡怀新(以上为交通大学)、卢鹤绂、殷鹏程、赖祖武、郦庚元、裘志洪(以上为浙江大学,后两位以研究生身份随卢鹤绂来系)、周世勋(沪江大学)、汤睿(大同大学)等。1952年或稍后来系有7位,分别为:谢希德(由美国绕道英国,于1952年11月到校)、吴椿、吴剑华、沙闰丈、李仲卿(以上为1953年)、郑广垣(1954年)、毛清献(1954年)。物理系系址从原数理系600号楼迁至200号楼,并以登辉堂(今相辉堂)整个一楼为普通物理和中级物理实验室,以及实验仪器储藏室。"人杰地灵",复旦物理系现已成为国内最好的物理系之一。

格致中学在数理化教学中采用的先进教学方法,培养了杨福家对物理的浓厚兴趣。到高三毕业前,他的各科成绩均为优,成为年级第二名。当时班级里成绩好的同学大多报考了清华大学和北京大学。而杨福家了解到复旦物理系的情况,就毅然报考了复旦大学。家里人也都支持他的选择,因为这样他就可以在上海上学和工作,能够互相照顾。

1954年的高考已经实行全国统考并开始分文理两科。[1] 理科的考试科目为语文、政治、数学、物理、化学、生物和英语。那年的高考作文题目为《我的报考志愿是怎样决定的》。英文考题还有人记得有一段英文翻译中文,标题是"DUST"(灰尘),大概有200个英文单词。[2] 那年高考,全国9万考生录取6万,考生少,录取率高,而且大城市的教学水平高,所以同学们心态相对都比较平和,只要认真学习备考,基本上都能考上大学。但是,由于就业机会较少,如果考不上,失学也就意味着失业。所

---

[1] 刘玉祥主编《上海高校招生考试发展史纲》,上海交通大学出版社2014年版,第32页。
[2] 何勤功《77 健康人生——我的个人实践》,四川大学出版社2013年版,第117页。

以，考生们都是全力以赴。

　　因为学习成绩优异，杨福家几乎是没有悬念地高分考上复旦。当时高等学校录取发榜采取两种方式：一是登报，上海的《解放日报》当天有一版专刊，用很小的 6 号字刊登录取学生的名字；二是通过邮递方式寄发录取通知书。8 月 15 日，在录取结果公布的那天，上海不少考生半夜里就等在解放日报社的外面，希望能第一时间看到好消息。天不亮的时候，《解放日报》就贴到报亭上，大家都打着手电寻找自己的名字。①

---

① 全国政协委员、北京中医药大学教授方廷钰（杨福家同班同学）的口述"拿着手电半夜看榜"，载郑超编《高考之痛》，东方出版社 2007 年版，第 2 页。

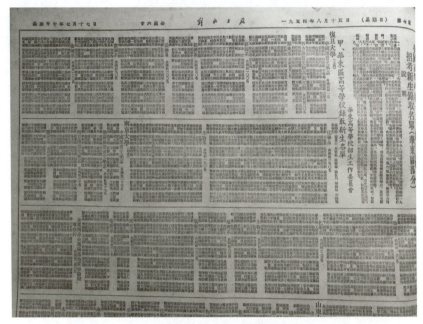

◆ 1954年8月15日的《解放日报》

杨福家也挤在人群中,他看到自己被复旦大学录取了,抑制不住内心的激动。

二、复旦大学初入学

1954年9月,杨福家以优异成绩考入复旦大学物理系,开始了从大学生到大学校长的奋斗历程,也开始了他与复旦大学、与复旦物理学科的终生情缘。

9月初,杨福家拿着复旦大学的入学通知书到学校报到。物理系新生有120人,分成好几个班,他被编入一年级722班,学号是"5410006"。

当时复旦大门正对国权路,北面为当时唯一的一座教学大楼(现在编号为"第一

◆ 杨福家的大学入学证件照

教学楼")。杨福家一走进校门,比他高一级的师兄包宗明立即迎上前来,帮他拿行李,陪他去注册。杨福家心中顿时感到一股暖意。包宗明是江苏镇江人,比杨福家大3岁,1956年毕业留校,长期从事半导体物理与半导体器件物理的教学与研究。

◆ 20世纪50年代的复旦校门

当时复旦校园很小。教学楼的东面还是农田。隔开一大片农田,有一批正在建造的学生宿舍,就是学生入学第二年开始住的地方。主要教学区是在西边,围绕大礼堂旁边大草坪的四周,有一些二层楼房,以"100,200,300,…"编号。当时的物理系就在200号,但物理基础实验室是在400号楼下,上面就是大礼堂(称相辉堂)。100号是杨福家和他的同事在

◆ 20世纪50年代的复旦校园

1958年创建原子能科学系的地方。

刚入学时,学生宿舍都在校园的对面。走出校门,沿着国权路往南走五六百米,首先是政肃路上的第六、第七宿舍,都是两层的楼房,据说过去是给有家属的日军军官住的,每一户楼下一间、楼上两间(有一个小间),还有厨房和厕所。第六宿舍过去叫"淞庄",是女生宿舍。经过政肃路,在现在复旦附中对面的是男生宿舍,当时称第三宿舍,也是刚从"德庄"改名,物理系男生都住在这里。第三宿舍过去是日军士兵兵营,里面还陈设着可能是以前日本人遗留下的家具(如移门橱柜),制作得很精致,也很实用。房间不大,摆上下铺,一个房间住4个同学。每个房间中每一个同学都有个热水瓶,集中摆放,打开水则由工友负责。工友早上四五点钟的时候,就会把热水充满,以方便同学起床洗漱。房间也由工友打扫,学生去上课了,工友把房间全部打扫好,对学生很照顾。德庄下面有一个食堂,学生吃饭都是在这个食堂。国权路上有些小饭店,其中有个来喜饭店生意比较红火,因为比较干净,所以也有老师在那里吃包饭。

◆ 20世纪60年代的复旦校园

杨福家上大二时,搬进校园里面新建成的宿舍楼,他住在8号楼。这个时候每个房间住8个同学。

当时大学生的生活待遇较好。国家百废待兴,社会主义建设的各行各业都急需补充大量的革命知识干部。为了适应培养人才的需求,国家投入大量的财力。那个时候大学生不需要缴纳学费、住宿费,每个月还有12.5元的伙食费。家庭困难的同学还可以申请助学金,分为甲乙丙三等,一般是三等每月两块钱。每到月底,生活委员就把伙食费和助学金发给同学们。12.5元在当时的情况是相当好的。对于那些从农村来的同学,"进了复旦大学,天天大米白面,顿顿都有鸡鸭鱼肉",感觉就像天天过年一般。

大学的学习紧张而愉快。每周16节课,包括政治课。受政治气候的影响,大学外语改教俄文,不过杨福家出于兴趣,还经常到图书馆阅读一些英文原版小说,如狄更斯的《双城记》,还翻译过一些专业资料。他从英语文学的阅读中获益良多。英语不但没有退步,而且借此熟悉了欧美的历史和文化,使得他日后在欧洲留学与人交流时能够得心应手。他后来能够经常信手拈来引用一些西方的文学名著,也是在这个时候打下的功底。

大学生活虽然衣食无忧,但作为天之骄子,大家都珍惜学习机会,读书都很认真刻苦。一到夜晚,图书馆灯火通明,要去自修需要提前抢座位。同学们都鼓足干劲,力争上游,立志为祖国学好本领,将来报效祖国。

三、大师云集小校园

杨福家和他的同学都很清晰地记得,他们是慕那些著名学者之名而来复旦的。

那时的复旦校园很小,也没有高楼,全校全部建筑面积一共6万平方米,还不到现在复旦光华楼办公面积的三分之一。不过,同学们并没有因为见不到高楼大厦而扫兴,因为他们陆续遇到的老师都是一流的!

1954年复旦大学的开学典礼在登辉堂举行。登辉堂就是后来的相辉堂。当时大礼堂叫这个名字,是为了纪念毕业于美国耶鲁大学、担任复旦校长20余年的李登辉先生。在这里,杨福家第一次见到了校长陈望道,陈望道校长出席了开学典礼,并简单讲了话。①

---

① 开学典礼当在9月初。1954年9月15日,杨西光刚被任命为复旦大学副校长。陈望道当天在京出席第一届全国人民代表大会第一次会议。

◆ 1954 年的登辉堂

一进复旦,杨福家开始聆听物理系主任、二级教授、德国博士王福山①的"普通物理学",后来又听了一级教授周同庆的"原子物理学"、一级教授卢鹤绂的"原子核物理"等课程。还有机会去旁听苏步青、陈建功、谷超豪、夏道行特色各异的讲课。三年级时讲授数学物理方法的二级教授王恒守指导学生的课外研究,四年级时卢鹤绂教授指导他写论文。

正是从这些导师的身上,杨福家真切地体会到"所谓大学者,非谓有大楼之谓也,有大师之谓也"这一至理名言。

系主任是曾师从量子力学创立者海森堡(Werner Karl Heisenberg, 1901—1976)并在德国莱比锡大学(先在哥廷根大学就读)获博士学位的

---

① 王福山(1907—1993),上海人,著名物理学家、教育家。1928 年毕业于上海光华大学,次年赴德留学。1940 年,发表博士论文《关于能量很高的质子和中子的韧致介子辐射》,在莱比锡大学获博士学位。当年,回到母校光华大学任教。1946—1952 年任上海同济大学教授、物理系主任。1952 年院系调整后来到复旦,任物理系教授、系主任。"文革"开始后,受到很大冲击、被迫转而从事外文资料的翻译工作,主要进行德文的翻译及译稿的校阅,译著包括《马克思数学手稿》《宇宙发展史概论》(康德著,原名《关于诸天体的一般发展史和一般理论或根据牛顿定律试论整个宇宙的结构及其力学起源》)、《哥白尼和托勒密两大世界体系的对话》、《牛顿自然哲学著作选》以及《严密自然科学基础近年来的变化》(海森堡著)等。"文革"结束后,重新担任物理系主任。1980 年,卸任系主任,致力于近代物理学史的研究和科学史研究生的培养,并主编出版了《近代物理学史研究》第一、第二辑。时值同济大学重建物理系,王福山受同济大学之聘,兼任同济大学玻耳固体物理实验室主任。

(国家)二级教授王福山。他首先为同学们介绍本系概况,后来又开设了普通物理学课程。他讲得很生动,有一次讲解转动惯量时,他用芭蕾舞的旋转动作来示范说明,让听课的同学们至今都记忆犹新。期终考试由王福山教授主持口试①,杨福家第一个走进考场,面对这么多教师第一次体会口试的滋味,心情十分紧张,结果拿了个4分,这也是杨福家大学4年唯一的一个4分。没想到的是,考试后王福山亲自找杨福家谈话,鼓励杨福家:"我知道,你学得很好,就是太紧张了点。别灰心,你会考好的!"这就是当时的师生关系!

◆ 王福山(1907—1993)

　　第二年讲普通物理学(原子物理学)的是在美国普林斯顿大学获博士学位的一级教授周同庆。② 他把原子物理的发展过程讲得非常清楚、非常生动。讲到康普顿效应,他说他以前和康普顿一起做实验,同学们都听呆了。讲数学物理方法的是二级教授王恒守③,也给大家留下了十分深

---

① 从1954年起,中国的大学学习苏联经验,采用口试五分制的考试制度。
② 周同庆(1907—1989),江苏昆山人,著名物理学家、教育家。1929年清华大学物理系毕业,获理学学士学位,1933年获博士学位。1952—1989年任复旦大学物理系教授,1955年当选为中国科学院数理化学部委员。长期从事光学与光谱学、气体放电、等离子体以及物质结构等研究工作,是我国最早从事光学、真空电子学和等离子体物理学的研究者之一。1952年院调整,交通大学物理系部分人员并入复旦大学,周同庆来到复旦大学,与轻工业部上海精密医疗仪器厂的华中一等人一起从事X光管的研究,于1953年秋试制成功我国第一个医用封闭式X光管。X光管的研制成功,填补了我国在这一技术领域的空白,节省了大量外汇,更重要的是使我国电真空器件的设计和制造步入了新的阶段,推动了我国高真空技术的发展。周同庆也是一位优秀的教育家,他的学生杨澄中、范章云、蔡驹、冯康、方俊鑫、华中一、蔡祖泉等,都成为科学界的知名人士。
③ 王恒守(1902—1981),浙江海宁人。中央大学数学系毕业后,留学美国哈佛大学研究生院,专攻理论物理。1932年秋回国,历任山东大学、南开大学、广西大学、中央大学、南京大学物理系主任、教授。新中国成立后,任复旦大学物理系二级教授兼教研室主任。1958年调安徽大学任教。1976年受国家海洋局第二海洋研究所的聘请,任该所第五研究室顾问,并主编《海洋实践》,直到逝世。他长期主持"数学物理方法"课程,不断修正讲义内容,改进教学方法,著译有《力学之部》《从相对论到量子论》《原子能辐射原理和防避法》《波浪发电的原理设计》等。1981年逝世前不久,还与友人合作写出《探索地壳构造运动的力源和机理》,提出了"应用拓扑变换探索地球呈梨形结构"的新观点。

◆ 周同庆(1907—1989)

刻的印象。王恒守教授不仅上课,而且指导同学们课外活动。例如,他曾指导同学们如何去测量粮仓的温度,以保证粮食的安全,使大家对物理学的兴趣大为增加。

同学们不仅可以听规定的课程,而且可以自由旁听其他课程。杨福家当时去旁听了数学大师陈建功的课,也听过他的大弟子夏道行的课,以及另一位数学大师苏步青的大弟子谷超豪的一些课程。苏步青、陈建功、周同庆都是一级教授,首批(1955年)学部委员(即院士)。谷超豪、夏道行当时是青年讲师,后在 1980 年与谈家桢、卢鹤绂、谢希德、顾翼东、吴浩青、谭其骧等一批教授一起被选为学部委员。夏道行进教室,手拿一支粉笔,没有任何讲稿,一堂课结束,他正好讲完一个命题,铃声就响了。他的教学艺术给学子们留下了十分美好的印象,大家津津乐道、回味不已。

不仅上大课的教授是一流的,而且上小班辅导课、带学生做实验的,都是一批很优秀的教师。从一年级起每两周就有半天的物理实验课,带实验课的唐璞山老师等对大家要求很严。进实验室之前,每个同学必须做好充分的预习,准备好实验提纲,老师们会突击提问,以检查大家的准备情况。唐璞山上普通物理习题课,郑绍濂、张开明上数学习题课,都不仅认真负责,而且知识渊博,后来他们都成为复旦名教授。带实验课的戴乐山,以严格对待学生而闻名全校,很多同学当时很怕他,但后来都很尊重他。

当时担任大课教学的不仅有教授,也有一批杰出的讲师。例如,教同学们"理论力学""电动力学""量子电动力学"3 门主课的殷鹏程①,就只是讲师,但一点也不影响学生对他的尊敬。谢希德 1952 年来到复旦,虽然

---

① 殷鹏程(1923—),安徽贵池人。1947 年毕业于浙江大学物理系。曾任同济大学物理系理论物理教研室主任,上海市物理学会副理事长。

她已获得世界顶尖大学麻省理工学院的博士学位,但还是做了4年讲师,1956年升为副教授时,已是全国有名的半导体专家。又过了4年,直到1960年她才被聘为正教授。复旦大学的升等制度是很严格的,做复旦教授不容易,也得到国际同行的尊重。

正是在这些一流名师的指引下,杨福家稳步踏入科学研究的殿堂。20世纪80年代开始,大学校园里开始弥漫起忽视教学的风气。不少学校招生广告喜好历数知名教授,然而很多学生从进校直至毕业连名教授的影子都没见过,更不消说上课了。杨福家深知一名好老师对于学生成长的作用,所以在担任校长期间,推出了一系列大刀阔斧的改革措施,将一流名师留在了讲台上。

四、一级教授卢鹤绂

卢鹤绂教授1941年获明尼苏达大学博士学位,毕生从事核能研究,被誉为"中国核能之父"。1937年卢鹤绂在世界上首次精确测定了锂7、锂6的丰度比为12.29,被国际采用了近半个世纪。1939年他发明新型60度聚焦高强度质谱仪,分离出微克量级的硼10及硼11,并制备同位素靶,解决了制造原子弹需用铀235的难题。1942年卢鹤绂预言大规模利

◆ 卢鹤绂(1914—1997)(两张照片分别摄于1956年和1980年)

用原子能的可能性，是世上第一位公开揭露原子弹秘密的人。两次获得诺贝尔物理学奖的巴丁（John Bardeen）教授曾叹息，"卢鹤绂要是不回中国，早就拿诺贝尔奖了"。在国内艰苦的条件下，卢鹤绂自制设备，继续最前沿的科学理论研究。他在1950年提出最早期原子核壳模型；在1951年提出的流体动力学弛豫压缩基本方程，被美国著名理论物理学家马卡姆等命名为"卢鹤绂不可逆性方程"。在杨福家入学这一年，他刚用费米气统计模型估算铀235核裂变发出的中子数，还扩充了爱因斯坦的化学弛豫学说。卢鹤绂是世界级的核物理学家。

1955年卢鹤绂教授调往北京大学，参加筹建我国第一个原子核物理专业。1956年夏，他又被调到北京大学中子物理学教研室，即代号为"546信箱"的一个保密的培训班。因为国家急需培养大批紧缺的核物理技术人才，所以在北京大学、复旦大学等高校选拔了一批人才，特别挑选了很多物理系高年级的学生参加培训。在培训班里，卢鹤绂主要讲授"中子物理学"及"加速器原理"两门课程，还讲授"核物理""磁流体力学""等离子体物理学"等课程。1957年，培训班的任务结束，卢鹤绂回到复旦大学，负责理论物理教研组的工作，这一年他43岁。

杨福家因为当时学校另有安排，没有去北京参加"546信箱"的培训。卢鹤绂回到复旦时，正是他4年大学生活的最后一年。这位一级教授给同学们开设了内容丰富的原子核理论课，随堂发的讲义有7章7节。在一次课堂上，杨福家觉得卢先生讲的内容有一点问题，课堂上他没敢提出自己的疑问。课下他去找卢先生的助教问：是不是自己理解错了？没想到卢先生知道后让杨福家去他家里。杨福家一进门，卢先生就对他说："我考虑欠妥，你是对的。"离开的时候，卢先生说顺便散散步，把杨福家送到楼下。后来，杨福家读到钱学森和他的导师冯·卡门之间的故事，马上就想到了自己的导师卢先生。钱学森与导师冯·卡门因为论文的某个环节发生激烈的争论，导师甚至气冲冲地摔门而去，但事后他主动找到钱学森："你是对的，我错了。"这就是大师风范！

在最后一学期，卢鹤绂担任杨福家的毕业论文指导老师。"毕业于美国明尼苏达大学的博士卢鹤绂是当时复旦全校7个一级教授中的一位。如此顶尖的物理学教授之所以选中我，大概是因为在他的原子核理论课

◆ 1945年四五月间钱学森(中)跟随冯·卡门(右)在德国看望冯·卡门的老师——空气动力学家普朗特(左)

上,我提出了很多独到的问题。"

卢鹤绂常常这样忠告青年学子:"一是要有所发现,有所发明,有所发展,最后的目标是来开创新领域;二是要老实,不要虚伪,弄虚作假、故弄玄虚的人都是站不住的。知而告人,告而以实,仁信也。"

在卢先生指导杨福家论文的时候,国际物理界发表了原子核的壳层模型新理论,在当时这是最新的科研成果。卢先生不希望他的学生轻轻松松地完成论文,而是要他这个未出茅庐的大学生去碰一碰那个世界前沿的课题,鼓励他去试试另外一条途径,看看是否可以得到相同结果。经过半年努力,杨福家发现这篇论文是做不出正面结果的,即便如此,杨福家的收获仍然非同一般,因为他在卢先生的严格要求下,通过做这个论文比较深刻地理解了原子核的壳层模型新理论的奥妙。"事后,我才知道导师给出的题目是有相当难度的,5年后的1963年,研究同一问题的科学家梅耶与金圣拿到了诺贝尔奖。① 以我当时的水平,怎么可能做得像他们一样好!"尽管论文没有做出来,但杨福家却对卢鹤绂充满感激,因为

---

① 1963年诺贝尔物理学奖的一半由玛丽·戈佩特-迈耶夫人(Maria Goeppert Mayer)和延森(J. Hans D. Jensen)分享,以表彰他们在发现核壳层结构方面所做的贡献("for their discoveries concerning nuclear shell structure")。

◆ 卢鹤绂的工作照

"我真正懂得了这两位科学家提出的理论的奥妙所在。以至于1964年碰到金圣的时候,我可以与他热烈地讨论,因为我懂得他"。

杨福家的同班同学胡思得院士的成长同样得益于卢鹤绂的教诲。他和同学一起做毕业设计,请卢先生指点。卢先生推荐他们做记录宇宙射线粒子用的小气泡室。他说,气泡室里放进酒精或乙醚等液体,然后在高压下加热至沸点,并立即降压。如果此时有宇宙射线粒子打进来,粒子所过之处受到扰动而汽化,就会形成一个轨迹,根据这个轨迹就可以知道是什么样的粒子。卢先生说他也只知道这些,其余的要同学们自己去摸索。在卢先生的启发下,几个同学制定出气泡室实验方案,在简陋的条件下,终于照到一张有很漂亮直线的照片,获得实验的成功。这件事让同学们很受教育。过去都是老师怎么说,学生就怎么做,先把条件都给你安排好,让你依样画葫芦。而卢先生鼓励大家独立思考,自己去摸索,动手创造条件,培养了学生独立思考、敢于去闯的精神,这使他们终生受益。[①]

[①]《见得思得值得——中国工程院胡思得院士口述实录》,载孙勤主编《核铸强国梦:60位核科技院士专家访谈录》,中国原子能出版社2015年版,第227页。

由于卢先生指导杨福家的论文,杨福家有机会常到他家去。卢先生的公寓在二楼,离开时他常要送杨福家到楼下,杨福家说不要,他却说要顺便到楼下散步。几年后,杨福家在北京去拜访钱三强①教授,当杨福家告别离去准备去坐公交车时,三强大师也是一句同样的话:"我要顺便去散散步。"杨福家感叹:"大学问家都是没有架子的!"

◆"两弹元勋"钱三强院士(1913—1992)

"一个好的学校,它会给你一个好的氛围,让你不知不觉地接受到好的素质方面的教育,而好的老师能发现你的长处,

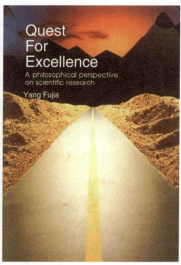

◆ 中文版和英文版《追求卓越》

---

① 钱三强(1913—1992),原名钱秉穹,出生于浙江绍兴,父亲钱玄同是中国近代著名的语言文字学家。中学时代因在家里排行老三且身体强健而得"三强"的绰号,后索性改名以寓德智体全面发展之意。他于清华大学物理系毕业后进入巴黎大学居里实验室做研究生,师从居里的女儿、诺贝尔奖获得者伊莱娜·居里及其丈夫约里奥·居里,在原子核物理学领域中取得了突出的成果。1948年回国后,他培养了一批从事研究原子核科学的人才,建立起中国研究原子核科学的基地,为中国原子能科学事业的创立、发展做出了突出贡献。在原子弹的研究中,钱三强担任技术上的总负责人、总设计师,在"两弹一星"的领域创造了世界上最快的发展速度,1999年被授予"两弹一星功勋奖章"。

能够引领你走上一条科学的道路。"这是杨福家的切身体会,而卢鹤绂先生当年的忠告,使杨福家懂得做一个一流的科学家,眼睛应该时刻盯着科研的最前沿。"追求卓越",成了他的终生信条。

卢鹤绂把杨福家领入原子核物理领域,让他有幸领略绚烂的"物理之美",并使之成为他一生的事业。

五、"三好"青年树楷模

杨福家在担任复旦大学校长期间的一次座谈中,回答同学提问时谈了他在大学时代的一点体会:①

> 我的体会是"三好",即身体好、学习好、工作好。第一是身体好,没有健壮的体魄,是很难为人民服务的。例如,在今年新当选的学部委员中,有几位的健康状况几乎到了不能自理的地步,这是很可惜的,因为国家需要他们发挥更大的作用。因此,我希望在校大学生都要注意经常锻炼身体。
>
> 第二是学习好。作为一名大学生,当然首先要把专业学好,要精读本专业的几本经典书籍。同时又要注意广泛了解古今中外历史,历史使人明智,这话很有见地。另外,我还要建议大学生多看报纸,现在的报纸有很多东西可读,可以了解世界大事,可以开阔视野。
>
> 第三是工作好。在大学学习期间参与一些社会工作,对自己的成长很有好处。我听说,现在有的同学把社会工作看成是额外负担,抱一种与己无益、与己无关的态度,这至少是一种偏见。今天的社会很需要我们青年人具有出色的组织管理能力、口头及书面的表达能力,这都不是在书本上能够学到的,而是在实践锻炼中、在社会工作中慢慢积累起来的。

这个"三好"确实是杨福家先生发自肺腑的经验之谈,也真实刻画了他的大学时代。"三好"的说法源自毛泽东在 1953 年 6 月 30 日的一次谈

---

① 《搞科学,首先是为事业》,载杨福家著《追求卓越》,复旦大学出版社 1995 年版,第 25 页。

话:"我给青年们讲几句话:一、祝贺他们身体好;二、祝贺他们学习好;三、祝贺他们工作好。"此后各类学校开始大张旗鼓地倡导"三好"。当时大学里有一种很高的荣誉,叫做"三好"积极分子,每班只有一两名学生能够评上。杨福家在二年级时就成为"三好"积极分子。杨福家在学习、工作和锻炼3个方面齐头并进,尤其是在学习方面,更成为同学们的榜样。

和其他进入大学的青年人一样,杨福家很快就感受到复旦大学一种蓬勃向上、催人奋进的气氛。一年级的很多基础课,像"普通物理""普通化学"等,都是理科院系必修的,往往是几百名学生一起挤在阶梯形教室上大课,效果不太理想。为了提高学习效率,每逢上大课,杨福家总是早早地来到教室,端坐在第一、第二排的中间,认真地温习功课,静静地等候老师的到来。

当时社会上对科学家模范事迹的宣传很多,激励着大学生们刻苦学习。杨福家以这些有成就的科学家为榜样,作为检查自己学习的镜子。"25岁的青年助理研究员陈念贻[①],在大学里就自修掌握了3门外语,现在已经能看5国科学技术书"这一先进事例,对杨福家的教育是很大的。他暗下决心,要在二年级学好俄语,争取达到能阅读俄文专业书的水平;并且还要进一步提高阅读英文专业书的能力。华罗庚、龚昇[②]、谷超豪等人的事迹,也都同样鼓舞着他。

杨福家在学习方面老老实实,决不好高骛远。他尽量搞清每个基本概念,从不放过任何细小问题。有一次普通物理课上讲到一种光学仪器,为了把每个零件的用处弄懂,虽然说这并不是重要的问题,他也总共翻了3本参考书,最后还请教了老师,全部弄懂后他才放过这个问题。每一章

---

① 陈念贻(1931—2006),广东省番禺人。1952年毕业于清华大学化学系,同年10月起在中科院冶金陶瓷研究所、中科院上海冶金研究所任研究实习员、助理研究员。25岁时因解决了当时苏联专家无法解决的氧化铝生产技术攻关难题而破格晋升为副研究员。1955年加入中国共产党,1956年被评选为全国先进生产者。1980年晋升为研究员。陈念贻先生在计算机化学、熔盐物理化学等领域有丰硕的科研成果,曾获国家自然科学奖、国家科技进步奖等10项科技奖励。2005年,陈念贻先生因科普创作工作成绩显著而获得上海市大众科学奖。
② 龚昇(1930—2011),上海川沙人,中国科学技术大学原副校长、著名数学家。复旦中学毕业后考入上海交通大学数学系,1950年7月毕业。1954—1958年在中国科学院数学研究所任研究实习员,开始因数学所在筹建中,故去浙江大学师从著名数学家陈建功学习,并随陈建功来到复旦大学;1954年师从华罗庚学习。1956年,我国曾经掀起一股"向科学进军"的热潮,龚昇因为勤学苦干、科研成就突出,被共青团中央评为"社会主义建设积极分子",树为青年知识分子学习的一面旗帜。龚昇是我国多复变函数论和单复变函数论研究的著名学者,出版《典型群上调和分析》《多复变数的凸映照和星形映照》等学术专著10余部,发表学术论文100余篇。

学完，他必定检查一下自己的学习，回忆主要内容，默写主要定理和公式。他从不满足课堂讲授，在全面掌握基本知识的基础上，还经常看参考书，以丰富自己的知识。他在看参考书时备有课外摘论本，把发现的问题、人家如何解决的以及自己的体会，都全部记下来，作为经常的参考。在学习中他不向困难低头，刻苦钻研。一次他看热力学的参考书，看了3遍，觉得体会还不深，就又看了两遍，一共看了5遍，直到全部掌握为止。

有一个学期，白天他除了上课外，不是去图书馆就是去实验室；傍晚5点他从图书馆或实验室匆匆出来，匆忙跑到小卖部买个面包往口袋里一塞，就夹起书包向车站奔去，坐1个多小时公交车到上海交通大学听数学、力学课。不管车厢里多挤，他总是拿着书阅读；回来时车厢比较空了，他便找个座位坐下，把书包往腿上一放，专心做起作业来。有时坐过了站，他只好走着回去。

在学习方面，杨福家表现得十分突出，前3个学期10门口试，获得了9门5分，在班级里名列前茅。在大学的4年中，为了使学习、工作两不误，杨福家抓紧一切可以利用的时间做习题，是班级里公认的学习尖子。

杨福家不仅如饥似渴地吸收各种知识，还积极参加各种社会活动。他在一年级时就担任过团支部书记、团总支学习委员等工作，踏踏实实，全心全意，尽自己的努力完成各项工作任务。当时学校经常组织一些劳动锻炼，也是教学活动的一个环节，每个学生都要参加。杨福家积极参加这些劳动，他认为这些劳动既能锻炼身体，又能锤炼意志，有助于人的全面成长，所以乐在其中。

与此同时，杨福家非常注意锻炼和培养自己的社会沟通能力。念中学时他说话急的时候会有点结巴，这样一来他就不愿意在公开场合下讲话。后来为了克服这一毛病，他就给自己加压，积极参加社交活动。当时捷克送给复旦大学好几辆摩托车，学校随之成立了一支业余摩托车队。杨福家因为中学时天天骑自行车走读，所以就自告奋勇地报名学习骑摩托车，不久后更是担任了车队的教员，培训新学员上课。就这样他硬逼着自己慢慢讲话，渐渐克服了不善于在大庭广众前讲话的毛病。以后更是不断磨练，练就了出色的演讲表达能力，为他日后成为大学教师、校长打好基础。

当时大学校园里，毛主席的名言"身体是革命的本钱"已成为流行语。

杨福家刻苦锻炼,每天早起跑步。根据记录,他当时达到了劳卫制二级标准①,这是很不容易的。杨福家一直保持着大学养成的锻炼身体的习惯,现在每天都坚持日行上千步,风雨无阻,以保持充沛的精力。

由于杨福家的努力和出色表现,1955年秋,还在大学二年级的时候,在党组织的关怀下,他就加入了中国共产党。入党介绍人有两位,一位是张希林,另一位是著名的电光源专家蔡祖泉。加入中国共产党,这对他的一生是非常重要的。

六、同窗好友多奇才

当时在物理系的同学中,高年级的方守贤(物理系1955届毕业生,高能加速器物理学家、中科院院士)、王启明(物理系1956届毕业生,光电子学家、中科院院士,曾任中国科学院半导体研究所所长)、潘笃武(物理系1956届毕业生,同年和贾玉润一同考取了周同庆教授的副博士研究生)学习成绩都很突出,系里的老师交口称赞,给杨福家留下深刻的印象。同班同学中还有后来任职紫金山天文台台长的张和祺、在中国科学院海洋研究所工作的钱正绪(钱君匋的二儿子)等人。当然,和杨福家并驾齐驱、你追我赶的还是后来成为著名原子核物理学家、工程院院士的胡思得先生。

胡思得也是浙江宁波人。学习成绩非常优秀,第一次口试,杨福家失误得了4分,而他则考了5分。后来他别的科目有一门考4分,杨福家考了5分,两人算是打了个平手。他和杨福家开始也不是一个班,后来分专业才在一个班。他复习、作业都能很及时地完成,如果没完成就会觉得心里不舒服。他上课听讲很专心。有一次他的眼镜不小心丢掉了,十分焦急。最后总算在大家帮助下换到一个前面些的位置。胡思得学习中积极思考,能经常发现问题,并喜欢和同学讨论,尽管有时讨论学习问题时会争论得非常激烈。他政治上积极要求进步,担任物理系学生会总务组干

---

① 1954年,国家参照苏联的经验实行"准备劳动与卫国"体育制度(简称"劳卫制"),制定了全国统一的体育锻炼项目和考核标准,将体育锻炼标准分为3级,即劳卫制预备级(准备阶段)、劳卫制第一级和劳卫制第二级。为了彰显学生通过"劳卫制"锻炼的成绩,"劳卫制"有证书、证章。1964年,中央正式废除"劳卫制"的名称,取而代之的是《国家体育锻炼标准》。

部、团总支军体干部等工作,任劳任怨,同学们说:"不管交给胡思得什么工作,他总是很安心积极地去干。"他在班级里发起组织成立党章学习小组,并在1956年2月光荣加入了中国共产党,成为候补党员。他还爱好越剧、京剧和二胡,是国乐团成员。在体育锻炼方面他也是位健将,劳卫制除了长跑(因高血压)之外全部及格,且是校田径队队员,短跑成绩曾达12秒2,1956年还参加了上海市全市大学生运动会。

◆ 大学时期的杨福家(右)和胡思得(左),摄于复旦大学;1958年大学毕业后,一个留校,一个"消失"在高原之中,30多年后,两人才又因为共同的理想在零下30度的核试验场重聚首

当时同学中比较突出的还有很多。例如,沈学础毕业后入中国科学院上海技术物理研究所工作,1995年当选为中国科学院院士。张和祺也是浙江镇海人,毕业后一直在中国科学院紫金山天文台工作,长期担任紫金山天文台的台长,是中国空间天文学的奠基人之一。陈佳圭毕业分配到中国科学院物理研究所,是国内首先从事固体电子学的科研人员,特别是在微弱信号检测的原理、方法、仪器和应用方面做出了贡献,后期致力于空间材料科学的研究,为我国空间技术的发展打下了良好的基础,并培养了不少科技骨干与人才。还有一位叫徐澄,毕业后被分配到国防科委直属解放军第廿训练基地工作,参加并完成"东风"一号、"东风"二号、"东

风"三号地地导弹试验发射任务,后又参加东北发射基地、太原发射基地建设。徐澄多次立功受奖,后在杭州大学任教和校研究生部工作,对于历史尤其是三国史颇有研究。

除了这些品学兼优的同学,还有不少在当时表现并不出色的同学也给杨福家留下了深刻的印象。有一位师兄,平时学习成绩马马虎虎,有时甚至不及格,但他从小就喜欢磨玻璃,磨得非常好,眼镜让他磨,他可以磨得很好,戴了很舒服。他进了大学还是喜欢磨玻璃,家长很不高兴:"你已经念大学了,考试又考得不好,有时候勉强及格,还磨什么玻璃!你得集中精力好好念书。"老师也不高兴,说:"你不要磨了,像个小孩子一样。"但当时王恒守教授是大家非常尊敬的一位二级教授,他把这个同学找来,说你喜欢磨玻璃,我叫人帮你磨。复旦有个很有名的玻璃工厂,里面有吹玻璃的,也有磨玻璃的,请人帮这位同学磨。同时告诉他,磨玻璃也要懂得一些基本知识,如果不懂光学,不懂光线聚焦、焦距,是磨不好玻璃的,启发他对物理学感兴趣。结果,这位同学在别人帮助下磨玻璃,同时也对物理学发生兴趣。他毕业的成绩是中等水平,但是导师的高明还在于,介绍他到紫金山天文台工作,参加了我国最高级超国际水平的天文望远镜的"磨玻璃",为我国超高水平天文望远镜的研制做出极大贡献。人没有全才,但人人都有才。同学们头脑里的火种就这样被老师点燃了。还有一位同学,是理论物理专业的,但从小爱好收音机,有位老师帮他一起装、修电子仪器,结果他成了电子学专家。

杨福家读大学的时候,政治运动不断。1957年的"反右风"让全校257人被划右派,物理系是思想最活跃的系,也是右派最多的系,尤其是物理系高年级同学,右派比例更是"名列前茅"。不少有才华的同学被打成"右派"。马明敏(物理系53级)[①]、蒋孝良(物理系56级)等同学都成了全国有名的右派。56级的党支部书记杨海波,因反右不力,同情右派而被开除党籍。物理系教工党支部书记王兆永老师,因发表同情右派言论也被打成右派分子。但在学校领导的保护下,物理系右派师生没有受到太大的干扰,正常的教学秩序还得以维持。

[①] 《马明敏怎样变成右派分子的》,载《中国青年报》1957年7月20日。

"海阔凭鱼跃,天高任鸟飞。"杨福家体会到,在复旦宽松的学习环境里,每个同学都得到了充分的尊重,得到了全面自由的发展。所以,结合自己和身边诸多同窗好友的成长、成才经历,他认为大学一定要树立以学生为中心的思想。而以学生为中心是很具体的事情,可以体现在很多小事上,这一点目前显然还做得很不够。

七、留校工作建新系

1958年3月,"多快好省建设社会主义,15年内赶上并超过英国工业水平,比苏联先进入共产主义社会"的"社会主义建设总路线"出台,揭开全国"大跃进"运动的序幕。3年"大跃进",各个行业浮夸成风,给国家经济造成严重伤害,使人民生活受到很大影响。

这时候,在周总理亲自运筹规划下,我国为抵御核大国的核垄断和核讹诈,开始自力更生研制原子弹。中国年轻的科技队伍开始组建攻关大军,向原子能科学界迈开雄壮的步伐。复旦大学也做出决定,由物理系卢鹤绂教授和化学系主任吴征铠教授带领两系的青年教师和学生建立一个新系,以培养国家急需的核科学人才。新系由党委副书记王零兼任总支书记和系主任。

1958年7月,杨福家从复旦物理系毕业留校[①],并参与筹建新系的工作。"大跃进"的年代,人们敢想敢干,过去想都不敢想的事情,这个时候不但敢想,甚至敢动手去做。加速器是进行原子核物理研究的主要工具,当时我国还不能自行生产制造。1958年12月,赵忠尧从美国带回一张静电加速器的照片,当时有一位二年级的调干生叫侯旅适[②],他就提出要制造一台静电加速器的想法。学校领导很重视,但觉得侯旅适一个人还不太行,所以决定让杨福家也参与这个项目,并派两人到北京学习制造加

[①] 一同留校的1958届物理系毕业生还有7位,分别为:蔡一鸣、程达铭、何永保、黄心源、凌燮亭、沈伯埙、朱昂如。除了黄心源在1965年因实验室大楼发生爆炸牺牲外,他们都在各自的领域取得了不平凡的成就。

[②] 侯旅适,1930年生,广东揭阳人,高级工程师。1956年进入复旦大学物理系读书,1960年被分配到上海原子核研究所工作,后从事宏观经济研究。曾任中国科学院上海分院副院长、上海市政府办公厅副秘书长等职。

速器技术，着手准备加速器的制作，为筹建复旦大学原子能系作准备。在这以前，杨福家虽然在书本上学了不少原子核物理的知识，也了解加速器的性能，但真正实体的加速器，他却从未见过。他在北京原子能所认真观摩和参与了加速器的制造过程。由于他刻苦钻研，坚持实验，终于对加速器有了初步的了解。在同学们创新热情的带动下，不少教师也提出一些设想。1958年下半年卢鹤绂提议制造电子感应加速器。

从北京回到复旦后，杨福家和侯旅适按照在北京原子能所的学习所得，按照北京拿来的图纸，指导加速器的设计、组装工作。加速器中高真空是一个极其重要又比较困难的问题，华中一在这方面起了关键性的作用。[1] 1958年年底就基本上完成了制造。经过进一步的改进，到1961年一台具有特色的低能静电加速器诞生了。这是我国自己设计、制造的加速器。后来在1965年顺利出束并开始正常运转，质子的最高能量达到3兆电子伏特，提供给实验的最大束流为20微安左右，稳定度达0.1%。被加速的粒子有质子、氘、$^4He^+$和$^{15}N^+$。在其运转的20多年里，一直是国内同类加速器中制作得最好的一台，某些性能甚至优于国外先进的加速器，在离子束分析方面达到国际水平。[2] 这台加速器曾获上海市重大科技成果奖。复旦大学成功设计建造加速器的事迹，使杨福家声名鹊起，受到领导和各方面的重视。

1958年12月，复旦大学原子能系正式建系，设有原子核物理和放射化学两个专业。吴征铠教授任副系主任。为了保密，1961年6月起对外只用代号"物理二系"。[3] 物理二系的建筑是一个封闭的环形院落，四周有"护城河"，进出只有一条路，门禁森严。1959年校领导批准建造一幢用于核物理和放射化学实验的大楼，从设计到竣工仅花了1年左右的时间，1960年原子能系的第一幢实验大楼竣工，并立即投入使用，大大改善了教学和研究工作的实验条件。与物理系高大精美的建筑相比，物理二系的房子简陋不堪，面积也刚及物理楼的一半，其造价却远高于物理楼，因为里面配备了核物理实验室、放射化学实验室等，不但材料特殊，建筑

---

[1] 陈炽庆《汗水心智编织的青春岁月》，载复旦大学退休教职工管理委员会等编《心印复旦园》，复旦大学出版社2007年版，第128页。
[2] 任炽刚、承焕生、汤国魂、陈建新等《质子X荧光分析和质子显微镜》，原子能出版社1981年版，第75页。
[3] 1977年改称原子核科学系，1988年复称物理二系。1997年8月物理二系改建为环境科学与工程系和现代物理研究所两个建制。

施工更是要求严格。当时这幢实验大楼在全国也是属于先进水平的。

◆ 复旦大学现代物理研究所主楼外景

建系初期,虽然"一空二白",实验条件简陋,科研资料贫乏,但师生们热情高、干劲足、敢想敢干,日以继夜地边进行科研边进行教学。卢鹤绂和吴征铠两位教授为了培养青年教师,经常在晚上为他们讲课,直至深夜。1960年就开出了所有专业基础课和专业课,并建立了当时国内一流的核物理和放射化学教学实验室。大家发扬自力更生、解放思想的精神,师生结合,自建实验设备,开展科学研究。核物理专业的加速器实验室,除了拥有国内第一台质子静电加速器外,卢鹤绂提议制造的电子感应加速器也制造出来(蔡祖泉也参加做了真空管),虽然不能做实验,但可以出束。除了加速器这样的大型设备,他们还自己动手制造进行核物理实验必需的仪器,如定标器、正比计数管、GM计数管、碘化钠(铊)晶体,并与物理系合作研制成功国内第一只金硅面垒半导体探测器。

1958年,原子能系建系时还没有学生,先从物理系和化学系转入部分学生,从1959年起按系独立招生。物理二系招生的考分是全校最高的,进入二系读书的学生都备感自豪。杨福家开出一门"核谱学"的新课,写出一系列论文。从此,杨福家一步一个脚印,向着原子核物理世界展开不倦的探索和顽强的拼搏。

八、"五八中队"带队人

1958年6月,毛泽东主席提出"搞一点原子弹、氢弹、洲际导弹"。"在今天的世界上,我们要不受人欺负,就不能没有这个东西。"当时中国核工业研究刚刚起步,时任核工业部副部长的钱三强,亲自把科研任务下达给沈阳金属所、上海研究所和复旦大学原子能系等研究单位。

在天然铀中,铀-238占99.28%,而制造原子弹需要的铀-235却只含约千分之七。要制造核弹,首先要通过同位素分离技术把铀-235从天然铀中浓缩分离出来,其技术核心是分离元件。到20世纪60年代初,世界上还只有美、英、苏三国掌握制造分离元件的技术。这是制造原子弹重中之重的项目,被核国家列为重大国防机密,严禁扩散。

复旦大学原子能系在吴征铠的领导下,对各种可能用于铀同位素分离的方法进行探索。开始尝试用化学法分离同位素,曾开展了区域熔融法分离铀同位素和重水,还尝试过反相分配色层和高压电泳等分离法。由于它们的分离系数太小和当时同位素分析技术的落后,没有获得可信和有用的结果。在此基础上,最后明确主攻分离铀同位素气体扩散法中的核心技术,即分离膜的研制,但是如何开展工作,又困难重重,大家一筹莫展。有一天深夜,王零书记看到杨福家几个人半夜12点还在100号的实验室不睡觉,就推开实验室的门问:"这么晚了,你们为什么不回去休

◆ 当时的复旦党委副书记王零

息?"杨福家报告说:"王书记,我们发愁啊。有很多困难,涉及校工厂与后勤部门,解决不了。"王零说:"身体是革命的本钱,大家快点回去睡觉,有困难明天一起来商量。"没有想到,第二天早上,王零书记召集相关部门的负责人,和大家一起商量,通过整合全校的力量来解决问题,然后一一落实。

　　日后为中国的原子弹试验成功立下奇勋的"五八中队"就这样成立了。学校从化学系、物理系抽调出李郁芬等一批优秀教师,组成中队的核心力量,还从上海机械学院、华东化工学院等兄弟单位借调了几位研究人员,并吸收了一些在校研究生和大学生参加,集中力量开展对分离同位素的攻关研究,主要研究气体扩散法分离铀同位素中的关键元件——扩散膜的制造技术,探索铀同位素和重水分离方法。以后陆续挑选优秀的毕业生和在读大学生加入。这支科研队伍由党委直接领导,党委书记杨西光同志亲自挂帅,原子能系主任吴征铠教授具体负责。① 杨福家当时任"五八中队"的副组长。

　　当时的条件非常艰苦,所谓的实验室,其实就是间简陋的茅草房。但大家毫不畏惧,在困难的条件下开展了一项又一项的探索。后来,吴征铠调到二机部。他向有关方面反映,"五八中队"走的路子是对的,但在茅草房里是很难分离出铀-235的,需要将现有的力量进行进一步的整合。于是,在1961年后,中央决定将复旦"五八中队"研究人员,连同他们苦心孤诣置办下来的仪器设备,全部集中到上海冶金所,集中力量参加提炼高浓铀必需的管状分离膜的会战。最后,复旦有20多名师生转战冶金所,由于学校不放杨福家离开,所以"五八中队"其后的工作他就没有再参加。

　　令人高兴的是,通过3年努力,到1963年的年中时管状分离膜的各项指标都达到要求,会战也全面告捷。1964年10月16日,我国第一颗原子弹爆炸成功。复旦大学参加的项目"甲种分离膜制造技术"为核弹爆炸成功做出了重要贡献。这个项目于1984年获得国家发明奖一等奖;第二年又获得国家科技进步特等奖,参加会战的4名复旦大学教师李郁芬、李长林、张敏、谢雷鸣都获得了这一殊荣。

　　虽然这份获奖名单上没有杨福家的名字,但是,他为"五八中队"付出的心血,历史是不能忘记的。

---

① 邓加荣《杨西光传》,光明日报出版社2011年版,第205页。

◆ 杨福家、吴征铠(中)、秦启宗(右一)的合影

九、毛头小伙挑大梁

杨福家在复旦读书时期，复旦大学实行党委领导下的以校长为首的校委会负责制。陈望道很少干预学校的事务，讲话不多。当时的党委书记是杨西光，副书记是王零。他们实际上是全校的"总管"。

杨西光刚从福建省宣传部长的岗位上调到复旦，但是他很懂教育，思想也比较开明。当时运动很多，但杨西光很讲究策略，尽量减少这些政治运动对学校日常科研和教学的干扰。① "文革"后杨西光调任《光明日报》总

◆ 当时的复旦党委书记杨西光

---

① 1980年杨西光对来京看望他的章培恒说："那时我就知道办学不抓教学、科研、人才培养不行，不应该搞运动，但不搞运动行吗？我只能运动来时抓运动，运动一过赶快抓教学、科研、人才培养，对运动的后果能弥补的尽量弥补。那时可真难啊！"(章培恒《追思杨西光先生——复旦大学百年校史中的一页》，《文汇报》2004年4月11日)

编,推动了关于真理标准问题的大讨论,与"两个凡是"展开了针锋相对的斗争,为拨乱反正、为十一届三中全会重新确立马克思主义的思想路线作了舆论上和思想上的准备。由此可见杨西光的胸襟和胆略。复旦在名校长陈望道、优秀管理专家杨西光的带领下步入了全国名校之列。

进校不久,杨福家就聆听了党委书记杨西光的报告,他对人才的尊重给大家留下深刻的印象。杨西光在大会上宣布,党委决定并报市委批准,在校内为从浙江大学调来的苏步青、陈建功两位学部委员各建一座别墅。两座别墅与陈望道校长(也是学部委员)较大的别墅相影而立。这是复旦仅有的3座别墅,它让人们看到的不仅是漂亮的楼房,而是对人才的尊重、对知识的尊重。而杨西光自己只住在普通的第七宿舍内,卧室只有8平方米左右。①

◆ 1958年3月28日,杨西光副校长在北大与复旦半导体班同学合影

---

① 《杨西光在复旦大学的日子》(金冲及口述、《中华读书报》整理),载《中华读书报》2009年5月27日。

大学里最为宝贵的因素是人才。苏步青、陈建功来到复旦,复旦数学系的面貌彻底改观,一跃成为全国数一数二的系科,在世界上也有它的位置。同样,周同庆、卢鹤绂、谢希德使复旦物理系蒸蒸日上;谈家桢使复旦生物系名列全国榜首;顾翼东、吴征铠、吴浩青使化学系熠熠生光;周谷城、周予同、谭其骧、朱东润等大学者也都为各自所在的院系增光添彩。

在杨西光和王零领导下的复旦大学党委不仅看重中老年知识分子,而且极富远见地把眼光投向年轻一代。他们敢用年轻人,敢于放手让年轻人大干一场。于是,杨福家很快就脱颖而出。

1958年3月29日,基于对中长期发展需要的考虑,学校制定了《复旦大学1958—1962年工作计划纲要》,提出要培养100名骨干教师的计划,掀起订立教师"红专"规划的热潮。原子能系甫一成立,就很快制订出本系教学和科学研究工作的发展要求和大致步骤,在这个基础上,又制订出师资补充和培养规划,对全系教师在今后几年内的教学与科学研究任务作出安排。青年教师的"红专"规划经过教研组讨论后正式执行。校领导将原子能系的经验和做法向全校推广。那一年,全校教师都订立了"红专"规划。① 在普遍培养一般教师的同时,还注意对少数教师进行重点培养。1961年上半年,经过对全校的调研和摸底,学校对重点培养的名单作了进一步的调整,确定了一份重点培养的60名青年骨干教师名单。他们都是45岁以下的中青年教师,其中就包括杨福家。杨福家同李大潜、高滋、邓景发、章培恒、王迅这些青年教师就经常被召集在一起开会,由党委副书记王零向大家介绍国内外形势。

当时的副书记王零对杨福家影响很大。王零同志不仅关心大家的思想、关心大家的工作,对老师们的生活都常予以无微不至的关怀。原子能科学系成立之初,困难重重,正是王零亲自挂帅,带领几个年轻人攻坚克难。他很少坐办公室,不是整天开会,而是花大量时间于基层,交各种朋友。他不仅知道你本人的情况,还知道你的家庭;他不仅知道教师,而且

---

① 复旦大学校志编写组编《复旦大学志》第二卷(1949—1988),复旦大学出版社1995年版,第541页。

连教学辅助人员、甚至学生的情况都一清二楚。杨福家后来动情地写道:"这就是当时的党委书记,这就是我们所需要的党委书记,这也是复旦当时具有的软实力的一部分,它的重要性远远超过高楼大厦!""我就是在这样负责任的领导的帮助下迅速成长的。① 这批重点被关照的青年教师后来都成为复旦的骨干力量,从而使复旦在全国有很大的竞争力。"可见,"以人为本"是复旦领导的指导思想,是复旦的优秀传统。这个优秀的传统对今天发展高等教育仍然有很强的现实指导意义。

1960年10月,吴征铠教授调至二机部(即核工业部)后,物理二系的副系主任就空缺了。杨福家当时还只是一名大学毕业才两年的助教,只有24岁(但是仍做了5年助教,到1963年升为讲师)。无论是资历还是年龄,论资排辈的话他都毫无优势,但校领导说:"杨福家每次考试不是第一名就是第二名,有组织能力,又能团结人,做系主任虽然年轻,但毫不逊

◆ 杨福家与老领导、老朋友合影;前排右起:王零、苏步青、吴征铠及夫人,后排右起:郑企克、秦启宗、杨福家、华中一、郑子文

---

① 杨福家《中国梦首先是教育梦》,载孙勤主编《核铸强国梦:60位核科技院士专家访谈录》,中国原子能出版社2015年版,第32页。

色!"学校"不拘一格降人才",给年轻人以充分的信任,任命杨福家为复旦大学原子核物理系的副主任。同时任命为副系主任的还有几位年轻人,其中包括华中一、秦启宗等。这在复旦的历史上是史无前例的。特别是杨福家,他在中学读书一度还是个差生,现在成了大学的系主任,这让过去的熟人吃惊不小。有一天杨福家路过学校操场,他被一位体育老师拉住,"嗨,你这小捣蛋怎么进了复旦?我在布告栏里看到你居然成了副系主任!"杨福家定睛一看,竟然是他的初中同班同学!小时候,他因顽皮得罪老师而一再转学甚至被勒令退学,可不就是非常令人头痛的小捣蛋嘛!站在操场上,杨福家和他的同学一起开心地笑了。

只要德才兼备,就当委以重任,哪怕是初出茅庐的毛头小伙儿!这是对当时复旦尊重人才的氛围一个最好的诠释。

这一段经历让杨福家刻骨铭心,33年后当杨福家成为复旦校长时,他满怀激情地说:"1954年秋我进入复旦大学学习,第二年春加入中国共产党;1960年,我24岁时被任命为原子能系副主任。我亲身体验到:复旦大学有着培养青年人成长、为青年人创造机会的浓厚的政治与学术气氛。我衷心希望,我们能保持和发扬复旦这一优良传统。"所以,上任伊始,他的第一个举措就是:"为青年人创造更多的机会!"

十、成立家庭携手行

1961年10月,杨福家和生物系青年教师彭秀玲组成了幸福的家庭。

彭秀玲是浙江瑞安人,生物系1956级学生,比杨福家低两级。她是典型的江南姑娘,温柔漂亮,身材高挑。和杨福家一样,她读书特别刻苦,成绩优异,还积极参加学校的各项社会工作,是学校女排队的主攻球手,各方面表现都很突出,是学生中耀眼的明星。她毕业后也留校工作,并立即成为学校重点培养的青年骨干教师。在

◆ 杨福家的夫人彭秀玲(1956年摄)

1960年2月1日召开的中共复旦大学第三届党员代表大会上,她当选为校党委会的委员。①

两个人的实验室离得很近,又都一心扑在工作上,整天待在实验室,所以抬头不见低头见,就这样相识、相知、相爱。两人在学校举办了俭朴的婚礼,校党委副书记、副校长王零同志亲自做主婚人,其他领导、同事也纷纷向这对青年才俊表示由衷的祝福。

上大学前,彭秀玲的父母都已经不幸去世,她和在机关工作的姐姐相依为命。所以,她很早就养成很强的独立生活能力,性格上也十分坚强。结婚后,她和杨福家一起住在学校的宿舍里,为了节约时间,他们每天还是在食堂吃饭,省去"买汰烧"的麻烦,生活方式和婚前其实也没多大区别。彭秀玲把杨福家的母亲当成自己的妈妈,非常孝顺。杨家上下也都打心眼里喜欢这位聪明懂事、漂亮能干的媳妇。

彭老师全力支持杨福家的工作。长期以来,为了让杨福家全身心地干事业,她默默承担了大部分的家务,家里总是收拾得一尘不染。女儿出生后,更是不辞辛苦,承担了照顾女儿、辅导学习的全部重任。杨福家走上领导岗位后,每天出门穿什么衣服,结哪条领带,彭老师也都帮他安排整理好。杨福家平时工作十分繁忙,家里的事更是完全依赖妻子。杨福家每次跟人说起这些,口气里都充满了感激。

彭老师在照顾家庭的同时也没有停止事业上的追求,在教学、科研上取得了骄人的成绩。"文革"后,她发表了不少高质量的论文,出版了很多有分量的著作。1980年以后,她多次为生物系硕士研究生开设"基因工程实验技术"的课程,作为分子遗传学实验的一个组成部分。实验涉及遗传学、生物化学、微生物学以及分子生物学等基础知识。为了便于同学们掌握,彭老师在开设课程的同时,还编写了详备的实验讲义,并交由出版社出版。由于基因工程方面可以参阅的有关实验书籍十分稀少,在国际上即使有一两本手册,也不适合于我国的教学需要。因此,《基因工程实

---

① 复旦大学校志编写组编《复旦大学志》第二卷(1949—1988),复旦大学出版社1995年版,第82页。杨福家在复旦大学第九届党员代表大会(1981年1月29日)上被选为校党委会的委员。

验技术》出版后受到同学们的广泛欢迎,并多次再版。① 该书第二版获1999年上海市普通高校优秀教材奖一等奖。她写的《数理逻辑漫谈》(湖南科学技术出版社,1998年)也很受读者欢迎。

◆ 彭秀玲等人编著的《基因工程实验技术》与彭秀玲翻译的《探索DNA的奥秘》

彭老师还努力地做科学普及工作,积极地向普通百姓宣传生物遗传学。20世纪80年代,她翻译了美国哈佛大学教授M·霍格兰(Mahlon Hoagland)的名作《探索DNA的奥秘》。②这本书以作者的亲身经历、用非技术性的语言描述了遗传物质DNA的发现过程,介绍了对分子生物学的发展起重要作用的一系列实验,不仅把深奥的专门知识写得浅显易懂,而且还生动地描述了科学发现的具体过程,使人们清晰地看到这些重大发现产生的思路、发展的脉络,体会出科学研究的思想方法。彭老师认为,"对于科学发明,掌握有关专业知识固然重要,但缺乏正确的思维和方法,也是枉然"。所以她将这本书介绍给中国的读者。这本书既讲科学发明,又讲思维方法,读者强烈地感受到科学家探索真理的激情,也感受到科学探索的无穷乐趣。

彭老师和杨福家经常互相交流和讨论各自领域的研究,碰撞出不少

---

① 彭秀玲、袁汉英《基因工程实验技术》,湖南科学技术出版社,1987年第一版;彭秀玲、袁汉英、谢毅等《基因工程实验技术》,湖南科学技术出版社,1998年第二版。
② [美]霍格兰《探索DNA的奥秘》(彭秀玲译),上海翻译出版公司1986年版。

思想的火花。杨福家非常熟悉也极为重视生物科技。1995年9月13日,他在《上海科技报》头版头条发表文章《高科技进展》,所列六大进展中有两项是生物技术。他在很多演讲中都不遗余力地宣传生物遗传学、生物工程。他说:"相对论、量子力学、DNA结构的三大发现,是20世纪的三大科学发现。诺贝尔奖获得者雷德曼在总结了很多人评价的基础上得出一个结论:当今世界,25%的GDP(国民生产总值)来自量子。下面一句话是我加的,恐怕再过几十年,或许会说,世界25%的GDP,来自生命科学。"[1] "我是搞物理的,但是如果我作为科研管理者来讲,我会把钱首先放到生命科学,也需要支持为生命科学服务的化学、物理、数学。"[2] 这些观点的形成,恐怕多多少少都受到彭老师的影响。

◆ 杨福家和彭秀玲与牛津大学首位华人教授崔占峰教授交流,2014年6月10日摄于牛津大学

在这些年中,彭秀玲陪同杨福家出访了很多地方,有时虽然很累,但她总是振作精神,容光焕发,把自己最好的一面展现在人们之前。她优

---

[1] 杨福家《知识经济与高等教育》(中央电视台"百家讲坛"讲演),载《大思想》,西苑出版社2009年版。
[2] 《新世纪与新科学》,载《厦门大学80周年校庆论坛演讲集》,2002年版,第105页。

雅、大方地站在杨福家的身边,用流利、得体的英语招呼各国朋友,热情招待他们的女性家属,为杨福家的外事活动增光添彩,为丈夫事业的成功提供了强有力的支持和帮助。

◆ 杨福家、彭秀玲与美国前国防部长佩里的合影

◆ 杨福家、彭秀玲与外国友人在一起

杨福家和彭秀玲这对恩爱夫妻，他们的婚姻生活已经走过50多个年头，可谓相濡以沫。杨福家在很多学校都捐款设立了各种奖学金，不久前还在母校复旦大学设立"梦想基金"，资助家庭经济困难的优秀学生。这个"梦想"寄托了他对当代大学生的希望。① 很多人以为杨福家很有钱，其实他是一个知识分子，哪里有什么钱！他不过把金钱看得很淡。他认为"为钱而生活是没有多大意思的"②，早在20世纪80年代，他获得来自美国的一笔5 000美元的奖金，但他把这笔钱全部奖励给那些参加国际交流的同学。他很欣赏比尔·盖茨的妈妈在临终前告诫儿子的话："从社会得益很多的人，社会对他的期望也很高。"③

彭老师十分理解和支持丈夫的做法，夫妻两人平时的生活极其节省、简单，两人现在都年逾八十，但家里所有的家务都亲力亲为。两位科学家真是让人可亲、可敬！

---

① 杨福家先生曾在一次演讲中，阐释了他对"梦想"（DREAM）的理解。"DREAM"的第一个字母"D"有3个含义，第一个就是"Dream"，大学生要有"为国家服务，为世界服务"的梦想，另外还代表不断探索（"Discovery"，探索、发现）和百折不挠（"Determination"，决心、意志）。第二个字母"R"代表责任（"Responsibility"）：要成为一个有用的人，对社会有贡献的人，就必须在做任何事情时有责任心。第三个字母是"E"（"Emotion"），即做事要有激情，待人要热情；如何与人打交道，是成功的要素之一。第四个字母是"A"（"Ability"，能力）：读书重要，培养能力更重要；学习的能力，思考的能力，与人相处的能力，都是成功的要素。"DREAM"的第五个字母是"M"（"Me"，我），最重要的发现是发现自我；发现自己的才能、自己的火种，懂得自己善于做什么和不善于做什么。（《我有一个梦想》，载《博雅教育》第四版，复旦大学出版社2017年版，第327—328页）
② 《搞科学，首先是为了事业——答记者问》，载杨福家著《追求卓越》，复旦大学出版社1995年版。
③ 杨福家《节能减排与做人做事》，载《文汇报》2007年8月14日。

| 第三章 |

负笈丹麦　第二故乡

杨福家1963年到丹麦留学,1965年回国,他在丹麦度过了终身难忘的两年时间。他去的最多的国家是美国,但不管去美国多少次,哥本哈根都是他心中永远的第二故乡。

一、新辟交流通道

1949年中华人民共和国成立之后,由于历史原因,与美国等西方发达国家不相交往,极大地限制了自身科学技术的进步。在中苏关系破裂之后,中国的国际学术交流空间更进一步被大大压缩。这时,邓小平同志大胆提出"往西方派"的设想。杨福家非常敬佩邓小平解放思想、勇于开拓、敢于担当的胆识和精神。1997年2月邓小平逝世时,杨福家正担任复旦校长。他对记者说:"邓小平同志是世纪伟人,他对中国、对全世界的贡献不仅在于参与领导了中国革命的胜利,更杰出的贡献在于他74岁高龄以后,史无前例地找到了将一个贫穷的社会主义国家引向现代化的可行的途径。"[1]

在这个背景下,中国科学界积极拓展与欧洲国家的学术交流。1960年7月,中国科学院副院长吴有训[2]应邀率中国科学院代表团一行5人参

---

[1] 《坚持伟大理论,继续新的长征——复旦师生深情缅怀敬爱的邓小平同志》,《复旦报》1997年3月4日。
[2] 吴有训(1897—1977),江西高安县人。著名教育家,中国近代物理学研究的重要开拓者之一。1921年赴美入芝加哥大学攻读物理学,获博士学位并留校任助教。回国后,曾任教于江西大学、中央大学、清华大学、西南联合大学等。1949年起任上海交通大学校务委员会主任,华东军政委员会委员,文教委员会副主任兼教育部部长、中国科学院近代物理研究所所长、中国科学院副院长、中科院数理化学部委员及主任等。

加英国皇家学会成立 300 周年庆典活动。访问期间,代表团积极接触各国科学家和留英的中国学生,向他们介绍新中国的各种情况。这次访问在一定程度上动摇了西方对我国科学界的封锁,改变了中国科学界在国际上的孤立状态。

庆典活动期间,吴有训会见了丹麦著名物理学家尼尔斯·玻尔(Niels Bohr, 1885—1962)。玻尔由于原子、原子发出的辐射的研究获得 1922 年诺贝尔物理学奖。玻尔于 1921 年创建哥本哈根大学理论物理研究所(The Institute for Theoretical Physics of the University of Copenhagen),1965 年在玻尔 80 岁生日后改称玻尔研究所(The Niels Bohr Institute)。玻尔一直担任所长,对中国非常友好,1937 年曾经来华讲学,在中国学术界和教育界引起很大反响。玻尔一家对中国有很深的感情。在 1947

◆ 尼尔斯·玻尔(1885—1962)

◆ 2005 年 7 月杨福家第七次访问玻尔研究所,与我国驻丹麦大使甄建国(左一)在玻尔族徽前合影;甄建国先生曾在 20 世纪 60 年代抵哥本哈根大学学习丹麦文,从此与丹麦结下不解之缘

年接受丹麦王室颁发的崇高荣誉大象勋章时，玻尔亲自设计家族徽章，其中核心图案就是中国的太极图。玻尔一直为没有新中国的物理学家来研究所访问感到遗憾，所以在那次庆典上他向吴有训表示了欢迎中国物理学家来丹麦访问和工作的愿望。①

1962年10月14日到11月19日，尼尔斯·玻尔的儿子奥格·玻尔（Aage Bohr，1922—2009，1975年诺贝尔物理学奖得主）偕夫人玛丽埃塔·索弗（Marietta Soffer）和尼尔森（O. Bent Nielsen）博士应邀访华。奥格·玻尔在华访问1个多月，踏着父亲的足迹访问了上海、杭州、北京等地，并做了一系列关于核结构的讲座。奥格·玻尔在上海科学会堂作了《原子核的集体运动》演讲，在北京代表丹麦政府和玻尔研究所与中国科学院签署中国-丹麦科学交流协议。这是西方第一个和新中国建立科学交流合作关系的政府和机构。11月下旬奥格·玻尔回国后，即着手安排中国物理学家前来玻尔研究所访问。

1963年3月1日，中国科学院对外联络局函告国家多个主管机构，同意派两名中国物理学家去丹麦：

> 外办、外交部、对外文委、国家科委、教育部、二机部、驻丹麦大使馆、原子能所：
>
> 　根据聂[荣臻]副总理口头同意和对外文委1962年11月2日收文（示字第2193号）批示，同意我院派青年工作者二人去丹麦理论物理研究所进修事。该所所长A·玻尔（Aage Bohr）教授已于今年一月中旬函告我局简焯坡副局长，丹麦政府已为中国物理学家参加该所研究工作安排了二人奖学金（奖学金包括在哥本哈根一年期间的生活费用及北京-哥本哈根的来回机票费用）。我将派二人（一名理论物理，一名实验物理）前去参加该所工作。②

实际上当时的风气较好，"唯才是举"。钱三强是原子能研究所的所

---

① 范岱年《尼尔斯·玻尔与中国有关历史资料汇编》（下），《科学文化评论》2012年第9期。
② 尹晓冬、王作跃《1963年中国物理学家赴丹麦玻尔研究所访问研究的历史考察》，《自然科学史研究》2013年第4期。

长,他提出不应局限于中国科学院搞院内选拔,而应把选拔范围扩大到高校。他在1958年复旦筹建原子能系的时候就来复旦参观视察过,对杨福家的情况比较了解。最后经过层层推选,决定了赴丹麦的候选人,其中就包括来自复旦大学的杨福家。

二、刻苦练习英语

杨福家被国家选拔成为第一批到西方去做访问学者的候选人。但这只是候选人,最终是否能够成行,还要根据进一步的综合考核情况。

1963年2月,所有候选赴西方国家进修的学者共40余人来到北京外国语学院(1994年改名为北京外国语大学),参加为期半年的英文集中培训,然后参加国家组织的英文考试。如果通过国家考试,就有机会履行与西方签订的协议,到西方去学习。

杨福家小时候很怕学习英语,小学为了不学习英语曾多次转学,后来在格致中学老师的引导下培养了学习英语的兴趣,打下了很好的英语基础,所以在大学里仍然坚持看英文的小说和资料,英语并不算差。没料到他刚到北京外国语学院,就遭受当头一棒。所有学员首先都要参加英语面试,考官是许国璋先生。在那个特殊的年代,大学都是以学俄文为主。杨福家的英语一直没丢,坚持看英文的文献,底子还不错,但由于没有机会练习,口语却是弱项。许国璋叫杨福家站起来,"你给我念一段"。杨福家就按要求读了一遍。不料许国璋当时却一句话不讲,之后叫一个教研组长告诉学员们:"什么?你们想半年通过国家考试,我看两年已经蛮好了。"这句话叫年轻的杨福家简直无地自容。

所有候选人按英语水平分成两个人数差不多的班,而杨福家更是被编入较差的那个班。他感到十分沮丧。"学校领导好不容易争取来一个名额,派我来这里学习。如果通不过考试,回去怎么交待!"当时他已经是复旦大学原子能系的副系主任,又是意气风发的讲师,却被编入了差班,他自然咽不下这口气,情绪从高峰一下子跌到低谷。

杨福家并没有被打倒。他决心要争口气,不能给母校丢脸。就是在这时候,他和后来成为北大校长的陈佳洱成为了好朋友。陈佳洱来自北京大学新成立的原子能系,这次也被选拔来参加培训,同样被这个面试来了个"下马威"。两人可以说是"患难之交",他们碰头商量说:"我们给他这么评估,有点冤枉,我们的英文也不见得差到如此,我们差就差在口语么。"杨福家提议以后两人互相交流时,只讲英语不讲中文:"我与你从明天开始,大操场散步也好,锻炼也好,中文不讲了,洋泾浜英文讲到底。"

◆ 2004年11月20日中国科协年会期间,右起:陈佳洱、杨振宁、赵忠贤、杨福家

就这样,校园里随处可见两位年轻小伙子大声练习英语的身影。两人越说越顺,也越来越自信。5个月后举行考试,主考老师也不是上课的这些老师,考试很公平,原来程度稍差的二班13个人里有4人通过了考试,杨福家和陈佳洱就是其中的两个。而编入快班的人很多反而没有通过。除了杨福家以外,最后还临时另外选派了清华大学的张礼,他曾在美国留过学。

陈佳洱去了英国,杨福家去了丹麦,在哥本哈根这个物理学家"朝圣"之地、原子物理的故乡,开始了为期两年的(1963年10月至1965年

8月)的留学生涯,从事核反应能谱方面的研究。这是他人生中最难忘的两年。

◆ 玻尔研究所(图片是由玻尔研究所在 2003 年 10 月提供给杨福家先生)

◆ 杨福家在玻尔研究所留学时

这个经历给了杨福家很大的教育,就是不要轻言放弃。他说:"一个人的成长是需要机会的,但一旦机会来了,还要看你有没有信心、有没有意志、有没有才华去把握住机会。"这件事也促使他思考如何学习一门外语。他认为,学习外语的规律与学习科技的规律是不一样的。当时那个班级的学员都是理工出身,每个同学都十分努力:有的善于积累资料,把每个词的意义收集得十分广泛、力求完整,有的甚至丰富了已有的辞典;有的深入钻研文法,然后依此规律来"创造"词句。杨福家几个人则采取不同的途径：多开口，多相互练习；在掌握基本文法后多听、多学"外国人是怎么说的"。因为英语毕竟是外国人的语言，首要的不是自己去创字造句，而是"照搬不误"。事实证明，这种方法是正确的。

三、来到哥本哈根

出于政治和外交上的考虑，中国驻丹麦大使馆建议不接受丹麦提供的奖学金，赴丹麦合作交流的一切费用由中方自行提供（当时估算两人在丹麦学习1年共需3～5万丹麦克朗，包括食、宿、生活零用和旅费在内，工资部分是由国内安排的）。这个建议得到中国科学院和外交部的同意。

在中丹双方的努力下，经过将近1年的准备，杨福家终于在1963年10月赴哥本哈根研究所访问学习。为节约经费，他和张礼先坐火车到莫斯科，再从莫斯科乘飞机到丹麦。1963年10月11日，两个人经过长途跋涉，辗转抵达丹麦。当天到机场迎接他们的是玻尔研究所物理学家布

◆ 玻尔研究所的大教室，长板凳上坐满3排；照片中除尼尔斯·玻尔（前排左二）外，还有年轻的海森堡（左三）、泡利（左四）、朗道（右二），他们后来都获得了诺贝尔奖

◆ 玻尔研究所的大教室全部坐满的场景；照片中除尼尔斯·玻尔（前排左一）外，还有奥格·玻尔（前排左二，当时他还未获得诺贝尔奖）

朗（Gerry Brown）教授。那天刚好是周五，研究所正举办例行的讨论会，所以布朗把他们直接带到那间著名的大教室里参加讨论。当时奥格·玻尔和本·莫特逊（Ben Mottelson）均在场，讨论气氛十分热烈。奥格·玻尔和莫特逊共同获得1975年度的诺贝尔物理学奖。①

由于周末哥本哈根商店关闭，讨论结束后，研究所的工作人员又带领杨福家和张礼两人四处购买日常生活用品。

杨福家到丹麦以后不久，很快就适应了在研究所的工作和生活。他对问题有独立的见解，为人直率、幽默，和同事很快就成为好朋友。杨福家工作的实验室在郊外，他平时都是和好朋友比扬霍姆（Sven Bjømholm）一起坐火车上班。比扬霍姆在火车站附近有一辆摩托车，杨福家就坐在他的摩托车后面到研究所，两人关系非常要好。奥格·玻尔在和李政道的通信中难以掩盖他的喜悦之情："杨福家在这里表现非常

---

① 奥格·玻尔、莫特逊和雷恩沃特（L. James Rainwater）3人因发现原子核中集体运动和粒子运动之间的联系，并且根据这种联系提出核结构理论而分享了1975年的诺贝尔物理学奖。

好,和组里的其他成员相处得很好。"

当时丹麦理论物理研究所在玻尔父子的领导下,早已成为世界上重要的物理学研究中心,该所和美英科学界交流频繁,可以很方便地了解物理学前沿成果。对于中国学者来说,能前往该所是不可多得的学习与研究机会。杨福家学习实验,在丹麦接触到当时最前沿的核物理研究工作,为回国后继续从事物理学研究和教学以及国际交流打下坚实的基础。

对于杨福家,他在丹麦的经历对其一生都有重要影响。杨福家在丹麦玻尔研究所从事核反应能谱方面的研究,由于奥格·玻尔教授对杨福家访问期间所做的研究成果很满意,就向我国大使馆提出,希望他再工作1年。经过批准,杨福家在丹麦玻尔研究所延长了将近1年(仍然是国内的经费)。同去的张礼则按时回国,接替他的是原子能所已经通过英语考试的卓益忠。① 卓益忠来到丹麦,给杨福家带来很多欢乐。卓益忠烧得一手好菜,杨福家吃了1年的西餐早已吃腻,卓益忠经常做菜给他解馋,

◆ 卓益忠先生在其 80 寿辰学术报告会上

---

① 卓益忠(1932—2017),福建罗源人。中共党员。1955 年毕业于东北人民大学物理系。1956 年和 1964 年曾先后赴苏联科学院物理研究所和丹麦玻尔理论物理研究所留学。1961 年参加了氢弹理论预先研究工作,1967 年承担了七机部人造地球卫星空间辐射屏蔽的理论计算任务,1975—1985 年在担任中国核数据中心副主任期间,主持全国核数据协作网的理论计算工作,建立了理论模型,完成了《中国评价核数据》第一版,为国防任务做出了重要贡献。在基础研究方面,与合作者一起,对原子核裂变理论、微观光学势理论、原子核统计输运理论以及核力问题,开展了广泛而有特色的研究,在国际上最先提出用非平衡态研究核裂变,最先提出并研究核裂变的量子布朗运动。

让他大快朵颐。卓益忠人好、学问好,跟杨福家保持着终身的友谊和合作关系。2017年,老朋友逝世的消息传来,杨福家先生动情地写下:"这两天,一直在思念益忠。我1963至1965年在丹麦,1964年益忠来了,我们住在同一套公寓。他会烧菜,我的生活大大改善。1973年我们一起陪奥格·玻尔访问原子能研究所,钱三强主陪。益忠是一个友善的人,一心搞学问的人!"

当时丹麦哥本哈根大学玻尔研究所的80个研究员中有30个丹麦人,杨福家是50个外国人中唯一一个没有博士学位的人。但奥格·玻尔对杨福家非常友好,非常欣赏他的才华。1972年奥格·玻尔向罗格斯大学物理系核物理研究实验室乔治斯教授推荐杨福家,他是这样写的:

1963—1965[杨福家]在玻尔研究所(NBI)的串列实验室(Tandem Laboratory)参加了多个实验核物理项目。他的能力和性格都给我们留下了很深刻的印象。他善于学习新技术,得到了他同组同事的一致好评。他有独立见解,为人直率、幽默、易于相处。他是一个很有能力的物理学家,我强烈推荐他。来年的5月我很可能去中国,非常期待见到他,我们一直保持着联系。

◆ 1998年10月,杨福家夫妇和奥格·玻尔在一起

当时中国对这些参加出国交流的学者在发表学术文章、参加国际会议方面有严格的限制和要求。中国和丹麦有外交关系，但和很多国家都没有建立外交关系，尤其和美国以及一些国际组织没有正式关系，所以杨福家在发表学术文章、参加国际会议时受到很多限制。尽管如此，杨福家克服困难，在芬兰、丹麦、瑞典等国作了有关"单中子态实验研究""中子数为82核区的核反应谱学"等学术报告，受到了国际科学界的好评。当时他虽然做过很多出色的工作，却经常无法在发表的成果上署名。1965年杨福家在玻尔研究所与其他学者合作研究"钐元素和钕元素中子单粒子状态"并合写了一篇文章，由于合作者中有两个美国物理学家，按照中国当时国内的规定，作为主要研究者之一的杨福家不能一起署名。最后，其他作者只能在文章的致谢中感谢杨福家对本文做出了巨大贡献（"The authors wish to thank Dr. Fu-chia Yang for innumerable contributions to the present work."）。

四、珍惜宝贵机会

1963年2月，周总理到上海作了一场报告。周总理说："你们每一个人都要想一想与你们同年龄的1 500万人。你们有这样的机会，其他1 500万人在干什么呢？身在福中要知福。"这句话深深触动了当时坐在听众席中的杨福家，成为影响他人生的第二句话。"你们都要想一想，与你们同年龄的1 500万人。"在异国他乡，年轻的杨福家经常用这句话提醒自己，要珍惜来之不易的留学机会，以优异的工作成绩向祖国和人民汇报。

杨福家后来常告诫年轻人："现在与你们同年龄的恐怕不止1 500万，想一想中国人，也想一想外国人，有多少人能够像你们这么幸福地坐在这里听报告、学习？很多人他是上不了学，没有钱上学。有的人根本连饭都没有钱去买来吃，处于饥饿的状态，很多人处于战争的情况下，有的人处于压迫的状态。你们这么幸福，现在有这么大好的机会，你们怎么抓住这个机会？但是机遇是有大的有小的，大的国家为你们创造，学校为你们创造。小的呢？恐怕要自己去寻找，自己去创造，抓住这个机会。""大学代表的意义就是机会,中学我感到也是一样的。有没有给你们机会?我有一个梦,立志要成才。而要做到这点,要有非常坚定的意志。英国著名的政治家丘吉尔一生信奉 7 个单词('Never give up. Never never give up.')。尼克松是打开中美关系大门的一位总统,有一个图书馆展出他的生平,第一句话就是前面的 3 个单词('Never give up.')。"珍惜机会,坚持不懈,永不言弃,才会从一个成功走向另一个成功。

◆ 杨福家在丹麦

杨福家到了丹麦后,徜徉在知识的海洋之中,如痴如醉。除了专业上的进步外,学英语更是如虎添翼。这个地方学术空气浓厚,大家都笃信"科学起源于实践,但扎根于讨论"("Science lies in conversation."),这也是在这里工作过的量子物理学家海森堡的一句名言。所里有一块大黑板,在黑板前讨论问题的人群经常不断。午餐虽然吃得简单,但是一顿午饭常吃上一两个小时,饭厅变成讨论问题的场所。这里重视学术讨论的传统给了杨福家很大的启发。2011 年,他在《文汇报》发表文章,题为"创新需要怎样的好环境",其中一条就是:敢于质疑、能够激发思想碰撞的环境。他说,一些著名大学附近的咖啡馆、住宿学院、丹麦玻尔研究所内的饭厅,都是不同思想火种碰撞的地方。科学植根于讨论。美国从第一颗原子弹试验到第一颗氢弹试验花了 103 个月,苏联花了 75 个月,英国用了 67 个月,法国用了 102 个月(据说还是靠了英国的帮助),而中国只花了 32 个月!为什么我国的速度如此之快?这是因为:"我们倡导学术民主。有专业特长的资深学者与刚刚大学毕业的年轻人坐在一起,七嘴八舌,相互启发,敢于争论。每个人都有同样的机会提出自己的见解。有时候,初生牛犊不怕虎的年轻人说出了一些自己也吃不准的想法,但被有深厚功底的学者抓住并加以综合、升华,最终才突破了难题!"

玻尔研究所的研究人员都热情好客,经常邀请同事和友人到家里作客。杨福家有时一周内少则两三次,多则四五个晚上都有社交活动。这些讨论与活动,都为他进一步学习英语、熟练使用英语创造了良好的条件。他也渐渐领悟到,英语是西方国家的母语,有着深远广厚的内涵,不能将其简单地划为"科技英语"乃至"物理英语""生物英语"等各种专门用语。有些人主张,搞理工科的只要学"科技英语"就可以了,那么如何来参加科学的研讨和日常的活动呢?要真正掌握一门外语,首先要了解、熟悉这一语言的背景、文化。[①] 多练习口语,多读几本英语文学名著,才能适应用英语与人交际的需要。

熟练掌握了英语,给杨福家带来很多机会。20 世纪 70 年代,随着我国国际地位的提高,西方科学家纷纷来华访问。这些科学家在复旦大学甚至在上海的很多演讲,都由杨福家担任口语翻译,前后有近百次。这使得杨福家在"文革"期间仍然能够得以继续拓宽学术视野、接触科技前沿、扩大国际交往,对他日后发展的帮助是非常巨大的。

五、通宵忘我工作

杨福家在玻尔研究所留学的身份是博士后研究员。该所来自各国的 50 多位学者大多有博士学位,而他实际上只是一个本科毕业才 5 年的讲师,又来自科技相对落后的中国,精神上的压力是相当大的。杨福家深知

[①] 杨福家《学习英语,享受完整的美》,《外语界》1994 年第 2 期。

自己作为新中国第一批代表到玻尔研究所,肩负着祖国的荣誉,自己必须要为荣誉而战。他形容自己在这段时间是"拼命地工作"。他总是满腔热情地主动学习,夜以继日地发奋工作,连吃饭的时间也在同各国同事讨论问题,仅用1年时间他就做出了重要的研究成果。

当时奥格·玻尔和他的同事莫特逊对一种核运动状态作出一个预言,请杨福家和一位丹麦学者做实验进行检验。两人克服了一系列的困难,于1964年4月底正式在玻尔研究所串列加速器实验室做出实验结果,证实了这个预言。当年暑假杨福家代表玻尔研究所到芬兰的一个会议上演讲。这是杨福家去玻尔研究所做出的第一个成果。玻尔教授祝贺他取得了重要的研究成果,并希望他能延长在丹麦工作的时间。

为了给国家节约费用,杨福家在丹麦工作两年都没有回国。那时候的通讯方式很落后,没有条件发邮件、打电话或者视频,他只能靠1个月左右一次的通信和家里保持联系。杨福家每个月都打听好时间,早早来到大使馆等候信使的到来,迫不及待地拆开家人的来信阅读,并把自己的信装进信封交给信使带回国内。彭秀玲在信中反复叮嘱丈夫,要照顾好自己的身体,工作要劳逸结合。杨福家每次都安慰她,请她一切放心。他放下对新婚妻子的思念、对年老母亲的牵挂,忘我地投入工作。

为了学到真本领回来报效祖国,杨福家怎么会不拼命工作呢?在那里,通宵工作对他来说简直是家常便饭。做起实验来,更是废寝忘食,昏天黑地,没有时间概念。好在玻尔研究所全所上下都全力配合这位来自中国的"拼命三郎"。杨福家第一次准备通宵在加速器上做实验前,很担心常用仪器出故障,自己又修不好。这样不但实验做不成,反而会浪费加速器的使用时间。没想到当仪器工程师知道他晚上要用仪器后,下班前准备了5台以防万一,这使杨福家心里更踏实了。当时实验室的墙上有条标语,写着"Enjoy yourself"。杨福家在实验室通宵工作感到疲惫时,看到墙上的这条标语,不由心生暖意,他给自己暗暗鼓劲:"要学会享受你周围的环境,今天得到这样好的条件是很不容易的。"正是凭着这股"拼"劲儿,1964年2月8日的凌晨两点半,在连续工作了40个小时后,杨福家终于等到预期的信号,获得实验的成功。

◆ 杨福家在 1964 年 2 月 8 日凌晨获得实验成功

六、广交四方朋友

在 20 世纪 60 年代的政治环境下,大使馆对在玻尔研究所的杨福家两人还是有些要求的。例如,不能直接给国内写信,需要通过大使馆与国内联系;不能随意照相;按规定派出人员要两人共同行动。不过这最后一点根本就没法照办,因为杨福家的实验室在哥本哈根郊区,而张礼的工作地点在玻尔研究所。在学术研究上,两人倒是完全自由,纯粹依照国外的合作要求进行,国内并没有具体要求和限制。

总体上说,杨福家在玻尔研究所将近两年的访问研究经历,是非常充实而愉快的,对他一生的发展也至关重要。他在玻尔研究所学到的不仅仅是物理,还学到了如何与国际同行交往,并结交了众多朋友。

玻尔研究所 80 位研究人员中的 50 个外国人里,有 30 个美国人[1],在中美没有建交的情形下,杨福家开始还有所顾虑,不敢与美国学者交朋友。当时有位中国驻丹麦大使馆的官员鼓励他,多了解丹麦的社会与文化,并勇于与美国科学家交往。这位姓刘的参赞曾对他说:"你到丹麦来,不要只待在物理实验室里面啊。有这么好的机会,你要了解丹麦的社会,了解它的文化,同时你也要多交朋友。"杨福家谈了自己的顾虑:"50 个外

---

[1]《中国当代教育家文存·杨福家卷》,华东师范大学出版社,2006 年版,第 5 页。

国人中间有 30 个美国人。现在中美关系这种情况,我能交朋友吗?"刘参赞告诉杨福家:"国家是国家,人民是人民。留学生不但要念书,还要广交朋友。"杨福家牢记这位参赞的话,在学习本专业知识的同时,与很多同事成为了好朋友。当时来自世界各国的学者,都很渴望了解中国的巨大变化,邀请杨福家的聚会总是应接不暇,最多的一个星期有 5 个晚会。这样他结交了一起学习的很多年轻朋友,其中也包括不少美国朋友。

杨福家的另一大收获是亲身感受到什么是"哥本哈根精神"。哥本哈根的玻尔研究所之所以成为"物理学界的朝拜圣地",除了他的创始人尼尔斯·玻尔对物理学做出的无与伦比的不朽贡献之外,还因为他爱才如命,到处物色有希望的青年人来所工作,积极提倡国际合作,以致被人誉为"科学国际化之父"。尤其是在玻尔倡导下形成了"平等、自由地讨论和相互紧密地合作的浓厚的学术气氛",这就是著名的"哥本哈根精神"。"哥本哈根精神"已经成为物理学界最宝贵的精神财富,它对世界的贡献,也许并不亚于玻尔的量子力学。对杨福家来说,在丹麦两年所感受到的"哥本哈根精神",让他经受了最纯正的科学精神的洗礼,从此破蛹成蝶、展翅高飞!

杨福家第一年在玻尔研究所时,主要是与丹麦人 Per Rex Christensen 合作研究。由于做出很多成果,第二年时有位美国科学家提出想加入他们这个组。杨福家报告了大使馆,大使馆同意后,这个美国人得以加入杨福家的小组。由于杨福家放弃在他们的合作成果上署名,这名美国人十分感动。他任职于美国武器研究院,后来主动向杨福家发出访问的邀请。1978 年 7 月,杨福家等 6 人组成代表团访问武器研究院时,美国由于担心技术泄密,出动了 60 个人全程陪同。总的来说,访问非常成功。通过访问武器研究院,杨福家认识到,应用研究不能与基础理论研究隔绝开来。当搞基础研究的学者了解到武器研究后,就能提出单纯搞武器研究的人提不出的想法与建议!他在《光明日报》上介绍了武器研究院的经验,对改进我国的武器开发模式是有指导作用的。①

---

① 杨福家《武器研究与基础研究——考察美国洛斯·阿拉莫斯有感》,载《光明日报》1980 年 7 月 15 日。

◆ 1988年6月20日,中国代表团访问位于美国新墨西哥州洛斯·阿拉莫斯的美国武器研究院;这是中国"氢弹之父"于敏(左三)第一次也是唯一一次出国

杨福家在玻尔研究所的很多同事和朋友后来都成为世界科学界举重若轻的权威人士,这为以后杨福家在国际上的交流,尤其是与美国科学界的交流,奠定了非常好的基础。他积极抓住每一个机会,参加国际会议,参与国际组织,与世界各国的科学家广泛交往,让世界了解中国,也了解他本人。这为他后来走上国际教育舞台奠定了基础。

杨福家深为玻尔研究所倡导的"平等、自由地讨论和相互紧密地合作"的学术气氛所感动,这也成为杨福家努力追求的一个目标。杨福家回到复旦大学后极力主张科学国际化,在20世纪70年代成功地邀请了奥格·玻尔和其他国外科学家到中国访问,为复旦大学的健康发展起到了重要影响。

七、祖国利益至上

1963年,杨福家临出国前,当时担任外交部长的陈毅元帅接见了新中国第一批出国深造的人员,并亲口讲了一个他留学法国的故事:当年有一次乘无轨电车,遇上一位老太太,陈毅主动为她让座,但谁也不会料到,当这位老太太知道陈毅是中国人时,竟站起来说:"中国人坐过的位子我不要坐。"这个故事极大地震撼了杨福家的心灵,让他难以忘怀。每个人的尊严都是和他的祖国紧紧联系在一起的,没有祖国的强大,怎会有人民的尊严?

杨福家在玻尔研究所访问期间,一直被尼尔斯·玻尔的爱国情怀深深感动。1913年,尼尔斯·玻尔发表了3篇划时代的论文,奠定了量子理论的基础。他的导师卢瑟福一再请他到英国工作,柏林也许诺"给他一个与爱因斯坦相当的职位"[①],而当时丹麦还没有物理学教授的位子,但玻尔却选择留在丹麦。他决心在丹麦这个不到500万人口的小国家建立起被世界所认可的物理学中心。1923年7月,英国皇家学会邀请玻尔,他也拒绝了,他说在国外可以得到金钱上的报酬,但这些报酬无论如何补偿不了他在哥本哈根研究所里得到的乐趣。1939年他在美国发表获取原子能的关键论文时,德国法西斯发动了侵略战争,丹麦已被占领,玻尔属犹太血统,因此也在黑名单之列。在极其困难的情况下,他谢绝美国所有大学的工作邀请,回到自己的祖国。在玻尔的努力下,玻尔研究所成为物理学家朝拜的圣地,成为世界物理学的研究中心,形成哥本哈根精神。

◆ 杨福家、卓益忠、曾谨言译《玻尔研究所的早年岁月》一书

---

① 《复旦大学校长杨福家教授呼吁——要加强跨世纪青年的民族气节教育》,《中国国防报》1997年1月24日头版。

各国著名的物理学家几乎没有不去玻尔研究所访问的。

玻尔把自己的一生献给了自己的祖国,丹麦人民对他十分崇敬。在丹麦,玻尔的故事很多。有一次,他与朋友在车站讨论问题,公共汽车来了也顾不上上车,结果公共汽车足足等了他 20 分钟。尽管车上还有不少人,可是大家一声不响地等了玻尔 20 分钟,由此可以想见丹麦人民对他的尊敬和爱戴。

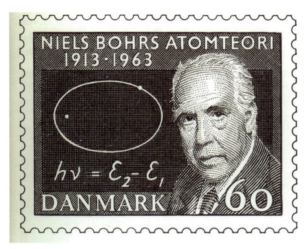

◆ 丹麦发行的纪念尼尔斯·玻尔的邮票

科学无国界,科学家却有自己的祖国。杨福家认为,玻尔对祖国的贡献不亚于他在量子理论上的贡献。玻尔经常引用丹麦童话作家安徒生的名言,"丹麦是我出生的地方,是我的家乡,这里就是我心中的世界开始的地方",来陶冶自己的思想情操,激励自己为祖国的繁荣昌盛建功立业。这是影响杨福家人生的第三句话。玻尔的追求不也应是一个中国科学家的追求吗?杨福家将"丹麦"换成"中国",使这句话成为他的人生哲学:"中国是我出生的地方,

◆ "中国是我心中的世界开始的地方"
(国外杂志封面人物)

是我的家乡,这里就是我心中的世界开始的地方。"正是在这种爱国精神的鼓舞下,杨福家才能满腔热情、夜以继日地进行科学研究。

  杨福家在短短的时间内就取得如此成就,使国际核物理学界不得不对这位中国的青年人刮目相看。不久就有人来到丹麦,以10万美元的安家费、2万美元的年薪为条件,动员他去美国落户。杨福家当即谢绝,因为他从出国的那一天起就抱定宗旨,为祖国而学,这个信念他从来没有丝毫的动摇。在祖国利益面前,他绝不考虑个人的得失。只要祖国在召唤,哪怕是金山银山,他也都不屑一顾。1987年8月,日本东京大学邀请杨福家去该校原子核研究所进行合作研究,该校校长希望他能在那儿工作1年,而杨福家只答应工作半年。东京大学一般教授的月薪是50万日元,外国教授的月薪从未超过70万日元,而他们给杨福家的月薪却达到70.1万日元(相当于6 000美元),等于每天200美元。从校方来说,这增加的0.1万日元是破例的,既表示对杨福家的尊重,也表示对杨福家的高度评价。杨福家后来说:"确实,多1 000日元并没有什么了不起,在东京街头买一碗面条也要花七八百日元。但我就对这1 000日元感兴趣。我作为一名中国教授未尝不感到自豪。"无论日方给多少钱,杨福家都不为所动,因为说到底,这并不是他人生的追求。后来国内有关部门通知他,聘他担任中科院原子核物理研究所所长的批件已下达,杨福家就马上提前回国。"有人说我是傻瓜,可我有自己的想法。"[①]

  杨福家深深地体会到:没有强大的祖国做后盾,哪有中国学者的尊严?他对东京大学超出的1 000日元感兴趣,是出自对祖国的爱。但是他也看到,在这个以实力排座次的世界,一个落后的民族纵然拥有世界上最多的人口,也只是一个小脚女人和东亚病夫——不要说叫人家给你让位子,就是你想给人家让位子的资格都没有!——要紧的是,怎样才能使我们的国家强盛起来?

  杨福家一方面庆幸自己有机会在世界上第一流的实验室工作,另一方面则渴望在不久的将来能有自己的"炼钢炉",即在自己的国土上建立

[①] 顾潜《故乡、祖国是永恒的——与著名核物理学家、复旦大学杨福家教授一席谈》(采访时间:1987年4月18日,采访地点:上海河滨大楼杨福家寓所),载顾潜《苦旅:从红色青年到思想者的真实历程》,山西人民出版社2006年版,第118页。

起具有国际水准的实验室,使自己的祖国在世界现代科学殿堂里也能得到她应有的席位。

在哥本哈根的最后一天,奥格·玻尔专门举办了送别仪式,举家陪同杨福家参观了丹麦博物馆,度过了愉快而难忘的一天。杨福家早也归心似箭,他抱着报效祖国的雄心壮志以及对未来的无限憧憬,告别了依依不舍的玻尔研究所的同事,回到阔别两年的祖国。当时国内正在放暑假,他首先回到北京,在那里见到等候已久的妻子彭秀玲,并向中国科学院的领导作了关于两年交流的工作汇报,还在北京大学开设讲座,向物理界同行和北大同学们介绍国际核物理研究的前沿进展,分享了自己在玻尔研究所工作的点滴感受。

| 第四章 |

动荡岁月　不忘初心

杨福家回国即遭逢"文革"。"黑云压城城欲摧",但他自强不息,牢记使命,在艰难的处境下,仍然孜孜矻矻,取得了多个处于国际前沿水平的成果。在凛冽、寒冷的北风中,在漫长、萧条的冬夜里,这不啻是催动百花、迎接春天的一声声惊雷!

一、无辜被关黑房间

1965年8月,杨福家怀着"要使中国在世界现代科学殿堂里得到她应有的席位"的美好憧憬,从丹麦学成回国,回到复旦大学。

但是,"山雨欲来风满楼",不久"文化大革命"的风暴席卷中国大地。在"文革"中,杨福家虽然没有遭受很大的冲击,但在中国已经找不到一张平静的书桌,他所钟爱的原子核实验室自然也不能幸免。

1966年10月,杨福家的女儿呱呱坠地。杨福家给她起名叫杨奇志。这个名字具有鲜明的时代印记,显然是受毛泽东的诗歌《七绝·为女民兵题照》的启发:"飒爽英姿五尺枪,曙光初照演兵场。中华儿女多奇志,不爱红装爱武装。"这首诗最早发表在人民文学出版社1963年12月出版的《毛主席诗词》。

女儿出生给小家庭带来的欢乐很快就被严酷的政治飓风冲散了。1968年1月25日,上海市革会操控的以造反派为基础的"复旦大学革命委员会"宣告成立,开展"清理阶级队伍"运动,提出要把"隐藏在无产阶级革命队伍内的反革命分子,窃据了革委会领导岗位的坏人、反动教员、反动学生以及一切反革命分子统统揪出来",致使许多师生员工遭受迫害。8月26日由上海市革会派出的工宣队进驻复旦,同军训团一起"领导斗、批、改"。校革会成立了"苏步青专案组",并和工宣队、军训团召开"声讨杨西光、王零迫害工农,反对工人阶级领导罪行大会"。10月16日,工宣队、军训团、校革会召开"对敌斗争大会",提出"全面掀起我校清队新高潮,彻底揭开学校的阶级斗争盖子,狠挖一小撮隐藏得更深的阶级敌人,迎接对敌斗争的新风暴"。

杨福家因为曾被派出国外做过访问学者,自然难以逃脱这场迫害。他遭到多次批斗。有次,他在批斗会上看到同事秦启宗被人当场扇耳光,感到十分心寒。可他自己的处境也好不到哪里去。这时,前辈周培源[①]先生及时提醒他提防别人在背后的"揭发"和陷害,但也无济于事。他很快就因为被污蔑为"联通外国"而关入隔离室,失去了自由。他被关在物理二系的一个黑房间里,长达1个月之久。还算幸运的是,当时负责看管他的一名学生对他起了恻隐之心,帮他投递了一封信,发到外交部的一位老上司(杨福家在丹麦工作时,他是大使馆参赞,主管留学人员)那里。使馆得知杨福家的遭遇后,立即发文给复旦说明杨福家在丹麦勤奋学习的情况,证明他绝非"外国特务"的事实。杨福家被宣告无罪,恢复了自由,和妻子女儿相拥而泣。他觉得自己能够顺利被放出来,还是非常幸运的。他的另一位同事华中一[②],就因为关押了很长时间,儿子不幸夭折,连最后一面都没见上,这种打击、这种痛苦,又有几人能够承受?在那个环境下,又能与何人诉说?

虽然校革会不得已把杨福家放出来,但把他关入黑房间的主事者(工人驻大学"宣传队"成员)自觉"脸上无光",还是坚持把杨福家送到崇明的

[①] 周培源(1902—1993),中国杰出理论物理学家,江苏宜兴人。1928年获加州理工学院博士学位,1936—1937年在美国普林斯顿高等学术研究院在爱因斯坦领导下做广义相对论引力论和宇宙论的研究工作。

[②] 华中一(1931—2007),江苏无锡人,复旦大学1949年后第四任校长。1951年毕业于上海交通大学物理系,1952年在全国高等学校院系调整时,随交通大学X光管研究室到复旦大学工作,1980年晋升为教授,次年被批准为真空物理专业博士生导师,是我国真空技术的开拓者。20世纪80年代曾和杨福家同为复旦大学现代物理研究所副所长。

"五七干校"参加劳动改造。农场的条件虽然艰苦一点,但杨福家再也用不着整天担惊受怕,没有思想负担,心里也踏实了很多。通过劳动,他接触到过去不知道的农村生活,体会到"粒粒皆辛苦",拓展了视野,也觉得受益匪浅。

十年动乱中,杨福家被视为"白专道路"的尖子,横遭批斗,被诬陷"里通外国"。但他坚信这一切是不会持久的。在干校下放劳动期间,他利用工休时间,一如既往地阅读各种可以看到的书籍,不断地思考问题,继续追寻着自己的梦想。

二、同步翻译外文书

在动荡的岁月里,杨福家已经不可能有条件继续进行他钟爱的核物理研究。杨福家只好以别的方式继续自己的科学事业。他还保持与丹麦的交流,并积极联合其他学者合作翻译奥格·玻尔与莫特逊合撰的巨著——《原子核结构》。

1971年6月5日杨福家在给奥格·玻尔的信中写道:"我最近打算把您的《原子核结构》这本优秀的著作[①]翻译成中文。目前正与北京和上海的一些教授商量,还没有作最终的决定,但很快就会有结果。如果有进一步的消息,我会给您写信,并邀请您为书的中文版写序。(另外我们想尽快得到书的第二卷。)"在信中杨福家还指出原著中的一处错误:"'图'的真正意思是'图形'或是'绘画',而不是'例证',只有'例'才是例证的意思。"

在中国酝酿翻译这本书的时候,奥格·玻尔和他的合作者莫特逊也在紧张地进行该书第二卷的写作。从上面的书信中可以看出,杨福家已经知悉该书第二版正在写作中。1971年6月29日,奥格·玻尔在给杨福家的信中说:"莫特逊和我正在奋力于书的第二卷,它即将要出版了。这比我们预期所花费的时间要长很多,但我们也从中学到了很多。"一年半后,即1972年12月19日,他又在信中说:"我和莫特逊正在奋力于书

[①] Aage Bohr, Ben R. Mottelson(1969), *Nuclear Structure*, W. A. Benjamin, Inc..

的第二卷,现在几乎都可以寄去出版了!……我和莫特逊非常感谢您对拙著的高度评价,同时我们也为此书能够翻译成中文版而高兴,并且很高兴能为之写序。早春我们将给您寄过去第二卷的手稿复印本。"在信的最后,他还和杨福家讨论了"图"这个字使用的恰当性。

杨福家于1973年1月21日写信给奥格·玻尔报告了在中国第一卷的中文翻译进展:"这本书非常值得译成中文,目前我们完成了部分翻译。主要翻译工作由北京大学的教授们(即中国最好的理论组)来承担,现在正在翻译。中国最好的科学图书出版社——北京的科学出版社,已经同意尽快出版此书的中文版。这是一项很艰巨的任务,并且将要花费一些时间,我预计1年内能够出版。最后,希望能在5月收到您为本书所写的序言,这个特殊的序会很受欢迎。如果在您来中国之前寄到,我们可以当面讨论这本书中涉及的物理知识。"

奥格·玻尔很快就回信给杨福家,交流第二卷的写作情况:"很高兴收到您于1月21日给我的信。信中提到关于翻译《原子核结构》一书,目前书的第二卷[①]正在顺利进行,预计将在1个月内完成初稿。"(1973年2月8日)接下来杨福家给奥格·玻尔的信则报告第一卷的翻译已经基本完成,第二卷的翻译即将开始:"……感谢您邮寄来书稿第二卷的第四、第五章,它们到得非常及时。一周前,我们这边关于您的书的第二、第三卷的翻译工作已经提上日程(我们正在追上您)。其中书的第一卷,由北京大学承担了大部分的翻译工作,我几乎快完成自己承担的部分,整个工作进展顺利。"(1973年3月31日)1973年4月22日奥格·玻尔与杨福家商讨访华事宜时,也讨论了希望可以在中国与中国物理学家讨论该书:"……我将准备关于原子核结构的最新研究进展的报告,希望在报告后我们可以进行一些讨论,也希望了解您的小组所做的工作。几周之前已经给您寄去我和莫特逊的书第二卷的第四、第五章,这次访问时我还将第二卷的第六章带过去,可以以此作为讨论的基础。"

1973年5月,玻尔在中国访问期间,确定了中文序言。作者为中文版所写的序言如下:

[①] Aage Bohr, Ben R. Mottelson(1975), *Nuclear Structure*, Vol. II. Nuclear deformation, W. A. Benjamin, Inc..

我们极为高兴地欢迎《原子核结构》一书中文本的出版。与中国同事的合作,对于尼尔斯·玻尔研究所和北欧原子物理理论研究所的核物理研究活动,已成为一种意义深远的鼓舞源泉。我们对这一合作的未来发展寄予极大希望。我们看到,在探索自然界的新领域方面,将会有机会作出富有成效的共同努力,同时也有机会来阐明这样的问题,即找出自然科学在更为广泛的社会范围内所应有的地位。

A·玻　尔　北　京
B·莫特逊　哥本哈根
1973 年 5 月 4 日

　　杨福家在此期间除了与奥格·玻尔商讨译书的进程外,还积极主动地与其讨论在翻译过程中发现的疑问。他在 1973 年 8 月 9 日给奥格·玻尔的信中写道:"在手稿中发现了一些错误,但是不太确定,之后还要仔细核实,下次将和您讨论。"信中还附上一些亲笔所写的关于中文版所需要的一些公式及计算过程,还有在公式推导时遇到的问题。奥格·玻尔于 1973 年 8 月 20 日给杨福家写信,首先代表莫特逊向杨福家对该书的评价表示感谢。他说由此可以看出杨福家的翻译是非常认真的。他说自己与莫特逊正在审订第二卷的手稿,已经做了许多改正和调整,这恐怕会影响到中文翻译,因此建议在寄给中方最终版本之前先不要出版中文译本。

　　1973 年 9 月 12 日,这时第一卷第一册的中文本已经顺利出版。杨福家写信给奥格·玻尔报告了这个好消息,并且声明"中文版本的第二卷在我们得到您的最终版本之后再出版","您信中所提到的所有的改正和新添的数据都根据建议正确调整了,并且每个调整部分我们都会加上'由书的作者建议'"。最后又指出了第二卷手稿中的一些错误。

　　从上述通信可以看出,《原子核结构》第一卷的翻译是依据已出版的书籍,并且纠正了原著中的部分差错。而第二卷中文翻译的依据主要是英文本的手稿而非正式出版书籍。中文翻译的速度和英文写作几乎保持同步,速度几乎一致,这边撰写那边翻译,翻译者还就内容与写作者进行

◆《原子核结构》第一卷第一分册

深度交流,在一定意义上甚至是参与了原著的写作。这在科技翻译史甚至是整个翻译史中都是非常罕见的。

在中国和丹麦两国科学家的密切联系和紧密合作下,《原子核结构》一书两卷五册在"文革"中破除各种阻力,陆续顺利出版,一直到20世纪80年代才全部出齐。文献信息如下:

[丹麦]A·玻尔,[丹麦]B·R·莫特逊著;北京大学物理系原子核理论组译,《原子核结构》(第一卷第一分册).北京:科学出版社,1973年9月。

[丹麦]A·玻尔,[丹麦]B·R·莫特逊著;北京大学物理系原子核理论组译,《原子核结构》(第一卷第二分册).北京:科学出版社,1976年8月。

[丹麦]A·玻尔,[丹麦]B·R·莫特逊著;钟丹译,《原子核结构》(第一卷第三分册).北京:科学出版社,1977年10月。

[丹麦]A·玻尔,[丹麦]B·R·莫特逊著;卓益忠等译,《原子核结构》(第二卷《核形变》第一分册).北京:科学出版社,1982年5月。

[丹麦]A·玻尔,[丹麦]B·R·莫特逊著;卓益忠等译,《原子

核结构》(第二卷《核形变》第二分册).北京:科学出版社,1988年8月。

通过翻译玻尔和莫特逊的专著《原子核结构》,杨福家联合国内多所大学的物理学家,将西方最前沿的研究成果引入"文革"中的中国,使得动荡中的中国在关键的科学技术领域仍然能够和西方保持同步、缓慢前进。这些第一流的核物理专家,支撑着共和国的事业度过了最艰难的岁月,他们可谓我们民族的脊梁。

遗憾的是,在特殊的政治气候下,这些译著的大部分都以集体署名的方式出版。因为翻译者都很担心会"引火烧身",不知道这种翻译会给自己带来什么命运。一个运动到来,翻译这些书也许就成为罪过。也许现在大家都无法理解,但这就是那个时代真实的情况。

三、闭塞年代交流频

"文革"期间,在杨福家的促进下,中国和丹麦的科技交往得以保持畅通,玻尔研究所的科研人员多次访华。其中,最重要的一次是1973年5月的奥格·玻尔访华。

这场访问经过数个月时间的计划和筹备。1972年12月19日,奥格·玻尔写信给杨福家,提出了访问的愿望:"目前我们计划着春天去中国,可能是在5月。您建议是什么时间呢?我想告诉您我是多么想见到您和其他朋友们,了解中国的发展成果和人们的生活,并且还有好多的问题以及将来的计划想和您讨论。"第二年(1973年)1月21日,杨福家回信给奥格·玻尔:"很高兴您将在5月访问中国,5月的上海天气非常好,既不太冷,也不太热。"10天后(1973年2月3日)他还写信给奥格·玻尔的夫人,向她传授如何在漫长的旅途中避免乏味的经验:"仍然记得我在哥本哈根最后一天的情景,感谢您带我去参观博物馆,愉快的场景使我难以忘记。如果您在访问中有什么需要一定要告诉我,我会尽力帮助您的。给您一个建议(这个建议学自道许的经验):带足够的彩色电影,这样将会使您的旅途更加轻松。"

后面的联络则更加具体,双方已经开始讨论访问的具体日程和随行人员。1973年2月8日,奥格·玻尔写信询问带助手的情况:"我和夫人预计4月底至5月初访华3个星期。中方的邀请函中提到可以有陪同人员,但没有具体说明什么样的人员陪同,在此询问有何具体要求。"对此杨福家进行了详细的答复。3月31日,杨福家又致信奥格·玻尔,表达了他对奥格·玻尔访华的期待,并表示欢迎更多的国外学者访问中国的愿望:"你们打算先来哪里?上海还是北京?我希望您一到中国我就能见到您,您的具体计划是什么?3周太短了,希望您能延长在中国的时间。谁会陪同您一起来,您或许看到我于2月24日给您的信中我的想法,我希望不久的将来能够有更多的人来中国,还希望能够和您讨论一些问题。"

在奥格·玻尔访华之前的这一段时间,杨福家与奥格·玻尔的通信非常频繁,关于访华细节商讨的内容也非常详细,可以看出双方对这次交流活动的重视。如有新的进展或变动,双方还会互通信件加以确认。具体的访华计划在1973年4月最后确定。4月2日奥格·玻尔给杨福家和卓益忠的信中列出:"我和夫人与比扬霍姆夫妇于4月23日下午到达香港希尔顿酒店,计划4月24日到达中国开始访问,5月19日经香港离开,我希望能够留出时间与杨福家商量中国科学院和复旦大学与玻尔研究所合作的事情。关于此行的学术报告和演讲,我们正在做准备。由于启程前的兴奋状态,准备时间不是很充足。比扬霍姆已经写信告诉了我他的演讲内容,我准备的是关于原子核结构的最新研究进展的报告,希望演讲完有一些讨论将会更好,也希望了解杨福家的小组所做的工作。"

在经过两国长时间紧密的安排与调整之后,奥格·玻尔与比扬霍姆及生物学家欧勒(Ole Maaløe)终于在1973年4月底访华。这次访华正值"文革"时期,中国官方外事活动不多,所以异常重视丹麦代表团的访华活动。正式邀请由中国科学院提出,具体要求由中国科学院副秘书长秦力生安排。北京大学、清华大学、中山大学、复旦大学等高等学校以及中国原子能研究所、中国现代物理研究所、中国核物理研究所等都参与了这次活动的规划和实施。中方派出了较高规格的接待人员。中国科学院副院长吴有训教授主持在北京举办的欢迎宴会。吴有训教授曾参与1937

◆ 奥格·玻尔访华宴会（正面左起：力一、比扬霍姆、钱三强、奥格·玻尔、吴有训、丹麦驻华大使 Janus A. W. Paludan、丹麦译员、生物学家欧勒等）；开始双方交流通过丹麦译员的翻译，后来玻尔说他要讲英语，点名让杨福家翻译

◆ 杨福家夫妇邀请访问团成员到家中做客；前排左起：奥格·玻尔夫人、彭秀玲、奥格·玻尔；后排左起：欧勒、杨福家、欧勒夫人、比扬霍姆、比扬霍姆夫人、杨奇志

年欢迎尼尔斯·玻尔访华、1962年欢迎奥格·玻尔访华的活动,是玻尔家族的老朋友。另外,钱三强、力一①、赵忠尧、张文裕、杨福家、卓益忠都参加了欢迎会,还有一些译员和青年干部。

奥格·玻尔的这次访华非常成功。在他结束访问回国后,杨福家于1973年5月23日给他写信:"我认为你们这次访华对加深中丹两国友谊、促进中国核物理研究的发展、深化两国科学家之间的合作有重要的意义。我和夫人非常高兴你们光临寒舍,度过了愉快的一晚。我现在非常留恋那段时光。在你们离开上海时非常不舍,我是个容易动感情的人。如果你们有什么需要就告诉我,我一定会尽力帮助。"1973年6月22日,奥格·玻尔给杨福家和卓益忠写信:"我们6个人已经回到家里。这次旅行对我们来说意义非凡。昨晚一起看照片,回忆在中国的经历和结下的友谊,我们感到非常温暖。非常感谢你们的陪伴,非常感激你们的关心。"

杨福家在此次奥格·玻尔访华活动的筹划中起到了重要的桥梁作用,尤其是在与玻尔研究所的沟通这一环节。比扬霍姆在访华回国后所做的一场报告中,提到杨福家是一个非常聪明、多才多艺且有能力的人,在协调、计划和开展丹麦在中国的访问过程中发挥着积极的作用。

在奥格·玻尔访华之后,国际著名的核物理专家纷纷相继访华。1973年6月,杨福家接待了来访的希勒格(G. Seelerg)、韦斯科夫(V. Weisskopf)②、萨奇(R. Sachi)等人。希勒格的报告题目是关于超重,萨奇的演讲是关于时间反转,韦斯科夫的报告是关于粒子物理。杨福家主持并翻译了这些演讲,并陪同他们参观了原子核物理研究所(6月7日)、观赏了黄浦江夜景(6月12日)。韦斯科夫给杨福家留下了最深刻的印象,他自己是半个欧洲人,妻子是丹麦人。他在演讲中强调原子核物理过去是理论的,但在当代应用却很广泛。他告诫中国听众,高能物理中最重要的是工程人员,而后才是理论物理学家;常常是新的一种仪器建成后,新的发现就会出现。杨福家还很欣赏韦斯科夫的名言:"我们的知识好比是

---

① 力一(1913—1996),原名力伯皖,祖籍福建永泰县,电讯和粒子加速器工程专家。早期从事电讯工作,为抗日民主根据地、解放区和建国初期的电讯事业做出了重要贡献。参与开创我国原子能事业,主持建成了我国第一台回旋加速器。
② 韦斯科夫(1908—2002),奥地利裔美国理论物理学家。

◆ 韦斯科夫夫妇和杨福家夫妇，1981年10月13日摄于波士顿麻省理工学院

◆ 杨福家组织团队翻译韦斯科夫的著作《二十世纪物理学》

在无边无际的未知海洋中的一个小岛。这个岛屿变得愈大，它与未知海洋的接界也就扩展得愈广。"①后来杨福家专门组织团队将他的著作《二十世纪物理学》翻译介绍给中国读者，选译了其中介绍现代物理学一些较重要的课题和新发展的《二十世纪物理学》《量子物理中的质和量》《量子阶梯》《量子论与基本粒子》《电子理论的新发展》《复合核》《核结构问题》等12篇文章。②

随着中国外交形势的改善，更多的科学家相继访华。1974年5月，李政道

---

① 杨福家《原子物理学》（第二版）"前言"，高等教育出版社1990年版。
② [美]韦斯科夫《二十世纪物理学》（杨福家、汤家镛、施士元、倪光炯、张礼译），科学出版社1979年版。

来上海作了题为"反常核态"的演讲。李政道告诉杨福家,奥格·玻尔曾就这个话题给自己写过一封长信。1974年6月杨振宁来复旦作了题为"群场论的积分形式"的报告。

这些来自国外科学家的演讲,对于在封闭状态中的中国普通科技工作者来说,几乎就是久旱后的春雨、荒漠中的甘露。这些普通的科研人员,他们不懈努力,在狂热的年代仍保持着清醒的头脑,顽强探索,阐释并传递着科学的精神,在自己的领域捍卫着科学的尊严,使得那场浩劫对中国社会和经济的破坏并未能达到毁灭性的程度。

四、跨国合作搞研究

道许(Bernhard Irwin Deutch,1929—1994)是一位丹麦裔的美籍物理学家,任丹麦奥胡斯大学物理研究所教授。杨福家和他在玻尔研究所时就是好朋友。两人曾一起合作写文章。在"文革"时期,道许在杨福家的邀请下多次访华。

第一次是在1972年,道许应邀来中国访问3个月,是最早的在中国待的时间比较长的美国物理学家。

第二次是在1974年。1974年6月8日,杨福家在给道许的信中说:"我非常高兴地告诉您中国已经同意邀请您一家(妻子和两个女儿)9月来中国访问1个多月。您可以去中国驻哥本哈根大使馆去取签证,据我所知我们的大使办的签证都是在中国待1个月,您一定要向他具体说明。希望您能在上海做系列报告(约7~8场),建议采用以下的主题:超精细相互作用、植入原子的位置、穆斯堡尔沟道。我们对这些题目非常感兴趣,希望您能详细讲解。上海植物生理学研究所也非常希望您和夫人能去参观并做一些讨论。关于您在中国的开销我会尽最大努力安排。请尽快告知您到中国的具体时间和地点。我和妻子非常期待见到您。"

在此期间杨福家还与奥格·玻尔讨论道许访华的相关事宜,他在1974年8月25日给奥格·玻尔的信中说:"今年收到了道许的很多封信,我终于帮他办下了签证。他和家人9月4日通过广东到上海,并在上海待1周多的时间,再去北京、西安、南京、无锡这些城市待大约两周,在这之后再返回上海待1周多,最后再回国。"

在中方的盛情邀请下,道许于1974年9月来华访问。9月5日、6日在上海市科学技术交流会上做了题为"超精细相互作用"(研究的新进展,有很多应用)和"穆斯堡尔效应"的学术报告,并进行了学术讨论。报告由复旦大学卢鹤绂主持,杨福家陪同并担任翻译。复旦大学、上海冶金所、上海原子核所、上海材料所、上海钢铁所、上海硅酸盐所、上海科技大学、上海师范大学,以及元件工厂和正在元件工厂工作的山东大学等共计70余位科技人员参加了报告会,其中20余人参加座谈。报告开始时,很少有人提出问题。后续内部交流讨论,对报告进行"消化",引起有关学校的兴趣,对一些正在调研与即将开始这些工作的学员,在讨论、实验和应用技术方面有一定的参考价值和促进作用。

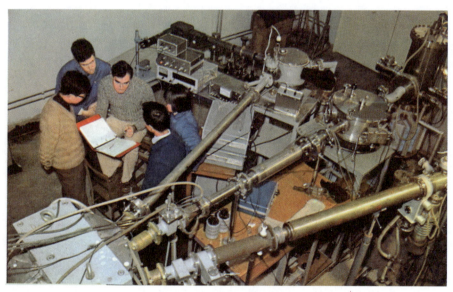

◆ 道许教授在复旦大学工作照

此后,道许还于1979年、1980年应邀访问复旦大学,并在杨福家主持的实验室工作了较长时间,这在当时的中国很是罕见。① 道许在多次

---

① 《美国教授道许情谊深,远涉重洋来华助四化,同复旦大学等合作开展科学试验》,《文汇报》1979年1月13日。

◆《文汇报》刊登道许教授在复旦大学工作的报道

访华过程中,参观了我国许多高等院校和科研单位,对我国的科研情况比较熟悉。他提议搞科研要充分发挥各单位所长,打破小生产方式,开展大协作。他的提议得到有关方面的重视和采纳。复旦大学联合中国科学院上海冶金研究所、上海光学精密机械研究所、上海原子核研究所共同开展"半导体材料的激光退火"试验研究。这项试验当时在我国是一个填补空白、赶超国际先进水平的项目。试验准备工作就绪前,道许就寄来大量资料。当他知道我国一时还来不及制造供试验用的半导体材料,就主动提出由奥胡斯大学协助生产,保证了试验的顺利进行。在试验获得初步成果后,他接到一位美国朋友寄来的介绍国际上开展这项试验最新方法的科技资料,马上就向中国同行推荐。道许满腔热忱帮助中国发展科学,他的真挚感情使中国同行深为感动。

在道许的帮助下,复旦大学物理系和光学系的部分教师还合作开展了"束箔光谱学"试验。这是属于原子核物理学与光学边缘学科的一项基础研究项目,对发展我国尖端科学技术有一定的促进作用,如束箔相互作用产生新光谱,引起原子和原子核的极化,以及单光子计数技术,在我国均是空白。开展了这个试验,就把这项技术带动起来。

道许教授对与杨福家卓有成效的合作表示满意。他对记者说:"目前所做的这项试验是一次振奋人心的试验,在国际上还没有人开展这项试验。它可能会失败,但相信在不远的将来,经过两国科学家的努力,会取得新进展。"他还表示:"过去在中国有一种力量阻止国际科学交流。现在这股逆流被冲破了。对科学家来说,科学交流是很重要的。"同中国科学家合作,不仅解决了中国的一些科技问题,更重要的是要解决人类共同面临的科学问题。和道许的合作研究推动了杨福家事业的进步,使他的实验室得以在某些方面达到国际水平。

杨福家能有很多的美国朋友,大都归功于他在玻尔研究所的经历。杨福家说如果没有去丹麦,后面很多机会都是没有的,所以一生中的这两年对他来说至关重要,学到的不仅仅是物理知识,也为以后的国际交流奠定了非常好的基础。

五、勤思精研出成果

在艰难困苦的年代中,杨福家也没有蹉跎岁月。作为一名科学家,他时刻准备着为推进科学进步、服务社会和人民而贡献自己的聪明和才智。

1970年,清华大学在全国高校中第一个喊出"教育革命、开门办学"的口号,打破传统办学模式,把许多院系都搬到工厂和农村办学。《红旗》和《人民日报》先后发文推波助澜:"结合生产、科研任务中的典型工程、典型产品、典型工艺、技术革新等,进行有步骤的由浅入深的教学方法,正确处理突出重点、急用先学、边干边学与系统教学的关系,特殊与一般的关系,基础课与专业课的关系。"[1]其他各高校纷纷效仿,"结合典型任务进行教学",让学生走出校门到各个工厂和农场等"三学"基地进行学工、学农、学军劳动。这种活动每学期1次,每次2~4周,持续多年,学校正常的课程体系及教学秩序被搅乱。

在这个背景下,复旦大学各个专业也都结合自己的专业特点,大搞"结合典型任务开门办学"。核物理专业是去上海的一家化工厂,即上海跃龙化工厂。跃龙厂建于20世纪60年代初,约1964年投产,生产15种稀土元素和钍、铀、铌、钽等近20种元素的稀土材料,生产规模很大,产品在六七十年代大量出口。1975年4月,杨福家带领一批"工农兵"大学生(1975届学员)去跃龙厂"开门办学"。在厂里杨福家发现该厂环境污染

---

[1] 驻清华大学工人、解放军毛泽东思想宣传队《为创办社会主义理工科大学而奋斗》,载《红旗》1970年7月21日,《人民日报》1970年7月22日。

测试计算出来的结果有不少是负值,厂方对这个负值已经习以为常,还曾把这些负值向上海市领导汇报。

为什么会出现负值?杨福家发现了其中存在的问题。严谨的治学态度和强烈的问题意识、求解意识,驱动他进一步探究下去。于是,他找到有关部门,核查了计算公式,才知道该厂所用的公式是盲目搬用苏联的,在我国根本就不适用。再查查美国、英国等先进发达国家的环保测试计算公式,也几乎令人绝望,他们的计算公式都有具体条件,一个公式往往只能适用于一种条件。

这个发现也使他兴奋不已,因为发现新的问题正是新的科学创造的契机。不光是为了解决科学上的这一滞后现象,主要还是从控制污染、保护生态环境的大计着想,杨福家决心搞出一个普遍适用的计算公式。经过数月的不懈努力,杨福家分析了6个微分方程,终于推导出"核级联衰变一般公式"[①]:

$$N_A(t_0; T_1 \to T_2) = 2.22\varepsilon FQ\tau_A^2 f_A c_A$$

$$N_B(t_0; T_1 \to T_2) = 2.22\varepsilon FQ\left\{\left(\frac{\tau_A^3}{\tau_A - \tau_B}f_A + \frac{\tau_B^2 \tau_A}{\tau_B - \tau_A}f_B\right)c_A + \tau_B^2 f_B c_B\right\}$$

$$N_C(t_0; T_1 \to T_2) = 2.22\varepsilon FQ\left\{\left[\frac{\tau_A^4}{(\tau_A - \tau_B)(\tau_A - \tau_C)}f_A + \frac{\tau_B^3 \tau_A}{(\tau_B - \tau_A)(\tau_B - \tau_C)}f_B\right.\right.$$
$$\left.\left. + \frac{\tau_C^3 \tau_A}{(\tau_C - \tau_A)(\tau_C - \tau_B)}f_C\right]c_A + \left[\frac{\tau_B^3}{\tau_B - \tau_C}f_B + \frac{\tau_C^2 \tau_B}{\tau_C - \tau_B}f_C\right]c_B + \tau_C^2 f_C c_C\right\}$$

以后更进一步简化为[②]

$$N_B = N_{A0}\frac{\lambda_A}{\lambda_B - \lambda_A}(e^{-\lambda_A t} - e^{-\lambda_B t})$$

这一公式可适用于所有厂矿的环保测试,而且囊括前面提到的西方与苏联的所有相关公式,因为那些公式都只是它的特例。把它运用于重离子反应、寿命测量学方面,也获得了令人满意的结果。

这一成果引起国际学术界的普遍关注,几十个国家的有关科研机构

---

① 杨福家、汤家镛《大气中氡钍子体的测量公式》,《复旦学报》(自然科学版)1976年第6期。
② 杨福家《应用核物理》,湖南教育出版社1994年版,第40页,公式2.3.3。

纷纷来电来函,索要论文和计算机程序,并迅速在环保中广泛应用,成为测试环境污染程度的一个基本计算公式。这个公式也被称为"杨氏公式"。

　　这是在"文革"时期难得的一个重要科学成果。在如此艰难的岁月里,杨福家毫不理会个人的处境,全身心沉浸在科学研究的王国里。虽然没有条件继续他的核物理实验研究,无法阅读最新的西方科技前沿资料,但他仍保持敏锐的观察力,尽可能发现新问题、提出新问题、思考新问题,并努力去解决新问题,以图对国家做更大的贡献。这是一个真正的科学人。一旦科学的春天来临,杨福家马上就以惊人的爆发力,创造了一个又一个令人赞叹的学术成果。

　　他已经准备好了。

第五章

迎来双丰收的 10 年

"天行健"。1977年8月,党的第十一次全国代表大会在北京举行,宣告"文化大革命"结束。1978年3月,全国科学大会召开,更宣告了"科学的春天"的到来。祖国终于云开雾散,雨过天晴。以杨福家为代表的中国科学家,蛰伏多年,终于"飞龙在天"(《周易·乾》),迎来了自己科研的春天。他们振奋精神,争分夺秒,在教学和科研方面取得了一个又一个成果,共同打扮着这个美丽的春天。

一、重视交流与合作

"文革"期间,在中美关系比较紧张的情况下,杨福家就认为政治是政治,学术是学术,并且中国需要向美国学习其先进的科学技术。他邀请了很多美籍的科学家访华,推动了中美之间的学术交流。1977年,大地回春。他更是积极地与美国科学界密切联系、开展合作。1978年7月,中国科学院组团赴美参加戈登会议(原子核物理分会),杨福家作为代表团成员,访问美国1个月。

戈登会议(Gordon Research Conferences)是全球著名的学术精英会议,规模不大,但级别很高,是一个享有很高声誉的学术品牌。[①] 它由若干小型会议组成,每个会议各自独立展开,选出各自的会议主席和出席

---

① 由美国霍普金斯大学的尼尔·E·戈登(Neil E. Gordon)教授发起。

◆ 1978年7月，中国原子核代表团访问纽约州立大学石溪分校

者，并由各会议主席全权负责会议的内容、引导会议的进行。1977年12月6日，筹办1978年原子能化学戈登会议的主席给杨福家写信："获悉贵国将派代表团来参加1978年的戈登会议，我非常高兴。我建议您（或是你们准备好的代表团其他成员）在1978年7月22日星期二准备一个45分钟的报告。题目可以是'中国原子物理'，请告诉我你们是否同意这个题目。如果可以的话，请再告知代表团其他成员的报告题目。就像我上一封信中提到的，你们代表团可以参观美国的其他实验室，如劳伦斯伯克利实验室、橡树岭国家实验室、罗格斯大学和麻省理工学院等，美国承担大部分的费用。如果可以的话，我将会告诉您关于会议更多的细节，我在2月初将会发出一个初步的安排，希望快点收到您的回信，祝您1978年新年快乐，盼望在美国见到您。"[1]

不久之后杨福家回信："感谢您的来信以及真诚的邀请，给我一个参加1978年戈登会议的机会，我们很感谢您为了巩固中美两国之间的友谊所付出的努力。我们将派出一个四人代表团参加会议，我相信我们科学

---

[1] 参考段士玉硕士论文《一个中外学术交流的个案研究——杨福家与玻尔研究所》，首都师范大学，2014年。

院会给您一个正式的答复。在我们华主席的英明领导下,我们在尽自己最大努力使我们的科学现代化,我相信和其他国家的同事长期交流非常重要,这些联系会在一定程度上促进中国科学的发展。另外,感谢您惠寄的论文,非常有趣。"当年,中国核物理代表团访美获得圆满成功。

1979年,奥格·玻尔教授又盛情邀请杨福家偕同夫人赴丹麦玻尔研究所访问讲学一段时间,所给待遇相当丰厚。杨福家还抱着过去的思维,以为学校绝对不会批准两人一起出访,所以就没当回事儿,将邀请信搁在一边。结果过了一段时间,校领导找上门来,说你是不是收到丹麦的邀请信,为什么不申报啊?原来这件事已经惊动了外交部,他们认为拒绝丹麦的邀请是不好的。在校领导的帮助下,杨福家夫妇出国的手续很快就办好了。这次访问与杨福家1963年

◆ 1979年杨福家和玻尔摄于哥本哈根

◆ 1979年6月杨福家第二次访问丹麦时与奥格·玻尔(右)、莫特逊(左)的合影

◆ 1981年9月杨福家第二次访问美国；左起：杜致礼、杨振宁、杨福家、彭秀玲

第一次赴丹麦的情况完全不同，复旦大学校领导亲自送他们夫妻二人登上了飞机。

结束丹麦访问载誉归来，杨福家又收到来自美国的邀约。1980年，著名学者杨振宁在他所任职的美国纽约州立大学石溪分校发起组织"与中国教育交流委员会"（Committee On Education Exchange with China，CEEC），目的是资助中国学者作为访问学者到石溪分校研究、讲演。由于杨福家在核反应能谱学方面的杰出工作，杨振宁建议石溪分校邀请杨福家夫妇来美国进行这方面的研究。

在大洋彼岸，杨福家牢记祖国嘱托，努力工作。在短短5个月（1981年9月至1982年1月）中，他与合作者撰写了不少论文。这些有着独到见解的科学论文，陆续发表在《物理评论》等国际期刊上，引起各国科学家的瞩目。美方所给的待遇很高，月薪2 000美元，是其他学者的两倍，也相当于他当时在国内工资的75倍。但完成预期工作目标后不到1年，他就偕夫人回国了。当别人问杨福家为什么不留在美国时，他坦然答道："科学无国界，但科学家有祖国。"那时，对他最有吸引力的是如何在自己的国土上建立起具有国际水准的实验室，使祖国在世界现代科学殿堂里也能得到她应有的席位。在那时，这似乎还是一种梦想，然而却是一个非常诱人的梦想，是任何东西也无法替代的梦想。[①]

20世纪80年代，杨福家先后去美国、丹麦、德国、法国、日本、澳大利亚等国参加国际学术会议，作了20多次科学讲演。他除了担任中国核学

[①] 朱寄萍主编《根系中华——著名归国科学家采风》，安徽教育出版社1997年版，第225页。

会理事、中国原子核物理学会常务理事、上海原子核科学技术学会副理事长外,还被聘为世界上颇具影响的玻姆国际物理学会会员,以及《核仪器与方法》《超精细相互作用》《粒子束与材料与原子相互作用》等国际杂志的特约编辑。①

杨福家出国越多,对祖国的感情越深厚。他第一次去美国,所见所闻就给他很多感触。有一次,他在剧场里看到一个巨大的美国模型,每个州都有一扇窗户,可以打开来向你介绍该州特色,还配有一首歌曲(州歌),看得出他们为此非常自豪。到了农村小镇,晚上在文娱节目开场前,全体起立唱美国国歌。他看到西方人非常崇尚爱国主义,有的甚至有些敝帚自珍的味道。所以,杨福家认为,今天某些西方人见不得中国的发展,看到中国的形象一天天高大起来,就觉得抢了他们的镜头;听到中国的声音一天天多了起来,就感觉浑身上下难受。这种狂妄自大的心态必须要纠正。中国人的爱国主义热情是发自内心的真情,只有少数别有用心的西方人才会攻击中国人民的爱国主义情感。

1985年,杨福家去丹麦参加尼尔斯·玻尔诞生100周年纪念大会,这是他第四次访问丹麦。他从丹麦去挪威,再从挪威返回丹麦,因为签证是一次性的,所以入境时遇到麻烦。但是杨福家一说是来参加玻尔100周年纪念大会的,边境人员马上就放行了,这在其他国家是不可想象的。杨福家充分感受到丹麦人民对玻尔发自内心的崇敬之情。玻尔深爱着这片土地,丹麦人民也同样深爱着这片土地孕育出来的伟大科学家。

杨福家个人的学术交流活动也推动着复旦大学国际交往的开展。1984年10月5日,复旦大学举行仪式,授予美国总统科技顾问、白宫科技政策办公室主任、中美科技合作联合委员会美方主席G·基沃斯(G. A. Keyworth)博士②复旦大学名誉教授证书。基沃斯博士是杨福家

---

① 顾潜《不断探索原子世界奥秘的人》,载中国教育报社编《园丁颂——教育战线先进事迹》,新华出版社1986年版。

② 乔治·基沃斯(1939—2017),生于美国波士顿。1963年毕业于耶鲁大学,1968年在杜克大学获核子物理学哲学博士。1981年5月到1986年1月,基沃斯博士担任美国总统科技顾问,为促进中美科技合作做了大量工作。他曾担任中美科技合作第二、第三、第四次联合委员会美方主席。在此期间,中美科技合作发展迅速,合作领域从一开始的十几个扩展至27个。基沃斯对推动中美高能物理合作和美国高技术向中国转让起到重要作用。在他和白宫其他官员的积极推动下,自1982年以来美对华技术转让出口限制大幅度放宽,很快超过美对苏联、中东技术出口的水平。

交往多年的好友。1988年8月29日,复旦大学举行仪式,授予美国范德比尔特大学教授、著名核物理学家哈密尔顿(Joseph H. Hamilton)博士复旦大学顾问教授。哈密尔顿博士也是杨福家的好朋友。此时他跟哈密尔顿教授合作撰写的《现代原子与原子核物理》已经基本形成初稿。两人密切合作,花费7年时间精心打磨,直至1996年在美国一流学术出版机构麦格劳-希尔(McGraw-Hill)公司出版。① 这本著作为该出版社50年

◆ 1987年7月,杨福家和基沃斯博士在美国缅因州

◆ 著名核物理学家哈密尔顿教授

◆ 哈密尔顿教授是杨福家的好朋友

① 杨福家《〈中国文学史〉的启示》,载《复旦》校刊1996年5月10日。

来此系列的第 16 本,杨福家也由此成为我国在此系列出版专著的首位学者。

二、甘心砌"炉"搭平台

科学是崇高的事业,首先是为了国家的强盛、人民的利益;其次才能考虑团队和集体的荣誉。任何时候都不能为个人的利益斤斤计较。

"文革"结束后科技工作者又回到了实验室和课堂。1978 年,杨福家被任命为原子核科学系系主任①,并且升为副教授。有人劝杨福家,为了"正高"职称,应该埋头写论文。杨福家则不这样认为,写论文固然需要,但根本的是要把实验室建起来。国外一些大学的研究生培养工作为什么很有质量?是因为那些大学有很多烧得很旺的"炉子",铁丢下去就能很快地烧红。而我们国家由于种种原因还缺少足够的好"炉子"。他说:"搞科学,首先是为事业,而不是先考虑个人名利与得失。"②我们这一代人的重要任务之一就是把"炉子"烧起来,为我们的下一代能够在这样的"炉子"里锻炼成好钢创造条件。

杨福家身体力行,他带领同事们首先着力于实验室的建设。他们充分发挥本系加速器的长处,努力将其升级改造。1979 年 9 月,完成了将质子静电加速器从 2.5 兆伏改造成 4 兆伏的主体改造工作,此后又进行了一系列性能试验,空载

◆ 复旦大学杨福家、侯旅适等指导设计、制造的质子静电加速器在 1979 年完成改造

---

① 历年担任原子核科学系系主任的有:王零(1958—1966)、杨福家(1978—1982)、李长林(1983—1985)、汤家镛(1986—1988)、郑成法(1989—1997)。
② 杨福家《搞科学,首先是为事业——答记者问》,载杨福家《追求卓越》,复旦大学出版社 1995 年版,第 25 页。

电压(加速管充 5 个大气压的氮气)曾达到 5 兆伏。① 利用这台加速器,他领导下的复旦大学原子核科学系的加速器实验室,在"离子束分析""束箔光谱学""核寿命测量"等应用和基础研究方面迅速取得领先地位,有的科研成果获上海市重大成果奖,不仅在国内首创,而且达到世界先进水平。

在一些兄弟单位的协作下,实验室在国内首次采用最新的质子 X 荧光分析技术,精确地测出埋藏于地下已有 2 500 多年的越王勾践宝剑的化学成分,在国内外引起轰动。此后,杨福家继续带领实验室的同事,把该技术运用于我国考古、医药、工业、公安、侦破、化工等领域,分析了在秦始皇陵区发现的、时隔两千多年仍熠熠闪光的箭镞,新疆楼兰古尸的头发,以及我国各地区大气污染情况等,取得了引人瞩目的成果,为推动我国的科研事业、促进国民经济发展做出了一定贡献。有关的论文在国际学术会议上被特邀作报告,在国外学者中也引起很大反响。

1978 年以来,杨福家先后发表论文 40 多篇,其中约 20 篇在国际杂志发表。他的论文《^{15}N 极化的研究》在 1980 年核物理年会上被评为优秀论文,并获一等奖。他的 20 多篇论文都是在国内完成的,他说这标志着我们自己实验室的设备、条件上去了。这是他的夙愿,他由衷地感到欣慰。因为科研方面的突出成就,1980 年杨福家被上海市评审组破格提升为教授,1981 年成为国家教委批准的复旦大学首批博士生导师,其后又担任了研究生院院长。

从 1980 年起,复旦大学核物理专业在国内最早开展基于加速器的原子、分子物理和离子束分析方面的研究,成果丰硕。在原子、分子物理方面,用共线快离子激光光谱学方法研究离子能级超精细结构、同位素位移,正、负离子和分子碰撞电离产生中性离子束,负离子激光脱附产生中性离子束等,在稀土离子能级超精细结构方面已处于国际前沿水平;在理论上,对电子与高电荷态离子碰撞电离、激发及共振截面进行了计算,为

---

① 袁道生、费志宇、卢成荣、孙传琛、叶克忠、吴培椿、金建球、顾元壮《复旦大学质子静电加速器工作进展》,《核技术》1985 年第 2 期。

我国高科技项目提供了大量有用的数据，获得应用单位好评。在离子束分析技术及其应用方面，开展了离子束分析在科学考古与文物科学鉴定、离子束材料改性，以及微米离子束在生物、环境及材料科学中的应用，对越王勾践宝剑等大量文物进行过无损分析，还系统测定了古代名瓷的化学组分，建立了相关样品的数据库。①

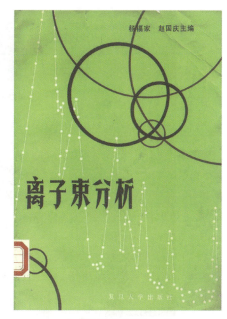

◆《离子束分析》一书

但是杨福家没有感到满足，没有停息前进的脚步。他深感实验室里的质子静电加速器已经渐渐不能适应进一步科研工作的需要。他在丹麦玻尔研究所的"串列静电加速器"实验室工作过，可以说是当时接触过串列加速器的少数中国学者之一，多年前他就梦想着自己的祖国有这样一个实验室。因此，这时他最大的愿望，就是在自己的国土上建立起一个有第一流设备、第一流科研条件的实验室。

这样的机会终于来了。杨福家的朋友基沃斯博士后来担任美国总统科技顾问，他到中国来几次点名要和杨福家见面。他对中国很友好，对中美在多个领域合作的深化帮助很大。当然，这都离不开杨福家的斡旋和推动。国家领导人为了表彰杨福家的特殊贡献，特地问他有没有什么个人的要求。这时，杨福家没有想到个人的任何私利，他首先想到母校核物理专业的实验条件还比较简陋，急需添置一台串列加速器，所以就向国家提出购买一台串列加速器的愿望。

国家领导人对杨福家提出的愿望十分嘉许，当即表示全力支持新型加速器的采购。经过香港方面的介绍，终于从美国国家静电公司（NEC）

---

① 《复旦大学百年志》(1905—2005)上卷，复旦大学出版社 2005 年版，第 565 页。

◆ 1987年5月8日，与美国里根总统科技顾问基沃斯在北京的宴会上

辗转购得9SDH-2型串列加速器。这台加速器是当时最先进的，NEC公司也就生产了4台，这是其中的第四台。这台9SDH-2(2×3MV)型

◆ 复旦大学的9SDH-2型串列加速器

两级串列静电加速器,采用横卧式结构,由离子注入系统、高压加速系统、电子剥离器、后束流输运系统和辅助系统构成。产生负离子束的离子注入系统安置在加速器钢筒之外,处于地电位。加速器运行时,入射的负离子束首先由加速管的地电位端被加速至高压电极(第一次加速);负离子在高压电极内被电子剥离器剥除至少两个核外电子而成为正离子;之后在正高压的加速下向加速管的另一地电位端运动(第二次加速)。通过改变离子的电荷态,实现单个高压电极对离子的两次加速,最后引出的是正离子束。①

串列加速器运来后只用了一个半月就安装调试成功,并能正常运转,很快就做出成绩。美国 NEC 公司评价道:在加速器出厂前已全部完成基建和辅机系统,形成客户催公司的局面,这是他们从未遇到过的。有了这台加速器,复旦大学核物理专业的硬件设备立马上了一个新的台阶,"基于加速器的原子物理和核物理实验室"也马上建了起来。实验室后来还装备了高精度同位素分离器和强功率染料激光器等先进设备。

◆ 基于加速器的原子物理和核物理实验室成立

---

① 参见杨福家《应用核物理》,湖南教育出版社 1994 年版,第 88 页。

经过杨福家和同事们的共同努力,实验室在 1989 年被国内第一流专家评定为国内领先、达到国际水平的实验室。实践证明这条路走对了。实验室科研条件上去了,高质量的论文也出来了,国内第一批实验核物理博士也从这里培养出来了。受复旦大学的成功经验鼓舞,北京大学也派人到英国多方打探,但因为条件限制,最后购置了一台旧的加速器回国。其他大学也纷纷跟进,在今天中国的土地上,至少已经建立起 10 个串列加速器实验室。

而复旦大学的 9SDH－2 型串列加速器从 1987 年 9 月正式投入运行,至今已安全服役 30 多年。目前整套系统依然保持着良好的工作状况。

◆ 杨福家接待参观串列加速器实验室的专家学者

回忆购置这台加速器的过程,杨福家十分兴奋。他提高了声调,激动地说:"除了学习、工作,还要交朋友。对此,我也是受益匪浅。其中有一位朋友后来成美总统顾问,来我国访问时总理亲自接见,邀请我陪同。为奖励我的贡献,国家资助引入当时最新的串列加速器,并用此分析了很多出土文物。两年后,我们的专业被评为全国第一。"

三、无损鉴定越王剑

就在杨福家回国前不久,湖北望山沙冢楚墓出土了两件青铜剑,引起人们广泛的关注。其中刻满花纹的一柄尤为特别,出土时它放置在棺内人体骨架的左侧,并插入涂墨漆的木鞘,将剑拔出鞘,寒光耀目,剑身一点儿也没有锈蚀,其锋利的薄刃能将 20 多层纸一击而破。剑全长 55.6 厘米,剑身长 45.6 厘米,剑格宽 5 厘米。剑身满饰黑色菱形几何暗花纹,另外还分别用蓝色琉璃和绿松石在剑格的正面和反面镶嵌成美丽的纹饰,剑柄以丝线缠缚,剑首向外翻卷作圆箍形,内铸有非常精细的 11 道同心圆圈。有两行鸟篆铭文位于剑身一面近格处,经专家考证,铭文为"越王勾践,自作用剑"。

◆ 越王勾践剑(图片来源:湖北省博物馆网站"镇馆之宝"栏目)

越王勾践卧薪尝胆、复国雪耻的故事,几乎人人皆知。这柄湮埋于地下 2 500 余年的越王勾践剑为稀世之宝,相传是干将、莫邪集山精地气,用了 3 年时间方才炼就,后历代皆有传闻,但始终无人得见。果然,这柄赫赫有名的宝剑在地下埋藏 2 500 多年后,依然锋利无比,仅凭自身的重量就能把 9 层薄纸切破。消息传开,举世愕然。越王勾践青铜剑,不仅有精湛的铸造技术、秀美的花纹,而且在地下深埋 2 500 多年而不锈,仍保持耀眼的光泽,这到底是什么原因呢?

根据古代史书记载,春秋末年中国在青铜铸造方面已经掌握将器身与附件分别铸造、再用合金焊接的冶金工艺。当时的炼炉,已经开始采用皮囊鼓风加温的新技术。那么,这些名贵的青铜剑,又是怎样制造与防锈的呢?一时间,考古学家、科技史家众说纷纭,谁也拿不出有力的证据,谁也说服不了谁,按照当时的技术,如果要解开这个"谜"题,只能先从剑上提取样品,可这样又会给国宝造成无可弥补的损伤。在此之前,已有人用毁坏性方法分析了比越王晚 300 年的秦始皇箭镞表面,发现铬元素对防锈起了关键作用。但越王勾践剑只有一把,决不允许有丝毫损伤,这个方法绝对行不通。

1977年,杨福家主讲过一次核技术应用情况的报告。报告结束后,北京钢铁学院的冶金专家柯俊①教授找到杨福家,询问是否可以利用核技术破解越王勾践剑的难题。

杨福家了解情况后,充满自信地说:"让我们来试试看。"于是,1977年12月,湖北省博物馆在有关单位的协助下,在复旦大学的静电加速器上,利用原子核研究所提供的检测设备,对越王勾践剑进行了无损伤测定与研究,终于揭开笼罩在越王勾践剑身上长达2 500年的神秘面纱。

杨福家为首的核物理实验室是怎样进行揭秘的呢?他们采用一种叫离子束的分析方法,对湖北江陵出土的越王剑和秦始皇箭镞进行非破坏性实验:用范德格喇夫加速器加速质子束,轰击勾践剑,用X射线荧光分析技术精确测出宝剑的化学成分:铅、铁的含量较同期的青铜器为少,剑体黑色花纹和护环上含有硫,这些都有助于防锈;宝剑护环的釉彩玻璃谱显示它含有大量的钾与钙。这是中国最古老的钾钙玻璃。又加速 $^4He^+$ 离子束与氘轰击秦始皇陵东侧陶俑坑出土的黑色青铜镞,测得秦镞表面有氧化铬层,含铬3%。这是用重铬酸钾处理而得,这一防锈技术在西方是20世纪50年代西德和美国的专利。

杨福家用他的质子X荧光分析技术,以无可争辩的事实证明:我们的祖先在2 000多年前,仅隔300年就采用了两种不同的表面处理方法(铬化工艺、硫化工艺)来使金属千年不锈。人们为他们的成果发出由衷的赞叹。

根据测定,越王勾践剑因剑的各个部位的作用不同,铜和锡的比例也不同。剑刃及剑身含锡高,成分显示含锡为16%~17%,这是铸造锡青铜强度最高的成分,硬度大,使剑非常锋利;而剑脊含铜较多,能使剑韧性

---

① 柯俊(1917—2017),金属学、金属物理及技术史专家、教育家。1948年获英国伯明翰大学博士学位,1954年起在北京钢铁学院(现北京科技大学)任教。他长期从事金属材料基础理论和发展的研究,创始贝茵体相变的切变理论,发展了马氏体相变动力学;开拓冶金材料发展史的新领域,促进定量考古冶金学的发展。1980年当选中国科学院技术科学部学部委员。

好,不易折断。剑格使用了含铅较高的合金制作,这种材料有较好的流动性,容易制作表面的装饰。剑格表面经过人工氧化处理,花纹处含硫高,硫化铜有抵抗锈蚀的作用,以保持花纹的美丽。但不同成分配合在同一剑上,可知古人是采用了多次浇铸使之复合成一体的复合金属工艺。世界上其他国家到近代才开始使用这种复合金属工艺,而早在2 000多年前的中国,古代劳动人民就采用了这一方法。勾践剑上镂有八字铭文,刻槽刃痕清晰可辨,由此可以肯定铭文系铸后镂刻。铭文笔画圆润,宽度只有 0.3~0.4 毫米,从中可看出其刻字水平之高。

杨福家回忆起这段历史,仍然抑制不住兴奋和激动,眼睛放出光来。他说:"这把宝剑由两名保卫人员护送。开始不放心,拿了一把普通宝剑让我们试验,看到确实不会把剑弄坏,才让在勾践剑上试验。检测花了两三天。宝剑不能在实验室过夜,晚上必须拿回上海博物馆保管。当时来了很多记者,所里围得水泄不通!"当时由于加速器工作产生的辐射可能对健康有损害,所以检测时人员都不能待在实验室里。但是保卫人员需要严格遵守纪律,视线一刻不能离开宝剑,所以就想方设法为他们采取了一些防护措施,只露出眼睛,好让他们能看到宝剑。现在用进口的加速器就不存在辐射泄漏这个问题,而且有显示屏可随时监控辐射大小,做实验时人也可待在里面。

杨福家以自己的研究,不仅开创了我国离子束技术的实际应用,而且弘扬了中华民族的优秀文化,改写了世界科技史。

1991年,杨福家因利用小型加速器进行物质研究的突出贡献,被选为中国科学院学部委员(后称院士),这是中国科学界的最高荣誉。几乎与此同时,他还被选为第三世界科学院院士。

四、引领学术最前沿

离子束分析是分析手段的一种新的进展。它的特点是分析灵敏度高,取样少,可以对多种元素同时分析,可以无损分析,有时可对活的样品进行分析。利用微束,还可以进行微区分析。20 世纪 80 年代,杨福家的研究重点之一就是离子束分析。他不仅开创了国内的离子束分析,在国际上也处于先进水平。

1979年6月25日至29日,第四届国际离子束分析会议于在丹麦奥胡斯大学举行。24个国家、200名科学工作者出席了这次会议,报道了离子束分析的新方法、新技术、新原理及新应用,并就离子束分析的物理基础,即离子束与物质相互作用的原理及数据的精确度作了广泛而深入的讨论。杨福家、承焕生代表复旦大学应邀参加大会,并作了"质子X荧光分析"的大会报告。杨福家报告结束后,会场上响起经久不息的掌声。加拿大学者戴维斯祝贺说:"4年前我遇到过你们参加第二次离子束分析会议的代表,他们表示有这方面的兴趣,可是今天你们却报告了成果而且有相当的水平。"[1]会议期间,他们还以展板的形式(每个课题占两块展板,约4平方米,在展板上贴出研究课题的名称、作者、研究目的以及主要结果的图表和照片,作者在旁边与观众当面讨论)展出"用背散射及沟道效应进行表面微分析"课题的科研成果并参加专题讨论。[2]

第五届国际离子束分析会议于1981年2月16日至20日在澳大利亚悉尼举行。会议分为下列专题:地球科学,半导体,材料改性,离子束新应用,新技术和仪器,表面科学,次级离子质谱仪,核反应方法,考古与环境,离子束效应,能量损失、射程与能量歧离,背散射与沟道效应,质子X荧光分析。来自14个国家的175名代表出席了会议,我国有7名学者参加会议。会议有特邀报告17篇,口头报告30篇,以大字报展出的报告84篇。杨福家代表复旦大学作了"离子束分析在考古中的应用"的特邀报告,上海原子核所、上海冶金所、中国科学院半导体所和中国科学院高能物理所共展出报告4篇。会议的组织委员会决定增选杨福家为下届会议的国际组织委员会成员。[3]

第六届国际离子束分析会议于1983年在美国亚里桑那州州立大学召开。这次会议的侧重方向是低能离子散射。由于超高真空技术、高速计算机、飞行时间方法、离子源等技术的发展和应用,散射截面、射程、阻止本领

---

[1] 胡述智《我国教育界对外交流日益发展》,《高教战线》1982年第5期。
[2] 杨福家、承焕生《离子束分析——介绍第四届国际离子束分析会议》,《物理》1980年第2期。
[3] 袁自力《第五届国际离子束分析会议简讯》,《核技术杂志》1981年第4期;"袁自力"为集体署名,意为"自力更生造原子弹"。

等各种基本参数的精确化,促进低能离子散射技术的发展,使它成为表面结构分析中的重要手段。必须指出,上述多方面技术的进步所产生的影响,不仅仅局限于低能离子散射,而是遍及离子束分析的整个领域。

第七届国际离子束分析会议于 1985 年 7 月在西柏林召开。①

第九次国际离子束分析会议于 1989 年 6 月 26 至 30 日在加拿大金斯敦的皇后大学召开,来自 20 余个国家、300 多位代表参加了会议。这次会议采取与以往历次会议不同的形式,把一个大会场分成以 4 个小会场为主的模式。会议的重点是离子束分析在考古及艺术领域的应用。杨福家被聘为这一专题的分会主席。会议的国际委员会确定这个重点的原因是:举世闻名的卢浮宫的地下室建成了离子束分析实验室。事实上,早在 1931 年就在卢浮宫内建立了法国文博研究所,逐步起用可见光、紫外线、红外线、X 射线等科学手段研究名画。随着离子束分析的手段日益显出威力,为了保证文物的安全,使无价之宝能在卢浮宫的安全区内无损地被分析与检定,法国政府在 1982 年决定在卢浮宫内建立离子束分析实验室。1988 年 6 月,美国 NEC 制造的 2 兆伏 6SDH-2 型串列加速器被运到卢浮宫,并于年初开始初步的实验工作。这次会议之所以把离子束在考古、艺术领域的应用作为重点,还因为近年来在这方面取得了一些可喜的进展:对西方认为是第一部活字排版印刷品——著名的古登堡圣经的真伪作了鉴定,对争论不休的维兰(Vinland)地图(早在 15 世纪哥伦布发现美洲大陆前制成,但图上已有北美位置)的真伪作了判断。对考古应用的进展还表现在:在美国亚利桑那大学、英国牛津大学、瑞士苏黎世的 3 台加速器质谱计上独立地分析一件样品——意大利都灵寿布,得到了一致的结果:确定制造这件寿衣的时间为公元 1280—1390 年之间,可信度达 95%。这可以算是加速器质谱计在考古断代方面的一个突破性进展。②

1985 年 11 月 11 日至 15 日,受中国核物理协会委托,复旦物理二系主办"第一次全国离子束分析会议"。来自全国 14 所高校和 11 个研究所的 100 名代表交流了 65 篇论文。丹麦、美国核物理专家应邀到会作学术

---

① 杨福家、曾宪周《离子束分析进展》,《核技术》1985 年第 6 期。
② 杨福家《第九次国际离子束分析会议简介》,《核技术杂志》1989 年第 12 期。

报告,校长谢希德向中外专家祝贺会议成功。现代物理所所长杨福家教授主持了开幕式。复旦大学副校长谷超豪教授向来自全国的代表表示欢迎。这次会议是对国内已经开展离子束分析的10多个单位工作的检阅。杨福家在闭幕词中说,原有的活化分析和离子束分析专业组开展了卓有成效的活动。鉴于我国离子束分析研究蓬勃发展的新形势,经核物理学会常务理事会讨论,决定单独成立离子束分析专业组。会议邀请的国外专家对我国离子束分析工作的成果有较好的评价,认为已经取得了不起的进展。这次会议的成功召开,促进了核分析技术在国民经济各部门的推广应用。[1]

◆ 1982年7月杨福家在第二届激光物理工作座谈会上报告(安徽)

时隔31年后,2016年的全国离子束分析与应用学术研讨会在复旦召开。更值得高兴的是,2017年11月,第23届国际离子束分析会议(IBA2017)在复旦召开,来自40多个国家和地区的专家学者和企业界人士齐聚一堂。这是国际离子束分析会议首次在中国举办,证明了复旦离

---

[1] 卢成荣《第一次全国离子束分析会议在沪闭幕》,《人民日报》1985年11月19日。

子束研究的实力,也为离子束学科在复旦、在全国、在国际上进一步发展提供了新的契机。①

五、教学名师美誉传

杨福家不仅在科研上奋力开拓,硕果累累,而且在教学上一丝不苟,尽心尽责。他是一位善育桃李的好园丁。他常说:"在大学讲坛上好课,是检验科研能力的一种极好手段,两者是相辅相成的。"

身为著名教授、博士生导师,杨福家带头上本科生的基础课。20 世纪 80 年代,他执教复旦的原子物理、原子核物理等课程。他用的教材都是自己的论著,学生们说:"这是我们所用的最好的教材之一。"但是为了提高学习效率,改善教学效果,他决心不用教科书上课,而是直接问"同学们有哪些问题"。杨福家认为真正好的教育,首先是互动式的。最初,课堂里几乎鸦雀无声,无人提问。他不断抛出思考题,学生们不得不互动起来,并开始涌现出好的想法,课堂气氛开始热烈起来。

◆ 杨福家 1978 年证件照

为了讲清深奥的基本物理概念,杨福家注重讲课艺术,他诉诸形象,巧加比喻,或名人哲言,或生活常识,或风土人情,或故事逸闻,凡所涉及他都为己所用,把一些抽象的概念讲得生动活泼,深入浅出。他注重启发式教学,在承担教学任务前,先了解同学的学习水平、接受能力,而后由浅入深,循循善诱。他讲课,将科学、哲理和通俗有趣的譬喻熔于一炉,引人入胜。一次,他上原子物理课,在讲到卢瑟福创立的原子模型的功过时,把它比作"奥地利火车时刻表"。他说:"在奥地利,一个时期里火车总是

---

① 杨柳《第 23 届国际离子束分析会议(IBA2017)在复旦大学召开》,复旦大学新闻文化网,2017 年 11 月 2 日。

晚点,乘客们气恼了,就责问站方:'你们的火车时刻表有什么用呢?'站方回答:'如果没有它,你怎么能知道火车晚点呢?'"学生们哄然大笑,忽又若有所悟,用这个故事来比喻模型的参考作用的确巧妙而深刻。每节课,老师讲得生动,同学听得有味,收到了事半功倍的效果。

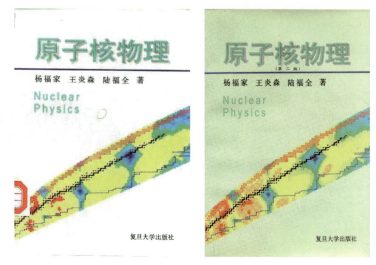

◆《原子核物理》的第一版和第二版

　　杨福家上课的另一个特色是注重学习方法的传授。物理学中有很多常数很难记忆,但又非常重要,不得不记。杨福家创造性地把很多常数组合起来,常数间可以互相推导,这样常数就容易记住了。因为常数都具备物理意义,即使一时忘记,也可以通过组合常数重新推导出来,因此这种方法很派用场。在复旦大学现代物理研究所工作的邹亚明说,杨老师上课时教授的组合常数方法当时在其他书里都没见过,非常实用,学生学到这个方法,便可以举一反三,受用终生。有一年她在国外实验室工作,有位国外专家一时想不起一个常数,她根据组合常数三下五除二就把这个常数推导了出来。因为邹老师的专业是实验物理,所以她扎实的理论功底让这位专家十分吃惊:"你到底是搞理论的还是搞实验的呀?"其实,这都得归功于杨老师传授的学习方法。邹亚明是跳级进入大学的,且成绩出色,所以在系里比较受关注,与老师的交流也比较多。二年级时杨福家讲授《原子物理学》,有一次下课时,杨福家关心地问她上课是否记笔记，邹亚明回答说"不记"。杨福家就对她说："徐特立讲过一句话，'不动笔墨不看书'。好记性不如烂笔头啊！"老师的话语很温和，但是语重心长，对邹亚明的触动很大。后来她就开始尝试记笔记。但由于她写字比较慢，上课时做笔记会分心，所以她上课时专心听讲，不记笔记，每天到了晚自习时再把当天上的每门课默想一遍，把重要的知识点条分缕析地写下来，把重要的公式也重新推导一遍，如果推导不顺利再查书。就这样，通过对课程内容的回忆思考并做好笔记就能把当天的课程全部复习一遍，花时间不多，但理解和印象却更深刻了，期末考试前再看一遍，取得好成绩很轻松，省下的时间可以看一些杂书。后来，邹亚明读研究生时课程不多了，主要任务是做研究，但她还是坚持每天睡前把当天做的工作捋一遍并做好笔记：做了什么？怎样做的？结果怎样？是否可通过其他途径做？又出现什么新问题？邹亚明说，通过记笔记来总结自己全天的工作，已经变成她保持至今的学习和工作方法，她从中受益无穷。

◆ 邹亚明教授

在课堂内外，杨福家并不以讲授知识为满足，他经常把当代原子物理科学面临的难题和著名科学家的故事，结合课堂的知识点介绍给学生，促使他们正确地思考问题并树立远大理想。他力求让学生培养起一种信念：为祖国科学事业的现代化奋发图强！

有一次，他在投影仪上放了一张片子，墙上出现了彩图。2 000个已知核素按一定规律分布在一个半岛上，上面有人正在建舟；海中帆船劈波斩浪，正向一个新岛驶去。杨福家指着图说："茫茫大海，上有风暴，下有蛟龙，人们正不畏艰险，从已有的领域出发，扬帆过海，向'超重岛'进发……"听到这么生动的讲解，同学们由衷地感叹："杨老师又把我们带到了科学的最前沿""听他的课常常感到紧迫感"。

杨福家在把基本概念讲清楚以后，主张"言犹未尽"，留给学生以思考的余地。他说，学生自己搞清楚比听老师讲清楚要优越得多。什么是一门成功的课程呢？杨福家对这样两类课程都不赞成：一是一堂课听下来什么都不懂；二是一堂课听下来什么都懂了，很舒服，课后连复习都不需要了。尼尔斯·玻尔曾经说过："如果谁在第一次学习量子概念时，不觉得糊涂，那么他就一点也没有懂。"他认为，成功的课程，成功的书、教材、报道或其他，都应该引起人们思考，提出问题，启发大家的创造意识。① 青年人的思想是活跃的，要引导他们学会思考，学会创造，高等学校的教育更要注意这一问题。他经常出一些思考题，让学生回答，或者叫学生写读书报告。为了给不同水平的学生都留有思考的余地，杨福家布置课外作业也别具一格——用他自己的话说，是让不同的学生上不同的台阶：第一类是必做题，一般学生都能完成；第二、第三类难度较大，学生有兴趣就可以向第二、第三级台阶迈进。青年人的积极性果然被调动起来，他们说："杨老师引而不发，促使我们非钻研一下不可。"

这些题目都是根据他自己的科研和教学经验而拟定的，一般在教科书上都找不到现成的答案。而学生写的读书报告很多时候就像一篇小论文，有的论文比教科书的内容还要精彩，由此可见学生的学习积极性被充分调动，他们的创造能力、创新精神也得到很好的培养。这样一来，每次交上的答卷，让老师的工作量增加不少，但通过这种方式，老师一方面可以了解学生对知识的掌握程度，另一方面也可以发现学生的创造性。这

---

① 杨福家《与青年学生一席谈》，《追求卓越》，复旦大学出版社1995年版，第185页。

样再找一些作业完成得好的同学谈话，鼓励他们写成文章在期刊上发表。在杨福家的悉心指导下，一些有才能的学生脱颖而出。有一个学生在《复旦学报》上发表文章，获得了李政道奖学金；还有一个学生在美国加州大学伯克利分校攻读物理博士学位，到美国两个月后就参加物理博士资格考试并得了第二名，而那个第一名是在该大学已经学了两年的美国学生。启发学生的学习兴趣，让他们自觉自愿地学、生动活泼地学，这就是杨福家的教学宗旨。

杨福家上的课被复旦大学评为一类课。学校教务处评价他的课是效果最好的一类课。在全国高校原子物理讲习班上，他讲的课被誉为"一门讲活了的、精彩的、具有独创性的课"。

在教材建设上，他十分注意把自己研究的科技成果都吸收入教材内容中，如离子束分析以及参加国际会议的有关"能谱"研究的论文，都编进教材内容，使教材广受学生欢迎。杨福家独著的《原子物理学》于1987年获国家教委全国优秀教材奖，杨福家、王炎森、陆福全合著的《原子核物理》于1997年获国家级教学成果奖二等奖，其他获奖的教材还有《原子核物理实验方法》《核物理实验》《化学分离法》《放射化学实验及核电子技术原理》等。

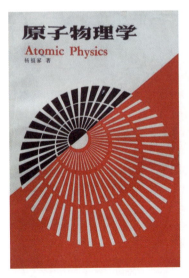
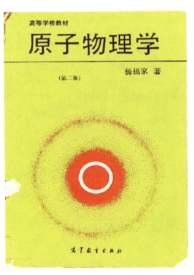

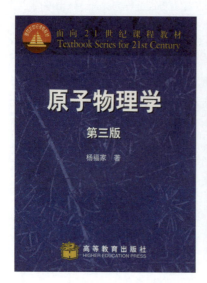
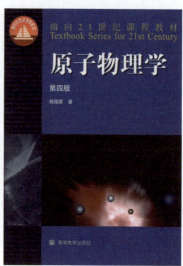

◆《原子物理学》的第一、第二、第三和第四版

从1984年起,杨福家开始招收实验核物理博士生。杨福家在培养研究生方面要求非常严格。他制定了"双周汇报"的学习制度,并且鼓励他们用英文汇报,所有研究生导师都要到场,这对学生和导师都是很大的促进。不同课题组之间的讨论和交流,扩大了学生的知识面,对学生的发展很有帮助。他引导和培养学生的思考、动手能力,还积极创造机会,让研究生们开拓视野、崭露头角。他认为:一流大学培养博士生的标志绝不只是一篇论文,教学(课程和实验)是研究生培养过程中一个十分重要的环节;要培养高质量的研究生,一定要广开生源,使研究生的培养工作"流水不腐,户枢不蠹",并要严格实行淘汰制。他培养了国内最早的实验核物理博士研究生。在他的严格要求和精心指导下,一批批品学兼优的核物理人才迅速成长起来,成为我国核物理学界的中坚力量。

六、桃李芬芳遍天下

"经师易求,人师难得。"在杨福家的精心培育下,一大批德才兼备的人才挑起了教学、科研大梁,有的已经成长为世界级的科技精英。

徐洪杰可以称得上是杨福家的得意"大弟子"。他是上海市科技领军人才，是上海光源建设的首要功臣。他 1955 年 1 月出生于江苏南京，在河南柘城插队 4 年，1977 年国家恢复高考制度后，考进复旦大学物理二系核物理专业。本科毕业后师从杨福家攻读硕士、博士学位，是杨福家第一批 4 个学生之一。当年复旦 77 级全校也总共只有 52 个博士生。在杨福家的指导下，徐洪杰接受了严格的科研训练，完成了带电离子激发原子内壳层电离截面的实验研究和 MeV 离子束表面结构与吸附过程的实验研究。在核物理研究这个领域，哪怕是非常优秀的博士生，刚毕业也还是难以开展独立工作。所以，他 1989 年初进入中国科学院上海原子核研究所（现为中国科学院上海应用物理研究所）做博士后研究，导师还是杨福家，继续围绕基于加速器的原子物理、离子束分析和应用开展核技术方法学及其相关学科的研究工作，在工作中渐渐独立。1991 年 9 月至 1992 年 9 月他在日本东京大学做高级访问学者。1994 年年底晋升为研究员，先后担任研究室副主任、所长助理、常务副所长、所长。现为中国科学院上海应用物理研究所研究员、博士生导师，上海光源（SSRF）国家重大科学工程经理部总经理、国家重点基础研究发展计划（973 计划）项目首席科学家，曾任上海市核学会理事长。

◆ 徐洪杰教授

杨福家培养的另一名杰出人才是邹亚明。她是复旦大学教授,博士生导师,复旦大学现代物理研究所所长、核科学与技术系主任。她1960年11月出生于上海,1978年跳级考入复旦大学原子核科学系,读书期间就受到杨福家的重视,本科毕业后师从杨福家读研究生,1988年6月获博士学位,是我国首批实验核物理的博士之一。[①] 1990年5月到1992年9月她在日本理化学国立研究所做博士后研究。回国后先在上海交通大学任教授、博士生导师,后又应邀作为诺贝尔学者在瑞典隆德大学访问(1996年2月至1997年1月),并先后在德国GSI重离子研究中心、弗赖堡大学和马普研究所海德堡核所任客座教授和研究员(1999年至2001年间)。2002年回到母校任职,是复旦原子物理学研究的领军人物,也是国家重大基础科研设施中长期规划编制小组成员。

　　邹亚明教授说,自己对原子物理研究的兴趣,源于当年修杨老师主讲的"原子物理学"课程。杨老师在讲完塞曼效应的原理后,引导同学们观察塞曼谱线的偏振特性,并留下思考题:为什么会出现这种偏振特性?当时刚上本科二年级的她,很多基础课程还没学,查了很多参考书,都没有得到直接答案。她经过思考后,首先从塞曼效应中3种跃迁选择定则对应的光子角动量得出光波的电矢量,然后结合光的横波特性与电磁波的叠加原理,推导出塞曼效应中3种偏振特性的谱线。后来,杨老师出版《原子物理学》时专设了一个小节[②],把她的思考和发现过程补充进去,这对年轻的自己是一个极大的鼓励和肯定,自己就是这样被杨老师引上物理学研究的道路。邹亚明教授深受杨福家的影响,非常重视国际合作,曾任国际光子电子原子分子碰撞会议国际委员会常务委员和委员、国际高电荷离子物理会议主席及国际委员会委员、国际电子束离子源/离子阱会议国际委员会委员、国际TOKAMAK物理活动诊断专题专家组成员以

[①] 同时获得实验核物理方向理学博士学位的还有顾牡、方渡飞两人。顾牡,1961年9月生,上海人。1988年毕业于复旦大学物理二系,历任同济大学助研、副教授、教授、博士生导师、理学院副院长兼物理系主任,兼任上海市核学会理事、教育部高等学校物理学与天文学教学指导委员会委员、中国物理学会教育委员会委员兼高工分委副主任委员,《物理与工程》和《物理通报》杂志编委。长期从事凝聚态物理的教学与研究,研究方向为固体辐射发光。

[②] 杨福家《原子物理学》,§3.15.2,"塞曼谱线的偏振特性"。(上海科学技术出版社1985年第一版,第104—108页;高等教育出版社1990年第二版,第127—130页。)

及德国马普研究所伙伴研究小组组长。

杨福家对学生精心培养,一旦条件成熟,他就"大胆放手",让他们在外面的世界自由闯荡。邹亚明就得益于这种培养方式。1987 年,第三次中日加速器应用学术大会在日本东京举行。中方去了 30 人,按照惯例,这样的国际学术会议一般都是派副教授以上的人参加,杨福家却派还是学生身份的邹亚明(当时是全国第一批实验核物理博士生,已完成博士论文撰写,正在等待答辩)参加,这是参加会议的唯一的中国学生,她在会场宣读论文,反响很大。同去的国家教委科技司的领导写信给杨福家说:"与会的代表,不少是知名专家或有成就的学者,邹亚明是这次会上唯一的一个学生。……她反应快,外语也好,回答问题很流利。报告结束时,大家报以热烈掌声。听会的也有一些中国留学生,从中受到鼓舞,感到扬眉吐气。……我深深感到,有选择地派一些研究生出席国际会议是十分必要的,这对显示和让外国人了解中国的教育水平,无疑是一种好方式,其影响远远超过学术交流本身。"这样的"放手",对于促进学生的成长,帮助他们在学术上尽快成熟、独当一面,其作用不可估量。

沈志勋是恢复高考以来复旦培养的最杰出的学者之一。他 1962 年出生于浙江温州。恢复高考的第三年,他以优异的成绩顺利进入复旦大学物理系。沈志勋能够留学美国,是离不开杨福家的提携和帮助的。

美国大学录取外国留学生一般都要求 TOEFL 和 GRE,但 20 世纪 80 年代在中国却无法参加这类考试。李政道教授采用创新的办法,发起了中美联合培养物理类研究生计划——CUSPEA(China-

◆ 杨福家和沈志勋

United States Physics Examination and Application),先进行资格考试（这是一般学生进美国研究生院后两年内要通过的考试,否则不能成为正式博士生）,然后择优进行面试。面试教授由美国轮派,对应试同学的专业与外语进行考核。

CUSPEA 自 1979 年开始,共进行了 10 年。正是通过这一项目,中国留学生开始为国外一流大学所认可和接受。1982 年,共有 200 位学生通过了 CUSPEA 笔试,沈志勋在资格考试中排名近 200 名,在当年的 14 名复旦学生中排名最末。但经过美国教授的面谈,觉得他不错,成绩上升到第 122 名。按照原定计划美方只能录取 120 名,杨福家找到负责人,说沈志勋条件不错。后来美方增加了录取名额,录取了 124 名（杨福家作为全国评审委员会成员参加了择优过程）。最后,沈志勋被美国罗特格斯大学录取,于 1983 年入学。是金子总会发光的,两年后沈志勋就因为成绩优异而转入名校斯坦福大学,1989 年获得博士学位后,他留在斯坦福大学任教,在 2000 年获得大学正教授职位。1997 年他成为美国能源部顾问,并于 2000 年当选为顾问委员会副主席。现在他被选为斯坦福大学 Geballe 先进材料实验室主任,斯坦福线性加速器中心高级材料 X 射线实验室主任,这是华人首任此要职。2015 年 4 月 29 日,沈志勋成功入选美国国家科学院院士。

沈志勋这么优秀,尚且在斯坦福大学做了 3 年博士后,做了 4 年助教授（讲师）,又做了 4 年副教授,才被聘为正教授。虽然这在斯坦福大学已经是非常快了,而且在他还是副教授的时候,学校领导就为他拨出一笔专款同意他在校园里造别墅,这是很不平常的破格措施！但是即便如此,升等制度还是相当严格地被执行！所以,杨福家感叹说:"这正是国际知名大学遵循的用人规则,即使到了 21 世纪的今天,情况依然如此。从博士后直接升为正教授的做法,不要说在世界一流大学,即使在二三流大学也几乎是找不到的。"

杨福家培养的优秀学生还有很多,限于篇幅,在此不一一列举。

七、高等教育思变革

20 世纪 70 年代末,杨福家开始指导研究生,开始思考如何提高研究生培养质量的问题。他访问美国后，有机会与一些美国朋友经常讨论共同关心的研究生培养问题。由于具有广阔的国际视野，他对于我国还在摸索建立的研究生培养制度提出两点意见。①

一是毕业论文的题目。做论文是培养研究生的一个重要环节。导师怎样指导论文题目？有两种方法。一种是选一个导师自己熟悉的小题目，保证可以获得具体结果。导师自己之所以不去做它，可能是因为题目太小，不值得一做，也可能是没有空；给研究生做，一定可以完成，导师心中踏实。另一种选题办法是鼓励研究生做很难的题目。像诺贝尔奖获得者施里弗（J. Schrieffer）、约瑟夫逊（B. D. Josephson）的工作都是在研究生期间完成的，奥格·玻尔的博士论文就是他获得诺贝尔奖的主要根据。不少人赞成后一种选题方法，理由是：研究生正处于精力最旺盛的时期、最富有创新精神的时期，让他去攻坚，有可能实现突破。即使失败了，他也受到了锻炼，对以后的工作大有好处。若先做容易的，到了三十几岁再碰难题，则成功机会较少。看来在研究生培养期间，至少应该做一个具有中等难度的题目。

另一个问题是研究生的来源。很多人坚决反对从本校毕业生中选拔研究生，有的学校明文规定本校毕业生不能留校工作，也不能留校做研究生。只有这样，才能使青年人体验到不同的学术风气、不同的治学方法；同时，这个单位也不会因人员固定而死气沉沉。不同学派、不同学风可以通过人员的流动而得到充分交流，进而创造出新的学派、新的方法。这就是"流水不腐，户枢不蠹"的具体体现。

这些意见不光对研究生培养有参考价值，而且对于科研人员的进修提高和科研机构的人事管理，都有重要的参考价值。

对于上述第二个问题，后来杨福家还和谢希德在《文汇报》合作撰文，呼吁高校尽快改变"近亲繁殖"的师资结构。他们认为，我国高等学校师资队伍中大量聚集着本系科专家、教授衍传下来的弟子门生，教师长期以来处在半封闭的状态下进行科研和培养学科接班人的工作。这种"近亲繁殖"的师资结构，在科学尚未充分发展的历史条件下，对于继承传统特

---

① 杨福家《培养研究生两则》，《上海科技报》1978年9月1日。

色、形成学术流派起过一定的作用,但是,在科学技术高度发展的今天,这种结构已经不能适应形势。

他们列举了世界上第一流的科研机构和大学,如丹麦的玻尔研究所、东京大学的核物理研究所等,科研人员都是不固定的,通过这种方式网罗大批科学精英,学术思想活跃,空气始终保持新鲜,促进了各种不同学科和学术流派的交流、渗透,结出了丰硕的科研成果。同时,由于学校里有多种学派师资讲学,教学内容和教学方面各有千秋,培养出来的学生接触面广,思路开阔,更富于创造精神。相比之下,我国家族式、半封闭式的师资队伍结构就显得落后了。因为,纵然本系科的专家、教授水平很高,传业有方,但个人的学识毕竟有限,长期在这种半封闭系统内工作,容易造成孤陋寡闻、头脑闭塞、思想凝固化。而且这样的组织形式容易形成论资排辈、家长作风、滋长排外和本位主义,不利于发扬科学民主和开展协作交流,对于重大成果的产出和杰出人才的培养都是有妨碍的。以前,我们在宣传上常常喜欢用"几代同堂"的词语来形容科学事业兴旺发达、后继有人。现在,这种提法显然是不够全面的。[①]

因此,他们大声疾呼,反对"近亲繁殖"。当然,他们也认为,打破"近亲繁殖"的队伍结构,不等于不需要有相对的稳定性和一定的继承性。在研究生中留少量师资,聘任在校外做出成就的本校毕业生,同时,有计划地吸收大量国内外学者,共同开展教学和科研工作,既能发挥传统特色,又能吸收各方的优点长处,这样的队伍结构,对于发展教育、科学事业肯定能起到巨大的促进作用。

"问渠哪得清如许?为有源头活水来。"可喜的是,经过这么多年的呼吁,如今高校的"近亲繁殖"现象已经得到彻底的遏制,不留本校毕业生已经成为共识,各项人才引进和管理政策的实施,使高校、科研机构的科研人员已经能够实现健康有序地流动。

杨福家走上管理岗位后,对中国高等教育存在的问题进行进一步的深入思考。1984年,他在一次访美归来后接受记者的采访时谈到中美高

[①] 原载《文汇报》1980年10月6日,1980年12月《新华月报》转载。另见杨福家《追求卓越》,复旦大学出版社1995年版,第37—40页。

等教育的差异和差距,并论述了高等教育与经济发展两者之间的关系。①

　　杨福家说,一个国家的经济起飞离不开教育,这在美国经济发展史上已得到明显印证。美国成功的经验值得我们借鉴。平心而论,我国的高等教育总的来说远远不能满足经济发展需要。这当中有两方面的情况:一是教育体制和教育方法上存在问题,如几十年一贯制的全国统编教材、不少教师照本宣科、学生依葫芦画瓢,结果是师资质量提不高、学生的创造力被扼杀,难以培养大量优质人才。二是社会对高等教育在社会经济发展中所处地位的重要性没有充分的认识,而这个问题更值得引起我们的重视。在一些人看来,大学似乎是游离于社会之外的象牙塔,与经济发展没有必然的联系,社会经济的前进主要是依靠企业界,殊不知没有高级人才武装的企业界,根本不能实现国家的经济起飞。

　　目前,面对世界新技术革命的挑战,许多人跃跃欲试,声称要在这个机、那个机方面赶超日本,在这个领域、那个领域赶超美国。但是,靠什么赶超呢?经济起飞的基础何在?今年②上半年上海市政府的工作报告中所讲到的"15件大事",具体到连新建一所公园、新办几个区文化馆都想到了,唯独没有提如何发展上海的高等教育。另外,社会上不重视受过高等教育的知识分子的情况还存在。不仅于教育发展不利,更对经济发展不利,由此必然会引起一个非良性循环。

　　在美国,高等教育内部潜在的智力资源使经济界得到实惠,经济界也主动担负起支持高等教育的义务,双方都意识到,两者的利益是紧紧联系在一起的。我们也应当清醒地认识到高等教育在国家经济发展中举足轻重的地位,从而花全力抓好它,那么,实现国家经济的高速起飞是指日可待的。

　　从这些高屋建瓴的论述中可以看出,杨福家这时对中国高等教育存在的问题和发展趋向已经进行了非常深入的思考。

---

① 徐敏子《教育对经济发展是举足轻重的——访复旦大学研究生院副院长杨福家教授》,《科学学与科学技术管理》1984年第12期。
② 指1984年。

八、院士大会展风采

由于科研和教学上的突出成就,杨福家于 1991 年 10 月当选为第三世界科学院通讯院士、院士,不到 1 个月在 1991 年 11 月当选为中国科学院学部委员。①

◆ 杨福家当选为中国科学院学部委员(院士)的证书

---

① 自 1993 年 10 月起,中国科学院学部委员改称中国科学院院士。

1992年4月20日至25日,中国科学院第六次学部委员大会在北京召开。中科院509位新老学部委员中的456位出席了大会。中共中央政治局常委、国务院总理李鹏,中共中央政治局常委宋平,中央书记处候补书记温家宝等出席大会表示祝贺,李鹏发表了重要讲话。

杨福家参加了中国科学院第六次学部委员大会,作了"基于加速器的原子物理"的大会报告,对自己领导下的研究作了介绍。①

◆ 2004年6月,杨福家出席院士大会并发言

他指出,从70年代开始,越来越多的中小型加速器的主要研究领域都逐步从核物理转向原子物理。在美国国家科学院的倡导下,一批专家于1976年写出第一篇报告"与加速器相关的原子物理学"。在此基础上,由美国国家科学院、能源部与美国国家科学基金会赞助,于1981年写出更为详细的报告"基于加速器的原子和分子科学"。差不多与此同时,日本的一些科学家也发表了同一名称的报告。正是基于这个背景,杨福家在1977年开始逐步把复旦大学静电加速器实验室引向原子物理,既从事

---

① 中国科学院学部联合办公室:《中国科学院第六次学部委员大会学术报告摘要汇编》,1992年4月。

基础研究，也从事应用研究。他着重介绍在原子和分子科学中所形成的这个分支学科在复旦大学的发展。

在基础研究方面，复旦大学的工作主要包括：①在束箔相互作用方面：用双箔研究斜箔引起的原子极化，以及原子极化向原子核的转移；用单晶金箔研究沟道效应对极化的影响，从而确认表面相互作用是产生极化的主要原因；用运动的离子束在磁场中感受到的运动电场研究束箔作用机制。②核共振对 K 层电子电离机率的影响。如果取 Γ 为核共振宽度，U_K 为 K 层电子束缚能，那么，理论上即对 U_K/Γ 的下限作了规定。实验对上限的测定只做到 2，复旦大学的实验室用实验证明了 U_K/Γ 大到 5.27 时，上述影响仍显著存在。③激光束与离子束相互作用的研究。用激光-离子束共线谱学测定了 Nd 的同位素(142—150)的同位素位移；测量了 NdⅡ的 $(23537)_{a/2*}$ 能级的寿命，并导出它的组态混合；计算了有关原子核的半径。

在应用研究方面，复旦大学的工作主要包括：①在表面物理方面的应用，如何利用散射表面峰测定铝单晶第一层原子的弛豫量，即第一层原子与第二层的间距比内部间距小 0.05 埃。②在考古学方面的应用：如何从外束 PIXE 及其对古剑之研究发展到"按需束的获得"，再发展到 IXX 系统及其对古画的分析。③微束系统对金矿的研究及利用图像处理方法达到亚微米的分辨率。

杨福家的精彩报告赢得全体院士的热烈鼓掌声。在这次大会上，他当选为中国科学院数理学部常委。

◆《应用核物理》一书

九、三代校长共提携

杨福家很幸运。他在复旦大学成长的道路上,先后得到3代老校长的提携。

陈望道老校长赞成党委书记王零的建议,在杨福家24岁时将他提拔为复旦历史上最年轻的副系主任。

苏步青老校长在他44岁被提升为教授时,提醒他不忘教授本义,要给本科生上课。

而力推杨福家走上复旦领导层的是谢希德老校长。

1978年杨福家第一次到美国进行学术交流,要作学术报告。谢希德先生得知后,把杨福家的英文演讲稿拿去修改。那时候她是副校长,还要担任很多社会职务,每天都非常忙。谢希德从事的是固体物理、半导体研究,而杨福家从事核物理研究,她也不是杨福家的导师,他们之间并没有直接的关系,但是她对杨福家的演讲稿一字一句地修改,并说"这是中国第一个访美核物理代表团,不能马虎"。这件事一直让杨福家非常感动。

谢希德的教育思想影响了很多人,给杨福家印象最深的是她非常重视学科交叉、科研和教学之间的合作,还非常重视中外学术交流。1978年8月,杨福家结束美国访问回到北京时,谢希德特地赶到北京,让杨福家和她一起去教育部,要求组团参加德国的学术会议。当时谢希德的话给杨福家留下深刻的印象。她说:"我们已经耽误了10年,再也不能浪费时间了!应该赶快恢复、加强与国外学术界的交流。"谢希德带领年轻人,马不停蹄地出访交流,拓展国际学术交往。那年9月,谢希德率领华中一、杨福家、秦启宗3人赴美参加国际核靶研制学会第七次年会。① 那年10月,杨福家参加谢希德率领的代表团到德国和法国访问了众多大学,打开了中德两国高校以及学术界交流的大门。

回来后他们又一起参加全国科学大会。在会议期间,谢希德报告了

---

① 《复旦大学志》,复旦大学出版社1985年版,第704页。

◆ 谢希德率杨福家等出国，1978 年 10 月摄于德国慕尼黑大学

"物理学新的前沿——表面物理学"，并开始组建以表面物理为中心的复旦大学现代物理研究所。1982 年，美国物理学家、1998 年诺贝尔化学奖获得者科恩（W. Kohn）教授来华讲学，回国后评论说："谢希德教授作了明智的选择，在复旦大学开展表面物理研究。"她是"始终不满足于现状，不断开拓进取，把握发展时机，及时开辟新领域"的优秀科学家和教育家。她就任所长，杨福家是副所长之一，这对杨福家的学术研究带来了影响，而且她对科学技术发展的远见也深深地影响了杨福家。

1983 年谢希德出任复旦大学校长，杨福家则接任现代物理所所长一职。

在谢希德的支持下，杨福家逐渐走上领导岗位。1984 年 11 月 6 日，复旦大学成立研究生院，副校长、中科院院士谷超豪教授兼任首任研究生院院长，杨福家任副院长。1987 年 11 月 10 日，经国务院批准，作为首批 22 所试办研究生院的高等学校之一，复旦大学正式成立研究生院。杨福家担任第二任院长。

在那个时候，担任行政职务对很多搞科研的人来说算是个负担。

1990年,谢希德亲自到杨福家的家里,劝他进学校的领导班子。当时他住在四川北路的河滨大楼,楼梯是坏的,走廊很长、很暗。谢希德因为患股关节结核病,腿脚一直很不好。杨福家完全想不到谢校长会为了这件事情亲自到自己这个小字辈的家里来,这让他激动不已。当他看着老校长拖着不灵活的腿脚走过他们家那条昏暗的走廊时,杨福家完全感动了。他深深地感受到老校长对晚辈的提携关爱、对事业的忠诚和热情。在谢先生慈祥面容的感召下,他终于答应出任副校长的职务,决心好好工作,为复旦师生服务。

十、担任复旦副校长

杨福家于1991年5月至1993年2月担任分管科技与科技开发的副校长。在副校长期间,他锐意改革,表现出极强的组织能力和担当精神,使复旦大学阔步走在中国高校改革的最前沿。

90年代初,复旦校办产业近30家,产品涉及电子、计算机、精细化工、生物技术、现代爆破技术、能源、机电一体化等领域。最著名的有成立于1986年的复旦大学科技开发总公司和成立于1984年的上海复旦爆破新技术开发公司。1992年春,在邓小平视察南方重要谈话精神的鼓舞下,不少校办产业提出向"股份制"迈进的想法。对此,校园内众说纷纭,赞成者有之,不理解者也不少,高校的产业究竟应该怎么办?

杨福家表示:我们办产业是为了在中国的土地上哺育出高技术的产业,这是国家经济飞速发展必然会提出的任务,而这个任务往往就落实在高等学校的肩上,复旦同样面临这样一个任务。他形象地比喻:一个单位的成功与否,很大程度上要看其内部的工作人员,是否充分地发挥了他们的社会主义积极性。学校工作犹如一架大钢琴,每项工作都是钢琴上的琴键,应该发不同的音,才能奏出美妙动听的乐曲。

他认为:在高等学校,对于"经商"两字,应明确这样的观点:学生必须先富"脑袋",再富"口袋",在学期间不能经商;教授,不能都经商,也不能都不经商。而且,教授经商是形成和发展高技术产业的必经之路。在美国,不少人称"教授当老板,小而精的高技术企业的纷纷崛起"为

"美国现象"。这种现象在加利福尼亚州的硅谷、北卡罗来纳州的三角地区(三角形的3个顶点是3所大学)、麻省的128号公路旁,都普遍出现。经商的教授就应当努力成为科技企业家。他们的任务就是要把科技成果转化为生产力,并不断地把实际中发现的问题提炼为科学上值得探索的课题。

他说:"我们的科技开发工作必须走大联合、大集团的道路,股份制改革应该是方向,我支持!"紧接着,杨福家在校内主持召开了公司改制的讨论会,大家取得了一致意见。1个月后,1992年6月,复旦大学科技开发总公司改制为复华实业股份有限公司,成为全国高校科技领域的第一家股份制公司,并在上海证交所成功上市。① 上市后,这家公司利润连续翻番,1993年的利润为1992年的202.5%。当时复旦大学教职工都持有一定数量的原始股,基本上都获得了较高的收益。在那个时候,极大地改善了教职工的收入。

除了复华改制外,杨福家另一个重要的改革举措是筹备成立复旦发展研究院。

1992年9月,杨福家以复旦大学副校长的身份给上海市常务副市长徐匡迪写信,汇报了自己对高校为社会培养、输送人才的想法,并明确提出:高校应当成为政府的思想库和智囊团。他提议:在加快改革开放与经济发展的形势下,鉴于上海市在国内外的地位和作用,有必要参照国外一些高级智囊研究机构的成功经验与范例,在上海成立一个为政府与企业决策服务的"思想库"。

很快,徐匡迪副市长给杨福家回了一封热情洋溢的短信:"……所提Think Tank(即:智囊团、思想库)一事,我已请市府副秘书长兼研究室主任蔡来兴研究员牵头筹组,不久他即会与您联系。"②

接信后的第三天,在学校党委的支持下,杨福家召集校内人文、社会科学方面各路专家共同商讨,还邀请市里有关部门的同志一起出主意、提方案。

---

① 杨福家《追求卓越》,复旦大学出版社1995年版,第248页。
② 中共上海市委党史研究室编《上海改革开放风云录》,上海人民出版社1994年版,第1240—1241页。

◆ 徐匡迪(右二)、谢希德(左二)、谷超豪(左一)和杨福家

接到通知到会的专家们心中都纳闷不已：杨副校长是个分管科技工作的核物理学家,怎么会来组织讨论这个问题？杨福家似乎明白大家的疑惑,开门见山地说道："江泽民总书记在党的十四大报告中提出,要'充分发挥各类专家和研究咨询机构的作用,加速建立一套民主的、科学的决策制度'。复旦大学应该在政府和企业的决策民主化、科学化中发挥它的积极作用,这是因为,复旦是文理学科齐全、各类专家云集的高等学校,复旦的目标是国内外一流的综合性大学。什么叫一流？'一流'的标志之一就是在历史发展的长河中留下它的烙印,像英国的剑桥、美国的哈佛都在资本主义发展过程中留下了它的烙印。复旦大学地处上海,我们要打'中华牌',更应打'上海牌',在作为龙头、带头羊的上海的腾飞过程中献计献策。我们不仅应在研究莎士比亚、研究基础数学和物理等基础学科方面拿国际金牌,而且应该在国民经济主战场起积极作用。这就是我提出要成立思想库的动意。什么叫思想库？我举一个美国思想库为例,来看一看国际上的思想库解决了什么问题。例一,80年代初他们研究科技如何转化为生产力,为1984年里根提出的法律提供依据。例二,80年代中期'冷战'结束后,他们研究军事工业如何转化为民用,为许多工厂的转轨起

了作用。例三,1989年他们又提出苏联在两年以后不再存在。苏联政局激荡时,他们在1990年8月19日晨及时预告:反戈尔巴乔夫政变几天就将结束。这一预测,为布什迅速表示支持戈尔巴乔夫提供了依据。"

短短一席话,博得与会者的热烈掌声,大家由衷地赞同杨福家的想法。

1993年2月12日,春节刚过,一个不设围墙、开放性的新型研究机构在复旦校园挂牌,复旦发展研究院从此诞生!徐匡迪副市长欣然出任该院名誉院长,上海市政府副秘书长蔡来兴担任顾问,杨福家则被大家推选为院长。

国内外各大金融、企业单位纷纷看好这个上海第一家高层次的民间"智囊团",富有远见的各大企业家纷纷慷慨捐资表示支持。一时间国内外新闻媒体竞相报道了"这一改革开放中新事物"的消息。

| 第六章 |

最有成就感的 14 年

从 1987 年开始,杨福家连续 14 年兼任中科院上海原子核研究所所长。在杨福家领导下,原子核所取得很多成绩,创下很多第一(发现我国第一个新核素;研制成功国内第一台"超灵敏小型回旋加速器质谱仪";我国最大的科学工程"上海光源"得以顺利立项并启动等),得到很大的发展。在任原子核所所长期间,他也开始在复旦大学走上校级领导岗位,展开一系列大刀阔斧的改革。这是杨福家一生中最有成就感的 14 年,也是最愉快的 14 年。

一、一波三折任所长

中科院上海原子核研究所和复旦大学原子能系可以说是一对"双胞胎"。1958 年复旦大学在建立原子能系的同时,也建立了原子核研究所,实行系所合一,随即中科院上海分院也投入共建,王零、吴征铠、卢鹤绂兼任副所长。1960 年后,原子核所独立建所,隶属中科院,并迁至嘉定新址,卢鹤绂仍兼任副所长。[①] 经过 20 年的发展,已经成为中科院第二大所,是一个拥有 1 200 名科研工作人员的庞大的科研机构。

1986 年 11 月,李政道教授 60 岁生日时,全美 200 多位物理学界名人特别发起盛会,为李政道举行花甲之庆。杨福家和中科院党组书记、院长

---

① 《复旦大学百年志》(1905—2005)上卷,复旦大学出版社 2005 年版,第 563 页。

周光召都应邀赴纽约参加了这场庆祝会。会上周光召和杨福家聊到中科院的情况时,就与他商量是否愿意到原子核所担任所长。当时,杨福家已是复旦大学研究生院院长、现代物理所所长,一方面担心行政事务太多,影响自己的科研工作;另一方面也因为原子核所当时是出了名的"内斗"

◆ 李政道60华诞宴会,从左到右依次为严济慈、李政道、吴大猷、周光召

◆ 1986年11月30日,李政道60大寿时周光召、李政道和杨福家在纽约的合影

所,《文汇报》曾发表过《原子核在"内耗"》一文①,反映的就是这一情况,所以他在思想上也有顾虑。杨福家以没有思想准备为由而婉拒,半年内一直没有回应此事。

1987年原子核所行政领导班子要进行换届,院部提出的3名人选都是著名的核物理专家,但他们的工作单位都在北京;上海市提出由杨福家兼任;而原子核所党委则提议所内一位研究员作为候选人选。经京沪两地磋商,周光召院长权衡之后,认定杨福家为最佳人选,建议上海向有关方面和其本人做工作,力争请杨福家出任所长。

在此期间,原子核所新任党委书记巴延年开始对杨福家进行考察。这位从1953年起就在中科院工作的老干部在工作上一丝不苟。他走访了复旦原党委书记(时任同济大学党委书记)王零同志,征询他的看法。因为原子核所是在复旦成立的,最初由王零主持筹建,他对杨福家很了解,对核所的建设也很关心。王零向巴延年介绍了杨福家的情况,说他能完全胜任原子核所的领导工作。因此,巴延年觉得上级的选择是正确的。

主管的中共上海市委科技工作委员会交代巴延年做两件事:一是向复旦谢希德校长报告,请谢校长全力支持;二是与杨福家沟通,力劝其出马。巴延年先拜访了谢校长,向她报告了中科院党组和上海市委的意向,恳请谢校长帮助,谢校长很爽快地答应了,她说杨福家兼任所长合适,可以创造一个校所合作的范例,并答应力促事情的成功。巴延年向谢校长表示衷心的谢意。谢希德马上找杨福家谈话,她告诉杨福家:"大学和科研机构本来就应该相互合作、打破相互之间的围墙,希望你去了,能创造一个大学和科研机构合作的范例。"杨福家开始被打动。

巴延年随后登门拜访杨福家。杨福家说谢希德校长已经找自己谈过,但他还是有些顾虑:"我半年前已谢绝过周光召院长的邀请,主要是因为原子核所是一个规模较大、基础较好、地位重要的单位,所长的担子很重。我在复旦已任研究生院院长、现代物理所所长,再到核所兼任怕难以兼顾、贻误工作,有负组织上的委托。同时也担心过多的行政事务在身,影响自己的科研与教学。"巴延年向他介绍了原子核所的情况,说明中科

---

① 指《文汇报》曾刊发的长篇通讯《原子核在"内耗"》(作者:郑重),载《文汇报》1979年11月28日。

院党组和上海市委请他兼任所长的动因,力陈请他去领导原子核所工作的重要性和急迫性,热切期望他为原子核所的建设和发展挑重担。双方推心置腹地交谈之后,杨福家答应考虑这件事情。紧接着巴延年陪同时任上海市科技党委书记的陈至立与杨福家见面,陈至立亲自说服动员杨福家,诚劝他到原子核所兼职,并着重说明到原子核所主要是在学术上把关,不会把过多的行政事务压在他的身上。

为了劝服杨福家出山,巴延年半年内"五顾茅庐",这深深感动了杨福家。当时任上海市科技党委书记的陈至立同志亲自来杨福家的家中看望他,更使杨福家倍感温暖。杨福家一向党性很强,对自己要求严格。既然组织上希望他兼任原子核所的领导工作,他当然以党的需要为重,责无旁贷地接受组织上的决定。

在呈报中科院党组和上海市委正式审批时,杨福家正在日本做访问学者,一家人都在日本。当他得知所长任命已经下达,就毅然放弃优厚待遇、中止合同,独自一人于1987年10月17日晚提前3个月返沪。第二天一早,陈至立与巴延年就陪杨福家走马上任。她在任命大会上说:"杨先生国内国外的事情都很忙,你们不能要求他有很多时间都待在所里,要

◆ 1987年10月18日陈至立陪杨福家到原子核所上任

体谅他的困难,要相信他的心已经'到'了。"杨福家即表态:"我的心到了(真是如此!)。"会后陈至立几次打电话给杨福家,问他有什么困难,用车有没有问题,家里有没有电话……,使他感到关怀备至。

杨福家后来回忆说:"我有幸在12年前受周光召院长邀请去中科院原子核所(全院第二大所,有1 200人)任所长,给了我一个舞台,终身受益。但是,真正使我接受邀请的,并不是光召院长(我回绝了他半年),而是党委书记巴延年,那位从1953年起就在中科院工作的老干部,五顾茅庐,感动之情,难以形容。当时任上海市科技党委书记的陈至立同志亲自光临寒舍,后又陪我去核所上任,还在电话中问这问那。在知识分子的眼里,这些远比金钱更重要。"①

二、"一所两制"树目标

杨福家先前之所以婉拒周光召院长的邀请,是因为他曾担心行政事务会影响自己的科研工作。但是当他上任后他努力转变角色,从科研管理者的角度思考问题,希望能通过自己的工作调动全所1 200多位科研人员的积极性,带领他们闯出一片新天地。

上任后,杨福家广泛深入地接触科技人员和各方面职工,了解情况、调查研究,阅读中科院有关办院方针、战略部署等文件,与原子核所党委共同研究,逐渐形成既要重视基础研究、又要坚决贯彻为国民经济服务的发展思路。

原子核所经过20多年的发展,形成专业众多、学科林立、互相掣肘、力量分散的局面。如何从长期徘徊的状态中走出一条路?如何把这些制约原子核所发展的弊端,转化为振兴核所的优势?杨福家提出,要以核技术应用为主,在保持一支精干队伍从事基础研究的同时,积极组织科技人员走上国民经济主战场。他将自己作为所长的任期目标概括为4句话、16个字,即:

---

① 杨福家《勿忘管理人才》,载《博学笃志:知识经济与高等教育》,上海教育出版社2001年版,第232页。

"从百到千",是指科技开发年产值由百万级上升到千万级;

"保二争一",是指科技成果不仅要获国家、院、市进步二等奖,而且要争取得一等奖;

"破零纪录",是指要打破原子核所内没有开放实验室、没有博士后流动站、没有国家基金重大项目等方面零的纪录;

"培养人才",是指重视培养青年,确保原子核所关键岗位后继有人,保证原子核所持续发展。

所领导班子和党委一致认为,这些指导思想和目标既是从原子核所的历史和现状出发,又体现出积极进取精神,大家完全赞成。"16字"方针也得到全所职工的拥护,振奋了精神,鼓舞了斗志。

随着工作的深入和对原子核所情况的进一步了解,杨福家又依据中科院"一院两制"运行机制和开放政策,对原子核所的发展战略、发展模式作出总体部署,即:充分发挥多学科的综合优势,动员全所应用与开发的科技力量,为发展我国新材料、新药物、新技术、资源开发与利用、环境科学等做出贡献。特别要使比较成熟的高技术成果进入生产领域,逐步形成几个外向型、技术密集型企业,直接为发展国民经济服务。同时保持一支精干队伍,在核物理、放射化学和辐射化学的基础研究方面形成特色,积极向生物、医学、材料等学科渗透,开拓新的边缘学科生长点。努力承担技术攻关项目,在实现国家高科技跟踪方面做出应有贡献。

为了顺利实现原子核所的基础研究、应用和开发研究的合理布局,杨福家提出把全所的科学研究工作明确分为4类,即今天有效益(经济效益和社会效益)的、明天有效益的、后天可能有效益的和暂时没有效益的。前3类是为国民经济主战场服务的,它们的任务是直接为发展国民经济做贡献;第四类是为学科本身发展积累知识、准备条件的,它的主要目标是跟踪国际科技前沿,它的任务是拿出高水平的工作,到国际上去竞争。要让每个科技人员都能在这4类工作中找到适合自己特长的工作岗位,"各得其所",切实发挥他们的各种才能。

由于不同岗位可能收入不同,杨福家提出在分配上贯彻"各有所得"的原则。全所是一个整体,应按照实际贡献进行分配,不能人为形成做研究和搞开发之间的收入鸿沟。不论从事哪一类工作,都是核所发展战略中的一个组成部分,都应实行多劳多得、少劳少得、不劳不得的原则。对于分配制度,要在执行大政策的前提下进行小调节,就是要使那些不学无术、工作马虎、成绩一般的人,即便进了开发部门也不能多得,而那些具有真才实学、工作积极、成绩显著的人,即使从事没有收益的基础研究、管理工作,也要使他们能够多得,逐步消除目前分配中的不合理因素,充分调动各类人员的积极性。

长远部署和任期目标确定之后,在全所职工中进行了深入宣传,得到了干部群众广泛的赞同、支持。全所上下齐心协力积极推进,取得了显著成效。

三、"四菜一汤"拿金牌

经过20多年的发展,原子核所专业虽然"大而全",但却缺乏在国内数得上、叫得响的"顶尖"学科。力量分散,自然攥不成拳头;互相掣肘,更是亮不出"尖刀"。如何凝聚研究方向,重点攻关,打出原子核所的品牌?杨福家在就任所长之初,就召集有关研究人员开会,希望大家集中力量搞有创新的课题,放弃那些意义不大又浪费时间的课题。他讲了自己招待李政道的故事来打比方:"诺贝尔奖得主李政道博士来沪访问时,曾到我家作客,我准备了十几个菜来招待他。可第二天我参加了上海市长朱镕基宴请李政道博士的'四菜一汤'晚宴,我感到我家里准备的十几个菜,没有一个可以与这'四菜一汤'相比。在这种场合,一个精致的菜远远优于10个平庸的菜!"他还引用物理学家尼尔斯·玻尔的名言:"丹麦是个只有500万人口的小国,不能什么都搞;要搞的都应搞得世界领先,要世界承认我们!"故事讲完之后,他将话锋一转:"现在我们研究所有50多个科研项目,是否也应当调整结构、集中力量来提高质量呢?"

在杨福家主抓下,原子核所先后建立了两个开放实验室:一是部分从事核分析技术的人员与北京高能物理所合作,组成中科院核分析技术开放实验室;二是从核所的辐射化学研究人员中选调精兵强将,组成中科院辐射化学开放实验室。核分析技术开放实验室经中科院批准于1990

◆ 1989年9月17日,杨福家在河滨大楼的家中招待李政道、秦惠䇹夫妇

年正式对国内外开放,实验室贯彻"开放、流动、联合"的方针,积极展开了国内外的合作,取得了可喜的成绩。在多次国家级和院级专家评审中皆属优良,在同类实验室中名列前茅。核分析技术开放实验室工作人员已获中科院自然科学一、二、三等奖,上海科技进步一等奖多项奖项;在国内外核心期刊上发表论文上千篇。该实验室蜚声海内外,已成为国内核分析技术的基地和中心,并与多个国家建立了合作交流协议,互派学者短期访问。在辐射化学开放实验室,由林念芸主持的与军事医学科学院、上海医科大学、上海第二军医大学合作的"八五"重点基金项目"辐射对生物组织辐射损伤分子机制研究",在DNA组分激发三重态吸收光谱及动力学研究方面取得了国际公认的原始性创新成果。1997年验收时综合评议为优秀。这两个开放实验室已成为我国培养核分析技术、辐射化学及相关学科人才的基地,先后被批准设立硕士生点、博士生点。强大的科研平台的搭建,为一系列"金牌"科研成果提供了诞生的土壤。

杨福家积极鼓励科研人员凝炼方向,向高难课题发起冲刺。在研究所的一次科研讨论会上,实验核物理研究室主任石双惠提出寻找新核素的课题,立即被杨福家列为所重点科研项目。迄今为止,世界上已发现的

2 000多个核素中,还没有一个是中国人发现的。周光召院长曾经对杨福家说,你们应该争取把中华人民共和国的国旗插上去。经过漫长的攻坚,石双惠的课题组在十分简陋的条件下,于1991年12月合成了新核素——铂-202。身为所长的杨福家,深深地为这一成就而感到高兴,但他十分谨慎,一再叮嘱"数据要可靠,结论要负责",并亲自督促课题组的研究人员写好论文。[①] 1992年1月中旬,研究所接到国际权威期刊——德国《物理》来函通知:"审查通过,等待发表。"1992年7月28日,原子核所收到杂志社寄来的抽印本,这一项目研究成果终于正式在国际权威期刊发表。1992年8月5日,新华社向国内外宣布了这一成果,同年这一成果被评为中国十大科技成果之一。国家自然科学基金委、国家科委、中国科学院发来贺信,祝贺原子核所"实现了我国在新核素合成方面零的突破"。贺信中指出,新核素的合成与鉴别是一项难度很大、水平很高的基础性研究工作,这一工作对核的深入认识有重要意义,对核结构的理论检验起重要作用。铂-202的合成填补了国内空白,被法、德、日、美等国编入了核素图,打破了我国在核素图上无立足之地的局面,中国的五星红旗第一次插上了核素的版图!

陈茂柏的课题组研制小型回旋加速器质谱计,也得到杨福家的大力支持。还在杨福家来原子核所上任之前3个月,陈茂柏就写信给他:"我一直思考着在有生之年究竟干什么?怎么干?我们意欲带着本课题可能有的基金资助来投奔你处,并恭请你为本课题挂帅……"信发出3天后,陈茂柏才得知杨福家即将调任原子核所所长。不久,他接到杨福家托人带来的口信,约他到家里聊天。见了面,杨福家认真地听取陈茂柏的研究计划介绍,说了两句话:"我支持你,但你要冒风险。"为了使陈茂柏的"超灵敏小型回旋加速器质谱计"课题能够得到国家自然科学基金委员会的认可和支持,杨福家亲自写信为当时还只是副研究员的陈茂柏力争:超灵敏质谱计是当代最重要的核分析手段,具有广泛的应用前景,在我国尚属空白。陈茂柏等提出的"超灵敏小型回旋加速器质谱计"课题含有新的想法,值得一试。最终,这个课题被立项。一个副研

---

① 杨福家《追求卓越》,复旦大学出版社1995年版,第242页。

员领衔一个项目,这在国家自然科学基金会的历史上是空前的。1993年6月14日,在国家自然科学基金会的主持下,以陈茂柏为首的课题组所研制成功的国内第一台超灵敏小型回旋加速器质谱计通过鉴定和验收,其性能完全满足生命科学、环境科学、考古、天文和地球诸学科的要求,成为我国核技术研究中具有独创性的重大成果。

李民乾研究员领导的小组利用自己研制的扫描隧道显微镜(STM),与美国科学家同时各自独立观测到DNA双螺旋结构,并在纳米生物学研究领域中取得多个国际领先水平的研究成果。

上海宽波段自由电子激光用户装置研制课题,是原子核所争取到的一个极有发展前景的院重大项目,赵小风研究员领导的小组在上海建立了一个FEL用户装置,为开展生命科学和材料科学方面的研究提供了有力的手段。

90年代初,计算机断层扫描技术的工业应用(即工业CT)是一项崭新的无损检测手段,杨福家及时组织力量进行研制,经过强玉俊、蒋大真、沈天健、盛康龙等人努力攻关,1991年底即建成初级装置,并获得国内最清晰的工业材料CT断层图像。1992年初又得到更为复杂、更为清晰的断层图像,并在数据获取速度、成像速度、空间分辨率、图像清晰度等方面,均处于当时国内领先水平。

四、一掷家产办公司

杨福家把技术开发视为创立高新技术产业、提高国家现代化水平的重要环节,并把它作为原子核所发展战略的重要构成部分,纳入所长的任期目标。为此他专门成立了技术开发办公室,作为在所长领导下主管开发工作的办事机构,并先后制定了有关技术开发的经营方向、财务管理、合同签订、奖金分配、人员进出等6个文件,规定各经济实体自主经营、分配与绩效挂钩,为技术开发创造了宽松环境。这些举措提高了全所的认识,调动了大家的积极性,许多人加入技术开发队伍中,新的企业应运而生。

原子核所的放射性药物、放射化学力量雄厚,成果累累,享誉国内外。为推动放射性药物研究进一步发展,适应社会需求,杨福家积极倡导与组建放射性药物研究中心,走内外联合、集约经营的道路,将多年积累的研究成果进行产业化,并不断研发新药物。杨福家把这个任务列为原子核所的"一号"工程。他根据放射化学室一些研究员的建议,准备向比利时政府申请政府贷款,从该国公司进口一台加速器,制造放射性核素,成立放射性药物公司。可是借钱进口设备从无先例,杨福家立即组织要福增、汪勇先、李永键、孙祺薰、樊法生等人研究筹措,并亲自向周光召院长汇报,争取中科院领导支持。1991年6月20日,周光召院长接见了原子核所3位代表,听取了他们的汇报,并在22日院务会议上进行了认真讨论,最后决定同意成立上海放射性药物联合研究开发中心,由中科院和国家医药管理局实行双重领导。同时批准利用国外政府贷款,引进国外先进的回旋加速器,批量生产放射性药物。在加速器贷款需要担保时,杨福家向周院长表示以自己的工资、财产作抵押,取得了院部的担保。当贷款需要配套资金、四处寻求合作伙伴不成时,杨福家请上海市谢丽娟副市长想办法,找到解放军总后新兴集团公司投资并与原子核所合作。一个个难关逐一克服。杨福家指派所长助理汪勇先参加领导筹建上海科兴药业公司,在1996年5月21日正式开业。一个以发展医学高科技、跻身世界大市场的高新企业终于顺利诞生。

原子核所的技术开发工作起步较早,1984年9月经中科院批准,成立了具有独立法人地位的上海核技术开发公司,担负技术开发任务。80年代以来,又先后成立了从事电池隔膜生产的新艺材料分公司、辐射技术推广应用中心和从事配电箱生产销售的开发一厂等。在此基础上,1988年,筹建了日环仪器厂(1993年该厂一车间发展成为日环仪器一厂);成立了特种变压器公司;单独组建了新艺材料公司,原来的加工点改为联营厂。1989年又把七室的电池隔膜研究组扩编,隶属原子所的第十八研究室,从此电池隔膜的科研、开发、生产、经营走上了新一轮发展。与此同时,地那米加速器、钴源辐照装置、超滤膜分离技术、放射免疫药盒都相继推向了社会,投放到市场,从而初步形成了以应用核仪器仪表、辐射材料和辐照装置、放射性药物为3个主要产品方向的企业群。这些企业均被上级主管部门认定为高新技术产业,产品屡获优秀新产品奖、高新技术产品奖、"星火"一等奖、重大成果奖、科技进步奖等。产品行销全国,电池隔膜还出口国外,经济效益逐年提高。例如,日环仪器厂1998年产值增至8 000万元,利润达1 150万元;新艺公司1997年各项收入1 350万元,创汇43.4万美元。

更可喜的是涌现出一批集科研、开发、生产、经营、管理于一身的复合型人才队伍,整个科技开发呈现出欣欣向荣的局面。

五、"上海光源"第一功

"上海光源"也称上海同步辐射光源(Shanghai Synchrotron Radiation Facility,SSRF),是我国设计建造的第一台第三代同步辐射装置,也是我国迄今建成的规模最大的国家重大科学装置。这座占地面积2万多平方米的庞大银灰色建筑,仿佛一只美丽的巨型"鹦鹉螺",坐落在浦东张江高科技园区。它由3个加速器组成,最外圈的真空环周长432米,电子在环内运行,不断把其能量转为各种光波(含X射线),从环的切线方向发出,为各类实验服务。它犹如一座"超级X光显微镜",能够帮助人类看清微观世界。

◆ 上海光源

与世界上诸多大型的科学工程一样,上海光源经历了漫长的10年立项和紧张的5年建设(包括试运行)之路,它的建成,凝聚了几代科学家的心血和全国科技界的努力。①

自1947年首次观察到同步辐射②以来,随着应用研究工作不断深入,应用范围不断拓展,对同步辐射装置的要求也不断提高,同步辐射光源的发展已经历了3代。第三代同步辐射装置在基础科学和高新技术许多前沿领域的研究上有着不可替代的重要作用,因此受到各国政府的重视。中国大陆已建成两台同步辐射装置,即北京同步辐射装置(BSRF,专用时能量为2.2吉电子伏特,属于第一代)、合肥同步辐射光源(HLS,能量为0.8吉电子伏特的低能第二代专用环)。但这两个装置远不能满足前沿领域研究工作对同步辐射的需求。为了适应我国科学技术的发展,及早建设一台规模中等、性能居中的第三代光源前列的同步辐射装置是完全必要的,也是适合我国国情的。③

上海光源之所以能落户上海,是和杨福家的努力分不开的。北京高能物理研究所是我国最强的大加速器制造单位,有建造同步辐射光源的计划,但心有余而力不足。1993年12月,丁大钊、方守贤、冼鼎昌3位中科院院士提出"在我国建设一台第三代同步辐射光源"。1994年1月,时

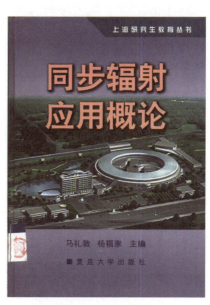

◆《同步辐射应用概论》一书

---

① 徐洪杰《十五年执著,为了建成世界一流光源》,《新民晚报》2010年7月24日B7版。
② 同步辐射光是真空中以接近光束运动的电子束在运动方向改变时,沿切线方向放出的光。同步辐射光具有一系列独特而优异的性能。例如,测定蛋白质结构最有效的手段是用X射线。同步辐射的X射线要比X光机产生的X射线亮得多。用X光机产生的X射线束测一套蛋白质晶体需要几十个小时;用第二代同步辐射光只需要几十分钟;第三代同步辐射光则更快,仅仅只要几秒钟。同步辐射光源被科学家们称为继电光源、X光源和激光光源之后,第四次为人类的文明带来革命性推动的新光源。
③ 徐洪杰主编《上海光源首批线站设计与研制》,上海科学技术出版社2015年版,第1页。

任上海市科协主席、复旦大学校长并兼任原子核所所长的杨福家院士，与校友、中科院高能物理所方守贤院士见面时，方守贤院士提及他已与丁大钊、冼鼎昌院士联合向国家建议在"九五"期间建设中国大陆的第三代同步辐射光源，并认为上海原子核所可参与竞争，争取将该光源建在上海。杨福家当即请方守贤院士就上海原子核所参与竞争之事给予指导和支持，方院士欣然接受。捕捉到国家"九五"期间有可能建设第三代同步辐射光源的消息之后，杨福家于1月13日在所务会议上对争取这个项目开始部署。杨福家在会上提出："组织几个人，把这个项目争取过来。"这样，全所上下动员，开始进行一系列工作，包括提出报告、拟定初步方案、分别向中科院和上海市汇报、拜访在沪的两院院士争取他们的支持等。不出几天，石双惠、赵小凤又赴京落实并拜访方守贤、丁大钊等院士，邀请方院士直接指导同步辐射光源方案的物理设计，他们当场表示支持。

1995年2月杨福家在国家"九五"重大科研项目评审会上提出：如果上海市对第三代同步辐射光源给予经费支持，上海应该作为光源建设的首选城市，当时就得到国家科委和中科院领导的积极鼓励。中科院院长路甬祥同意由上海原子核所建造，希望上海市能够分担一些费用。新任的上海市长徐匡迪等领导在一周内表态：同意与中科院共建，上海市政府分担三分之一费用，由此开创了中科院与省市共建国家实验室的先例。

杨福家回沪后立即着手准备，此建议立即得到谢希德院士的热情支持。在2月15日上海市政协会议开幕前，徐匡迪市长专门听取了杨福家关于光源落户上海的重要性和可能性的情况介绍。上海市政协会议期间杨福家联合谢希德、王志勤、曹珊珊等7名全国和上海市政协委员，向会议递交了"在上海建设第三代同步辐射光源"的政协提案。该提案立即得到政协领导的高度重视并被评为当届的优秀提案。2月20日上午，徐匡迪市长在政协科技组的讨论会上就杨福家建设光源的发言当场表态支持。3月，路甬祥院长来沪与徐匡迪市长商定组织队伍进行上海光源可行性研究，并决定两家各出一半预研经费，预研工作由上海原子核研究所承担。

所里立即决定成立班子,主抓立项工作。考虑到项目周期很长,需要找一个年纪比较轻、能把这个项目做到底的人。于是,杨福家找原子核所常务副所长徐洪杰谈话:"5年,你不做其他研究,专心建设光源。"中科院也即刻组织高能所的骨干(都是在加速器和光束线建设和运行方面的专家,现任应用物理所所长赵振堂也加入这支预研队伍)以及当时原子核所的骨干,由陈森玉院士担任顾问,依托上海原子核所,拉开工程建设的序幕。不过让徐洪杰没有想到的是,这一干就是整整15年!

1996年10月31日,中科院和上海市政府共同向国家计委呈送了"关于开展上海同步辐射装置预制研究的请示"。这预示着争取光源落户上海已经基本成功。

在上海市政府、政协和中科院坚持不懈的努力下,国家计委在1998年为上海同步辐射光源的预制研究立项,投入8 000万元(其中国家出资2 000万元,上海市出资6 000万元)。由于得到了上海市政府的支持,中科院立即开始组织协调院内的技术力量。

经工程队伍两年的艰苦工作,预制研究工作于2000年完成,并于2001年通过由上海市人民政府和中科院共同组织的专家鉴定。专家给出的意见是"预制研究阶段取得了一系列创新成果,原定的各项任务已经完成,41项主要性能指标全部达到或优于设计任务书规定的指标,其中26项设备的技术指标达到同类设备的国际先进水平",为国家的正式工程立项奠定了坚实的技术基础。

2004年1月,国务院第34次常务会议批准通过上海光源工程项目建议书。由于完成整个工程的资金投入较大(总投资14.3亿元),中央非常慎重,从项目准备、预制研究到预研验收通过再到项目立项,历经整整10年(1994—2004年)。

整个立项过程也离不开国际科学界的支持。李政道和杨振宁先生都表示支持该项目。李政道先生对于上海同步辐射光源更是给予了及时和具体的支持。他在1995年2月26日写信给徐匡迪市长,提出"上海的工业发展,必须基于高科技,第三代同步辐射是现代高科技中最有广泛应用前途的,我很赞成能建于上海。从人才、实力和交通等各方面的配合而论,上海均具极大优势"。1995年7月,杨福家带领中科院与上海市联合组成的访美代表团,与美国三大国家实验室(劳伦斯·贝克莱、阿贡、布鲁克海文)签署协议,取得了对方对于建造上海光源的有力支持。

最终这个项目得到中央批准,于 2004 年 12 月 25 日举行了上海光源工程开工典礼,正式破土动工。

◆ 2004 年 12 月 25 日上海光源工程开工典礼

不过在那时上海并无制造大型加速器的经验。"失去机会"的北京高能所非但没有一点反对的声音,而且从院士到所长都全力支持上海。他们派出以一流专家为首的技术队伍来到上海,住进嘉定又冷又湿的研究生宿舍,忘我地投入工作。他们的支援,使工程迅速走上正轨,并培养出一批年轻的专家。我国此前没有第三代同步辐射光束线站的研制经验,上海光源建设者经过近 14 年的努力,成功解决了一系列的设计和研制难题,建成了具备国际先进水平的光束线站。

上海不仅承担了部分资金,而且派出优秀干部参与领导,组织一流施工队伍参加建设。在既不算高又不算大的建筑底下,用了钻孔灌注桩 2 100 根,每根桩长约 48 米,桩径 0.6 米。这样的高标准严要求,保证了上海光源启用后束流稳定性好于百万分之一米。

历经 52 个月的紧张建设,上海光源胜利竣工并投入试运行,2010 年 1 月,顺利通过国家验收。国际专家评价:"上海光源建设创造了新的世界纪录。"国家验收意见是"上海光源……坚持自主创新,在诸多方面实现了创新和突破,自主研制的设备超过 70%;以世界同类装置最少的投资和最快的建设速度,实现了优异的性能,成为国际上性能指标领先的第三代同步辐射光源之一"。国家主管部门认为:上海光源的建成,是我国科技事业发展的又一重要里程碑,与"两弹一星"、北京正负电子对撞机一道成为我国重大科技基础设施建设起步、发展和快速发展 3 个阶段的标志。

◆ 2009 年 4 月 29 日上海光源工程竣工典礼

上海光源的成功,"使中国加入了世界级同步辐射俱乐部"。"从开工到出光的时间之短,创造了世界纪录"。[①] 有个中国代表团去美国斯坦福大学顺便参观光源,实验室主任则建议团长去上海参观,上海光源比这里的更好。

2012 年 1 月,上海光源项目获得中国科学院杰出科技成就奖,在评审会的结论中写道:

---

① 均引自 2009 年 5 月 7 日的英国《自然》杂志。

首批 7 条光束线站累计提供用户机时 46 620 小时；已执行通过专家评审的课题 1 283 个，涵盖生命科学、凝聚态物理、化学、材料科学、地质考古学、环境和地球科学、高分子科学、医学药学、信息科学等学科；涉及 171 家单位（高校 77、研究所 68、医院 13、公司 13），实验人员达 5 355 人次，共计 2 313 人。

上海光源的优异性能使一大批以往无法在国内开展的实验研究得以有效进行。用户科研成果显著，已发表论文 127 篇，其中，SCI 一区论文 24 篇，包括 Science、Nature、Cell 等国际顶级刊物 7 篇，产生了重要的国际影响。例如，上海光源一经投入使用立即改变了我国结构生物学家以往主要依赖国外同步辐射装置开展前沿领域研究的局面，大大增强了我国结构生物学研究的国际竞争能力，显著提升了我国结构生物学研究在国际上的地位，推动我国结构生物学研究快速走向国际前沿。

上海光源装置开放运行以来，用户需求强劲，已显示出提升我国在诸多科技领域创新能力方面的重要作用，成为我国提升原始创新能力和培养凝聚优秀人才的重要多学科实验研究平台，对我国的基础研究和产业研发提供了强有力的支撑。

截至 2013 年 12 月 31 日，在基础研究方面，利用上海光源取得的科研成果丰硕，已发表学术论文 1 363 篇，在 Nature、Science、Cell 这 3 种国际顶级期刊发表的有 30 篇。用户成果产出率居国际同类光源最好水平，显著提升了我国相关基础研究的水平。在产业研发方面，已有 32 家企业利用上海光源进行技术开发，取得了良好的效益，涉及制药、化工、技术鉴定等行业。

上海光源是国家级综合科技研究平台。从生命科学、材料科学、环境科学等科学的前沿研究，到发展微纳制造、医学诊治等高新技术，上海光源都是不可或缺的工具。在投入运行短短几年的时间里，在众多的学科领域支撑数以千计的用户开展研究，取得了丰硕的成果，这在我国大科学装置建造历史上还是第一次，其深远影响与推动作用将与日俱增。

上海光源是怎么成功的？正如工程领导小组对谢丽娟等政协委员参

观光源工程时所说：当年谢希德、杨福家等科学家撰写的提案应是这一项目的第一功。杨福家为争取光源建在上海的一些关键时刻，费心费力、上下奔波、四方游说，起到无可替代的作用。

在杨福家撰写的《上海光源是怎么成功的——国家利益至高无上》一文①中，他热情讴歌了在上海光源立项和建设过程中北京、上海的专家们团结协作、认真做事、艰苦奋斗、"国家利益至高无上"的精神。目前上海光源的机时供需矛盾日益凸显，仅能满足不到 1/4 的用户需求。"现在上海光源提供的实验时间供不应求，北京高能物理研究所正考虑建造新的光源"，杨福家相信，"上海会以全力合作回报北京、服务全国，'大力协作'是'中国创造'的关键"。

六、"核所精神"聚一体

杨福家担任原子核所所长，看到党委虽然很重视思想政治工作，重视精神文明建设，但是由于缺乏特色，难以获得所内科研人员的认同和积极参与。他认识到，必须要结合原子核所的传统和发展要求，提炼出一个能够激励全所科研人员鼓足干劲、奋勇前进的精神。他说，在原子核所要提倡一种精神，没有精神的研究所是没有希望的。他的这种远见卓识得到大家赞扬。于是以党委和所长的名义向全所职工征集意见，上下结合、深入议论，在集中大家意见、建议的基础上，经所长办公会议确定"核所精神"的内容为"奋发自强，求实创新，文明团结"。要求全所职工把培养"核所精神"作为文明建设的中心，各项创建活动都要有利于"核所精神"的发扬光大。因此，提倡和培养"核所精神"成为所长任期目标的重要组成部分。

为使"核所精神"成为职工的行动指南，自觉提高个人思想素质的修养，宣传处编写了《核所精神宣传提纲》，阐明"核所精神"的内容、背景、目的、要求和措施。精神文明领导小组就提倡、培养"核所精神"作出具体部署，规定所室领导成员、各党支部都要在布置、检查、总结工作时抓好"核

---

① 载《文汇报》2011 年 2 月 21 日头版。

所精神",使它在各个部门落到实处。

党委与所长共同抓科研道德讨论,把"核所精神"列入道德规范守则。1988年9月党委与所长联合召开全所思想政治工作会议,杨福家在会上进一步强调要把所长任期目标的两个部分作为从所长到室主任必须抓好的两件大事。

原子核所所内专业众多、学科林立、互相掣肘、力量分散的徘徊状态有着复杂的原因,既有管理体制、经济政策方面的,也有思想意识、观念形态方面的;既有原子核所内部的问题,也有大环境的影响。所以,要清除这种现象,需要综合性努力,其中重要的一条是要加强精神文明建设。要在全所职工中强化以共同理想为基础、以"奋发自强,求实创新,文明团结"为内容的精神支柱。只有把这一条做好了,其他各条的实行才会有可靠的保证。

在"核所精神"的感召与激励下,不仅创立了体现"核所精神"的优良所风,也涌现出一批先进人物、先进集体。杨福家所长任职的前3年共有288人次获得记功、表彰、通报表扬、晋升工资等奖励,有40多个班组被授予先进集体称号。这些先进人物中有德高望重的科学家,也有初显才华的青年科技人员;有高级知识分子,也有技术工人;有党政干部,也有服务人员,他们为全所树立了榜样。发扬"核所精神",学习先进、创建文明班组已形成风气。①

在1990年4月的全所表彰大会上,杨福家重点表扬了几位体现"核所精神"的先进模范人物。年近七旬的黄天生总工程师,为精心组织"地那米"加速器研制而夜以继日工作。在他的领导下,"地那米"加速器在原子核所研制的部分有了重要进展,使中科院组织开发的、对我国辐射加工起重大作用的电子加速器能够提前投入工业部门使用。年过花甲的林念芸研究员,在他的组织下,10兆电子伏特电子加速器顺利出束,使研究毫微秒时间过程的辐射与物质相互作用的机理有了可能,为辐射科学基础研究做出贡献。中年科学家李民乾研究员,立足国内,刻苦奋

---

① 杨福家《各善其长,相得益彰——在中科院上海原子核研究所先进表彰会上的讲话》,载《追求卓越》,复旦大学出版社1995年版。

斗,在质子 X 荧光分析、核微探针等研究方面做出贡献,特别可贵的是他在原子核所开拓出核技术用于生命科学的新方向,领导全组在较短的时间内用国产元件制成扫描隧道显微镜(STM),并与中科院上海细胞所合作,在我国首次获得 DNA 图像。林森浩副研究员,经过几年艰苦奋斗,用离子注入方法制成我国第一个聚乙炔薄膜二极管,其检波比、电流特性均好于国际上已发表的数据,达到国际先进水平。毛羽副研究员,在离子束光学研究、实验室建设和管理方面取得显著成绩,他以实验室为家,将其领导的 4 兆伏静电加速器实验室建设成为全所最佳实验室,它的建设速度、管道质量、成本、运转效率等,在全国同类实验室中均占领先地位。青年科技人员李德明,勤奋好学、工作积极、不计个人名利,把全副身心扑在事业上,取得显著进步,几年来共发表论文 9 篇,编制各种计算机程序 45 个,为超灵敏小型回旋加速器质谱计的研制做出重要贡献。杨福家指出,虽然这些先进模范人物的能力、水平不一,但都能尽心尽职,处处闪烁着奋发自强、求实创新、文明团结的"核所精神"。他们是原子核所 1 200 位职工的优秀代表。每位职工都应以他们为榜样,积极做好本职工作,使原子核所逐步成为一个各善其长、相得益彰的整体,为繁荣祖国的科学事业、振兴中华民族谱写出新的乐章。

  杨福家特别重视年轻人,他把培养年轻人看作历史赋予的责任,关系到原子核所的兴衰。他经常在领导班子内、学术委员会上、老一代科学家和室主任面前,一再强调必须把培养青年人才的工作抓紧、抓好,并指出要有紧迫感:原子核所的现状表明,如果不给青年人创造条件使他们尽快成长,不要多少年原子核所就有消失的危险。他对全所中青年科技人员、技术开发经营管理人员的培养做出规划,提出具体选拔指标,制定了措施。他每次来所都要到实验室与中青年骨干交流信息,听取意见,切磋学术。对年轻人在工作中遇到的问题,做到及时发现、共同讨论、寻求解决办法。对年轻人工作上取得的成绩,他也及时向各方面通报,使大家了解并给予鼓励。在杨福家第一届任职期间,石双惠、李民乾、陈茂柏、邱士龙、赖伟全、薛缪栋等 21 位优秀的科研骨干晋升为研究员。在杨福家主持工作期间先后评选出方建国、沈文庆和李民乾 3 位国家级有突出贡献的中青年专家。

杨福家主张并推动给青年人压担子,给青年人以机会,使青年感到有奔头。为留住和吸引人才,所里排出了重点培养名单,制定了《青年人才培养责任制》《青年业务骨干培养对象跟踪考察暂行办法》等11个具体规定。在所内举办了青年优秀论文评选活动,对表现出众的人才予以表彰。杨福家还以个人的经历和亲身感受,对研究生进行爱国、立志、创业的教育,号召研究生立足国内、奋发图强、刻苦钻研、求实创新,在实际工作中锻炼成长,引导研究生树立正确的人生观和价值观。由于对青年人的大力培养,一批优秀的硕士、博士毕业生、博士后脱颖而出,如徐洪杰、朱志远、胡钧、李燕、何建华、戴志敏、李勇平、李德明、刘桂民等,他们逐渐成为原子核所的顶梁柱。如今上海应用物理研究所已是青年人的天下,一片生机盎然。

培养人才,知人善任。杨福家把培养人才、引进人才作为大事来抓。沈文庆、李文新就是作为学科带头人向院部接洽调入的,来原子核所后发挥了重要作用。沈文庆的重离子物理研究课题,取得一批国际先进水平的研究成果,几年之内在国内外一流期刊上发表50余篇高质量论文,被美国SCI收录的国际期刊引用达75次,被国际学术会议和其他论文引用近30次。课题组为国家培养了多位跨世纪优秀人才,出现了像马余刚①这样年轻、成绩卓著的科学家。沈文庆自己也被选为中科院院士,担负着国家自然科学基金委员会的领导工作,为推动国家科学事业的发展尽心尽责。

杨福家对出类拔萃的人才向来放手使用,委以重任。徐洪杰是德才兼备难得的人才,杨福家把他推到第一线锻炼,后来接任原子核所所长职务,在两届任期中团结领导班子,率领全所职工做了大量细致而又艰苦的工作,使原子核所进入中科院的创新工程,实现了跨越。"上海光源"从争取立项到按计划、按指标、高质量的胜利建成,他不仅指挥大家攻克了一个个难关,锻炼了一支能战斗的队伍,而且在工程建设过程中创立了"光

---

① 马余刚,1968年出生于浙江余姚。1994年获上海原子核研究所理学博士学位,2017年当选中国科学院院士。

源精神"。光源团队获得上海劳模集体、中科院创新文化建设先进团队等先进称号。上海光源的建成,改变了上海应用物理研究所的命运,增强了所的实力,提高了所的地位。一个腾飞的上海应用物理研究所已呈现在世人面前,其中徐洪杰的功绩为大家所公认,他被评为上海市领军人才、上海市优秀研究所所长当之无愧。

七、党委、行政一条心

在兼任中科院上海原子核所所长的 14 年里,杨福家始终高举两面大旗:一是组织调动主要力量投入为国民经济服务的主战场,创立高新技术产业,为国家现代化建设做贡献;二是保留一支精干的队伍,从事基础理论研究,在国际上争第一、拿金牌。杨福家带领全所走上新的征程,谱写出原子核所的新篇章。这一切都离不开以巴延年为代表的党委领导的支持和配合。

杨福家刚到原子核所任职时,中科院党组已经决定将研究所的领导体制由党委领导下的所长负责制改为所长负责制。党委着重抓好党的建设,加强思想政治工作和精神文明建设,发挥保证监督作用。对这一重大改变,每个党委成员都很拥护,全力支持所长行使职权、开展工作。杨福家的党性强,他认为党委是政治核心,对全所贯彻党的方针政策、确定所的发展战略、做好思想政治工作、实现所长任期目标,都具有举足轻重的作用。作为所长,很难想象一个人可以不依靠党组织的力量能办好一个研究所。平时他十分尊重党委的保证监督职能,凡是全所性重大问题,总要事先同党委充分交换意见,注意采纳党委的建议,然后做出决断。党委则通过思想工作、协调关系,动员全所上下完成所长下达的任务。党委的季度和年度计划、重要决策,均征询杨福家所长的意见,他能直率发表看法供党委参考。可以说,所长与党委之间沟通情况、交换意见、研究工作,已自然形成一种制度。

杨福家在领导班子中实行集体领导分工负责制。大事由所长办公会议讨论决定(党委正副书记参加),日常工作由常务副所长主持,各位副所长按分工各执其事。凡是重大问题都在领导班子内展开认真讨论,大家畅所欲言、集思广益,做到在民主的基础上集中。所长办公会议真正履行了议事、决策的职责。

所长与党委书记都认识到一个单位的兴旺发达,取决于领导班子的团结、协调和廉洁奉公。党委是核心,所长是中心,关键是两条心变成一条心,因而核所的党政领导成员做到了相互尊重、通力合作、和谐相处、团结无间。但是这并非无原则的一团和气,也不是一无分歧。有一年,原子核所的一家产业在经营中出现严重失误。党政领导班子内部进行了认真审查,弄清了事情的原委,分清了责任,吸取了教训,采取了组织措施,严肃开展了批评与自我批评。这件事杨福家并未参与决策,事情过程也全然不知,但他仍站在所长的角度上承担了责任,作了自我批评。为了把原子核所的工作做好,杨福家对巴延年在干部任用上就曾提出过批评;对某个人的处理上两人也发生过争议;但这些都摆在桌面上,坦诚相见,完全是为了工作、出以公心,毫无个人之间的好恶、利害之争,绝未为此而影响到相互之间的融洽关系。

原子核所党委和行政之间合作的融洽,已经成为上海市科研机构的一个范例。有一次,巴延年去上海政协办事,偶遇谢希德先生,她当着众人的面称赞巴延年说,他们原子核所所长与党委很团结,合作得很好。由此也可见科学界前辈平时也都在关心原子核所班子的情况,他们对原子核所领导班子的团结是高兴的。

杨福家非常重视学术委员会和职代会的作用。上任之后他就健全与强化了学术委员会的组织,补充了学术委员会的成员,成立了物理、化学、工程3个专业组。由学术委员会承担起学术问题、学科发展方向和战略、科研方向与任务的选择、重要成果的评价、科技人员的职称评审、出国人员的业务审查、学术交流、培养扶持青年人才等方面的责任。

此外,杨福家还建立起职代会的制度。所长定期向职代会做工作报告,让职工有机会了解全局、参与管理、监督领导。所领导经常举行多层次民主协商对话活动,发扬民主,上下畅通,增进彼此之间的了解,既使领导干部能置身于群众之中,广泛听取不同意见,确保重大决策有坚实的群众基础,又能协调各方面的利益和矛盾,有助于在所内形成互相理解、互相信任、互相尊重、互相支持的新型人际关系。

杨福家主政原子核所 14 年,期间正是核所经济非常困难的时候,他总是立足世界核科学发展趋势和国家需要的全局,向大家讲明形势,既正视困难,又着重说明核所有利条件,让大家认清前途、看到希望,鼓励全所职工振奋精神、增强信心、迎难而上,为实现核所的发展目标而努力奋斗。

杨福家回顾在原子核所工作的 14 年,始终对巴延年抱有感激之情。他说正因为巴延年的诚意,他才会答应到所里任职。"党委书记巴延年在半年内 5 次到我家来,他的诚意感动了我。我觉得有这样的组织,有这么对待知识分子的党委书记,这个所就是有希望的。"

◆ 杨福家和巴延年(右)的合影,中为超声诊断一流专家徐智章医师

"这个所的所长我一干就是 14 年,14 年里我平均一个星期才去一两天,很不尽职。在英文中,'所长'就是'director',即指方向的人,方向指定了、指对了,我的主要任务就完成了。其实现在想想,我还是有点后怕:万一方向指错了怎么办?万一有人暗中跟我较劲怎么办?但是,当时的党委为我营造了一个氛围,这个氛围促成了一些合理想法能够生存与发展。"确实,杨福家到所伊始,大刀阔斧搞改革,让大家集中力量搞有创新、能拿金牌的课题,放弃那些意义不大又浪费时间的课题。说起来容易,做

起来谈何容易！如果没有党委在后面做深入的思想和动员工作，没有中科院的大力支持，那是不可能实现的！杨福家联系到自己的成长经历，说："在社会主义的中国，不论是高校，还是科研单位，优秀的党委书记可以起到十分重要的作用。巴延年是一个范例，他在解放前的上级领导、后任复旦大学党委书记的王零又是一个范例。""巴延年的文化水平不算高，但他对事业的忠心，对知识、知识分子的尊重，帮助行政领导排除杂难，支持改革、勇于承担责任种种优秀品质，使我这个所长欲罢不能，（不恰当地）一直做到现在。如果说这个研究所有点成绩的话，第一功臣应是优秀管理人才巴延年（还有继承他的晏秀英书记和沈文庆书记）！"①

---

① 杨福家《勿忘管理人才》，载《博学笃志：知识经济与高等教育》上海教育出版社 2001 年版，第 232 页。

| 第七章 |

主政复旦　6年辉煌

从1993年2月到1999年1月,复旦大学校长的重担历史性地落在杨福家的肩上。在6年的时间里,杨福家勤勤恳恳,兢兢业业,带领复旦全体师生,为母校的发展奔走着、忙碌着。在复旦的发展史上,这6年可能只是短短一瞬,但复旦在这个历史瞬间中所迸发出的光彩却是那么绚烂,那么迷人。时任教育部长陈至立在杨福家离职前对他说了两句话:"6年很辉煌。6年你对得起复旦人。"这既是对复旦6年发展的肯定,也是对杨福家个人努力的褒赞。"如果每个瞬间都光彩闪烁,那么复旦的历史必定辉煌。"6年的辉煌开启了复旦进入大发展的新时代。

一、追求卓越,首"创一流"

1993年2月,杨福家在担任复旦大学副校长1年多后,被国务院任命为新中国第五任复旦大学校长。接受任命后,杨福家一方面感到很光荣,同时又深感到肩负沉甸甸的责任。他陷入深深的思考中。自从1905年马相伯创办这所大学起,复旦就逐渐成为江南第一名校。在历任校长的出色领导下,经过几代复旦人的辛勤奋斗、不懈努力,今天的复旦,更已是蜚声海内外的著名学府。现在接力棒传到自己的手上,今后应当把复旦建成什么样的大学?

杨福家认为,首先要确定一个鼓舞人心的、合适的发展目标。纵观世界上成功的企业和学校,可以发现它们有一个共同的特点:都有一个明

◆ 杨福家的复旦大学校长任命书

确的目标(Vision),而且其目标随着时间的推进而不断调整。树立了一个好的目标,有一个明确的定位,就有可能迅速凝聚人心,激发出隐藏在全体复旦人身上的巨大潜力,推动学校各项事业的快速进步。基于对国际高等教育的了解,通过紧张的校情调研,结合国家改革开放的最新态势,他对这个目标逐渐有了清晰的认识。

在1993年2月25日宣布任命的干部大会上,杨福家发表就职演说,题目就是"找差距,创一流,振兴复旦"。杨福家说:"在我一生中,真正激

◆ 1993年2月杨福家就任复旦大学校长

动的时刻并不多,当选院士算一次;现在宣布了国务院对我的任命,又是一次,我深感责任重大。"杨福家按照复旦的基础及复旦人的愿望,提出"追求卓越,争创一流"的奋斗目标。他指出,当前学校工作的重心应当放在提高"国家队"的水平上,使它有朝一日跻身于世界第一流大学的行列。复旦应当以一流的教学、一流的教材,培养一流的人才;复旦应当有一流的科学研究;复旦应当有一流的高技术产业;而一流的教学、科研、实验室和高技术产业,又需要一流的后勤保障系统。杨福家郑重地宣告:"复旦的昨天是辉煌的,明天将更美好。复旦两字意味着'一个早晨接着一个早晨'。一个新的黎明已经到来。"

在3个月后的校庆讲话中,杨福家作为校长发出号召:"面向新世纪,积极培养青年一代,为把复旦办成国内外一流大学而共同努力!"并确定复旦大学的发展总体目标是:跨向新世纪,建设一个具有世界一流水平的、有中国特色的社会主义综合性大学。在1993年夏天,经过党委常委扩大会议讨论,正式提出把复旦大学建成世界一流大学的奋斗目标,并围绕这一目标制定了《复旦大学改革与发展纲要(1993—2005)》。

杨福家提出"创一流"的目标绝不是心血来潮。早在1986年1月,时任国务院副总理、国家教育委员会主任李鹏同志来校视察,就为复旦大学题词:"把复旦办成我国第一流综合性大学。"不久后,谢希德校长就在全校大会上进一步发出"继续坚持教育改革,努力建设社会主义精神文明和物质文明,逐步把复旦办成第一流的综合性大学"的号召。[①] 经过10年的大踏步前进,复旦大学确立"争创一流"的奋斗目标已成为历史的必然。

争创一流的目标一经确立,就在校内引起强烈反响,关于"一流大学学生形象"和"一流大学教师形象"的大讨论,激发了广大师生争创一流的热情。全校各院系对照世界一流大学的标准,找出差距,努力赶超,从而在复旦形成各项工作争一流的局面。

1994年底,在接受"211工程"部门预审时,杨福家带领校领导班子全面分析了复旦的优势与不足,把复旦创一流的目标与国家"211工程"结

[①] 谢希德《坚持教育改革,创建两个文明,把复旦办成第一流的综合性大学》,《高教战线》1986年第6期。

◆ 1993年10月22日,国务委员兼国家科委主任宋健在复旦大学考察

合起来,从教学、科研、师资等10个方面制定了发展规划,提出了实现一流目标的"三步走"战略。1996年8月,"211工程"专家组对学校的建设项目进行了可行性论证,1997年下半年第一批建设资金近1亿元陆续到位,标志着复旦大学"211工程"正式启动。

1994年1月,李岚清副总理视察复旦时说:"复旦应该成为世界一流的大学。"①他充分肯定了复旦创一流的奋斗目标及与此相关的办学思想。1995年5月,在复旦大学90周年校庆之际,江泽民总书记为复旦题词:"面向新世纪,把复旦大学建设成为具有世界一流水平的社会主义综合性大学。"总书记的题词,是对复旦大学创一流目标的充分肯定,更是对复旦全校师生创一流事业的巨大鼓舞。不论是现在还是将来,复旦人都永远以追求卓越、争创一流的精神去发展复旦的事业。

二、谁敢作弊,立马退学

创一流,首先是培育一流人才。

---

① 杨福家《一流城市必须有一流教育》,《现代领导》1994年第10期。

杨福家在担任复旦大学校长期间,下大力气抓的一件事情就是考试作弊,发现一个就开除一个,任何余地都不留。1993年,一次就开除了三四十人。

杨福家校长上任半年就颁布了一条校令:若学生上午作弊,下午就令其退学。因为此前没有先例,这一校令颁布后,不少媒体发表评论,认为杨福家虽敢作敢为,但做法却过于严厉。

令杨福家下定决心的原因是在1993年7月的期末考试中,他获悉全校有27名学生在考试中作弊。"作弊成风,能算什么一流大学?"他决心狠抓考风,实行"谁作弊,谁退学"的制度。这项制度经过教师、学生和家长的广泛讨论,形成共识并付诸实施。为此,学生共写了1 200余篇文章;复旦校刊用了整整25个版面,广泛展开讨论。当时有一位教务长拼命反对,最终也被说服。为了实施上述规定,杨福家给复旦的学生和家长共发送了2 500封解释信。

"做完这个决定,我也有些后怕,如果真有50个人作弊被开除,我这个校长就做不下去了。"杨福家坦言。校令颁布后的第一次考试仍有7人作弊,涉及学生被开除,其中有来自杨福家中学母校格致中学的一名保送生。杨福家心情十分沉痛,他为此特地写了一封给母校的公开信发表在《新民晚报》上,说明自己这项举措的良苦用心。

严肃考风,不仅维护了考试成绩的价值,更重要的是它净化了学校的风气,教育了学生要诚实做人。学生们都知道学校是动真格的,如果作弊就会付出惨痛的代价。所有作弊的学生都毫无例外地被勒令退学,作弊学生的人数也迅速降低,最后基本上降为每学期平均2人。

杨福家说,复旦的这种做法得到广泛的赞同。"一个学生给我写信说,如果作弊之风盛行,那用分数体现成绩就是毫无意义的。一些公司的老板也给我打电话,学生的能力如果不强,我们可以培养,但一个人如果不老实,那他的基本素质就是不合格的,最终将会面临被解雇的命运。"

严惩作弊的举措极大地提高了复旦大学在国际上的学术声誉。一些国家驻上海的领事也对此表示赞赏。他们反映,中国学生在报考国外研究生时作假现象时有发生,以致国外不敢轻易相信中国学生的推荐信和成绩单。杨福家也说过他被要求核查推荐信真实性的尴尬事:"80年代初,一个复旦毕业生向美国哥伦比亚大学递交申请书时,伪造了一封教授推荐信。这件事被揭露后,每年复旦都要接到不少外国大学要求核实学生推荐信和成绩单的信件,经我手的就有10封左右。经过核实,基本上所有的推荐材料和成绩单都是真实的,可因为以前有过不良记录,尽管来信在逐渐减少,可直到现在还有。"杨福家说,诚实是一个人的基本素质。遗憾的是,目前不诚实的现象非常普遍。实际上应该从小学就进行这方面的教育,正是由于从小放松了教育,致使从中学到大学都无法很好地解决这个问题。杨福家介绍,国外不能说没有这种情况,但比较好的大学都形成这样一种风气:做这种事是可耻的。周围的环境使大家认为做这种事划不来。

严惩作弊,是对全校师生的诚信教育。当时社会风气不好,对高校有一定的影响。杨福家以此为出发点,在全校倡导学术诚信,强调在署名、引用等问题上注意诚信问题。他后来举过一个例子。1999年,一个非常有名的教授被聘为波士顿大学传播系主任。上课时,他给学生们讲了一段非常精彩的话,刚说完就下课了。课后一名学生找到校长,说:"这段话我在别的杂志上见过,教授没有说明这段话的来源。"校长找到该教授核实,教授当即提出辞职。尽管他不是不想说出这段话的出处,而是因为铃声响了来不及说。最后在其他老师的挽留之下,学校免去了这位教授的系主任职务。第二天一上课,这位教授所做的第一件事就是向学生们道歉。杨福家院士说:"我很惭愧。有一次,我写了一本书,用了国外实验室送我的一张照片。出版商是一家世界知名的出版社,他们问我:'你征得实验室的同意了吗?'我一愣:照片是他们送给我的,还需要征得他们的同意吗?"他说,实际上在国外的大学,尤其是好的大学,学生头脑中已经刻下深深的烙印:人家的东西是人家的,别人的东西不能随便用。一旦发现有假,制裁将非常厉害。①

严惩作弊还基于对科学发展趋势的认识。很多作弊者是优等生。他们为什么会作弊?因为他们一直是第一,不允许别人超过他。而这种心

---

① 原春琳《为了声誉,我很严厉——访英国诺丁汉大学校长杨福家院士》,载《中国青年报》2001年3月30日。

态在科研中是要不得的,是和集体主义、协作精神严重对立的。

最后一个夸克顶夸克①是 1995 年发现的,涉及两组人,一组有 400 多人,另外一组也是 400 多人,共 800 多个人。谁拿诺贝尔奖,现在还不知道。这说明什么呢?从上世纪开始,爱因斯坦 1 年发表 3 篇大文章,现在 800 个人发表 1 篇文章,科学走向"teamwork"。教学生怎么学会尊重别人、依靠集体,这就又给我们校长、教师一个新的挑战。举个极端的例子,几年前中国科技大学有少年班,北大有少年班,李政道提倡的培养少年的尖子。结果两个人到了美国也都是尖子,到后来写论文了,他的导师发现,中科大的比较好,另外一个稍许差一点,就把一个奖给了中科大的(学生)。结果北大少年班的学生不可忍受,买枪打死 5 个人,把中科大的人打死、导师打死、副系主任打死、副校长打死。他写了遗嘱,说"我不可以忍受人家比我好"。后来一位诺贝尔奖获得者写了篇文章,我很少翻译,但这篇文章我翻译了,而且受到很多领导重视。他说,"你到美术馆去看美术作品,看到你自己的作品,你当然很高兴"。我有亲身经历,在英国的书店看到一本书是我写的,我当然非常激动、非常高兴。但是如果你只能欣赏自己的作品,不能欣赏人家的作品,你去展览馆就没有必要了。你到美术馆去干什么?你到图书馆去干什么?你到书店去干什么?你怎么学会欣赏人家的成绩?你应该为自己同组的人、同班级的人得到优秀的成绩,同样感到高兴。讲起来很容易,做起来呢?你会很高兴他比你考得好,他拿奖了而我没拿奖,你高兴吗?这是很复杂的心理过程。给我们教师的挑战,一方面是怎么培养个性发展,同时怎么样培养他的集体精神,尊重其他人的劳动。②

作弊的学生被逐出复旦园后,复旦是否就此把他们放流社会,终止对他们的教育责任,不再给他们机会了呢?复旦的回答是"不"。杨福家亲

---

① 夸克是一种基本粒子,有 6 种类型:上、下、粲、奇、底及顶。
② 张德明主编《世纪讲坛》,复旦大学出版社 2005 年版,第 208 页。

自发起对这些学生的"追踪关怀计划"。学校做出决定,如果两年内这些学生表现良好,就可以考虑让他们复学。在这两年中,"追踪关怀计划"具体拟定6条措施:一是通过这几位同学所在院系了解他们的基本现状;二是学生工作部和各院系负责老师一起找这几位同学谈话;三是暑假中委托负责招生的老师专程看望他们,寒假期间由学校给他们发一封慰问信;四是保留图书证,可以自费听课、参加系里课题小组等;五是定期与家长保持联系,要求学生每半年向学校汇报一次情况;六是通过校刊或新闻发布会等方式,向广大在校学生宣传上述工作的意义及进展情况。

那些因作弊被退学的学生的家长收到学校有关计划的信函后,他们在给学校的复信中这样写道:"读完来信,热泪满眶,激动的心情久久不能平静。……当我们正在彷徨及等待之中喜得来信,给孩子机会并指明方向,这真是'枯木逢春'。"被退学的经历,对这些同学日后的成长成才是有帮助的。周宇梁是复旦大学自1994年公布"谁作弊,谁退学"校规以来被勒令退学的8名学生之一。他也是"追踪关怀计划"的第一个受益者,能够回到复旦旁听课程。他表示这个计划给了他"一线光明",现在才真正体会到这样的学习环境是多么宝贵、多么值得珍惜,他从来没有像现在这样对能够坐在教室里上课有如此强烈的感受:"这一切实在是太宝贵了。"[1]

复旦大学导夫先路,其他大学紧紧跟上。大家都认识到,一流大学,是不能容忍、也绝不允许有考试作弊这种低级现象存在的。北京大学在10年后也出台了严惩考试作弊的规定,如果学生在考试中有任何作弊行为,包括考试后的作弊行为(如以央求、送礼、请客、威胁等手段要求老师提分、加分或隐瞒违纪作弊事实等),该门课程零分,取消授予学士学位资格;两次作弊则开除学籍。[2]

三、大牌教授,回归讲台

杨福家担任校长后,为了培养一流人才,日夜殚精竭虑。"我最近特

---

[1] 摘自《青年报》1995年4月3日。
[2] 《北大出台新规严惩考试作弊,两次作弊开除学籍》,《文汇报》2002年9月24日。

别在想",他说,"建国 45 年了,为什么我们没有培养出一流的大师?所谓一流大师,是拿诺贝尔奖的。拿诺贝尔奖,当然很难,但也不是远不可及。我们应该创造什么样的条件和环境,使得我们有产生一流大师的'土壤'?我感到现在是认真考虑这个问题的时候了"。

为了造成这样的"土壤",在杨福家的推动下,复旦大学推出多项举措。其中最重要的一个举措就是鼓励和倡导"名教授上基础课",让学生从一开始就能得到一流教师的教导,提高教学质量。这一做法如今已经成为全国高校的共识。

让名教授上讲台,是一种诚信。杨福家说:"一流的教授应该上讲台。教授的前哨阵地应该在学生那边,应该与学生接触;否则,学生会产生一种受到欺骗的感觉。譬如,进校前听说复旦大学有那么多著名的教师,又是院士,又是博士生导师;进来后一个都见不到。这非常不公平。因此,我们提倡博士生导师要上基础课。"①

名教授上讲台,也是职责所系。教授的职责是什么?这个问题的答案本来十分简单:教书育人,传道授业。可是很多人或是不理解,或是忽视了这一含义。1980 年杨福家刚评上教授的时候,当时的老校长苏步青提醒他:"你得去上课,否则怎么能名副其实呢?"而苏步青自己在古稀之年还坚持亲自上基础课,这给杨福家很大的教育。正是在老校长的指点下,杨福家一直坚持给本科生上基础课。时隔 13 年,他继任校长,第一件大事就是遵循老校长的倡导——号召教授们上基础课。

◆《名师上讲台,一道世界性难题》(《上海教育》2002 年第 1 期封面)

---

① 白岩松《访"东方之子"——杨福家》,中央电视台"东方之子"节目实录,1994 年 7 月 5 日。

重视基础是复旦教学的传统。相当长时间以来,大学里很多人认为给研究生上课才是水平高,认为上基础课是水平低,形成了刚毕业的研究生上基础课、有名的教授尤其是博士生导师只给研究生讲课这种普遍现象,以致于学生在校4年连名教授的面都没见过。杨福家说:"这完全颠倒了。研究生毕业,拿到了博士学位,可以给研究生上课,但没有资格给本科生上基础课。"能上基础课的,必须是学识渊博、有成就的教授,这样才能提高教学的起点。

培养大师,首先从根本上抓起,从学生进校起,就使他们有成长的良好"土壤"。基于这种认识,复旦大学实行教学改革,首先加强本科教学,尽力使本科教学有高起点,把基础课(包括基础实验)放在最重要的地位,让名教授、博士生导师上基础课。学校还给予上基础课的博士生导师每人每月300元特殊津贴。

杨福家刚任校长时,全校108名博士生导师,上基础课的只有2名。经过各方面的努力和讨论,教务处落实了16名博士生导师在第二个学期走上基础教学第一线,他们除了培养博士生以外,直接承担本科生的基础教学。在1993年复旦大学88周年校庆大会上,杨福家代表学校向这16名博士生导师隆重颁发聘书,期望看到他们在培养青年一代的伟大工程中不断立新功。1993年9月1日,学校举行教授为本科生开讲基础课座谈会,16位名教授出席,杨福家校长勉励他们"贵在坚持"。

经反复提倡,不出几年,基础教学第一线的名教授就已增至60多人次。复旦已形成以上教学第一线为荣、"上基础课光荣"的风气。越来越多的教授、博士生导师甚至中科院院士走上本科生的讲台,为本科生讲授基础课(包括基础实验课)。

此外,杨福家还敦促这些上基础课的名教授将讲义编成教材,并推出"金牌教材计划",每年出几部有影响的教材,对于改善教学质量起到"立竿见影"的效果。1997年5月公布的国家级教学成果奖,不论是获奖总数还是获奖层次,复旦大学均在全国名列第三。

四、先教做人，后学思考

杨福家认识到，登上讲台只不过是平凡的第一步，是实现"教书育人，传道授业"的开始。艰难的还在第二步：让每位教授从心底理解讲授专业书本知识只是其责任的一部分，甚至是一小部分。具有教授这一神圣而光荣称号的学者，首先应该向学生讲授"如何做人"，其次是"如何思考"（"授人以渔"胜过"授人以鱼"），再次才是具体的专业知识。这三者并非是分立清楚，而应是融为一体。例如，讲授原子模型时，就应该向学生们介绍20世纪的物理大师之一尼尔斯·玻尔的爱国主义精神，介绍他是怎么在人口不到500万的丹麦创建世界物理的圣地，以及他是如何思考问题、平易地与年轻人共同探讨问题，并从中点燃新概念、新思想的火花。杨福家多次访问过"原子物理的故乡"哥本哈根，在那里他不仅学到物理学，更重要的是学到"哥本哈根精神"，感受到玻尔倡导的"平等、自由地讨论和相互紧密地合作的、浓厚的学术气氛"，体验到玻尔的爱国主义精神。

杨福家曾经写过一个分子式"H_3N_2C"，据说这是世界上最硬的一种物质，杨校长将它比作"过硬的人"，即"做人"要达到几点要求：在3个"H"中，"Hope"，要有抱负、有目标、有理想和有希望；"Hard work"，要勤奋学习；"Honest"，要忠诚老实。在两个"N"中，"No ashame to ask"，即不耻下问，要作科学探讨，就是要不断地提问；"Never give up"，永不放弃自己的理想，即使遭到很多失败。每个人一生中都会经历多次失败，但绝不能就此倒下，要乐观向上。最后一个是"C"，"Civilization"，即要讲文明。

杨福家在多个场合指出：教授有义务向学生传授知识，帮助学生积累知识，但同样必须提倡智能的培养。所谓智能，是指人们运用知识的才能；培养智能，主要是培养自学能力、思维能力、表达能力、研究能力和组织管理能力。如果只注意知识的积累，而不注意智能的发展，那么即使在头脑中有了一大堆公式、定理、概念，也不会灵活应用，不会独立地去积累更多的新知识，更不会有所创新。大学教学成功与否的标志之一，是看绝大多数学生是否经常在积极地思考，看他们在智能发展方面是否有明显的进步。曾孕育出诗人海涅(Heinrich Heine)、"数学王子"高斯(Johann Carl Friedrich Gauss)以及10余名诺贝尔奖获得者的德国哥廷根大学,近250年来就一直以教人"应该怎样思考"而人才辈出、闻名全球。

一流大学的关键是有一流的教员。复旦之所以成为今天的复旦,是与陈望道、苏步青、陈建功、周谷城、谈家桢、谢希德……这些名字分不开的。他们是一流的学者、一流的教授,他们向复旦学生传授的是单纯的专业知识吗?不!他们曾多少次在各种场合教导学生如何做人、怎样思考。他们正是著名学者费巩(曾留学于牛津大学、任教于浙江大学)笔下所描绘的导师——"与二三学子,时常相聚一堂,或坐斗室相对论学,或集诸子,茶点小饮于导师之家,剖析疑难而外,并得指示学生修养之法,解答学生个人问题。导师视门人如子弟,门人视导师如良师益友,从学之期虽暂,而缔交辄终身,受其潜移默化,不觉品德与学问俱进也。"[①]

复旦大学最根本的任务,是为国家造就栋梁之材。但要造就栋梁之才,一定要注重德才兼备、全面发展。如果一味追求"尖子""尖子班",只考虑在业务上拔尖,把这些人孤立起来,听凭自我膨胀,那么,就有可能培养出一些科学知识上乘但个人主义极度膨胀、极端自私的人,最终一事无成,甚至走向自我毁灭。很多大学包括复旦过去都办过"少年班",就出过一些畸形发展的"人才",以致李政道夫妇(曾是"少年班"的倡导者)专门对杨福家说:这样的"少年班"不宜再办。因此,教师要明确把教书育人放在工作的首位:要首先教学生如何做人,其次教学生如何思考,然后才是传授具体的知识。

一名优秀的教师,不仅要扩大学生的知识面,而且要通过言传身教使其认识社会主义祖国的伟大与可爱,让他们懂得:"集体性的工作是至关重要的;科学的享乐是带有观赏性的,必须学会如何从别人的成就中获得乐趣。"经常启发学生想一想:"对你的生活,什么样的报酬更好?"使他们中间的某些人有可能成为新世纪的杰出接班人。

1993年6月7日,杨福家在《光明日报》头版发表题为"教书育人,传

---

① 费巩(1905—1945年,革命烈士):《施行导师制之商榷》,刊载于《浙江大学师范学院院刊》第一集第一册,1939年1月;收录于《费巩文集》,浙江大学出版社2005年版。

◆《博学笃志 切问近思——杨福家院士的科学与人文思考》一书

道授业"的文章,倡导"教授的职责是教书育人"。他指出:教授首先应向学生讲授如何做人,其次是如何思考,再次才是具体的专业知识。他反复强调教师要教育学生热爱祖国,艰苦奋斗,与人相容。他要求学校在请一些著名科学家给学生作报告时,最后一定要以他们的经历告诉学生如何做人、如何做学问。学校还委托有关专家专题研究如何实现全员育人,让每个学生在复旦的4年里都能得到关怀。从1994级同学开始,学校改原来的班主任制为导师制,导师由副教授以上职称的教师担任。1994级、1995级、1996级3届学生共配备了170余名导师,关心学生的全面成长。

杨福家很重视思想工作,他要求在师生中开展深入细致的思想工作。凡是有人群的地方,都需要做思想工作;要使人们作有益、高效的劳动,思想工作更是必不可少。金钱从来不会是最主要的因素。在今天的特定条件下,如何最有效地做思想工作,是党委的一大研究课题。但有一点是肯定的:做思想工作是教师,特别是资深教师的一项不可推诿的职责。每一个同学,每一个教师,每一个干部,每一个职工,都应得到关怀。

在良好的育人环境中,复旦成长起像国际政治系1992级这样的优秀班集体,"国政92精神"受到李岚清副总理的赞扬。

当然,杨福家并不反对因材施教。为培养21世纪的杰出人才,1993年12月16日,复旦大学成立"21世纪学会",从本科生和研究生中挑选106名优秀学生(5名参加大专辩论赛的队员为"当然会员"),让全校的学部委员(院士)、学术带头人、博士生导师轮流为他们上课,给予德智体全面教育。为指导学会的活动,学校还成立了以杨福家校长为团长、王沪宁教授为副团长的专家指导团,该团由复旦中科院院士与一批中青年学科带头人(共10名)组成。与此同时,学会聘请了10位在学术上有建树并且善于教书育人的教授、副教授担任各班指导教师。25年过去了,我们欣喜地见证了当时挑选的100多名学生,无一不成长为各自领域的领军人物。他们今天的辉煌成就,也证明了杨福家当时的远见卓识。

五、通才教育,重在素质

杨福家在新世纪到来的重要历史时刻出任复旦大学校长。他认识到,面临现代科学技术的飞速发展和社会进步,作为人才培养的主战场,高等学校必须要转变教学思想,更新教育观念。

多年来,复旦大学在人才培养模式上偏重于专业知识教育,造成理科的学生对人文社会科学知识知之甚少,文科学生对自然科学及当代科技发展了解不多。当今世界,现代科学技术飞速发展,不同学科、不同专业领域的相互交叉和融合日趋明显,人才培养必须要适应这一变化的趋势,由过去那种单纯培养"专门化"人才,转向培养具有宽广知识面、较强开拓创新能力的"通用型"人才教育。

对人才的素质要求越来越高,高等学校不仅是传授知识的场所,更重要的是,它应该成为育人的园地。注重基础教学,使学生具有扎实的基础理论和较为宽广的基础知识,并鼓励文理交叉渗透,培养学生综合素质的"通才教育"思想就在这样的背景下被提出来。

结合完善学分制的问题,参考对已毕业学生跟踪调查的情况,杨福家召集百余名教授就如何培养面向21世纪本科人才问题开展了广泛的讨论。近40名教授撰文发表意见,仅在复旦校刊上发表的讨论文章就有20多篇。这么多的教授参加,这样广泛深入地讨论本科教学,在全国大学中还没有第二家。讨论达成的共识就是:大学本科是"通才教育",本科教学的目的就在于使学生形成广博而深厚的基础知识和较强的思考能力。以前由于我国研究生教育不发达,形成一种观念,认为大学本科培养的就是高级专门人才。因此,本科专业和课程设置越来越专、越来越多,学生基础知识越来越浅。毕业后,他们可以成为工艺家,但不可能有大的创造。经过10多年我国的研究生教育已经迅速发展,已培养了1万名博士、23万名硕士。要说高级专门人才,他们更有资格称得上。本科生接受一定的专业训练,毕业后既可以从事多种职业的实际工作和研究工作,又可以继续深造,具有很坚实的发展基础。如果继续读研究生,便能运用学到的多学科广博知识和技能去研究某一专业的课题。这样的人才,在学术上取得重大成果的机会就大。

"通才教育"的思想提出后,复旦大学采取了一系列重大举措,逐步开始课程体系改革,把全校60多个本科专业分成人文、外语、法学、新闻学、经济学、管理学、数学、生命科学、计算机等12大类,按大类设置基础课,让每个专业的学生除了学习本专业基础课外,还能学到相近专业的基础课程。每个大类教学计划均由普通教育、基础教学和专业教学三大"板块"构成。普通教育,包括德育、美育、品德修养等50个学分,为全校学生共选;基础教育共70个学分,为全学院学生共选;余下50个学分才由专业所选。在此基础上,进一步完善了学分制,使学生能更主动、更自由地学习。

在全校学生共同需要修读的普通教育课程中,德育开设"大学生生活导论"、"法学概论"、"大学生心理与调适"和"道德、社会与文化"4门必读课程;美育开设"书法与篆刻"、"中外音乐"和"影视剧艺术"等课程,要求学生任选其中1门;作为沟通能力的语言与技能类课程中,适当增加"大学英语"和"计算机应用基础"学时;对综合知识类课程则"削枝强干",删除了一些过于专门化的课程,增设了选读对象范围广、涵盖面宽的课程。很快全校就开出近60门文理沟通或大类之间沟通的选修课,由学生自由选择。由于这些选修课反映了学科最新前沿成果,一般又都由名家执教,因而受到学生们的普遍欢迎。一大批名牌课程、精品课程应运而生。如"改变世界的物理学"由两位博导、一位教授、一位副教授组成课题组,一面教学,一面编写教材。教学内容推陈出新,以物理学的新发展及其在高新技术中的应用为线索,分航天与力学、无处不在的电磁波、奇妙的有色和五色世界、物理学与新材料、医学中的物理学、相对论和宇宙等13个板块,把知识点重新串连起来,使物理学以新的体系、新的面貌展现在人们眼前,在学生中反响强烈。另外,"化学与人类"也成为炙手可热的课程,每学期都有三四百人听课,有的学期听课人数则超过600人。其他还有

 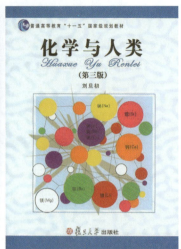

◆ "改变世界的物理学"与"化学与人类"等课程推陈出新

"文科高等数学""生物控制论"等课程,都倍受学生欢迎。

专业教学也尝试提高思维方式和能力、提高学生全面素质的教学改革。1995年开始设立"文科基地班"和"理科基地班"。文科基地班融通文、史、哲,进行大文科交叉教育;理科基地班融通理、化、生,进行大理科教育。基地班的课程以沟通学科群知识为目标,课程设置尽量避免"拼盘式"结构,而是追求有关专业内在精神的贯通。经济、管理、国政、社会学等系采取新思路,从经济改革和精神文明建设中选择学生力所能及的项目为课题,鼓励学生运用所学专业知识从事实习单位交给的任务。

为了完善学生的知识结构,学校还实施了"文科本科学生阅读百本书计划"。1995年教务处、研究生院、图书馆出资40万元,用于实施这项计划。要求每个学生在4年内课外阅读总量不得少于100本书,其中经典性著作不少于20本。在100本书中,专业与跨专业、跨学科的书各占一半。对凡公开发表4 000字以上篇幅的论文或读书札记、读书报告、小论文累计字数达5 000字以上者,经认定可免做学年论文并记2学分,还把完成读书计划作为提前毕业、提前免试直升研究生、评定三好学生和获得各类奖学金的必备条件之一。学校充分利用文理综合优势和国内外资源,在开设"21世纪论坛""东西方文化系列讲座""中华传统文化精华论坛"等基础上,设立了一系列教授论坛。1996年校庆期间,开设了以已故复旦大学教授、数学家杨武之先生命名的"杨武之教授论坛",邀请世界著名物理学家、诺贝尔奖获得者杨振宁教授为全校师生作了3场学术演讲。

◆ 1996年复旦校庆,杨振宁夫妇来复旦出席"杨武之教授论坛"

正是由于施行"通才"教育,复旦大学培养出一批又一批综合素质较高的学生,毕业生出现"抢手"局面。每逢周一、周三下午,普华大华、汇丰银行、安达信、英美烟草、宝洁等一批外资知名企业纷纷到复旦大学招聘大学毕业生。这些企业录用毕业生时注重人的素质和潜质,不再看重"专业"。用人单位乐于录用"专业不对口"的毕业生,主修核物理的毕业生被金融业单位录用,学哲学的毕业生被证券业单位录取,国政系毕业生被律师事务所录用⋯⋯用人单位普遍认为,复旦大学的毕业生综合素质高,即使"专业不对口",但有培养的潜力。对已被"相中"的毕业生,用人单位认为其表达能力、思考判断能力、与他人沟通关系能力强,有自信心与责任感。1997年复旦有两届学生同时毕业,毕业生总数达到空前的2 775人,但毕业生以其复合型的知识结构、较强的能力和较高的整体素质在就业市场十分抢手,前后共有1 200多家单位来向学校要人,总供需比在1∶4至1∶5之间。仅国际六大会计事务所就要走92名毕业生。1996年汇丰银行在上海高校共招收7名毕业生,其中就有5名复旦学生。不少大公司、银行、企业在向复旦要毕业生时,不管学生学的是什么专业,只要求学生的基本素质。

杨福家常说,复旦人的字典中没有"改行"二字。[①] 例如,从物理系毕业的学生去从事政治工作,踏上从政的舞台,并不应该认为是改行。至于用物理模型计算经济上的课题取得成功的例子,也经常可见。因此,主修物理学的学生最后不必都去搞物理,大部分学生在毕业以后可转入经济、管理、新闻、法律等领域。培养学生面向实际的态度和解决具体问题的自学能力,显得更为重要。[②] 李岚清副总理早就指出,大学教育培养的不是专门家,专家的培养是大学毕业以后的事。

这些都启发我们应当主动思考"素质教育"和"通才教育"这些深层次的问题。大学本科教育要实行"通才教育"。杨福家希望几年之后,进入复旦大学的新生不再分系和专业,而是先进入学院学习。这个学院,其实就是后来复旦大学实施的书院制改革中"书院"的雏形。

六、文理并重,齐头共进

作为一所研究型大学,必须有一流的科研。高质量的教学,只有在浓厚的研究氛围中才能实现。杨福家担任校长期间,中央提出了发展科技事业"稳住一头,放开一片"的方针。[③] 这一方针比较恰当地确定了基础

[①] 《知识经济要靠高素质人才支撑——访中科院院士、复旦大学校长杨福家》,《上海科技报》1998年11月4日。
[②] 杨福家《"通才教育"造就高素质学生》,《文汇报》1997年1月27日。
[③] "稳住一头,放开一片"是1992年国家开始确定的发展我国科技事业的重要方针。"稳住一头",是指稳定支持基础性研究、高技术研究以及事关经济建设、社会发展和国防事业长远发展的重大研究开发,形成精干高效,具有前沿性和国际竞争能力的优势力量,力争取得重大突破和创新,提高我国整体科技实力、科技水平和发展后劲。"放开一片"是指大力推动科技机构以多种形式进入市场经济,引导一大批科技机构实行企业化管理,推行多样化经济模式,走社会化发展道路。

研究与应用研究、开发研究的关系。在这个方针的指导下,杨福家认识到基础研究是复旦的长处,为了加强基础研究,他提出基础研究要瞄准世界先进水平,要拿国际金牌的要求。而应用研究和开发研究则要立足上海,为上海支柱产业、高新技术产业和重大工程做出贡献。当时他把这个目标形象地称为"顶天立地"。①

为了把复旦大学办成国内外一流的综合性大学,杨福家敢为人先,主张"以改革的精神冲破隶属部门之间的隔膜,把复旦大学办成开放型大学"。这个理念首先体现在科研方面所采取的一系列改革新举措。

1993年杨福家刚担任校长不久,一位资深教授就向他提出把"复旦物理学科统一起来"的建议:学校现有的国家级实验室的研究面太狭窄,很难与国际物理学研究接轨;主张成立一个物理学综合实验室,并尽快设立特约研究员制度,面向国内外公开招聘40岁以下年轻的博士,提供优越的研究环境,追求一流的研究成果,培养卓越的青年学者,让优秀青年在参与国际前沿的竞争中脱颖而出,使物理学科在人才荟萃的基础上开创未来。经过认真的论证,复旦决定成立这个实验室。杨福家向著名物理学家、复旦大学名誉教授李政道博士提议,用他的名字来命名这个实验室。李政道博士欣然回复:"如能对复旦有帮助,我是愿意的。"1993年5月25日,李政道博士夫妇亲自来复旦为"复旦大学李政道物理综合实验室"揭牌。9月,该实验室在《人民日报》海外版上刊登广告,诚招年轻的物理学博士来复旦工作。消息一经传出,即引来许多报考者,远远超过了预定的招聘数。12月,实验室学术委员会经过严格审查,从38名报考者中录取了首批14名研究员,他们中有哈佛的,有俄罗斯的,也有亚洲其他国家的。第一批14名优秀年轻博士,以"创一流成果、出一流人才"为宗旨,建立了开发性研究的新模式。几年之内就有30多名博士毕业生(包括已有教授职称的人)进入该实验室工作,其中既有中国的博士,也有美国(哈佛大学)的博士和俄罗斯的博士。

在与中科院的共同努力下,复旦大学在高校中率先冲破历史上科学院与高校间的长期隔阂,在1994年4月与中科院上海分院签订全面合作

---

① 《提出"顶天立地"科技目标》,《解放日报》1995年10月31日。

协议，在人才培养和科学研究中共享资源、携手并进。

1994年复旦大学还与上海第二医科大学合作，成立了"复旦—二医遗传及医学科学中心"以发挥双方优势，在从事交叉科学研究的同时，培养从事临床医学和医学研究的新型高层次人才。

自1994年起，上海应用物理研究中心、复旦非线性科学研究中心等科研机构相继在复旦建立，充分利用基础和综合的优势，联合各方力量，力争一流的研究成果。1998年初每秒64亿次的高性能巨型计算机正式在上海应用物理中心运行；经国家科委批准，"国家高性能计算中心（上海）"已坐落在复旦校园。

为了加速人才培养，推动科学研究，学校出台多项举措，鼓励教师积极申请国家重大科研项目，同时还设立校级重点科研项目，从人力、物力、财力上给予重点扶植，每年滚动评审，支持基础较好的学科创造一流的科研成果。

在不懈的努力下，复旦科研工作稳步发展。SCI论文数量从1993年的119篇提高到1995年的244篇，在高校中的排名从第五位上升至第一位。1996年，复旦科研成果获得国家级奖励6项，获奖总数居全国高校的第二位；同时还获得省部级奖励25项。基因治疗课题组在1994年获我国卫生部首张许可证；对血友病B的基因治疗，获1997年国家发明奖二等奖。复旦通过"211工程"预审后，把遗传工程列为第一号重点扶持，希望在基因治疗方面有所突破。① 另一方面，复旦组织专家参加在上海投建的新一代同步辐射光源建设；与上海市邮电局合作建立通讯工程实验室，支持上海通讯事业的发展。复旦还在与大企业联合方面迈出积极步伐，努力为推动企业的科技进步多做工作，在国家实施"科教兴国"和上海实施"科教兴市"的战略中发挥了应有的作用。

学校还积极兴办科技产业，推动产、学、研联合体，促进科技成果转化为生产力。1992年，国内第一家高校股份制高新技术企业——复华实业股份有限公司在复旦建立。6年后复华已建立10个子公司，包括在美国创立的独资公司，还在嘉定创建了占地千亩的国家级复华高科技园区。

---

① 杨福家《挑战与对策——面临21世纪的高等教育》，《上海高教研究》1997年第1期。

复华的资产总额从改制前的 4 400 万元增加到 6.29 亿元,年销售额从近 3 000 万元增长到 2.35 亿元,年利润从 550 万元增加到 3 500 万元。在 1997 年上海市科委公布的民营科技企业"百强排行榜"上,有 4 家企业"名列榜首",复华就是其中之一。另一家"复星高科技集团"也是由复旦人创办的。校办科技产业不仅担负着推广高校科技成果的重任,同时也对复旦办学提供有力的支持。1996 年,复华公司出资 500 万元在复旦设立教学科研奖励基金,以其每年增值的 60 万元奖励在教学、科研工作中取得优异成绩的教师。1997 年,复华奖教基金额从 500 万元增加到 1 000 万元。除了这些"龙头企业"外,复旦还成立了复旦利诚生物高技术公司、复旦张江生物高科技事业公司等,致力于将实验室成果转化为生产力。

复旦的理科研究阔步前进,人文学科研究也紧紧跟上。杨福家作为理科出身的校长,非常注意文科和理科的平衡发展。他指出复旦大学的发展,要靠两条腿走路。复旦大学人文学科传统深厚,在 20 世纪 90 年代几乎撑起半片江山。随着改革开放的深入,国家以经济建设为中心,强调科技是第一生产力,文科的规模有所缩减,在项目支持、职称晋升、工资待遇等方面与理科的差距逐渐拉大。这不免在文科教师中产生了一些消极情绪。

在这种情况下,杨福家撰写了《文科研究在改革开放中大有作为》一文,指出社会的进步以及由此产生的诸多人文科学、社会科学方面的历史与现实问题,为广大文科工作者提供了许多富有生命力的研究课题,也为人文科学、社会科学的研究带来了新的发展机遇。他鼓励复旦的文科研究积极应对历史新时期的挑战,出思想、出智慧、出成果、出人才,既要出"国际金牌"式的科研成果,也要培养大师级的思想家、理论家。[①] 这激励着文科教师振作精神,走出象牙塔,把握时代脉搏,瞄准方向,积极创作有思想、有理论的精品力作,形成文科研究的繁荣局面。

为了让文科"做大做强",杨福家在文科院系的管理架构上实行了一系列的改革。继经济学院(1985 年)、管理学院(1985 年)和新闻学院(1988 年)之后,1994 年文科又相继成立了人文学院和法学院。人文学院

---

① 杨福家《文科研究在改革开放中大有作为》,《复旦学报》(社会科学版)1995 年第 3 期。

汇集中文、外文、历史和哲学等复旦文科中最强的基础学科的系、所。法学院包含国际政治系、法律系、社会学系和人口研究所等应用性文科的系、所。至此,文科各学科基本形成院、系两级管理体制。相近学科集结在同一学院,为学科间的相互渗透、交叉和联合创造了有利的条件。

为了彰显文科优秀学者的工作业绩,给他们应有的学术地位和待遇,在 1994 年教师节,学校首次授予在教学和科研工作中做出杰出贡献的王沪宁和陆谷孙"复旦大学杰出教授"称号,在校内享受与中科院院士同样的待遇。这是中国高校文科首创的制度,体现出对文科杰出人才的重视。两年后古代文学研究专家、《中国文学史》主编章培恒被评为第三位"复旦大学杰出教授"。杨福家回忆说,当时实行这个制度阻力很大,不少人对具体人选有意见,但他顶住压力,把这个制度确定下来。在 1995 年复旦科技大会上,杨福家又宣布建立首席教授制度,首批 3 位教授(张根度、宗祥福、章倩苓)获得"首席教授"称号,后来在他任期内陆续评出 23 位首席教授,其中就包括不少杰出的文科学者,如刘放桐、伍柏麟、曹沛霖、王水照、苏东水等人。这些文科首席教授以其精深的学识和高尚的品德为其他文科教师树立了榜样。

复旦众多的人文、社会科学工作者创作出一批"精品"奉献给社会,"复旦杰出教授"陆谷孙前后花费 20 余年心血编著而成《英汉大词典》;"复旦杰出教授"章培恒与年轻教授骆玉明合著的《中国文学史》(三卷本)不仅引起社会轰动,也体现了一种"给年轻人创造机会"的精神;王运熙教授等编著的《中国文学批评史》(七卷本)荣获 1997 年上海市哲学社会科学成果特等奖。这些成果的出版,很多都得到杨福家的关注和支持。章培恒在《中国文学史》第二版含蓄地向杨福家表达了谢意。他写道,这本书出第一版的时候杨福家还在任,自己作为一名复旦大学的教师,别人会认为这种对校长表示感谢是下属拍领导的马屁,当然他并没有这种想法,但在他心里是念着杨福家对他的情,对他的文学史研究出版的资助很大,现在杨福家不是校长,所以自己就可以写出来,以表达对杨福家的感谢。

不管是文是理,"重量级"成果的推出大多离不开学校出版社的支持。在学校领导的指导下,复旦大学出版社在 1995 年就开始酝酿机构调整和人事制度改革,1997 年更是在全校率先实行全员聘用合同制,使出版社的工作上了一个台阶。复旦大学出版社追求卓越品质,注重社会效益,不仅出版了像《中国文学史》那样的好书,而且还出版了《狮城舌战》《杨振宁传》等受到社会普遍欢迎的书籍,以及像《现代西方经济学》《高分子科学中的 Monte Carlo 方法》《遗传学》《原子核物理》等一批获得国家级奖项的图书,经济效益也逐年增长,利润总额从 1992 年的 98 万元上升到 1996 年的 844 万元、1997 年的 1 295 万元。

七、关心青年,创造机会

杨福家认为,高等学校的根本任务是培养人才,不仅要为青年人提供大量的机会,让他们尽情施展自己的才华;还要积极倡导名誉校长苏步青教授所说的"细培精育勤扶植,不出人才誓不休"精神,关心青年人,并为他们创造条件,使之早日成才。

杨福家至今还感念复旦大学党委第一副书记王零当年对他的支持和帮助。王零基本上不坐在办公室办公,一有空他就在校内到处走,深入基层,了解掌握学校教学科研的第一线情况,给青年人以机会。1960 年原子能系正式成立,学校任命当时年仅 24 岁的杨福家为系副主任,让一位助教当副系主任,这在复旦历史上是没有的!杨福家说:"回想自己所走过的每一步,都是复旦给我的机会,而且给得都很及时。给青年人以创造和发展的机会,是复旦成功的秘诀之一。我个人的成长历程,就足以说明这一点。复旦有比较浓厚的政治气氛,促使青年人积极上进;有比较浓厚的学术气氛,把青年人推向科学前沿;不断提供创新的机会,使人得到锻炼,脱颖而出;能及时把青年人放到合适的学术、工作岗位,为他们提供到国外去竞争的舞台。正是在这样的环境与气氛之下,一批英才脱颖而出。其中有北京高能对撞机主要设计者之一、中国科学院高能所前所长、学部委员方守贤院士;紫金山天文台台长张和祺研究员;中国工程物理研究院院长胡思得院士,研究员陈式刚院士;中科院上海光机所所长、学部委员徐至展院士。"

"给年轻人以机会,给复旦人以关怀",在杨福家担任校长之后就成为学校党政领导进行学术队伍建设的响亮口号。尤其是给年轻人以机会,在实际工作中得到有力的贯彻。从 1993 年开始,在高级职称评定中专门设立"打擂台"评审组,让 40 岁以下和 30 岁以上的教师不受晋升名额限制上台汇报工作,公开竞争教授、副教授职位。1993 年 4 月,物理系的侯晓远、物理二系的方渡飞、中文系的申小龙和陈思和等 4 名 40 岁以下教师被聘为正教授,最年轻的侯晓远教授当时只有 33 岁。其后几年,有百余名青年教师都通过"打擂台"获得高级职称。1992 年,学校专任教师中 45 岁以下的正副教授仅 54 人;到了 1996 年,45 岁以下的正副教授为 207 人,其中教授有 41 人;1997 年时 45 岁以下的正副教授已达 262 人。学校在对各类学术带头人和学术骨干实行校内特殊津贴的同时,也对其中未享受到该津贴的 40 岁以下的教授和 35 岁以下的副教授给予青年教师高级职务津贴。1993 年,设立了校内特殊津贴,院士每人每月 500 元,青年正副教授每人每月 100 元。在这样的氛围下,一批又一批年轻人脱颖而出。在 1995 年、1996 年、1997 年连续 3 年的国家青年科学基金评审中,复旦每年均有 3 名青年教师榜上有名,名列全国高校前茅。1996 年求是科技基金杰出青年科学家奖评审中,复旦又有 3 名优秀青年教师获奖,与北京大学并列第一。上海 1996 年度自然科学牡丹奖 4 名获奖者中,有 2 名是复旦青年教师。

  放手让青年人挑大梁是培养青年的重要方式。杨福家任校长期间,一大批中青年教师被推到教学、科研第一线,迅速成长为教学、科研工作的骨干。一批年轻有为的教授还被委以重要的学术领导职务,逐渐成长为新的学科带头人。例如,侯晓远和金晓峰(32 岁,博士生导师)均担任复旦大学应用表面物理国家重点实验室的副主任;黄伟达(32 岁)担任生命科学院副院长;雍炯敏(36 岁,博士生导师)担任非线性数学模型与方法国家教委部门开放实验室副主任;彭希哲(39 岁,博士生导师)担任人口研究所所长兼社会学系主任;王沪宁(39 岁,博士生导师)也是 20 多岁就当上副教授、33 岁晋升为教授,在政治学研究方面很有建树,1993 年 6 月复旦任命他为复旦大学法学院院长时年仅 39 岁;杨玉良(40 岁,博士生导师)是 1992 年上海市十大科技精英之一,担任高分子科学系主任;毛裕民(41 岁,博士生导师)担任在国内颇负盛名的复旦大学遗传学研究所所长和复旦大学遗传工程国家重点实验室主任。其中,杨玉良和毛裕民首批入选国家教委跨世纪优秀人才,侯晓远和雍炯敏第二批入选国家教委跨世纪优秀人才。

计算机系专用集成电路与系统实验室副主任、28岁的闵昊博士,1993年被聘为复旦最年轻的副教授。他说:"去年我出国参加一个高层次的学术会议,外国学者看到复旦大学派我这样年轻的人来参加,感到很奇怪:'复旦大学没有人了?'等我的论文一宣读,他们不再感到奇怪,反而赞赏复旦大学重视青年人才有胆识。"他遇到一些在国外留学和工作的中国青年知识分子,当他们了解到闵昊的情况后说:"你能有这样的机会,就不要出国工作了。我们要是能有你这样的机会,我们也不会出来了。"

复旦大学美国研究中心年轻的副教授沈丁立的经历颇为特殊。他本是谢希德培养的博士,研究的是表面物理,学校派他到美国普林斯顿大学进修过。接着,复旦又推荐他到联合国办的一个研究班去研修国际裁军问题,成为一名年轻的裁军问题专家。回复旦后,学校晋升他为副教授,并为他研究国际安全和裁军问题提供出国访问、合作交流等方便。他以中国民间专家的身份,以自己广博的知识和深刻的见解阐述中国的主张,在国际裁军界颇受重视。

1996年3月,章培恒和骆玉明两位教授共同编写的三卷本《中国文学史》由复旦大学出版社出版,第一次印刷的55 000套书在尚未上架之前就已被订购一空。这一盛况被传为美谈。《中国文学史》是两人合作10余年辛勤劳动的结晶。章培恒教授说:"如果没有骆玉明与我合作,此书再过3年能否完成也很难说。"骆玉明1951年出生,1995年从讲师破格直接提升为教授。杨福家专门撰文盛赞该书:"《中国文学史》的出版告诉人们,这个'破格'破得好!骆玉明教授参与这本书的写作,是复旦'给青年人以机会'的具体体现,骆玉明正是抓住了这个机会,使他的才能得到了充分的发挥。"①

为了培养跨世纪学科带头人和学术骨干,1994年复旦大学又决定实施跨世纪优秀人才培养工程,选拔100名45岁以下青年骨干教师作为跨世纪人才重点培养对象,并重点选拔200名46岁至56岁的学术骨干加

---

① 杨福家《〈中国文学史〉的启示》,载《复旦》校刊1996年5月10日。

以重点支持。

在此同时，复旦大学还选拔了一批优秀青年干部走上中层领导岗位。光是在 1993 年的半年中，就提拔了 40 岁以下的青年中层干部 10 名，使年轻的党政管理干部走上学校管理工作的第一线。还有一批更年轻的后备力量在接受培养，其中有几十位留校毕业生既在读硕士，又在做学生指导员工作。学校积极倡导做思想工作，要求每位干部、每位教师都要会做思想工作，使在复旦工作、学习的每一个人都能得到应有的关怀。1993 年和 1994 年两年任命的全校各处、部、系、院、所、中心负责人共 51 人，除 6 人是 1949 年出生的以外，其余都是五六十年代出生的。复旦大学教师、干部的平均年龄，在全国高校中是最年轻的。复旦已经为 21 世纪准备了一批学术带头人。

为此，《人民日报》发表编者按："'给青年人以机会！'——复旦大学这个口号提得好，不仅对大学培养第一流人才十分重要，而且对全社会有普遍意义。""让我们各行各业都学学复旦大学领导人在培养新一代上的责任感和胸怀吧！"①

八、狮城舌战，名噪一时

1993 年 3 月中旬，国家教委一纸电传，给复旦带来新的机遇。

1988 年，王沪宁教授作为领队率领复旦大学辩论队，在新加坡举行的第二届亚洲大专辩论赛中力战群雄，夺得团体赛冠军。之后几年复旦大学没有再参加这一赛事。1993 年 8 月，首届国际华语大专辩论会在新加坡举行，受邀国家和地区有美国、中国、英国、加拿大、澳大利亚、新西兰、新加坡、台湾、香港、马来西亚等 10 个。考虑复旦大学代表队在 1988 年的极佳战绩，国家教委决定本届及今后各届的这一比赛均由复旦大学组队参赛。

这是一个前所未有的历史机遇，是复旦大学扩大国际影响的机会。并且这次比赛是由复旦大学代表全国高校出战，这也是对中国大陆高校

---

① 《"给年轻人更多的机会"——访复旦大学（之一）》，《人民日报》1994 年 12 月 17 日。

培养人才综合素质的检验,责任重大。要抓住机遇,只能迎接挑战!"只能赢,不能输。"这6个字的批语蕴藏着杨福家的自信和力量。

复旦大学决策中枢快速反应:参赛领导小组成立,校党委副书记秦绍德挂帅,副教务长张霭珠任辩论队负责人,国际政治系系主任王沪宁教授任顾问,哲学系俞吾金教授任领队兼教练,青年教师林尚立任副教练,人事处处长张一华担任联络员并参加领导小组,同时成立了由30多位中青年骨干教师组成的专家指导团。

从1993年3月31日开始,一场场选拔赛在复旦大学3108教室如期举行。首先是连续3天的3场"我看21世纪"演讲比赛,近百名学生先后登台。4月7日、8日,入围第二轮选拔的44名选手以两人对辩的形式,就"经济发展必然使社会道德水准提高""综合国力的提高关键是科学技术的发展"两个辩题展开激辩。第三轮选拔于4月15日晚举行,比赛程序严格按照新加坡大专辩论赛规则,24名同学分成6队3组,就"传统文化可以促进现代化""庞大的人口必定导致人口素质的下降""第三世界的经济发展不能避免环境污染"3个辩题展开激烈辩论。由于有充分的准备和教练的指点,各队在围绕辩题拓展的广度和开掘的深度上都较前两轮比赛有明显的进步,辩论中的机智与幽默不时激起同学们的笑声和掌声。4月16日公布入选第四轮选拔名单。4月20日第四轮选拔赛,也是最后一次公开选拔赛举行,3108教室人山人海,16名选手经过分组和抽题,就"通俗文化的流行是一种社会进步的历史现象"和"人类永久和平是可能实现的理想"两个题目展开决战,场内不时掌声四起。最后,杀出重围的8名同学入选最后一轮选拔,参加"百科知识测验"笔试和专家面试。通过层层发动、逐级选拔的方式,最后选定6名集训队员,开始了紧张的"全脱产、全封闭、军事化、密集型"集中训练。

1993年5月15日,杨福家校长在辩论赛集训队顾问王沪宁教授的陪同下看望集训队队员,勉励队员们发挥团队精神,刻苦训练,一定要夺得冠军,为复旦争光,为国家争光。① 在5月27日庆祝复旦大学建校88周年的校庆讲话中,杨福家回顾了选拔赛的精彩瞬间,并阐明了组织

---

① 《复旦大学百年纪事》(1905—2005),复旦大学出版社2005年版,第462页。

参赛的意义。他指出,学校把这次组织参赛的任务,看作开阔学生视野、培养学生创造精神的好机会。每一场选拔赛都引起全校同学的热切关注,许多同学是抱着"与参赛者比一比差距"的心情来观看选拔赛的,这本身就是一件好事。学校已挑选了10多位中青年专家、教授参与整个活动的遴选、培养工作。通过选拔赛,发现了一些问题,同时也让我们获得启示:应该怎样全面地培养我们的学生?杨福家要求参赛同学正确对待自己,以德智体全面发展要求自己的言行,勉励教导员们也要坚持从德智体3个方面来严格要求参赛队员。

赛前学校组织了专家对辩论队员进行专门辅导,国际政治系派出12名研究生作为陪练队员,学校各部门、各单位都为辩论队的准备工作开绿灯……经过5个月左右的艰苦训练,复旦大学辩论队在新加坡大专辩论赛中脱颖而出,荣获团体冠军,第四辩手蒋昌建还获得"最佳辩手奖"。在通常的情况下,这个奖项是留给亚军队或其他队的,以便在奖励上起到"平衡"的作用。但是复旦大学辩论队的表现异常出色,初赛、半决赛和决赛的成绩分别是5:0、4:1和5:0,而且3次比赛的评委都是来自中国港台地区或者国外,他们公正地共同决定把这两个大奖都颁给复旦大学辩论队。决赛在中央电视台国庆节晚上的黄金时段播出,当队员们从新加坡副总理李显龙手中接过冠军奖杯时,电视机前的全国观众一片欢腾!

1993年9月1日,杨福家签署通报,表彰赴新加坡参加国际大专辩论赛的复旦辩论队6名学生和5名指导教师,号召全校师生向

◆ 复旦大学辩论队领队俞吾金教授和队员们的合影

他们学习,为祖国、为学校争得荣誉,争创一流,把复旦的各项工作做得更好。队员们却说:"与其说我们为复旦争光,不如说是复旦给了我们最好的机会。"杨福家指出,复旦确实是给人才以机遇的地方,给青年人以创造和发展的机会,是复旦成功的秘诀之一。9月3日,学校举行表彰大会。杨福家发表讲话,指出复旦大学辩论队的团队精神和勇于竞争精神是复旦精神的重要组成部分。他说:"这次辩论赛是一场智慧的竞争、凝聚力的竞争。这次辩论赛的夺冠,充分体现了我们复旦师生争创一流、勇于竞争、敢于夺冠的精神风貌,向世界展示了复旦人的形象,也充分说明了发挥集体智慧、团结合作、协力实干是我们获胜的根本保证。"同时,他也不忘提醒辩论队的成员:"不管一个人取得多么值得骄傲的成就,都应该饮水思源,应当记住是许许多多的人们为你的成长播下了最初的种子。英国伟大的科学家牛顿曾经说过:'如果我比别人看得更远些的话,那是因为我站在巨人的肩膀上。'协作的精神应当处处体现在我们的工作、学习、生活中。""'team work'应当成为我们复旦的精神。"

回国以后,复旦大学辩论队原班人马编写并出版了《狮城舌战》(复旦大学出版社,1993年)和《狮城舌战启示录——怎样造就优秀的辩才》(上海人民出版社,1994年)两本书,杨福家为两本书都作了序。在狮城舌战和后来上海教育电视台组织的名校辩论赛的推动下,全国范围内掀起了大学生辩论的热潮,这也成为当代中国大学校园生活中一道亮丽的风景线。①

九、复旦智库,英才辈出

1993年2月12日,春节刚过,杨福家倡议的复旦发展研究院召开成立大会,宣告一个没有围墙、完全开放的新型研究机构在复旦园挂牌成立,徐匡迪欣然出任名誉院长,杨福家被推举为院长。

成立大会的掌声还没有消失,杨福家就约请研究院几位副院长一起

---

① 汪行福、林晖、鲁绍臣编《他化作了天边那朵白云——怀念俞吾金教授》,复旦大学出版社2015年版,第185页。

商量工作。为了让更多的人了解研究院,为了让研究院更快成为政府机构和企事业单位的"外脑"和"智囊团",也更好地为上海的经济建设服务,他们决定组织召开全国范围的研讨会。

经过精心策划,1993年6月14日至16日,由复旦发展研究院主持召开的"上海:迈向21世纪国际化大都市"战略研讨会在上海锦江饭店隆重举行。100多位著名专家济济一堂,共同为振兴上海、开发浦东进行决策论证。时任上海市市长黄菊称这次会议"拉开了21世纪上海战略研讨的序幕"。时任上海市委副书记陈至立评价道:"研讨会对上海市委和市政府进行上海的战略决策提供很重要的参考。"

1993年底,在复旦发展研究院的讨论会上,王沪宁提出要组织编写一本1993年中国发展报告,作为献给复旦发展研究院诞生1周年的贺礼。在建议提出后的第三天,王沪宁立即行动,主持召开了第一次编撰工作会议,团结、发动文科各院系的教授们共同来参与。从这一天开始,在他们的工作时间表中,没有了星期天,没有了节假日,就连中国人的传统节日——大年三十,他们有人也无法和家人相聚在一起吃个团圆饭。他们有的在资料室查阅文献、核对数据,有的坐在电脑机房286电脑前争分夺秒地敲击键盘……从办公室到每个参与者的家中,人们听到的是一声声电话调度:请务必在周内交稿,请务必……

王沪宁带领大家齐心协力,努力奋斗:国际篇的主笔沈丁立,连续几个昼夜不息地工作着,终于成为第一个交卷者;文化篇的主笔俞吾金,腰痛发作也不停顿,辩论队精神在这名教练身上再度体现;经济篇的主笔张晖明,深夜时分他的妻子对着寻找丈夫的电话说,"早晨出去还没有回来过";社会篇的主笔胡守钧、为整个报告作总结的李良荣、为报告主题寻找理论指南的钟家栋……一大批年轻的复旦人在孜孜不倦地工作着,更有一大批著名学者如蒋学模、伍柏麟、姜义华等在热切地关注着。

80位复旦人不分昼夜,连续奋战100天,撰写出一份192页的报告。1994年3月18日,由复旦发展研究院出版的第一本绿皮书——《重新认识中国——1993年中国发展报告》(以下简称《1993年中国发展报告》),醒目地躺在杨福家的书桌上。杨福家轻轻地翻动这份凝结着复旦人心血的成果,眼睛不由湿润了。这是复旦发展研究院主编的一份全面评述中国过去1年内改革和发展态势的年度报告。它不仅有详尽的事实,还有细致的分析和独到的理论;不仅描述了当代中国的面貌,还分析了1年来国际环境、历史条件、国内政治、社会、文化、经济的变迁;追溯15年来的改革,展望1994年乃至更久远的将来。和许多读者一样,在杨福家的心目中,它已不仅仅是一部影响政府决策部门的文献,因为它的生命源于每一位奉献出智慧的专家学者,源于一种强烈的复旦精神的感召。这份报告的策划者王沪宁教授只说了一句:"这不是我个人的想法,而是广大复旦教师愿望的碰撞。"

1994年3月23日,学校在物理楼三楼会议室举行《1993年中国发展报告》庆功会,杨福家对王沪宁等编写者的奉献精神和团队精神给予高度评价。①《1993年中国发展报告》得到上海市和中央领导的充分肯定。为此,杨福家专门撰文,盛赞王沪宁的工作风貌:"这才是复旦的产品,这才是复旦的水平!笔者以为,这本报告的酝酿、产生、出版过程,可以说明这么3个问题:什么是文科教授的价值?什么是复旦力量?什么是复旦精神?王沪宁曾是复旦最年轻的教授,现在还是全国政治学、行政学界最年轻的博士生导师。至今为止,他已写了论文200多篇、专著9本,与人合作译著4本,培养了近30名硕士生。更为可贵的是,他不仅埋头于基础理论,更着眼于国民经济主战场,他考虑得最多的是一个社会科学工作者的责任!"并号召全校师生向王沪宁学习:"王沪宁,不愧为上海十大高教精英之一。精英即标兵,是我们学习的榜样。""如果复旦有更多'王沪宁工作风貌'出现,那么,复旦成为世界一流大学的期望必将指日可待。"②

复旦的"思想库"不但成为上海市发展建设的"高参",还为国家输送了不少杰出的人才。尤其让复旦人自豪的是,复旦发展研究院的得力干将王沪宁,后来长年担任中央政策研究室主任,成为江泽民、胡锦涛和习近平几代中央领导集体的"智囊"。在2017年10月召开的中国共产党第十九届中央委员会第一次全体会议上王沪宁当选为中央政治局常委。

复旦发展研究院,是全国第一家主要研究国家战略问题的研究院,后来

---

① 《复旦大学百年纪事》编纂委员会编《复旦大学百年纪事》(1905—2005),复旦大学出版社2005版,第476页。
② 杨福家《把心放在事业上的人们——赞王沪宁的工作风貌》,载《复旦》校刊1994年3月31日。

全国很多大学都相继建立了类似机构,而复旦发展研究院反而因为各种人事变动而停掉。杨玉良院士担任复旦校长之后,听取了部分专家的建议,又逐步把发展研究院恢复起来。专家们指出:"因为复旦有很多人才,忧国忧民的知识分子很多。最重要的是,复旦有一个特别的长处,就是它是一所综合性的、各个学科相结合的大学。结合各个学科的人才一道观察问题,就绝不是从单方面考虑,而是从多方面来思考,可以具有比较高的战略性眼光。""既然复旦是这样一所大学,它必须对中央的决策有所贡献。所以,现在我们把发展研究院重新恢复起来,能够经常向北京提出一些比较重大的战略性思考意见。"在林尚立具体负责下,刘承功、张军、吴心伯、彭希哲等人群策群力,复旦发展研究院又重整旗鼓,开始了新的征程。①

"让复旦在北京、在中央的决策中间发出声音。"如今,复旦发展研究院经过多年的发展,已经逐渐壮大,为从事社会科学的教师、特别是中青年学者提供了一个施展才华的广阔天地。它是一个开放的、没有围墙的研究院。其下共设上海论坛、金融研究中心、金砖国家研究中心、国家建设研究中心、沪港发展联合研究所、当代中国社会生活资料中心、社会科学数据研究中心、传播与国家治理中心、复旦-丁铎尔中心、复旦-加州大学当代中国研究中心和复旦-欧洲中国研究中心等,已成为蜚声国内外的著名智库。复旦发展研究院从咨政出发,充分发挥复旦文理医的学科综合优势,整合校内战略和政策研究的队伍与资源,对外立足于一流智库的建设,为国家和上海的建设与发展贡献复旦的思想与智慧,成为国家的思想库和智囊团;对内立足于学科的交叉与整合、研究团队的建设与发展,以国家需求推动学科整合,以学科整合贡献国家发展,提升复旦大学在国家建设与进步中的地位与影响。

杨福家曾说:"复旦大学存在的意义除了培养人才之外,还要不断地出思想,成为政府的思想库。如果我们面对国家存在的各种问题而不能回答,复旦是失职的。我们应该能回答,而且还要能预见可能出现的问题。"②他还豪迈地宣布:"复旦大学应在中国社会主义历史发展的长河中

---

① 姜义华口述、熊月之撰稿《姜义华口述历史》,上海书店出版社 2015 年版,第 104 页。
② 杨福家《创建世界一流水平的社会主义综合大学》,《瞭望周刊》(上海专刊)1996 年第 8 期。

留下她的烙印。"当前我国经济已由高速增长阶段转向高质量发展阶段，正处在转变发展方式、优化经济结构、转换增长动力的攻关期。在决胜全面建成小康社会、夺取新时代中国特色社会主义伟大胜利、实现中华民族伟大复兴的中国梦的征程中，复旦发展研究院将会发挥越来越大的作用。

十、服务上海，发展复旦

李岚清副总理说过，"高校要为地方经济发展服务"。这使杨福家认识到，复旦大学地处上海，而上海正处在改革开放的关键时刻，应当把握历史机遇，把促进上海经济发展和社会进步作为自己的职责。1993年3月，杨福家在向原国家教委主任朱开轩汇报工作时提出复旦由国家教委和上海市双重领导，得到了朱开轩主任十分热情的支持。1994年4月，国家教委与上海市政府签署了共建复旦大学的协议。

"共建"是复旦发展史上的一件大事，它掀开复旦发展的新篇章。

"共建"首先是贡献。在杨福家推动下成立的复旦发展研究院积极地为上海的改革与发展出谋划策。复旦发展研究院做的第一个课题是"上海21世纪发展战略研究"，这一研究成果受到市领导的好评。此后的几年里，复旦发展研究院秉承为地方经济发展服务的宗旨，开展了诸如长江经济带基础设施研究等一系列课题研究，取得了良好的社会效益。"香港回归对上海经济发展的推动与影响"这一课题，被上海市政府列为1997年市重大决策咨询研究课题。

复旦还全面参与浦东的开发与建设。在杨福家任期内，占地30余亩的"复旦大学浦东园区"的建设开始启动，规划建立高科技楼、复旦书院以及东上海复旦咨询公司，从事产业开发、人才培养和科技咨询等。这为以后复旦大学张江校区的建设布下第一颗棋子。

复旦还积极组织科技力量投入上海的企业和科技市场，支持上海高新技术产业发展。复旦先后与宝钢集团、大众汽车公司、金山石化公司、上海邮电管理局、长江计算机集团等大企业签订协议，推进企业的科技进步，并以此作为对上海"科教兴市"战略的积极回应。上海新黄浦集团向复旦提供1亿元资金及价值1.2亿元的300套商品房，与复旦尚未产生市场价值的高新知识交换,并合作把高新技术产业化,这种合作又开创了高校与企业合作的新模式。

复旦努力为上海培养一流的人才。学校根据上海经济建设的需要,增设了房地产经营管理、国际贸易、国际企业管理、会计学、投资经济、广告学、旅游管理、通讯工程、保险学等11个新专业。所培养的近一半的本科生和一半以上的研究生毕业后在上海的各行各业服务。

复旦除了培养年轻人之外,还通过举办各种各样的短训班、培训班来适应新的社会发展对人才的需要。学校承担了上海市委组织部的"百人工程",举办了高级管理干部进修班,积极为国家培养干部。学员们学习的决心很大,吃住在复旦大学,全身心投入,取得较好的学习效果。时任浦东新区党委书记、上海市副市长周禹鹏,市府副秘书长殷一璀,美国通用汽车公司上海公司总经理胡茂元等,就是在复旦经过为期两年的培养后走上新的领导岗位。

"共建"也使复旦更多地得到上海市的关怀,在项目和财政上获得有力的支持,获得了许多自我发展的宝贵机会,办学中的许多困难也得以顺利解决。在复旦的财政收入中,上海的直接支持5年前尚不足1%,1996年则达到占比7%,1997年更达到占比9.8%。

复旦大学还积极利用在上海的地缘优势,开展和周边学校特别是著名医科大学的协作,探索和开辟大发展的蹊径。在20世纪90年代中后期,在杨福家、姚泰、王一飞等校长的推动下,复旦和上海医科大学、上海第二医科大学、第二军医大学合作,培养医科低年级学生。这些医科大学的一、二年级学生(部分)到复旦大学学习基础学科。这种合作尝试持续多年,普遍反映很好。这开启了综合性大学和医科大学合作、合并之先河,为以后复旦和上海医科大学的实质性合并打下最早的一根桩。

复旦大学在国家教委和上海市委、市政府的领导和关心下,积极探索"国立共建市统筹"的新模式,不断充实与扩充"共建"的内涵,努力提高办学质量,成为代表上海发展水平的标志性大学。

杨福家执掌复旦后的作为,《人民日报》在1994年12月17日头版头条及20日、21日、26日连发4篇文章,并配发编者按,给予高度评价。经过6年大刀阔斧的改革,学校的办学条件改善了,办学效益也得到了提高。仅在从 1993 年至 1997 年的 5 年时间内,学校基本建设竣工面积为 89 300 平方米,完成投资 1.34 亿元,其中包括美国研究中心、李达三楼、化学楼、复华科技楼、抹云楼、行政楼、校医院、教工食堂、中心村住宅、南区近万平方米的学生宿舍。5 年内,学校的固定资产总额增长了 54%,每年的经费总收入已从 1992 年的 1.4 亿元增加到 1996 年的 3.2 亿元,又增加到 1997 年的 5.7 亿元(其中 1 亿元为"211 工程"专款),在委属高校财务综合评价体系中始终保持综合及工科类院校的前 3 位,学校的办学条件有了很大改善。全校教职工的人均年收入由 1993 年的 7 026 元提高到 1997 年的 20 100 元(其中学校提供的奖酬金由 1 987 元提高到 5 741 元),教职工生活待遇有了一定提高。

从 1993 年至 1997 年,复旦本科生从 5 445 人增加到 8 183 人,专科生从 957 人减少到 293 人;研究生从 1 915 人增加到 3 318 人,其中博士生从 352 人增加到 845 人。外国留学生从 340 人增加至 11 720 人;成人教育学生从 5 724 人增加到 6 667 人。与此同时,复旦教职工人数从 4 822 人减为 4 455 人。职工中不领学校工资的人数近 800 人,比 1992 年翻了一番;教师人数从 2 177 人减为 1 736 人,但具有博士学位的教师比例从 1993 年的 7.6% 增加到 18%,几乎翻了一番(从 166 人增加至 321 人),教授、副教授的比例从 44% 增加到 57%,45 岁以下的教师比例从 51% 增加到 59%,师生比从 1991 年的 1∶8 调整为 1∶11。这些数字反映了办学结构得到了优化。

十一、"知识经济",时代旋律

担任复旦大学校长后,杨福家以开放的心态活跃在国际舞台上,敏锐捕捉来自世界各方面的最新信息。

每年 2 月的第一个星期四,在美国首都华盛顿的希尔顿饭店都要举行一个总统早餐会(正式名称为"全国祈祷早餐会")。每次早餐会都有 4 000 多人(包括外宾 600 人左右)参加,时任总统都会发表演讲,这是一个极好的外交舞台和信息平台。自从担任复旦大学校长后,杨福家几乎每年都收到美国参众两院的邀请,请他出席当年的早餐会。1994 年 2 月

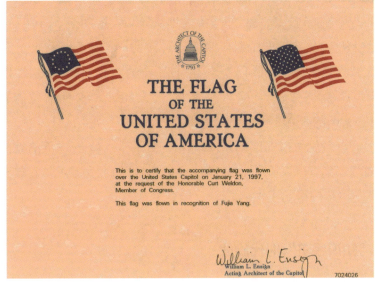

◆ 为表彰杨福家为发展中美关系所做的卓越贡献,美国国会山的美国国旗曾于 1993 年、1997 年两次为杨福家而飘扬;杨福家是截至目前唯一一位拥有两张美国国旗证书的中国人

3 日,杨福家参加了克林顿总统举办的第 42 次总统早餐会,聆听了克林顿关于 3H 主题(humble, honest and fair, help others,即要谦虚谨慎、忠诚公正、帮助别人)的演讲。杨福家后来曾多次引用这个"3H"作为素质培养的标准。

◆ 1999年2月4日，克林顿总统接见杨福家

在1997年2月6日的第45次总统早餐会上，杨福家等3位外国名牌大学校长和来自170个国家的650名来宾，一起聆听了克林顿发表的即席演讲。克林顿演讲的主题是"团结、合作与教育"。"虽然我们乘不同的船来到这个国家，但是我们现在在同一条船上。"克林顿的话虽然轻松幽默，话题却很有分量："在我下一任期4年内的首要任务，是使美国人民在全世界受到最好的教育。"

◆ 希拉里会见杨福家

"让我们一起努力,使8岁的儿童都能阅读(目前只有40%),12岁都能进入国际互联网络,18岁都能进入高等学校。"

克林顿总统把下一年度的教育经费提高到500亿美元,这是创纪录的预算。他还提出制订"美国教育行动计划",其中有10条具体措施。

"穷人年轻化了。对于青年穷人,不能像老人一样享受福利。青年穷人缺少教育,应使他们增加知识、参加工作,以此来解决困难。"

"要建立全国的教育标准。要使每一个公民都了解,要成功地进入以知识经济(knowledge economy)为特征的新世纪应达到什么样的教育标准。每所学校要修改教育要求、课程内容,以有可能达到这样的标准。到1999年每个州都要对四年级学生进行阅读能力的考试,对八年级学生进行数学考试,以检查学生是否达到国家规定的标准。"

杨福家第一次从一位总统的口中听到"knowledge economy"这个词,觉得耳目一新。"knowledge economy",杨福家将其译为"知识经济"。思维敏锐的杨福家像捕捉到科学前沿的最新信息一样,瞬即意识到这个英文单词的特殊意义:它表明一个新的时代,即"直接依据知识和信息进行生产、交换和分配的经济"的时代开始了!

回国后,杨福家分别在《文汇报》和《人民日报》上发表了《关于"知识经济"》《谈谈"知识经济"》等文章,以比尔·盖茨(Bill Gates)为例,阐述了知识经济的含义及其巨大的威力。文章指出:

> 以比尔·盖茨为代表的软件知识产业的勃兴是当今世界知识经济初具框架的标志。
>
> 以知识作为资本发展经济,知识将作为生产要素中最重要的一个组成部分。
>
> 白领工人人数超过蓝领工人人数,并出现一批以比尔·盖茨为代表的金领阶层,可以说是发生在20世纪中的重大事件。
>
> 软(件)的比例在整个经济中的份额大大增加,包括专利、商标等在内的无形资产在整个经济资产中的比例大大上升,咨询业日渐兴盛;作为工业经济主干的制造业已注入了越来越多的新科技知识。

知识经济正开始替代工业经济。这是一个机遇，又是一个挑战。在前一个机遇到来时，在农业上比我国落后的国家抓住了机遇，超过了我们。在知识经济时代，只有改变发展模式，依靠知识、信息，才能真正做到"超常规发展"，我国与发达国家的差距才会很快缩短。知识靠人才，人才靠教育。知识经济的一系列特征对教育而言是巨大的挑战。

在《文汇报》刊登文章的第二天，徐匡迪即在全市局级干部会议上予以推荐。该文引起各界的广泛关注，立即被几十家报刊转载。① 接着，杨福家迅即请复旦有关专家组织力量对知识经济进行研究，很快黄亚钧等人出版了《知识经济论》一书。"知识经济"这一个鲜为人知的新名词，在杨福家连续发表几篇文章后，很快成为新的热点。《文汇报》撰文指出："杨福家院士率先在国内引进并阐释了知识经济的概念及其对我国经济、社会和教育带来的挑战，无疑已在中国科技史及教育史上留下浓重一笔。"1998年6月初，杨福家院士在中国科学院和中国工程院两院院士大会召开期间，向两院院士们作了关于"知识经济"的学术报告，引起媒体的关注和广泛共鸣。

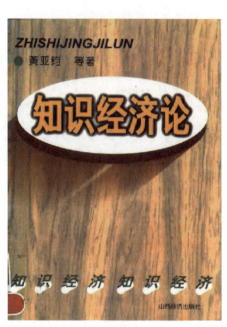

◆《知识经济论》一书

---

① 在1年之间刊登并转载文章的先后有：1997年10月3日、1998年1月9日和4月3日《文汇报》；1997年10月20日《解放日报》；1997年10月20日《光明日报》；1997年12月19日、1998年4月6日《人民日报》；1997年12月《东方经济》；1998年1月《中国高教研究》；1998年3月《自然杂志》；1998年4月《大自然探索》；1998年5月《高教文摘》；1998年11月《商业》；1998年7月《集团经济研究》；1998年9月16日《新疆经济报》；1998年5月28日《大众日报》；1998年10月《南风窗》；1998年11月4日《上海科技报》等。

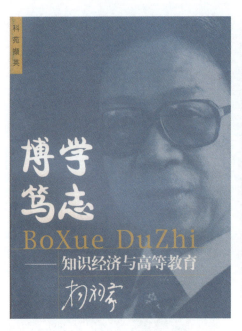 

◆《博学笃志：知识经济与高等教育》一书　　◆《教育参考》刊文《杨福家院士访谈录——知识经济时代的高等教育改革》

"知识经济"的概念很快引起国家高层领导的注意。1998年2月4日，江泽民总书记在中科院一份报告中批示："知识经济、创新意识对于我们21世纪的发展至关重要。"在同年6月1日的两院院士大会上，江泽民再次强调："人类已进入信息时代，世界科学技术的发展日新月异，知识经济已初见端倪。知识经济的基本特征，就是知识不断创新，高新技术迅速产业化。而要加快知识创新，加快高新技术产业化，关键在人才，必须有一批又一批的优秀青年人才脱颖而出。"

看到国家最高领导人这样迅速接受并如此重视"知识经济"，看到高层领导的意志很快化作全国的行动，杨福家欣喜之至：有什么能比当这样一个"二传手"更快慰平生的呢？

十二、既请进来，又走出去

"门不停宾，古所贵也。"（《颜氏家训·风操第六》）海纳百川，是上海一贯的城市性格。杨福家主张，应让复旦成为名人表演的舞台，成为年轻人接受大师熏陶、获取机会的场所。① 6 年里复旦大学积极开展国际性学术交流,跨国邀请著名学者讲学,合作成立科研机构,开展合作研究项目、教育项目。从 1996 年开始,设立了"杨武之教授论坛"(自然科学)、"松下论坛"(管理科学)、"发展论坛"(社会发展)等,邀请国内外一批杰出的学者和名人,给学生讲世界的最新发展和科技的最新动态。

1995 年至 1996 年期间,杨福家曾两次率团访问日本,促成日本电信公司 NTT－DATA 集资 100 万美元资助中国高级管理人员的培训;并促成松下公司出资 20 万美元在复旦大学管理学院设立"松下论坛",82 岁高龄的松下公司董事长松下正治先生专程来上海开讲。后来既有日本的一些企业家,也有美国、香港的一些管理、金融专家前来演讲,听众都在 300～500 名之间。

"杨武之教授论坛"是在 1995 年与复旦大学名誉博士、诺贝尔奖得主杨振宁教授商定,以他的父亲、已故复旦大学数学教授杨武之命名的,属自然科学方面的论坛。他全家出资支持该论坛,对复旦之情令人赞叹。杨振

◆ 1998 年 8 月 23 日,1997 年度诺贝尔物理学奖获得者、美国第 12 任能源部长(2009—2013)朱棣文访问复旦大学

---

① 杨福家《让复旦成为名人表演的舞台》,《复旦发展研究院简报》1998 年第 5 期;另载《博学笃志:知识经济与高等教育》,上海教育出版社 2001 年版,第 175 页。

宁先生于 1996 年 5 月首次开讲，连续 3 天，场场爆满。之后，中科院院士梁栋材、赵忠贤以及诺贝尔奖得主日本的江崎玲於奈教授都在该论坛作过演讲。这些演讲者不仅讲科学，还讲如何做学问和如何做人。1998 年 8 月 23 日，1997 年度诺贝尔奖得主朱棣文教授来复旦"杨武之教授论坛"演讲。当时复旦处于暑假期间，是一个高温天（当天的气温高达 36℃以上），又是周日的下午，恰逢申花队与国安队足球比赛，但是，逸夫楼报告厅仍被挤得水泄不通，连地上都坐满了人。朱棣文教授的报告题目是有关原子物理学新进展，听众中不仅有物理系的学生，还有数学系、高分子系、世界经济系、管理学系的学生，真是盛况空前！这正是复旦的气氛。

复旦发展研究院设立的发展论坛也是国内外名人表演的重要舞台。上海市市长、复旦发展研究院名誉院长徐匡迪院士，副市长、浦东新区主任赵启正，中国人民银行上海市分行毛应梁行长，全国政协副主席钱伟长院士，国家体改委主任乌杰，美国微软公司总裁比尔·盖茨，美国哈佛大学费正清东亚研究中心主任傅高义等著名人士，都在该论坛发表过演讲。

◆ 1996 年 6 月 28 日杨福家会见比尔·盖茨

杨福家不仅经常邀请名人来校演讲，还邀请在国外已颇有成就、但暂时还不能回国服务的年轻学者来校进行短期交流。例如，当时在美国耶鲁大学任副教授的许田、在休斯敦大学任副教授的金力等，都曾利用假期

◆ 1996年6月28日比尔·盖茨在复旦发展论坛发表演讲

来校合作交流研究、短期集中授课，取得了良好的效果。

1994年12月杨福家在访问挪威时，建议在复旦建立北欧研究中心，得到挪威官方积极的响应。次年11月，挪威首相布伦特兰女士亲临复旦为该中心的成立揭牌。

杨福家在几次访美时，均拜访了诺贝尔奖得主李政道教授，并在复旦建立了"复旦大学李政道物理综合实验室"。为了倡导并资助本科生参与学术研究，1998年，李政道教授出资25万美元，在复旦等校设立以他与已故夫人秦惠䇹的名字共同命名的"䇹政中国大学生见习进修基金"（简称"䇹政项目"）。本科生通过申请这个项目，可以获得导师的"一对一"指导，在课余、假期到科研单位、国家实验室与教授接触，尽早地参与科学研究、了解经济需求、了解世界难题。以"䇹政项目"为起点，很多"䇹政学者"都已顺利成长为国际一流学者。现在，"䇹政学者"已经成为复旦大学本科生科研的顶级荣誉。受"䇹政项目"的启发，复旦大学后来又陆续创立了"望道项目""曦源项目"等本科生学术研究资助项目，课题难易程度和申请人数各不相同，如今复旦大学每年约有600名本科生能够参与这类科研项目。

杨福家有一个主张：既然教育国际化已经成为一个必然趋势，那么大学校长就应该多走出去。你要了解世界，也要让世界了解你。

◆ 1998年1月23日"䇹政基金"签约仪式在北京举行

前排左起分别为李发伸(时任兰州大学校长)、杨福家(时任复旦大学校长)、李政道、陈佳洱(时任北京大学校长)、钱培德(时任苏州大学校长);

后排左一为李重庵(时任甘肃省副省长),左三起分别为殷一璀(时任上海市政府副秘书长)、温家宝(时任中共中央政治局委员、中共中央书记处书记)、宋平(原中共中央政治局常委)、钱伟长(时任中国海外交流协会会长、上海大学校长)、朱光亚(时任全国政协副主席、中国科协名誉主席)、周光召(原中国科学院院长)、陈至立(时任国家教委党组书记、副主任)、徐锡安(时任北京市教委主任)、路甬祥(时任中国科学院院长)、柳怀祖(时任䇹政基金秘书长)

◆ 复旦大学"䇹政项目"师生赴美拜访李政道先生

1995年10月,杨福家访问日本创价大学。该校举行仪式,授予杨福家名誉博士称号,以表彰他多年来在发展学术文化及提高本校的研究与教学水平方面所做出的贡献。创价大学是由日本著名学者池田大作先生创办的。该校名誉博士学位曾授予戈尔巴乔夫、基辛格等23位世界著名人士。杨福家是继苏步青、丁石孙之后第三位获此荣誉的中国学者。①

　　杨福家在出访途中大多顺访香港,与香港各大学加强往来,促使香港大学于1995年11月在复旦设立它在国内高校的第一个联络处,开始每年输送学生来复旦进行暑期培训;另外,他还成功地邀请到香港大学、香港中文大学、香港科技大学、香港城市大学等4所香港著名大学的校长一起来复旦参加"21世纪高等教育论坛"。

　　1996年7月,杨福家第一次参加国际大学校长协会(International Association of University President,简称"IAUP")会议,由于他会前做了充分准备,初次"亮相"便充分展现了自己的才干。杨福家当选为国际大学校长协会执行理事(1996—1999年),这是该协会成立30多年来新中国代表第一次被选入执行理事会,这也给了杨福家走向世界舞台的一个

◆ 1996年7月17日,杨福家当选为国际大学校长协会执行理事,在就职典礼后与协会主席格特(D. Gerth)夫妇合影

① 摘自《文汇报》1995年10月31日。

极好机会。1997年,该协会首次在中国召开会议,100多位国外大学的校长光临复旦。

1996年9月,由国家教委副主任韦钰率领,由北大、清华、复旦和上海交大4所大学校长组成的中国高等教育代表团访问了美国的哈佛大学、麻省理工学院、斯坦福大学和加州大学伯克莱分校等4所最好的大学。

◆ 韦钰率中国教育代表团访问哈佛大学;自左至右分别为翁史烈、王大中、韦钰、哈佛大学校长鲁登斯坦(Neil Rudenstine)、陈佳洱、杨福家及哈佛大学领导

1997年7月3日,香港城市大学举办国际高等教育领导人论坛。杨福家与北大、清华、上海交大、西安交大、南京大学、浙江大学各位校长一起参加了论坛,听了董建华特首的演讲并与他合影。1997年11月,经过半年多筹备,在国家教委(1998年3月更名为教育部)有关部门同意下,10位校长相聚复旦,正式成立了中国大学校长联谊会。联谊会由内地及香港地区的10所在学术和科研上有一定成就的研究型大学组成,包括上海交通大学、北京大学、西安交通大学、复旦大学、南京大学、香港大学、香港中文大学、香港科技大学、浙江大学及清华大学。杨福家被选为该联谊会首任会长。

◆ 1997年7月3日,杨福家参加在香港举办的国际高等教育领导人论坛,与董建华特首合影

◆ 1997年11月27日,中国大学校长联谊会在复旦大学成立,10位知名高校的校长左起依次为港大郑耀宗、上海交大谢绳武、浙大潘云鹤、香港科大吴家玮、清华王大中、复旦杨福家、香港中文李国章、北大陈佳洱、西安交大蒋德明、南大蒋树声

1998年10月5日,联合国教科文组织在巴黎召开"迎接21世纪的高等教育"会议,115个国家的教育部长率领代表团参加,来自180个国家的2 700位代表让巴黎总部的大会堂座无虚席。① 杨福家作为国际大学校长协会的代表参加会议。在闭幕会上,大会主席马约尔(John Mayor)在总结发言中讲到:为迎接21世纪,高等教育必须国际化;每个公民应该有终身受教育的权利;学校必须以学生为中心。大会主席还讲到"4L",即学以增知、学以致用、学会思考、学会做人。② 后来又加了两条:学会提问,学会与人相处。这6条也是杨福家目前所倡导和期望中国教育能做到的博雅教育的体现。③

杨福家还参加了东亚研究型大学协会(筹),被选为中方理事。

由于积极开展国际交往,复旦在国际上的声誉日渐提高,外国政要纷

◆ 以色列总理拉宾在复旦大学演讲

---

① 《中科院院士、复旦大学校长杨福家发表谈话认为:高等教育国际化是一大趋势》(记者陶洪光),《文汇报》1998年11月24日。
② "4L"即"learn to know, learn to do, learn to think, learn to be",补充的两条为"learn to ask, learn to deal with others"。
③ 杨福家《中国梦首先是教育梦》,载孙勤主编《核铸强国梦:60位核科技院士专家访谈录》,中国原子能出版社2015年版。

◆ 以色列总理拉宾与复旦师生在一起

◆ 美国国务卿克里斯托弗 1996 年 11 月 21 日在复旦大学讲演

纷来校访问,以色列总理拉宾、挪威首相布伦特兰、美国国务卿克里斯托弗、比利时副首相迈斯塔特、印度副总统纳拉亚南、阿塞拜疆国民议会主席阿列斯克罗夫、韩国著名政治家金大中等,都相继访问了复旦。

◆ 杨福家夫妇与美国众议院议长金瑞奇会面

1997 年 2 月,杨福家应邀访美参加总统早餐会。在访美活动中,他与美国众议院议长[1]金瑞奇(Newt Gingrich)举行了会面。据说金瑞奇对我国一直不很友好,但接见杨福家时相当热情。在一起留影后,他说自己从未去过中国,并表示愿意到复旦访问。这次会面促成了他在 3 月的访华。在那次访美中,杨福家还会见了议员韦尔顿(Curt Weldon),并在议员餐厅与其共进早餐,约定其于 3 月 31 日到复旦大学演讲。另外还与参议员卢珈(Richard Lugar)、议员哈曼(Jane Harman)见面,并与前参议员杜仑柏根(Dave Durenberger)一起共进晚餐,与无任所大使麦可迈克(Richard McCormack)共进早餐。历年全美早餐会的总策划柯尔(Douglas Coe)还特地过来与杨福家拥抱、寒暄并赠送礼品。

访美活动促成在复旦设立"林肯论坛",美国国会有影响的议员纷纷应邀来复旦演讲。"林肯论坛"是以美国第 16 位总统林肯的名字命名的、有关国际关系特别是中美关系的论坛。"林肯论坛"在复旦美国研究中心设立后不久,即得到美国林肯国民保险公司全额资助。1997 年 3 月 27 日,美国国会议员兼军事研究和发展小组委员会主席、国家安全及环境委员会成员韦尔顿应邀在复旦发表题为"迈向中美关系的新纪元"的演讲,揭开复旦"林肯论坛"的序幕。1998 年 6 月 30 日,美国民主党参议

---

[1] 在美国政治生活中,众议院议长的地位甚至高于副总统。

员、陪同克林顿总统来上海访问的马克斯·鲍克斯(Max Baucus)作了题为"建设21世纪中美关系的重要议题"的演讲。杨福家在致欢迎辞时风趣地说,鲍克斯先生"深入群众",在他的州步行1 000多公里访问群众,虽然比不上两万五千里长征,但已经很不容易了。美国北卡罗列纳州长亨特先生是第三位演讲者。第四位是美国前总统里根的科技顾问基沃思,他在1998年11月来复旦作了关于"知识经济"问题的演讲。

我国驻美大使李道豫曾多次表示:"看来,通过高校做美国议员的工作,是其他渠道无法取代的⋯⋯谢谢复旦为我们做了许多议员的工作。"

十三、把握机遇,再次腾飞

复旦从1905年成立到杨福家就任校长,在90年的发展过程中,经历过两次腾飞。

第一次始于1952年。从1952年至1978年的26年间,教师从400多名增至2 000多名,其中有一批大师级的学者来到复旦;学生人数增加不多,从3 000多名增至3 600名左右,几乎没有研究生和留学生;校舍建筑面积从6万平方米增至18万平方米;系科数从10个增至13个,大体属于文、理两大学院。

第二次始于1978年。从1978年以来近20年间,学生总数已从3 600名增至近1.3万名(不包括成人教育),其中研究生占25%,留学生占5%;建筑面积又从18万平方米增至65万平方米;系科数从13个增至35个,此外还新建立了70多个研究所、研究中心、国家级实验室。

1996年,"211工程"确定复旦为国家首先要重点建设的4所大学之一,这是复旦进入第三次腾飞的标志。①

1996年,经国家教委决定,12月19日至21日,国家教委组织了对复旦大学申请进入"211工程"的部门预审。国家教委党组副书记、副主任张孝文,上海市委副书记、副市长徐匡迪,上海市委副书记陈至立,上海市

---

① 程天权《给第三次腾飞插上有力的翅膀——在庆祝第12届教师节大会上的讲话》,复旦大学校长办公室编《复旦大学统计年鉴》(1996),第31页。

副市长谢丽娟,出席了19日上午的部门预审汇报会。张孝文和徐匡迪分别代表国家教委和上海市委、市政府作重要讲话。专家组全体成员和国家教委直属高校工作领导小组部分成员、国家计委有关部门负责同志参加了汇报会。会议听取了杨福家校长关于复旦大学申请进入"211工程"预审的报告,并观看了学校申请进入"211工程"专题录像。

专家组成员和参加预审工作的其他同志实地考察了复旦大学遗传学等5个国家重点实验室、微分析研究中心、数学系等9个教学、科研单位以及图书馆、档案馆、复华股份有限公司等单位,听取了学校文科学科现状和建设规划的汇报,参观了文科科研成果陈列展和校办产业成果陈列展,召开了学科带头人和中青年学术骨干座谈会。

专家组对复旦大学申请进入"211工程"预审的报告进行了认真评议,认为复旦大学围绕申请进入"211工程"做了认真的准备,并进行了较为系统的研究和规划,在此基础上形成的学校自我评估报告切合实际;整体建设规划全面,思路清晰。学校提出的到21世纪初期,将复旦大学建设成为一所达到或接近世界一流水平的社会主义综合大学的奋斗目标是合适的,是符合国家"211工程"关于使若干所高校在教学质量、科学研究、管理水平、办学效益方面接近或达到世界先进水平的建设要求的,同时也是符合把上海建设成为国际经济、金融、贸易3个中心的需要的。学校围绕这一奋斗目标,在学科建设、人才培养、科学研究、队伍建设、科技产业、加强德育工作等方面提出了改革与发展的基本思路和主要措施,有利于保证学校奋斗目标的实现。学校提出的"211工程"整体建设规划是可行的,经过努力是可以实现的。①

学校"211工程"的可行性研究论证及立项审核通过后,杨福家立刻为"211工程"的实施全面部署。他说:"复旦作为全国4所受到最强支持的学校之一,将很快进入'211工程'的实质性启动。由于老一代复旦人的努力,使得复旦在过去10年中作为5所高校之一,受到了国家的重点支持。过去10年,我们得到的支持大部分用于基础建设,其中主要是用于住房建设,现在校园建筑面积中约有一半是过去10年建造的。由于

---

① 复旦大学校长办公室编《复旦大学统计年鉴》(1994),第31页。

这样的基础,使得我们今天有可能集中精力,在今后5年把主要经费用于学科建设,建造迫切需要的设施,购置大型仪器设备。5年以后我们得到的大型仪器设备将是今天全校所有大型仪器设备的1.4倍,这将使得我们科学研究和教学环境得到进一步的改善。因此,放在我们面前的任务是怎样用好每一分钱,怎样使得每一件设备真正发挥它的作用。关键不是一流的设备,关键是一流的成果。"①

　　国家的支持是一方面,复旦的腾飞还离不开社会各界及全体复旦人的共同努力。基于这个考虑,杨福家极力促成了复旦大学董事会的成立。② 在1995年90周年校庆期间,复旦大学董事会宣告成立。李政道教

◆ 1995年复旦90周年校庆期间复旦校董会成立;苏步青、李政道和杨福家3位校董的合影

---

① 杨福家《迎接新的腾飞——在庆祝第12届教师节大会上的讲话》,复旦大学校长办公室编《复旦大学统计年鉴》(1996),第27页。
② 在复旦的历史上,曾经有过董事会。复旦公学在1905年创立时,系公立学校,不仅接受官府监督,而且得到地方士绅赞助。这些人士虽无董事之名,却有董事之责,负责向外募款,对学校行政则不干预。辛亥革命后,复旦公学改为私立,这时建立了董事会,作为学校的最高权力机关,董事有孙中山、于右任等。董事会的任务主要是聘请校长、筹集经费。1917年,复旦公学升为大学,董事会有所扩充,董事也分为名誉、评议、顾问3种。1927年以后,校董会组织方式有所变动,一部分校董由校长聘请,一部分由同学会(由复旦毕业同学组成)推选。1933年重订校董规程,规定校董会由15人组成,校长为当然董事。抗日战争胜利后,复旦董事会取消。

授担任校董会名誉主席,有68位来自海内外各行各业的知名人士成为校董会董事。这是为充分依靠社会各界力量、推进学校事业发展而采取的一项重大举措。这将促进复旦大学进一步成为开放型的大学,为社会发展做出更多的贡献。1996年9月10日,杨福家在讲话中谈到校董会的成效。55位校董为复旦贡献了5000万元以上,自从明确校董以来贡献了2000万元,当年又贡献了700多万元用于维修房屋,整修了物理楼、计算机楼、高分子楼等建筑。杨福家提出应该还有一些更好的目标,应该设计一个非常好的图书馆让校友来建设。因此学校成立了大学发展与研究委员会,要增加人员,使可利用的资源能够尽可能丰富起来。利用一切可以利用的资源,这对发展复旦很有必要,这也是国际一流大学惯用的方法。①

在国家的全力支持下,在全体复旦人的努力下,复旦正面临着前所未有的历史发展机遇,开始了第三次腾飞。

"我们期望,在经过若干年努力后,复旦将拥有富于传统的人文学院、理学院,与国民经济密切相关的技术科学与工程学院,强有力的法学院、商学院与医学院——我们期望在办学质量方面,特别是研究生的质量,有很大的提高。我们还期望,不论是基础理论还是应用研究,将有突破性的进展。我们期望在体制、机制方面将有较大的改变;'国立、共建、市统筹'的新模式将使复旦开始第三次腾飞和历史上最大的飞跃。"②不到20年间,继"211工程"之后,复旦抓住国家"985"重点建设和上海市高校布局调整的历史性机遇,在2000年实现了和上海医科大学的合并,并在教育部和上海市的大力支持下,进行校园拓展,初步形成了以邯郸校区、江湾新校区为一体,以枫林校区、张江校区为两翼的"一体两翼"的校园格局。在新世纪,复旦进入前所未有的跨越式发展阶段,实现历史上的第三次腾飞。当初杨福家等校领导描画的发展蓝图已经逐渐变成现实。复旦大学正以"一体两翼"的雄姿,承载着梦想和希望展翅翱翔在祖国的东海之滨!

---

① 复旦大学校长办公室编《复旦大学统计年鉴》(1996),第30页。
② 杨福家《六年一瞬间》,载《博学笃志——知识经济与高等教育》,上海教育出版社2001年版。

十四、深情告别,圆满交棒

杨福家担任复旦大学校长,学校气氛活跃,上升势头喜人,获得前所未有的关注。1997年6月2日,他还作为上海仅有的两位科学家之一,在人民大会堂受到江泽民总书记的接见。会见进行了1个小时,江泽民发表了将科技成果转化为生产力的讲话。杨福家说,总书记记忆惊人,很多人他都记得,我与他9年未见面,他仍认出了我。①

复旦大学校长是4~5年一届。1998年初,杨福家开始了第二任校长的任期。这也打破了自陈望道以来,复旦大学校长都只做一届的记录。②但杨福家这时萌生了去意。一方面,他深感繁重的行政工作,已使自己无力兼顾科研和教学工作,他很想回到核物理实验室继续自己深爱的学术研究。另一方面,他看到由于在领导体制和工作机制方面缺乏明确的程序性规定,国内各大学在实行党委领导下的校长负责制的过程中往往出现两套班子工作不团结、不和谐的情况,无可避免地会让学校的发展蒙受巨大损失。而世纪之交的复旦大学,也已经出现一些党政不和的苗头。党政领导在知识背景、治校理念、工作方式、个人性格方面差异较大,他深感个人无力改变这种情况。为了避免给学校工作带来负面影响,不利于学校在新世纪的进一步发展,他以大局为重,向上级组织提出了辞职的请求。组织上经过慎重考虑,最后同意了他的请求。这时,杨福家刚好生病住院休养。一天深夜,他的老搭档、上海市教育党委书记王荣华急匆匆赶到医院探望他,第一时间告诉他这个消息。不久,新任校长王生洪前来看望住院治疗的杨福家,他在病床上紧握王生洪的手说:"我对复旦很有感情,我一定全力支持新班子的工作,你们要我做什么工作,我一定尽力,共同把复旦搞上去!"③杨福家的话使王生洪深受感动。

---

① 《聆听江总书记谈科研重要课题——访复旦大学校长杨福家院士》,《上海科技报》1997年6月11日。
② 复旦杨福家前3任校长的任期分别为:苏步青,1978年7月至1983年1月;谢希德,1983年1月至1988年11月;华中一,1988年12月至1993年2月。
③ 王生洪《共同创造复旦新的辉煌》(1999年1月5日),载《同心谋发展:王生洪同志在复旦大学的文集(1999—2009)》,复旦大学出版社2013年版,第2页。

1999年1月5日,复旦大学召开全校干部大会,周远清同志代表教育部党组、龚学平同志代表上海市委宣布了国务院、教育部任命通知,王生洪任复旦大学校长;宣布了中共中央组织部、教育部党组任命通知,秦绍德任复旦大学党委书记。

在这次大会上,杨福家也发表了离职演说。他动情地回顾了从1992年年末李铁映主任找他谈话、宣布他接任第五任复旦校长,一直到最近陈至立部长告知新校长、新党委书记名单这6年的历程。他说:"6年来,我先后在两位党委书记领导下,带领一批人做了大量工作。""我在6年前曾说过:我愿以一颗赤诚之心奉献给孕育我的复旦大学。当时我好像在梦里:我这个小人物怎么会与复旦校长连起来?真是像做梦一样。接下来真的做梦了:做一流之梦,希望把复旦建成世界一流的大学。5年半前,朱开轩主任说,任期有限,事业无限。确实,一流的事业是无限的,复旦的事业得由接力棒一任又一任地传下去。今天,到了我们把这根接力棒传给新任校领导的时候,我们把怎么样的接力棒传给新领导呢?"

杨福家没有丝毫夸耀自己的成绩,而是认真总结了自己的不足。他指出在3个方面这届班子还做得不够。

第一方面,过去几年复旦人在科研方面取得了不少进展,无论是文还是理,无论是国家奖还是省市一级奖项,复旦都是名列前茅。但是,没有一等奖、特等奖;论文数量、质量仍在第三至第五名徘徊,不到哈佛的1/30,不及南大的1/2。还未诞生像方正、同方那样的大企业,也未形成对社会产生重大影响的新思想。现在需要的是重点突破,关键是各学科综合,是我们的优势所在,也是困难所在。作为研究力量主力军之一,研究生的队伍在研究生院的努力下,从6年前的1 915人增加到今天的3 765人,其中博士生从352人增加到975人。但是,研究生的质量始终是学校的一个最薄弱的环节。

第二方面,以人为本。如何使有才能的人、辛勤劳动的人、为复旦的事业和祖国的事业奋斗的人在复旦的校园内得到最大的尊重,我们在过去几年做了一些工作,但还远远不够。

可以高兴地说,几年来复旦的财政收入有大幅度提高,目前的财政状况是良好的,但是如何利用好钱,如何在"以人为本"思想指导下用好钱,尚有许多工作要做。

第三方面,充分利用复旦的资源,特别是国际资源。经过几代人的努力,复旦开始在国际上逐步被认识、被认可。最近报上有条消息,我国有6所名校成为亚太经合组织智囊团,这是指环太平洋地区大学校长协会与亚太经合组织(APEC)的挂钩。协会共34所大学,其中有6所中国大学(包括香港、台湾),代表中国大学进入领导班子的是复旦大学,促成该协会与亚太经合组织挂钩的关键人物之一是在外交部工作的一位复旦校友,在我们的要求下,他做了大量工作。

今天,凡是邀请北大清华的国际组织,也都邀请了复旦,而且复旦都进入了领导机构。这是一个可贵的资源。同时,我们国内外的校董、校友也是一笔巨大资源,如何充分利用这些资源,我们还刚刚迈开第一步。这方面潜力很大,值得新领导充分重视,我们不足之处有待新的领导加以弥补。

最后,杨福家表达了对新一届校领导班子的期望。他说,20世纪即将过去,在回顾过去100年时,一个国际组织列出了12件大事,其中之一是与过去1 000年十大名言中的一条连了起来——"我有一个梦"。没有梦,没有追求,也没有成功。复旦人应该有一个"梦",那就是在新领导班子的带领下,"面向新世纪,把复旦大学建设成世界一流的综合性大学"。

杨福家的一番肺腑之言,赢得现场全体复旦教师和领导干部经久不息的掌声。

| 第八章 |

英国校长 12 年

在杨福家1999年1月辞去复旦大学校长职务后,香港大学与英国诺丁汉大学(The University of Nottingham)相继向杨福家发出邀请。1999年3月,香港大学授予杨福家名誉科学博士学位,并聘请杨福家为校长特别顾问。1999年7月,英国诺丁汉大学授予杨福家名誉科学博士学位,并在1年后邀请杨福家担任该校的校长(Chancellor)。从此,杨福家阔步迈向国际教育舞台。

◆ 1999 年 3 月杨福家获香港大学名誉科学博士学位

一、英国名校诺丁汉

1999年1月,杨福家卸下已经当了6年的复旦大学校长之职,渐渐淡出公众视野。但是2000年12月12日的一则消息几乎在瞬间传遍全世界:著名的英国诺丁汉大学董事会宣布,选举中国科学家杨福家为下一届校长,从2001年1月1日起,任期3年。

随着各大媒体铺天盖地的报道,国内很多人第一次听到诺丁汉大学这个名字。这个大学是什么大学?他们纷纷点开搜索引擎,查找诺丁汉大学的相关信息。

诺丁汉大学是英国一所著名的大学,2000年它在英国大学的综合排名为第七位,排在剑桥、牛津、帝国理工学院、伦敦大学、伦敦政经学院、布里斯托大学之后。它是英国"常春藤联盟"罗素集团的成员,也是国际顶尖研究型大学团体U21的创始成员,是世界大学100强名单中的知名大学。在由《卫报》《泰晤士报》《星期日泰晤士报》等进行的高等教育机构排名中,诺丁汉大学一直名列前茅。除此之外,诺丁汉大学还是英国从私营工商业赢得研究经费最多的4所大学之一。该校与美国60多所大学、欧洲100多所大学在教学和科研方面有着密切的交流与合作。

◆ 英国诺丁汉大学

顾名思义,诺丁汉大学位于英国诺丁汉市。诺丁汉是位于英格兰中部的一座多元文化城市,有着悠久的历史,因传奇英雄罗宾汉和诺丁汉森林足球队而闻名,乘火车至伦敦需两个小时。诺丁汉大学历史悠久,建校比复旦还早不少年。它的前身是1798年创办的成人学校。1875年,有位匿名者捐赠了1万英镑,诺丁汉大学的校园由此开始修建。最早设立的只有物理、化学、文学等几个专业,教授职位也只有两个。此后各个专业和学科陆续建设和发展起来。"二战"结束后,诺丁汉大学得到快速的发展,1948年荣获皇家特许状。

◆ 诺丁汉大学 logo

诺丁汉大学在英国本土有3个校区,分别为大学公园校区(即本部)、朱比利校区、萨坦·伯宁顿校区。诺丁汉大学的校园风景如画,是英国最漂亮的大学校园之一。大学本部坐落在一片占地面积约1 500亩的丘陵

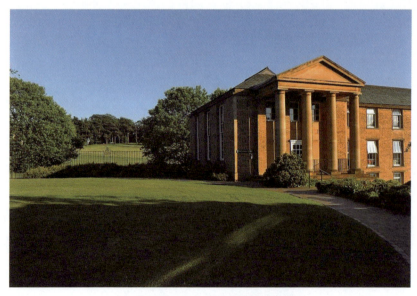

◆ 英国诺丁汉大学风景如画的校园

上，所有的建筑都顺应起伏的自然地形，因地制宜、因势利导，与周边的环境和谐相融。校园内开阔的绿地让人仿佛觉得是在英国乡村的田野。大学没有围墙，与城市融为一体，俨然成为城市的一个公园。虽然学校建筑的布局是自由的、随意的，但是每一幢建筑物都保持传统风格，每一个立面，每一处点缀，都诉说着英国人的严谨。朱比利校区则与总部完全不同，它是现代建筑的典范，凭借以下3点名扬全球：布局自由，遇水而安，生态化建设；无国界语言建筑物凸显现代风格；采用最先进技术，是真正的智能化建筑。诺丁汉大学也因本部的传统建筑和朱比利校区的现代建筑，成为人们崇尚的地方。

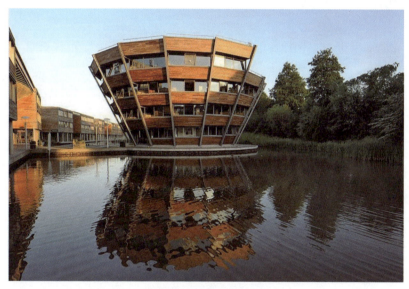

◆ 朱比利校区的图书馆

诺丁汉大学以其高水平的教学质量享有国际声誉。在英格兰高等教育资助委员会独立教学评估中，诺丁汉大学有 26 个学科领域被评定为 5 级或者 5* 级，在教学质量评估中超过 30 个学科被评定为优秀，因而成为全英学生报考的首选大学，也成为全英本科学位和研究生学位完成率最高的大学之一。诺丁汉大学毕业生中的许多人都成为商界、传媒界、艺术界和体育界的佼佼者，因而它也成为培养杰出艺术家、科学家、工程师、企业家和创新者的重要基地。《泰晤士报》的一份调查显示，诺丁汉培养出来的毕业生同剑桥和曼彻斯特一样,非常受社会欢迎。诺丁汉大学不仅是英国学生,也是全世界留学生最向往的大学之一。尽管学校的入学要求非常高,入学竞争异常激烈,但还是有许多来自世界不同国家和地区的学生竞相申请就读。

诺丁汉大学设有六大学科:艺术、教育学、工程学、法学和社会学、医学和卫生科学以及科学。在杨福家担任校长之后,诺丁汉大学在校园建设、学术研究、教学活动以及学生住宿等方面都有了很大的发展。

二、杨院士当洋校长

2001年1月,中国人都沉浸在举家团圆、欢度春节的节日气氛中,可是杨福家一家却正收拾行囊准备出远门。杨福家即将赴英国著名学府诺丁汉大学,就任这所大学第六任、同时也是新世纪的第一任校长。

诺丁汉大学已经把新的学院名册送到他手中,厚厚的十几页,第一页的第一名就是"杨福家"这个中国人的名字!这让杨福家身边的朋友都感到惊讶。在英国,大学校长通常都是由王室成员或是享有很高声望和地位的社会名流、著名科学家、著名企业家担任的。杨福家的前任,诺丁汉大学第五任校长就是德高望重的笛林勋爵。香港的朋友说,在香港回归之前,别说英国,就连香港的大学,所有的校长都是英国人。所以,有次杨福家在香港乘坐出租车、当司机认出眼前的乘客就是那个令人扬眉吐气的中国校长时,竟激动得流下眼泪。要知道,在从前不要说请一个中国人到英国去担任名校校长,即使是在中国国土上的香港,也没有一个学校的校长会让中国人当!美国的朋友也感叹:保守的英国人现在也能请一位中国科学家担任他们一所著名大学的校长,真是不可思议。

杨福家并未像外界传说的那样直接飞赴英国。他先于1月27日飞往美国,2月1日参加美国新总统布什的早餐会。在美国短暂停留后,于2月13日上午偕夫人赴英履新,正式就任诺丁汉大学第六任校长。杨福家出任诺丁汉大学校长的第一件重大活动,就是代表该校出席2001年2月15日在白金汉宫举行的授奖仪式,接受英国女王伊丽莎白二世为诺丁汉大学颁发的"女王奖"。这是英国王室对诺丁汉大学办学的褒奖,成为该校一件引以为自豪的重大事件。

2001年7月4日,诺丁汉大学为杨福家举行了隆重的就职仪式。按惯例就职典礼在学生毕业典礼上举行。这一天,在风景如画的诺丁汉大学公园,在英格兰童话般清澈的池塘、参天的古树、古堡似的小楼之间,旷古未有地升起了一面五星红旗,马路两边也同时悬挂着中英两国国旗。当杨福家看到五星红旗在异国上空迎风飘扬的时候,作为一个炎黄子孙,他心潮澎湃,感到从未有过的骄傲和自豪。

举行就职仪式的大厅布置成深蓝色,主席台边铺满了蓝色、白色鲜花,乐队演奏着优美庄严的音乐。杨福家身穿华贵的校长礼服,在全场肃立中缓步走上主席台。校方宣读了董事会选举杨福家教授为校长的决议之后,执行校长柯林·坎贝尔(Colin Campbell)爵士正式宣布杨福家教授担任诺丁汉大学校长。

◆ 诺丁汉校园里的中英国旗

◆ 隆重的就职仪式

接着，在杨福家以校长身份主持的诺丁汉大学毕业典礼上，包括中国等139个国家留学生在内的3 000名毕业生，在来自100多个国家的学生家长和当地政要名流的注目中，一个一个鱼贯上台，接受杨福家校长的亲切祝福。他们拿到的学位证书上，也都签有一位中国人的名字，那就是他们的校长——Yang Fujia。这是历史上从未有过的！

杨福家作为诺丁汉大学的校长，要主持很多庄严的仪式。他的面前放着权杖，凭王室赋予的权杖来行使他的权力。每次他坐在主席台上，校园里也都会升起五星红旗，这让所有的华人都倍感自豪。有一次在台下坐了位名叫江凤翔的华侨会会长，仪式完成后他一定要请杨福家吃饭，他说自己是60多年前来到英国的。他问杨福家：你知不知道那时候英国人叫我什么？杨福家说不知道，他说："他们叫我'清人'，脑子后拖着一条屈辱的辫子的'清人'。你知道吗？清朝最腐败了，所以叫我清人，不叫我华人！……没有想到，现在这里最有名的大学里的唯一一套校长服、唯一的一顶金边帽给真正的华人穿戴上了……"

的确，中国人担任英国名校校长，这在中英、中外交往史上都是第一次，其意义远远超过这件事本身。杨福家出任诺丁汉大学的校长的消息传来,李政道发来热情洋溢的贺信,称这是"全世界华人的骄傲"。中国工程院院长宋健说:"英国大学能选一位中国科学家当校长,证明他们关于中国的观念正在改变,中国科学的飞速进步正是让他们改变的基础。同时,这件事情还意味着,改革开放20年的中国,现在不仅仅在同西方平等对话,更在科学和教育的某些领域逐渐起到教育和指导的作用。"中国科学院院长、中国科学院学部主席团主席路甬祥说:"诺丁汉大学聘请杨院士为该校校长,是对他科学工作的成就、贡献及影响的高度评价与认可,这既是他个人的荣誉,也是中国科学家的骄傲。"中国人在国际舞台上的影响力日趋扩大,而这是以祖国的强盛和进步为坚强后盾的。

三、大学章程明职责

确定校长人选是英国大学在办学中的一件大事,对于诺丁汉大学这种国际一流大学更是如此。为了适应全球化的潮流,诺丁汉大学决心打破传统,在全球范围内遴选一位有国际化特征的校长。通过严格的筛选,来自中国的杨福家和另外几位候选人入围。2000年10月31日,英国诺丁汉大学校务委员会向学校最高权力机构——校董事会正式提交了下一届校长人选名单,杨福家的名字名列榜首。

诺丁汉大学校务委员会给杨福家发函征求意见。杨福家一开始觉得这种事情可能性不大,就没当回事。过了不多久,校方发来第二封函,告知他推选的结果。此时杨福家觉得对方是当真的,但他颇有顾虑。杨福家因为和美国一些名校的大学校长交往较多,对他们作为校长的职责也有一些了解。1996年由北大、清华、复旦和上海交大4所大学校长组成的中国教育代表团访问哈佛大学时,他曾亲耳听到哈佛校长鲁登斯坦(Neil Rudenstine)介绍:"我作为校长,责任有三:一是在世界范围找人,二是在世界范围找钱,三是任免院长;其他事务均由常务副校长('Provost',有人译为'教务长',其实可能不太合适)负责。"这位校长在10年任期内,平均每个工作日为哈佛募集到100万美元![1] 已故加州大

---

[1] 2001年5月26日的 *South China Morning Post*(英文《南华早报》)有详细介绍。

学伯克利分校校长田长霖①达到他的一半,也可算成绩卓著!

杨福家觉得自己大概很难做到这一点。所以,他问了英国人两个问题。第一个问题是"有没有义务募钱?"校方答:"没有。"第二个问题是"要不要主持日常工作?"校方又答:"不要。"杨福家一时不解,"既不要募钱,又不要主持日常工作,那为何请我?"校方回答:"就是需要你的头脑。"因为这个职务既没有募钱的任务(英国名校都属于政府),又不是日常工作主管("Vice Chancellor"才是 CEO!),于是杨福家就回函表示可以考虑。

在诺丁汉大学创办 120 周年之际,2000 年 12 月 12 日,诺丁汉大学校董事会举行会议,选举下一届校长,并公布了选举结果:杨福家先生正式当选。校董会郑重宣布:原校长笛林勋爵因身体和年龄的关系,已于当年年底退休。"鉴于杨福家教授的学术成就及国际影响",正式聘请中科院院士杨福家教授为本校第六任校长。这是诺丁汉大学历史上唯一一位没有爵士爵位的校长(前 5 位校长中有一位公爵、两位勋爵、两位爵士),也是英国大学首次选举一位中国公民担任第一要职。

当杨福家正式接到担任"Chancellor"的信件后,他不知道该如何翻译这个词。杨福家知道香港的大学体制与英国相似,于是打电话给香港大学,得到的回答是:"在香港,这个词被译为'校监'。但香港 8 所大学,只有一个校监,就是香港特区政府首脑董建华先生。"于是杨福家向教育部报告时用了"校监"这个名字,《文汇报》第一次报道这则消息时也用了"校监"这个词。但是杨福家心中怀疑:我怎么可能扮演董建华先生的角色呢?!于是就打电话给《英汉大词典》主编、老朋友陆谷孙教授,陆谷孙很果断地说:"'Chancellor'只有一个译法,就是校长;不同国家的校长的作用不尽相同。"于是在报上用"校长"这个词来报道有关杨福家的消息就多起来了,包括教育部长的贺信也采用的是"校长"称谓。

其实,这个校长和中国大学的校长内涵并不相同。在诺丁汉大学被批准为皇家特许大学(1948 年)之前,是没有"Chancellor"这个位置的,当

---

① 田长霖(1935—2002),湖北黄陂(今湖北武汉黄陂区)人,美国普林斯顿大学博士。1990 年 7 月,他冲破美国社会限制少数族裔的"玻璃天花板",成为加州大学伯克利分校 122 年历史上、也是美国有史以来的第一位华裔及亚裔大学校长,并开创了多项美国高校乃至世界高校的纪录。

时校长的英文用词是"Principal"。在英国大学被批准为皇家特许大学（Royal Chartered University）后，才有了"Chancellor"这个位置，它是由校务委员会（Council）从校外选拔后，向校董事会（Court）推荐，并由校董事会选举后任命。"Chancellor"是校董事会主席。原来的校长改名为"Vice Chancellor"，由校务委员会选举产生。值得关注的是，根据英国大学深远的传统，校长（"Chancellor"）一职十分尊贵，通常由知名的、具有广泛社会影响力的显要人物所担任。例如，剑桥大学的校长一直是由英国女王伊丽莎白二世的丈夫爱丁堡公爵担任。

"Vice Chancellor"按字面直译为"副校长"，但是这样的译法并不妥当，因为他实际的作用与我国大学的校长相当；他是大学的法人，是英国大学校内3个委员会（董事会、校务委员会、学术委员会）决议的执行者。因此，译为"执行校长"比较好。

当然，英国大学里也有校监这个位置。它的英文为"Visitor"，英国所有的皇家特许大学只有一个校监，即英女王；她名列皇家特许大学花名册的首位。所以，英国大学的"Visitor"等于香港大学的"Chancellor"，应当译作"校监"；英国大学的"Chancellor"则译作"校长"为宜。

英国大学的管理制度的核心是以权制权。学校的领导成员既有权，又无权；没有一个人有绝对的权力。18世纪法国思想家孟德斯鸠（Charles de Scondat de Montesquieu，1689—1755）在《论法的精神》（严复译为《法意》）一书中有句名言："要防止滥用权力，就必须以权力制约权力。"杨福家在英国做了多年校长，对国际高等教育感触颇深。"关键是权力制衡"，英国高校里的重大事务，从来不是一个人说了算，而是依靠董事会、校务委员会、学术委员会来整体协调。杨福家认识到自己是一个顾问性质的校长，参与学校的大事，比如制定学校的发展方向，同时也是学校董事会的主席。自己是这个权力制衡体系中不可缺少的、也是极为重要的一个环节。

杨福家至今难忘的是，到英国诺丁汉大学的第一天，学校就发给他一本《学校章程》，要求一切按章办事。"相比之下，虽然我国高校规定了学校一定要有章程，但是实际上好多学校都没有真正执行。"杨福家深有感触地说："中国大学要在自主性上改进，第一要有自己的章程。通过建立章程,健全校委会的架构,明确校委会与党委会之间的关系。要按照中央要求,实行党委领导下的校长责任制。需要进一步明确的是,高校不是党委书记领导而是党委会领导。"

◆《从复旦到诺丁汉》一书

担任诺丁汉大学的校长,杨福家感觉自己学到了很多。他不但对英国的教育制度有了直观、感性的认识,而且对这种制度的具体运作机制、优缺点都有了比较深入的了解。他认真比较中外教育的差异,思考着如何将中国的教育办得更好。

实际上,自从英国有了第一所大学以来(牛津大学建立于 11 世纪),从来没有一位中国公民担任校长这一职务。通过聘请杨福家院士为英国诺丁汉大学校长这一"破冰"之举,在柯林爵士领导下,诺丁汉大学开始从根本上对大学内部文化进行变革的进程。杨福家在校长的职位上做了大量的工作。为了让杨福家更充分地发挥他的工作能力,学校还大大增加了校长这一职务的职权范围。

四、为何选中杨福家

聘请一位中国人、一位东方学者担任校长,不仅是诺丁汉大学自创办以来的第一次,对于已有 800 年发展史的英国高等教育也是破天荒的第一次。诺丁汉大学聘请杨福家出任校长,开创了中英两国教育交流史上的先例。

时任中国教育部部长陈至立在祝贺杨福家就任的贺信中说,这一荣誉是我们教育界同行的骄傲。中国人当英国大学的校长,这在中、英历史上都是第一次,在中国教育史上也会画上跨时代的一笔。杨福家说:"我个人当然觉得很荣幸,但是让我感触更深的是,中国人现在真的是站起来了。原来西方人总认为我们保守、落后,甚至看不起中国人,但是现在他们能请一个中国人去担任原来只有王室和有爵位的人才能担任的职务,真是说明中国科技力量、中国国力的日益强大。"

为什么请一个中国人去担任原来只有王室和有爵位的人才能担任的职务呢?校方的理由是:"因为他是一位杰出的院士,在他的领域享有国际声誉,并有在许多国家工作的经验。他曾是中国著名的复旦大学的校长……"诺丁汉大学在新闻发布会上用了这样一个标题——"诺丁汉推举出一位国际校长"。

2000年,杨福家被英国诺丁汉大学选为该校的新一届校长后,他立刻成为媒体竞相报道的对象。他对记者谈到自己被选中做校长的原因时十分谦逊:"有人认为我成为第一个在英国当校长的中国人,有多了不起。其实就是他们认识我而已。而且英国高校当时要发展与国际上的关系,看到了华人参与的潜力。"杨福家说:"并不是其他校长没我好,但有一个背景是我对外比较开放。"

"1998年前我没去过英国,许多人感到好奇,我怎么会当上英国大学的校长呢?"杨福家主要从主客观两方面进行了分析。

首先,是客观上,也是从诺丁汉大学的发展方面来看,诺丁汉大学敢于邀请外国人当校长,正是其采取国际化策略的一个重要举措。经济全球化,加快了教育融入国际发展潮流的趋势。校董事会在宣布聘请消息时,使用了"诺丁汉推举出一位国际校长"的醒目标题。诺丁汉大学称聘请一位能强化国际特征的校长,对于正日益走向国际化的诺丁汉大学是十分必要的。诺丁汉大学的执行校长柯林·坎贝尔爵士是一名律师(或法律顾问),同时也是一名卓越的具有全球化视野的人。他认为诺丁汉大学必须要"走向世界"。但是,对于柯林爵士来说,"走向世界"并不是简单地与海外大学签订基本层面的合作协议,也不是大量提高留学生的数量,更不是到国外去走过场。他认为,这是一个对诺丁汉大学的根本和内部文化进行创造性改变的时刻。为了达到这一目标,他进行了大胆的、史无前例的变革。在2000年,他向学校董事会提名杨福家院士,一位中国公民为该校校长。

在英国历史上,皇家特许的大学校长大多是由王室人员担任,这次诺丁汉大学迈出既有远见又很勇敢的一步,要打破这个传统,选一位有国际化特征的校长,那么,到哪里找这个校长呢?开始有人建议到亚洲去找,到马来西亚去找,因为诺丁汉大学在马来西亚已开设一个校区,而且马来西亚不少国家领导人都毕业于英国诺丁汉大学。但后来他们看到中国在国际上的地位日益提高,教育的大发展将会是在中国。早在上世纪90年代,柯林爵士就已敏锐地观察到在即将到来的新世纪,中国不论是在智力上或是在经济上,都将产生全球化的影响力。经过改革开放的中国发生巨大的变化,西方人对中国的观念也正在发生改变。有人说,他们选杨福家当校长是看中了中国教育的发展,这话说得不无道理。

其次,是从主观方面,也是从个人的角度来看。"诺丁汉大学把我树得很高,说我是杰出的院士,是著名物理学家,在本门领域有极深的造诣,但我真诚地而不是故作谦虚地讲,我绝对不是中国最优秀的校长,也不是最优秀的科学家,比我强的人多的是,但有一点,人家对我有一定的认识和理解,只不过如此而已。"

那么,杨福家是如何被人认识的呢?他回顾自己一步步走过来的经历,谈得最多的是"国家给了我很多机会"。1963年他就是第一批被选派西方的学者之一,到哥本哈根大学理论物理研究所进修物理,在那个研究所杨福家广交朋友,从而具备了初步的国际视野。后来教育部又任命他担任复旦大学校长,这6年的校长经历,给了他很多和西方教育界包括英国教育界接触交流的机会。1998年教育部推荐杨福家代表复旦大学去英国爱丁堡参加21世纪大学校长协会,这是杨福家第一次去英国。我国有3所大学被推荐,另两所是北京大学与香港大学,曾经留学英国的北京大学校长陈佳洱当时很忙、没有去。杨福家在会上的精彩发言引起不少外国校长的共鸣。两个月后杨福家又被教育部点名为中国大学校长代表团团长访问英国,这是杨福家第二次访问英国,这次出访英国给了他较深入地熟悉英国、同时又被人了解的机会。通过这两次访问,英国教育界对杨福家有了一定的认识,也使杨福家与诺丁汉大学时任执行校长的坎贝尔爵士成为朋友。通过交流,两人在大学教育方面达成很多共识。后来,

◆ 杨福家和柯林·坎贝尔爵士的合影

◆ 杨福家获得荣誉博士学位后与柯林·坎贝尔爵士的合影

坎贝尔联合物理系教授,建议学校授予杨福家名誉科学博士称号。1999年7月,杨福家来到诺丁汉大学参加隆重的毕业典礼,他是仅有的两名外国荣誉博士学位获得者之一。在访问诺丁汉大学的几天里,坎贝尔热情地接待了他,并把他的专车供杨福家使用。这种机遇为诺丁汉大学后来的决定奠定了基础。

"机会只属于有准备的头脑"。杨福家之所以能一次次抓住机会，最终跨出国门，走上国际舞台，更离不开他自身的不懈努力。他曾写过一本书，名为《追求卓越》，体现了他人生中的一种理念：做事情要么不做，要么就认真去做。1996年他第一次参加国际大学校长协会的会议，这个协会已经成立了30多年，由于各种原因在执行理事会里一直没有中国大陆的代表。杨福家在参加会议前做了充分准备，包括演讲稿的内容等都反复斟酌。会上，杨福家的发言引起与会者的好评和共鸣。他作为中国唯一代表被选入执行理事会，进入这一组织的最高领导机构。"我如果未被选上，进不了理事会，也就没有更多的机会让人了解。"日后正是作为这个协会的执行理事，杨福家多次参加国际会议，如1997年美国召开了一次全美大学校长会议，有3 000多个美国大学校长参加，会议第一次邀请了外国的5位大学校长在会上发言，杨福家被国际大学校长协会推荐成为其中的一位，这样就使国外的校长有机会了解我国的教育进展与巨大的成就，并对杨福家个人也有了更多认识，增进了友谊。在此前后复旦还加入了东亚研究型大学校长协会、太平洋地区大学校长协会、21世纪大学校长协会，杨福家都被选为协会的领导成员。1997年，在杨福家建议下，国际大学校长协会首次在中国召开会议，100多位国外大学校长莅临复旦。

杨福家还具有良好的国际学术声誉。诺丁汉大学校务委员会推荐杨福家担任这一重要职务的理由之一，就是因为杨福家是位杰出的院士，在他所擅长的学科领域享有国际声誉，并有在很多国家工作的丰富经验。在杨福家被选为大学校长之前，诺丁汉大学已经授予他名誉科学博士。英国高等学府对这位中国核物理学家的名字耳熟能详，几乎所有大学图书馆都藏有杨福家和他的朋友哈密尔顿合著的《现代原子与原子核物理学》这本英文著作。这本书在美国最好的出版社麦克劳-希尔出版集团出版，能在这家出版社出版专著本身就是一种荣誉。在诺丁汉大学授予学位仪式上，一位物理学教授在致词时还特地提到了这本书。诺丁汉大学这一选择向世人表明其价值判断、学术眼光和选人标准。

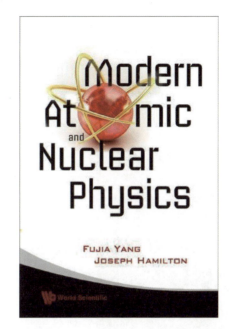

◆ 英文专著 Modern Atomic and Nuclear Physics（左为该书的美国原版，右为该书的新加坡版）

于是在公元 2000 年，作为杰出的物理学家、复旦大学前任校长、原子核研究所前任所长，并具备在哥本哈根尼尔斯·玻尔研究所、美国纽约州立大学以及东京大学等世界著名大学和研究机构丰富的国际学术工作经历，特别是作为教育国际化的重要倡导者和将知识经济介绍到中国的著名学者，杨福家成为诺丁汉大学校长的"当然人选"。杨福家接受了这一职位，并表示要在教育的国际化上进一步发挥作用，要对中英教育科技的交流有所贡献。杨福家以自己的经历生动说明了中国的教育家、科学家应当充分认识并顺应教育国际化趋势，要积极参加各种国际会议，更多地加入国际组织，让中国人更多地走到世界舞台的中央，让世界了解中国，为中国的经济和社会进一步发展开拓更大的空间。

五、再创辉煌 12 年

杨福家在诺丁汉大学第一任期内的出色表现，更加证明该校当初的选择无疑是正确的。杨福家赢得了诺丁汉人极大的信任，也赢得了英国学界极大的尊敬。2003年年底,杨福家任诺丁汉大学校长3年的任期将满,该校董事会决定继续聘请杨福家担任校长,任期从2004年到2006年底。当杨福家第二次任期未满之前,即在2005年底,诺丁汉大学再次宣布将杨福家的校长任期再次延长,从2007年到2009年,为期3年。杨福家两次被诺丁汉大学续聘为校长,这是诺丁汉大学建校以来并不多见的。

◆ 杨福家与他的油画像

按照英国大学的传统,校长离任后,学校内将永远悬挂他的油画像。因此,从2007年开始,诺丁汉大学就开始请画家为杨福家画像。这是英国大学历史上第一幅中国籍校长的油画像。画家工作了两年,两年中杨福家静坐近30个小时。画像完成后,却又暂时不能挂,因为在2008年中,杨福家再次被挽留。2008年12月,校务委员会通过决议,要求校董会再次延长杨福家的任期至2012年。当时由于新的执行校长刚刚上任,杨福家也难以推辞。就这样,杨福家前后在诺丁汉大学担任了12年的校长。

2012年12月5日,英国诺丁汉大学在朱比利校区举行隆重的"杨福家楼"命名仪式,以表彰杨福家任职12年的巨大成就。这栋绛红色的大楼建于2008年,由英国著名建筑师肖特沃思(Ken Shuttleworth)设计,充满时代气息。2013年4月16日,诺丁汉大学举行仪式,授予杨福家荣誉校长(Chancellor Emeritus)称号。这也是诺丁汉大学首次向前任校长颁发此项荣誉。执行校长大卫·格林纳威(David Greenway)在致辞中说:"我们首次提名前任校长为荣誉校长,为的是让尊敬的杨福家先生继续在诺丁汉大学大家庭里和我们一起。"("For the first time ever we are naming one of our former chancellors as Chancellor Emeritus to ensure that he stays as part of the University of Nottingham family.")① "杨福家先生,感谢您所做的巨大贡献!"("Yang Fujia, we are enormously grateful for the contribution you have made.")

◆ 杨福家楼

◆ 2013年4月16日杨福家荣休仪式现场

---

① "Professor Yang Fujia's contribution to University recognised with award",诺丁汉大学官网,2013年4月16日。

◆ 2013年杨福家被授予英国诺丁汉大学荣誉校长称号；站在他身旁的是执行校长大卫·格林纳威爵士

在杨福家任职的12年中，诺丁汉大学在学术研究和教学活动方面取得明显的进展。其主要学科包括科学、工程、社会科学、工商和艺术，在英国大学的排名明显提升，农业、林业、制药等学科更是名列前茅。诺丁汉大学已成为英国进步最快的大学。

在这12年中，诺丁汉大学极大地加快了国际化的步伐。在校的国际学生数量和比例逐年上升，至2012年已有四分之一的学生来自海外。来自中国学生的数量增长最为显著，自从杨福家担任诺丁汉大学校长以来，前来求学的中国学生数量大幅增加，从上世纪90年代末的仅100人增加到超过2 400人。不同国籍的师生交流，不同民族文化的互相包容，形成了诺丁汉大学国际化的校园新文化。学校注意推动全球性的研究项目，探讨人类面临的共同问题，产生了一系列卓越的学术研究成果。另外，学校还吸引了许多著名的中国或美籍华裔学者来访，包括中国国务委员、前教育部部长陈至立女士，中国科学院院长路甬祥院士，获得诺贝尔奖的美籍华裔科学家李政道教授，他们都被英国诺丁汉大学授予了名誉科学博士或名誉人文学博士。也许有人把这些视为礼节性的活动，但诺丁汉大学实际上通过为他们授予名誉博士的行动，向世界传递了一个信号，大学

◆ 诺丁汉大学授予陈至立荣誉博士学位

◆ 李政道被诺丁汉大学授予荣誉博士学位

正在进行着充满深远意义的内部文化变革。诺丁汉的师生不会忘记这些进步和成绩的背后,有着这位来自中国的校长杨福家的心血。

当今高等教育国际化已经成为一种发展趋势,诺丁汉大学国际化的步伐不断加快。作为一位"国际校长",杨福家希望自己能在这方面发挥积极作用,对促进中英教育和科技合作交流竭尽所能。自他出任诺丁汉大学校长以来,他不停地往来于北京、伦敦与宁波,并在世界许多国家和地方的高等院校与科研机构之间穿梭奔走,努力推动诺丁汉大学在国际化的发展道路上风雨兼程、笃定前行。

2004年必定成为这所百年名校办学史上的一个里程碑。这一年,中国批准纳入国家计划内招生的中国第一所中外合作大学——宁波诺丁汉大学(University of Nottingham Ningbo China,UNNC)成立。杨福家作为这次中英高等教育合作的主要牵线人和策划者,对于诺丁汉大学国际化的发展做出了特殊的贡献。

2008年,在杨福家担任校长的第八年,诺丁汉大学迎来获得皇家特许60周年庆典。在60年的"钻石"庆典上,朱比利校区的纪念雕塑"追求"(Aspire)落成。雕塑高60米,由一根长8米的混凝土梁柱和其上方刷成红色的52米钢杆组成,与校园里周边的休闲楼和国际楼的红色陶土建筑和谐一致。杨福家发表了热情洋溢的英文演讲。他解读了雕塑的色彩象征着成功和幸福,回顾了60年来尤其是近几年诺丁汉大学的成就,赞扬了诺丁汉大学已经实现从英国的名校(national)向国际化的名校(international)的转变。杨福家向英国同事介绍了60年在中国文化中的特殊含义和重要性,并祝愿诺丁汉大学在新的一个甲子里创造更大的辉煌。这一洋溢着浓郁中国文化特色的精彩演讲,让英国听众耳目一新,获得了满堂喝彩。

在这12年里,诺丁汉大学与中国的教育交流合作关系得到空前的发展。除合作创办宁波诺丁汉大学外,还与清华大学合作开办了预备班。诺丁汉大学既加强同中国有关机构的学术交流与合作,同时还大力发展校本部的中国研究。

在杨福家建议下,中国政策研究所在2003年10月正式成立。国务委员陈至立与教育部部长周济亲临诺丁汉大学为该研究所揭牌。这是一个致力于促进英国开展中国研究的重要思想库,通过广泛吸纳全球顶尖的学者和研究人员以及优秀的研究生,发展成为英国乃至欧洲一个重要的有关当代中国的科学研究、教育和政策分析中心,积极推动中英之间的相互了解,增进中英之间的友谊。自成立以来,中国政策研究所的名字与用这一署名发表的文章经常出现在中外报刊上,其影响日益扩大。

2007年4月,在整合全校有关机构的基础上,诺丁汉大学成立了中国研究学院,成为英国高校首家以从事中国研究为主旨的大学学院。中国研究学院的目标是建成为一个世界级的中国政策研究思想库,为社会科学、人类学和政策分析等诸多领域提供优越的研究环境。中国研究学院的成立,成为诺丁汉大学在当代中国研究领域发展的里程碑。

与此同时,中国宁波诺丁汉大学于2008年9月,迎来了新入学的1 120余名本科生(全额招满,而且都来自国内高考第一批次)、180名研究生,学校学生总数达到3 500余名。宁波诺丁汉大学有研究生300余名,来自20余个国家和地区的国际学生100余名。

诺丁汉大学在上海与复旦大学和上海交通大学分别建立了科研合作实验室。

诺丁汉大学与共青团中央、与上海市政府、与湖南大学长期合作培养人才的计划已经启动。几批学生已经完成学业,取得硕士与博士学位。通过全国人大副委员长、中国科学院院长路甬祥院士于2004年12月的来访,以及中国科学院常务副院长白春礼院士于2008年7月的来访,诺丁汉大学与中国科学院的全面合作已有实质性的启动。

2008年11月,以刘延东国务委员为团长的中国科教代表团到访诺丁汉大学,代表团共有36位成员,内含8位部长。刘延东国务委员在有关现代中国的国际会议上作了主题演讲。与这次访问相呼应,英国诺丁汉与宁波诺丁汉分别设立"刘延东奖学金",重点资助国际交流。另外,还设立了"陈至立奖学金",资助重点是基础学科。加上杨福家个人设立的"梦想基金",在这些奖学金和助学金的帮助下,一批批中国贫寒子弟实现了大学梦,一批批优秀中国留学生获得资助得以继续在异国求学。

2009年9月,世界中药联盟在诺丁汉大学召开。这是具有100个成员的联盟首次在欧洲召开会议。

一个个荣誉,也记录了这12年的发展、12年的辉煌。

2001年,诺丁汉大学荣获国际贸易最佳企业女王奖,这标志着该校作为国际性高等学府的宏伟志向赢得了英国皇家的认可和嘉奖。

2003年,诺丁汉大学学者荣获两项诺贝尔奖:克莱夫·格兰杰

(Clive Granger)教授荣获诺贝尔经济学奖,彼得·曼斯菲尔德(Peter Mansfield)教授荣获诺贝尔医学奖。格兰杰作为诺丁汉大学的学生和教授,在这里度过了22个春秋,奉献了自己的青春年华;曼斯菲尔德教授在共振成像作为医学诊断工具方面做出了具有开创性意义的工作,为诺丁汉大学赢得了荣誉。消息传来,举校沸腾,校园里成为一片欢乐的海洋。

◆ 2003年12月15日,杨福家和诺贝尔医学奖得主彼得·曼斯菲尔德在英国诺丁汉大学

2006年,诺丁汉大学获得英国年度国际事业女皇奖(该奖是英国女皇对在各个领域作出特殊贡献的单位所给予的至高荣誉)。

2007年,年度英国大学奖——泰晤士高等教育奖被授予诺丁汉大学,以表彰该校与中国和马来西亚两国分别合作共建宁波诺丁汉大学和马来西亚诺丁汉大学的创举,以及诺丁汉大学在国际高等教育方面的杰出表现。大学奖每年仅授予一所大学。在伦敦举行的隆重的颁奖仪式上,大学奖评委巴隆尼斯·肯尼迪对于诺丁汉大学与国外合作办学给予高度评价,认为诺丁汉大学具有探索未来的极大勇气,与世界上其他地区建立起良好的合作关系。《泰晤士报》高等教育增刊编辑约翰·欧利瑞也指出,诺丁汉大学无论在国内还是国外都向前迈进了一大步,并正在不知不觉中领先于世界范围内的其他竞争对手。另一位评委、罗汉普顿大学前任校长巴莉蒂特·波特更是称赞诺丁汉大学的国际合作"是诺丁汉大学伟大的成就"。

同年,诺丁汉大学还荣获美国国际商务奖(评比对象包括全世界范围内做出各种特殊贡献的公司和非赢利组织,其中上届美国国际商务奖的获得者是美国微软公司)。

六、慨叹曾经"不称职"

每一年的毕业典礼都是诺丁汉大学的盛大节日。每一名毕业生都倍加珍惜属于自己的这个节日。那一天,他们都能站到舞台的中央,在社会名流和家人的注目下,激动地从中国校长杨福家手中接过自己的学位证书,接受这位著名科学家的亲切祝福。

五星红旗一次次升起,毕业典礼一次次举行,杨福家就这样为数以万计的国际学生颁授了毕业证书和学位证书,也就这样数以万次地为面前的五星红旗而自豪、激动。因为这面五星红旗是因他而升、为他的祖国而升!

有一次,一位身材矮小的女生接过硕士学位证书,当她的目光与杨福家相遇时不禁莞尔一笑,她就是在诺丁汉校园中被称为"中国的贝克汉姆"的邓亚萍。杨福家读过她的长达3万字的硕士论文,题目就叫"从小脚女人到奥运冠军"。杨福家从心底里赞赏这位中国同胞。曾经有一次,邓亚萍认真地告诉杨福家:"国际组织中很少有中国代表,这与中国的地位很不相称。要进入国际组织,单靠拿几个世界冠军是不够的,还必须有熟练的

◆ 杨福家、坎贝尔和邓亚萍

外语及良好的知识修养。这就是我为什么到国外来学习的理由。"杨福家后来在一篇文章中由衷地称赞她:"多么明确的目标!过去她为祖国的荣誉拼搏,有行动也有言论,给人们留下了十分深刻的印象;现在,在她的心里仍牢记着'振兴中华'4个大字。"

2001年的两会召开,已是英国诺丁汉大学校长的杨福家委员,可谓热门的新闻人物。他专程从英国回国参加全国政协会议,在对记者谈起自己在英国的新工作时,杨福家的话让人意想不到:"我很惭愧,我在担任复旦大学校长时失职,对不起同学。"①

在英国当校长,杨福家最大的感受就是学校以学生为中心,他心中的歉意也正源于此。杨福家说,真正的教育要以学生为中心,而以学生为中心应当是很具体的。担任诺丁汉大学校长主要有3项任务:一是主持学校董事会议;二是代表学校参加重大活动,如接受英国女王颁奖;三是出席毕业典礼向学生颁发毕业证书。在这3项任务中,校长如果万一有事,前两项都可以委托副校长为代表,唯独给学生颁发毕业证书,校长"无论如何必须参加",还要亲自为每个学生颁证,并说上祝贺的话。诺丁汉大学共有2.2万名学生,每年的毕业生至少有四五千人,因此毕业典礼要开上9天。杨福家院士说,这种仪式不仅可以激发学生的荣誉感和责任感,也体现了学校对学生的重视。毕竟对每个学生来说,这是他们一生中唯一的一次,而且是他们生命中一个极其重要的转折点,应该以一个庄严隆重的仪式让他们终生难忘。为了说明自己的感受,杨福家还举了另外一个例子:前不久他代表诺丁汉大学接受女王颁奖,当时学校只有10个出席名额,让杨福家没想到的是,学校在这10个名额中安排了4名学生。这是杨福家在国内大学校长生涯中难以想象的事情。

杨福家感慨自己在复旦当校长时对学生不够好。他说:"我担任复旦大学校长时,是怎么给学生发学位证书的?一大捆,由学生代表来领回去,我对不起同学啊!"他称自己"并不合格","因为是从物理学家转为大学校长,当时对教育真的不是太懂"。所以,他多次撰文呼吁,大学毕业典礼不能走形式,要给学生充分的尊重。

---

① 刘华蓉《杨福家慨叹"失职"》,《中国教育报》2001年3月8日;《火把·钢琴·大观园——听中科院院士、英国诺丁汉大学校长杨福家教授谈教育》,《中国教育报》2001年3月13日。

| 第九章 |

第一所中外合作大学的创办与发展

宁波诺丁汉大学是 2003 年《中华人民共和国中外合作办学条例》（以下简称为《中外合作办学条例》）颁布后，经教育部批准的国内第一所中外合办的学校。这是我国第一所引进世界一流大学、具有独立法人资格和独立校园的中外合作大学，开创了中国高等教育与国外优质高等教育资源相结合的先河，为中国教育走向世界创造了一种全新的模式。宁波诺丁汉大学是在中国的土地上产生的一所真正的国际化大学。这所大学的创办和发展，凝结着杨福家的无数心血。

一、梦想·行动·诞生

杨福家担任英国诺丁汉大学校长，让中国人扬眉吐气。但是，在杨福家内心深处，他还是希望能够为祖国服务、为自己的人民服务。这才是让他最幸福的事情。

杨福家出任校长后，英国诺丁汉大学的国际化程度迅速提升，留学生人数逐年增长，不出几年就已经超过 5 000 人，留学生来自 140 多个国家和地区，其中 1 000 余人来自中国，并且来自中国的申请者有增无减。继续增加留学生已经几乎不可能，因为校方也不想失去平衡。怎样才能把英国诺丁汉大学这样的世界著名大学的优质教育资源引到国内，让中国的孩子们不用再费尽周折、千里迢迢、远赴异国他乡求学？杨福家最喜欢美国黑人牧师马丁·路德·金的名言"我有一个梦"。他到英国上任后，让中国的大学走向世界、让世界的大学来到中国的愿望,在他的心中越来越强烈,也逐渐成为他的一个梦想。

"天时不如地利,地利不如人和。"天时、地利、人和三者皆备,杨福家的这个梦想很快就实现了。

就在杨福家就任英国大学校长之际,他的故乡宁波也正在为建设一个智力密集、经济发达、可持续发展的宜居城市而踌躇满志、摩拳擦掌。宁波的高等教育还不发达,拥有的大学较少,城市的发展,呼唤高层次、高水平的大学诞生。

2003年1月5日,阳光明媚。时任浙江省委书记习近平同志在宁波高教园区考察,来到民办万里学院。宁波万里教育集团董事长徐亚芬向他汇报了创办中外合作大学的设想。"太好了!"习近平停住脚步,认真地说。"如果能够办成,那将是中国第一所中外合作大学,将是中国教育史上的一件大事!"他对这所中外合作大学充满期待。习近平总书记的鼓励让徐亚芬激动难抑:"好,我们一定努力!"①

那时,中外合作办学仅限于课程合作,引进国外高校合作办学还没有先例。未来的路如何走,徐亚芬心里完全没底。正是习近平的一声"期待",坚定了她的信心。当天晚上,徐亚芬就率领万里集团的领导层赶赴上海,登门拜访了杨福家,提出要和英国合作在宁波创办一所诺丁汉大学的要求。这可真是不谋而合、一拍即合!杨福家是万里学院的顾问,他对万里集团和徐亚芬不但了解而且十分赞赏。徐亚芬的请求正好能够帮助他实现夙愿;他对故乡宁波有着深厚的感情,把学校办在故乡,让家乡学子在家门口就能到世界名校"留学",那是多么好的事情!

杨福家沉吟片刻,当即表态:"这个事情我无权决定,我们要校务委员会讨论,但是我可以说,这个可能性很大。""非赢利,求平衡,追求卓越。""我可以保证,我们办学不会拿一分钱到英国去。"这3句话掷地有声,字字千金,既有对家乡人民庄严的承诺,也是对未来大学的办学方针明确的定位,这让来访的徐亚芬吃了定心丸。

---

① 《"种子"正扎根茁长——习近平总书记关心宁波诺丁汉大学创建、成长纪实》,《宁波日报》2015年10月23日。

◆ 杨福家、徐亚芬和柯林·坎贝尔

经杨福家的牵线搭桥，2003年1月12日，万里教育集团向英国诺丁汉大学发出访问邀请，表示了合作办学的意向。1月20日，诺丁汉大学立即派出代表团赴宁波考察。不久杨福家就去了英国，并于3月1日陪同英国诺丁汉大学的执行校长柯林·坎贝尔爵士一行来到宁波。坎贝尔非常认同万里的办学理念，特别是当他了解到万里的管理机制后，他表示愿意与万里学院合作，创办中国第一家具有独立校园、独立法人资格的中外合作大学。那天，他原本只计划在宁波停留2个小时，然后就去上海，因为当时上海方面也在争取将中国的诺丁汉大学定址上海。

万里学院的很多细节打动了坎贝尔。坎贝尔说，校园内的建筑设施都以走廊相连，免去了学生日晒雨淋之苦。万里宏伟的建筑、现代化的设施、以人为本的设计理念、与国际接轨的校园文化、高效率的管理水平，都给他留下了深刻而美好的印象。坎贝尔认为万里的办学模式和具体做法与诺丁汉大学有很多相似之处：如倡导教师愉快教学、学生快乐学习；所有收费百分之百用于教学；办事高效率以及董事会领导下的校长负责制的管理机制都非常相似。他对双方的合作前景十分看好。这一天中国《中外合作办学条例》颁布，更给了双方底气和信心。《中外合作办学条例》的目的就在于鼓励中国高等教育机构与外国知名高等教育机构合作办学,核心是引进优质的教育资源。英国诺丁汉大学作为国际知名大学,综合实力排名世界前100名,正是中国鼓励引进的优质教育资源。

杨福家担任英国诺丁汉大学的校长,又给了万里学院走向国际化合作一个不可多得的机遇。国外有那么多名校,为何偏偏选择英国诺丁汉大学呢?徐亚芬说:"讲老实话,选择英国诺丁汉大学作为合作对象也是唯一的选择。"因为根据教育部《中外合作办学条例》规定,选择国外高校作为合作对象,该校必须是世界200强高校之一;同时大学校长必须是中国人担任。只有同时符合这两个条件才能合作,而英国诺丁汉大学刚好全部符合,所以万里学院就确定了英国诺丁汉大学。

宁波诺丁汉大学在办学过程中,从一开始就得到教育部、浙江省政府以及宁波市政府的大力支持。在杨福家的大力推动下,2003年10月2日,宁波诺丁汉大学合作办学双方在英国签订了合作办学协议书。国务委员陈至立称"这是中英关系史上非常有意义的一件大事",教育部部长周济表示,希望两家的合作办学模式为中国教育走向世界闯出一条新路。当时浙江省分管教育的副省长盛昌黎感叹:"万里在改革方面敢为人先,迈出了第一步,现在又要在高等教育开放的道路上进行探索,真不容易啊!"

2003年11月17日,英国诺丁汉大学执行副校长高岩教授(Ian Gow)一行来到宁波,开始就合作办学事宜展开实质性谈判。由于中国没有这样合作办学的先例,再加上中西方文化的差异,双方在不少方面都存在分歧。徐亚芬回忆谈判过程时说:"谈判过程异常艰苦。由于中英文化背景相差甚远,一些小问题都能引发一次大分歧。"

例如,双方在做校园面积规划时,高岩坚持校园面积是400亩,徐亚芬的理想则是900亩,双方争执不下。多次的沟通后,徐亚芬才明白高岩这么固执的原因所在:第一,按照英国的思维,高校不考虑食堂和宿舍问题,这400亩地就是纯粹的教学和行政用地;第二,高岩担心学校面积太大后会扩招,这样就难以保证生源质量。徐亚芬明确告诉他,招生数量和质量由英方来控制。校园面积是400亩还是900亩的争执,也就迎刃而解。① 英方对中国学生的口语水平也抱着怀疑的态度,提出学生的雅思

---

① 原春琳《宁波"娶"了诺丁汉》,《中国青年报》2015年10月23日。

成绩要达到5.5以上。而中方要求参照高考成绩进行录取,因为要求中国高中生参加雅思考试是不太现实的。

长时间的协商、谈判,让双方学会了站在对方的立场上考虑问题。徐亚芬说:"有分歧但大方向不能偏,学校的基本框架已经形成,求同存异,商谈结果,中方负责出资建校,英方负责教育管理。"双方求同存异,互谅互让,很多困难和难题自然都迎刃而解。最后初步确定宁波诺丁汉大学于2004年9月正式开学,招生定位于全国重点批次;2004年招收本科生500名,到2008年在校生规模达到4 000人;学校引进英国本校教师,教材和教学计划由英方决定,英语为主要教学语言;毕业生颁发诺丁汉大学文凭,享受诺丁汉大学本部毕业生同等的学历待遇……双方还就学科专业设置、师资、学生管理等具体问题进行了深入的会谈,达成了许多共识。

2004年3月23日,教育部办公厅正式发文批复,同意筹备设立宁波诺丁汉大学。教育部长周济还表示,希望以宁波诺丁汉大学为试点,成功后再予以逐步推广。

宁波诺丁汉大学项目终于在甬城顺利落地。宁波诺丁汉大学的创办,实现了杨福家的一个梦想。为了帮助更多的中国贫寒子弟实现大学梦、留学梦,他还出资在英国诺丁汉和宁波诺丁汉分别设立"梦想基金"。他希望每个学子都能实现"求学梦",这样才能共同构筑中华民族伟大的"中国梦"。

二、开工·开学·成立

中英双方对合作办学非常重视。英国诺丁汉大学是第一个到中国合作办学的外国大学,执行校长柯林·坎贝尔爵士多次来中国协调办学事宜。担任宁波诺丁汉大学执行校长的高岩教授除保留英国诺丁汉大学副校长职务外,辞去其他一切职务,与夫人办妥在宁波长期居住手续,准备一门心思办好宁波诺丁汉大学。高岩是一位熟知国际规则、学术造诣很高的学者。1999年,他出任诺丁汉大学商学院院长仅两年,就将这所商学院带进英国大学的前10位、世界商学院的100强。英国诺丁汉大学派出高岩出任执行校长,可见其对办好宁波诺丁汉大学的决心。浙江省也对这次合作办学极为重视。省政府领导专门召集有关部门开会讨论合作办学事宜,宁波市成立了由市委副书记任组长的宁波诺丁汉大学规划建设领导小组。省政府和市政府分别拨给专项资金5 000万元和1亿元,宁波市政府还在土地价格上给予优惠。

2004年4月15日,宁波诺丁汉大学建设工程正式开工。出席工程开工仪式的有:英国驻华大使韩魁发、英国驻沪领事馆总领事毕晓普女士、英国诺丁汉市市长布伦特·查尔斯沃斯、英国诺丁汉大学校长兼宁波诺丁汉大学校长杨福家、英国诺丁汉大学执行校长柯林·坎贝尔;中共浙江省委常委、宁波市委书记巴音朝鲁,浙江省副省长盛昌黎,宁波市市长金德水,宁波市委副书记徐福宁,浙江省教育厅厅长侯靖方等。

◆ 宁波诺丁汉大学奠基

杨福家在奠基仪式上发表了"引进优质教学资源,发展我国高教事业"的讲话:

在去年一个国际大都市战略研讨会的闭幕式上,大会主席宣读了一致性的意见:"对于一个大都市来说,世界一流大学一定是造就

21世纪在国内外有竞争力的经济聚焦点及发动机。对于经济发展来说,一流大学不是一个奢侈品,而是必不可少的发动机。"

我国需要一流大学,宁波需要一流大学!

知识经济是以人为本的经济,是依附大学的经济,是大学引路的经济。知识经济时代高等教育负有特殊的使命,也具有新的特点:以学生为中心、终身受教育、高教国际化。

正是在这一背景下,我们引进国际优质教学资源,建立宁波诺丁汉大学,希望作为一个试点来推动高等教育国际化,培养一批既扎根于中国,又能充分理解英国文化的学者,从而深化中英之间的传统友谊,有利于中国,也有利于英国。

大学不仅是培养人才的场所,而且是一个研究基地,是一个"思想库"。宁波诺丁汉大学应该充分体现"大学代表的意义,就是机会"这个理念,为中外青年人、为宁波人创造更多的机会,并且逐步为宁波的腾飞做出贡献,为中国的和平崛起做出贡献。

今天的奠基仪式是万里长征的第一步。回顾过去,我们充满着感谢:没有省市领导、教育部的支持,我们不可能迈开第一步;展望将来,我们深感责任重大,但也充满信心,在万里教育集团的友好合作下,在省市高校的支持帮助下,追求卓越,一所世界一流的高等学府一定会在宁波出现!

杨福家还对记者重申了合作办学的宗旨。他指出,英国诺丁汉大学到中国办学,不是为了到中国谋取利益,而是为了发展教育。他对宁波诺丁汉大学的"非营利、求平衡、追求卓越"办学定位不会改变,一定以质量教育作为生命线,争取花5年时间办成在中国有影响的高校。杨福家代表英方所作的承诺是郑重和严肃的。当时许多人都以为英国人是借杨福家来赚中国人的钱。这是他们对世界一流大学办学理念的误解。双方签约几个月后,英方就单方面宣布,说鉴于宁波方面目前存在的困难,他们在3年内再给5 000万。这个突然的决定,让中方人员深为感动。此外,英方还为两个实验室的建设拿出2 400万元。杨福家说:"在国外,一流的大学都是不会靠教育赚钱的,只有富人向大学捐钱的。"

2004年9月17日,在社会各界的重视和支持下,在杨福家的故乡浙江宁波,一座崭新的国际大学——宁波诺丁汉大学,在鲜花、彩旗、喜气洋洋中开学,迎来了第一批256个不出国门就能留学的幸运学子。首批本科生的学费为每人每学年5万元人民币,而在英国本部,每人每学年的学费约为30万元人民币。教育部有关人士认为,宁波诺丁汉大学的创建,将进一步加大我国高等教育对外开放的力度,有利于吸引国外优质教育资源,促进我国教育机构整体引进、借鉴国外本科教育层次的先进教育理念和教学模式。①

◆ 宁波诺丁汉大学首届本科生开学典礼

从2003年1月5日徐亚芬夜访,到2004年9月17日宁波诺丁汉大学开学,满打满算正好20个月,中国第一所具有独立法人资格、拥有独立校区的中外合作大学宣告诞生!

2005年5月20日,教育部批准正式设立宁波诺丁汉大学。宁波诺丁汉大学是中国有史以来第一所中外合作的大学,身兼宁波诺丁汉大学

---

① 徐锦庚《诺丁汉落户宁波》,《人民日报》2004年4月16日。

校长的杨福家又为中外教育史创造了一个"第一"!

宁波诺丁汉大学的顺利建成,大大提升了浙江乃至全国高等教育的质量和高校的管理水平,并进一步推动中国和英国在政治、经济、文化等各方面的交流,是促进中英友谊的一件大事。它是中英文化交流的纽带,也是让世界各地的学子在这里建立友谊的家园。执行校长(常务副校长)高岩教授说:"宁波诺丁汉大学能够成为国际性的新型办学模式的典型。在中国高等教育发展史上要记住两个目光远大的中国人:杨福家、徐亚芬。"

宁波诺丁汉大学的创办,开创了中国教育史上中外合作办学的先河,其合作办学模式为中国教育走向国际闯出一条新路,对中国教育产生了重大影响。宁波诺丁汉的成功,也推动中外合办大学如雨后春笋般在全国各地纷纷出现。2006年5月,教育部批准由西安交通大学和英国利物浦大学合作创立西交利物浦大学,其后上海纽约大学、昆山杜克大学、温州肯恩大学等相继获批创办。特别是2011年1月经教育部正式同意筹备设立的上海纽约大学,由华东师范大学与美国纽约大学合作设立,是第一所中美合作成立的国际化大学,也是中国"985"院校和美国一流大学首次合作办学的高校。该校于2013年开始招收本科生。上海纽约大学定位为世界一流的研究型大学,是拥有独立法人资格的整建制大学,是一所非营利性教学机构。

三、关怀·落成·足迹

宁波诺丁汉大学的创办得到中英两国领导人的高度关注和双方政府及有关方面的大力支持,成为中英两国政府主导下教育交流合作的又一见证。

2005年,温家宝总理出访英国时,曾几次关切地询问宁波诺丁汉大学的项目进展。2005年9月,英国首相布莱尔访华期间,特地通过卫星设施与远在千里之外的宁波诺丁汉大学学生进行了一场特殊的"空中对话"。布莱尔首相一直非常关注宁波诺丁汉大学的建设,曾先后派遣首相高级特使和英国大使馆文化教育处秘书前来考察学校建设情况,这次之所以借访华之机在中央电视台举行这个对话节目，主要是祝贺宁波诺丁汉大学的成功建立。他说，中国是个伟大的国家，中国的发展正受到越来越多国家的关注，相信明天的中国会更加强大，同外界的交往也将会越来越多。他同时希望，宁波诺丁汉大学的学生们能更多接触多元文化，主动适应教育全球化的趋势，对中英两国的交流起到很好的桥梁作用。他说，宁波诺丁汉大学不同于其他普通大学，它是中英教育全面合作的一次有益尝试，现在各方面运作情况都令人满意。布莱尔还透露，继英国诺丁汉大学之后，牛津大学、利物浦大学等也正在积极寻找机会，准备同中国合作办学。布莱尔注视着宁波诺丁汉大学的照片，那钟楼、那校门，还有那成片成片的芳草地，让他既惊又喜。"空中对话"开始前，布莱尔专门会见了宁波诺丁汉大学代表团。他满意地说，要是在英国，建设这么一个大学大概需要8～9年时间，而中国宁波只花了1年时间。"宁波速度了不起！"布莱尔翘起大拇指夸奖道。①

◆ 布莱尔和杨福家在中央电视台现场与宁波诺丁汉大学学生"空中对话"

---

① 陈敏《宁波诺丁汉大学学子对话英国首相托尼·布莱尔——祝贺宁波诺丁汉大学的成功建立》，《宁波日报》2005年9月18日头版。

2006年2月23日，宁波诺丁汉大学校园落成，迎来了肤色各异的各国学生。中国国务委员陈至立以及在华进行国事访问的英国副首相兼内阁首席大臣约翰·普雷斯科特（John Prescott）先生专程来到美丽的宁波，共同为宁波诺丁汉大学揭牌。

徜徉在新落成的宁波诺丁汉大学校园，令人心旷神怡。校园里复制了英国诺丁汉大学的标志性建筑物——诺丁汉塔，散发着浓郁的英伦之风。从主楼后面的诺丁汉湖，引出几十米宽的诺丁汉河，从西到东蜿蜒穿过校区，傍水而建的几处亭台楼榭，使校园又呈现出浓郁的江南水乡风情。教学楼、学生宿舍、体育馆，每幢建筑都既富时代气息，又和自然环境融为一体。在室内抬头就能看到天空，在大楼内通往教室或讨论室的路上，又有绿化带和大树相伴。苏格兰式的大片草坪和树林，晚风中传来诺丁汉塔的悠扬钟声，让来访的普雷斯科特不断惊呼："我仿佛就置身于英国诺丁汉大学，这一切太像了！"①宁波诺丁汉大学的校园，让人领略到世界百年名校的神韵和风采。

◆ 宁波诺丁汉大学的校园

---

① 陈雅珍《撷取英伦名府建筑神韵：吴希良和他主持设计的宁波诺丁汉大学校园》，《宁波日报》2006年3月1日。

◆ 在宁波诺丁汉大学校园里,英式塔楼和中式园林相得益彰

在揭牌仪式上,普雷斯科特在致词中强调,宁波诺丁汉大学自2004年成立以来,就受到英国政府的高度重视。他表示在宁波诺丁汉大学成

◆ 英国副首相普雷斯科特致辞

功的基础上,英方将继续加大对中英两国教育合作与交流的支持力度,寻求与中方更多更广的教育合作。中国国务委员陈至立发表讲话,并和普雷斯科特一起以合种中英友谊树的方式,为宁波诺丁汉大学可持续发展研究中心奠基。陈至立和普雷斯科特挥锹培土,亲手种植了分别代表中西方文化的樱花和雪松,这也昭示着学校人才培养的目标定位——中西兼通的国际通用人才。

时任浙江省委书记、省人大常委会主任习近平,中国科学院院士、宁波诺丁汉大学校长杨福家,英国诺丁汉大学执行校长柯林爵士分别在仪式上致辞。习近平在致辞中代表省委、省政府,对校园的落成表示祝贺,对为宁波诺丁汉大学付出心血的中外有关人士表示感谢。他说:"今天的天气虽然还有一丝寒意,但是春天已经到来,春耕播种即将开始,此时此刻,我们怀着喜悦的心情在这里播下了一颗希望的种子,我们一起在生机勃发的港口城市宁波,见证宁波诺丁汉大学新校园的落成。""宁波诺丁汉大学的创建和成立,开创了我国高等教育与国外优质的高等教育资源相结合的先河,为中国教育走向世界创造了一种新的模式,也为浙江省高等教育发展注入了新的活力,提升了我省高等教育的办学水平,也推动了浙江与英国在文化、教育等方面的交流与合作。"他希望宁波诺丁汉大学在中英双方的共同努力下茁壮成长,在促进浙江与英国文化、教育交流,促进浙江高等教育事业发展中,发挥更加积极的作用。①

省委副书记、省长吕祖善,省委常委、市委书记巴音朝鲁,省委常委、秘书长李强,副省长盛昌黎,市长毛光烈,教育部副部长袁贵仁,省政府秘书长冯顺桥,副市长成岳冲等出席仪式。中英双方在仪式上一致认为,宁波诺丁汉大学的创办与发展建起了一座通向学习、理解、合作的"跨国大桥",为中英两国在高等教育领域开展合作创立了一种新的模式,有助于把两国的教育合作以及其他方面的合作推向深入。

新校园投入使用后,英国诺丁汉大学从管理、师资、课程、教材、教学、学生交流等多方面给予宁波诺丁汉大学以宝贵支持。在双方共同努力

---

① 周咏南《宁波诺丁汉大学举行校园落成仪式:普雷斯科特和陈至立、习近平致辞,吕祖善等出席》,《浙江日报》2006年2月24日。

下，新大学在短短数年内就已初具规模，办学各方面（包括机构设置和学科专业）都有条不紊地展开，教学质量也得到诺丁汉大学本部的认可。教育国际化作为学校战略发展方针正在逐步推进，特别是通过兼收英国诺丁汉大学的优良传统和中国悠久的文化传统，中西文化在这里得到较好的贯通和交融，逐步形成新大学的办学特色和风格。

宁波诺丁汉大学成立时，杨福家正履行诺丁汉大学校长的第二个任期，所以他也同时兼任宁波诺丁汉大学校长。英国诺丁汉大学副校长兼商学院院长高岩教授，被宁波诺丁汉大学聘为执行校长。高岩接受宁波诺丁汉大学任职后，除保留英国诺丁汉大学副校长一职外，辞去了英国国内所有职务，包括商学院院长，为的是集中精力办好宁波诺丁汉大学。2005年，浙江省为高岩先生颁发"西湖友谊奖"，以表彰他对宁波诺丁汉大学发展所做出的特殊贡献。该奖项是浙江省为在该省工作并做出突出贡献的外国经济技术专家和文教专家设立的最高奖励。高岩是当年浙江省唯一荣获"西湖友谊奖"的外国专家。

在杨福家和高岩这样有着管理和领导世界一流大学丰富经验的校领导的带领下，宁波诺丁汉大学发展势头喜人。2006年9月，宁波诺丁汉大学成功地将本校120名在读三年级学生送出国门到海外学习，占应届学生人数的一半。这是宁波诺丁汉大学成立以来第一批送出国门的交换学生，其中除大部分学生到英国诺丁汉大学本部学习外，其余部分学生分别到加拿大不列颠哥伦比亚大学、法国兰斯商学院、澳大利亚悉尼科技大学等名牌院校继续学习。在2008年初开始的"益暖中华—Google杯中国大学生公益创意大赛"中，宁波诺丁汉大学创意团队成为浙江省唯一一支有资格参加全国比赛的高校团队。

宁波诺丁汉大学从未停止进步，从未停止创新，从最初的鲜为人知到如今成为宁波市的重要文化名片，它一直用其傲人的成绩讲话。

2006年，与英国诺丁汉大学联合开展硕士研究生教育。

2008年，与英国诺丁汉大学合作开展博士研究生教育。

2010年，中国科技部授予"国际科技合作基地"称号。这是中国第一个设立在中外合作办学机构的国际科技合作基地。

2011年，宁波诺丁汉大学理工大楼落成典礼举行。学校发展从以前的文、经、商为主进入到文、经、理、工平衡发展新阶段。

宁波诺丁汉大学的成功创办,得到党和国家的高度肯定。2011年4月8日晚,温家宝总理亲临宁波诺丁汉大学,他勉励同学们说:"来到宁波诺丁汉大学之前,我就一直很关注这所学校。我认为这个世界是相通的,只有开放兼容,国家才能富强,教育才能发展。作为中国的学生在宁波诺丁汉大学这样一所国际化的大学中学习,就要胸怀祖国,放眼世界。"

2013年5月,英国高等教育质量保障署(QAA)公布对宁波诺丁汉大学的质量评估报告,认为宁波诺丁汉的学术水平和学生质量与英国诺丁汉大学一致,充分肯定了学校的教育质量和办学成就。

◆ 英国首相卡梅伦访华时与杨福家、徐亚芬的合影,2013年12月3日摄于上海

2015年10月20日,国家主席习近平对英国进行国事访问,在白金汉宫特别接见了英国诺丁汉大学执行校长、宁波诺丁汉大学执行理事长大卫·格林纳威爵士。大卫爵士感谢习主席当年对宁波诺丁汉大学创建的大力支持。在习主席访问前,中国教育部部长袁贵仁在接受采访谈及中英文化合作与交流时表示,宁波诺丁汉大学是"中英教育交流合作的成功典范"。

宁波诺丁汉办学宗旨一开始就确定为让中国的学子以较低的成本获得英国诺丁汉大学高水平的教学及其与本部完全等同的学位;使学生有

机会到英国诺丁汉大学和其他海外大学,尤其是与英国诺丁汉大学有着密切合作关系的名牌大学留学,以获得必要的国际经验。英国诺丁汉大学是国际顶尖研究型大学团队 U21 的创始成员,享有学生"短期互访"与"交换式留学"的权利与义务。宁波诺丁汉大学作为英国诺丁汉大学与中国合办的大学,也同样享有这些权利与义务。宁波诺丁汉大学每年都和加拿大、法国、英国、澳大利亚、新西兰等国家高校互派学生,"交换留学"。这对于开拓学生的国际视野是有很大帮助的。

2008 年 7 月 5 日,宁波诺丁汉大学首届本科生毕业典礼举行。259 名首届本科生顺利完成学业,取得英国诺丁汉大学学士学位。在庄严的毕业典礼上,杨福家校长嘱托毕业生:"虽然毕业了,但学习没有结束,无论遇到什么问题,都要去试一试。"同时他没忘了再叮咛一句:"走出校门,一定要讲诚信。"在这 259 名本科毕业生中,约 65% 的学生选择出国留学深造,就业的同学也大多进入世界 500 强的外资企业或银行。①200 多名学生如同羽翼已丰的雏鹰,离开哺育他们成长的宁波校园,飞赴

◆ 宁波诺丁汉大学首届本科生毕业典礼

---

① 陈敏《宁波诺丁汉大学毕业生很吃香》,《宁波日报》2008 年 7 月 6 日。

世界各地。他们在毕业典礼上所穿的学士服,也被中国国家博物馆永久收藏。① 2009 年,作为藏品的学士服还参加了新中国成立 60 周年暨中国国家博物馆新馆开馆后的首个大型主题展"复兴之路"。

宁波诺丁汉大学为中外合作办学、中国教育走向世界创造了一种全新的模式,该校的创办被教育部列为"奠基中国——新中国教育 60 年"的 60 件大事之一,成为中国高等教育发展的重要历史节点。

宁波诺丁汉大学从零开始,一步一个脚印,如今已拥有完整的本硕博教育培养体系,现有 7 200 余名来自 70 多个国家和地区的学生,已向社会输送 10 届 1.2 万余名毕业生。在 2017 届本科毕业生中,有 81.8% 的学生选择继续深造,其中约 80% 进入牛津、剑桥、帝国理工等世界 100 强大学深造,其中又有近 30% 进入世界排名前 10 的顶尖大学院校读研;其余直接就业的学生大多进入世界 500 强企业,如宝洁、强生、联合利华

◆ 2016 年 11 月 12 日,宁波诺丁汉大学举行第 11 届硕士研究生毕业典礼

---

① 2008 年,在由商务部、中央外宣办、中央文献研究室和新华社共同主办,中国国家博物馆等单位承办的"中国对外开放 30 周年回顾展"上,宁波诺丁汉作为我国第一家引进世界 100 强优质高教资源的中外合作大学,展出了首届毕业生学士服。这件学士服,成为"回顾展"中最终唯一被国家博物馆永久收藏的宁波藏品。

等[1]；还有部分学生自主创业，其中不乏跨国经营者。[2]

这些数字充分证明杨福家当初和徐亚芬会面时定下的宗旨、作出的承诺都已经完全实现。今天，宁波诺丁汉大学吸引了来自世界各地的学生前来求学，已经成为一所名副其实的国际性大学。

四、追求·选择·担当

杨福家提出"追求卓越"的办学方针被不折不扣地执行。学校提出"一流学术成就，一流国际化人才"的口号，所有教师必须遵照英国诺丁汉大学的标准聘任。90％以上的教师拥有博士学位。这里的教师选聘，通常是由系主任提出招聘要求，院长经过讨论后在全球招聘。招聘有一套严格的程序，有些人选需要双方共同决定。负责教学的执行校长和学院院长由英国诺丁汉大学本部选派。与专业教师相比，英语教师一般不要求博士学位，但是必须具备硕士学位和英语职业证书。

从世界各地招聘来的教师，一进校就要执行和英国相同的标准体系，从校长、学院院长到系主任，都要保证新来的教师知晓英国的教学质量手册，这本手册对课堂教学、考试、惩罚制度、考官制度等都有明文规定，如有修订都要让教师知道。

宁波诺丁汉大学大约三分之一的员工来自中国，多数从事行政工作。他们也被列入整体的员工发展规划。学校有计划地不断把员工派到英国诺丁汉大学去交流和培养，吸收好的东西，发展新的东西。

最后所有这一切，无论是教学质量，还是教师水平，都要接受英国专门的教育质量机构评估。

在学科专业设置方面，宁波诺丁汉大学充分利用英国诺丁汉大学的学科优势，并与中国经济社会发展实际需要相结合，不求规模大，不求学科全，但求创办品牌学科和专业，"有所为有所不为"。起初，学校只设置

---

[1] 《"国际化视野让我终身受益"——中国学子不出国门就能享受世界一流教育资源》，《宁波晚报》2017年10月9日。
[2] 刘建民主编《领跑教育国际化——宁波市国际合作与交流特色品牌寻访录》，浙江大学出版社2017年版，第2页。

国际商务、国际文化交流与传播、国际事务研究、金融财会与管理4个专业,后来陆续增设了计算机科学学院、工程学院、英语语言学院和可持续发展技术学院等。

宁波诺丁汉大学的办学指导思想坚持"三求"原则,即"求精,不唯大"、"求优,不唯全"、"求新,不唯新",脚踏实地,稳步前行。①

第一是求精,不唯大。

当今世界一流大学的成功经验之一,就是质量第一,以"精"制胜。质量应该成为新型大学生存和发展的生命线。

"求精,不唯大"旨在追求质量"精品",防止盲目"求大";有效措施是限定发展规模,控制招生数量。譬如,连续6年在美国排名第一的普林斯顿大学,目前只有6 677名学生,其中本科生4 678名、研究生1 999名。作为美国火箭发源地的加州理工学院,已经培养出32名诺贝尔奖得主和一大批杰出人才,学生规模却一直控制在2 000名左右。该校董事会建校时明文规定:"不管什么人做校长,都不能扩大它的规模。"2005年时本科生、研究生共计2 172名。

宁波诺丁汉大学控制发展规模还有一个理由,就是坚持教育的公益性原则,反对"以赢利为目的"办学。中英双方共同认为,办学宗旨在于储英育才,造福人类。为此,一定要确保教育质量,从严控制招生人数。2004年招生259名;2005年招收本科生564名、研究生207名;2006年招收本科生816名、研究生254名;2007年招收本科生950名、研究生193名;2008年招收本科生1 207名、研究生287名。经过10年发展,目前在校生7 000余人,开设15个院系,具有28个本科专业、19个硕士专业。

第二是求优,不唯全。

国内大学谋求发展的一个口号,就是"向研究型综合性大学转型",认为"一流大学"一定要有医学院、法学院和商学院,追求学科专业门类的"全"。宁波诺丁汉大学的办学则遵循"求优,不唯全"的原则。杨福家说:

---

① 华长慧、徐亚芬、沈伟其、喻立森《一所国际化新型大学在成长——谈宁波诺丁汉大学的办学特色》,《中国高等教育》2009年第5期;另载宁波诺丁汉大学中外合作大学研究中心选编《追寻大学之梦——宁波诺丁汉大学的十年探索》,浙江教育出版社2014年版。

"我不希望它成为一所综合性大学,不求全,但求强。现在我们主要开设一些特色专业,一是英国诺丁汉大学很强的专业,二是中国目前很稀缺的专业。"宁波诺丁汉大学学科专业与研究机构的设置,完全依照社会的需求与实际可能,有所选择和侧重。

宁波诺丁汉大学结合中国国情与浙江省、宁波市的地方需要,将英国诺丁汉大学的优秀学科专业与权威研究机构逐步"移植"过来。宁波作为一个商业城市,自然需要增加培养商科人才。所以在学校发展初期,商科等社会科学的学生占了很大比例。随着宁波城市发展的需要,学校又开始大力调整学校学科结构,强化理工学科的建设,不断增加工科学生的比例,以更好地为地方建设服务。在国产大客机 C919 首飞成功不久,2017 年 5 月 12 日,宁波诺丁汉大学航空学院便宣告成立。这个新学院能很好地诠释宁波诺丁汉大学专业设置的指导精神。

英国诺丁汉大学的航空研究在欧洲享有盛誉。在英国诺丁汉大学的支持下,宁波诺丁汉大学近年来在航空研究领域迅速起步并且获得重要进展,目前学校的研究领域包括聚合物基复合材料、驱动系统、气动力学和结构、无人机、多电飞机、先进制造以及机场运营和调度等,与中航、商飞等企业建立了长期合作。宁波诺丁汉大学正给制造 C919 的中国商飞公司提供国产宽体大飞机 C929 的多电技术支持,包括大功率直流起发系统、电动静液作动器和交直流负载模拟器等研发项目。宁波诺丁汉大学航空学院的建立,将为本地崛起的航空工业输送源源不断的高端人才。①

第三是求新,不唯新。

求新是大学文化的精髓,是大学精神的灵魂。"大学文化是追求真理的文化,是严谨求实的文化,是追求理想和人生抱负的文化,是崇尚学术自由的文化,是提倡理论联系实际的文化,是崇尚道德的文化,是大度包容的文化,是具有强烈批判精神的文化。"一言以蔽之,就是"求新,不唯新"的文化。

面对中英两国在文化传统、价值观念、教育体制等方面的实际差异,

---

① 《宁波诺丁汉大学设立航空学院》,《钱江晚报》2017 年 5 月 15 日。

宁波诺丁汉大学确立了"求新,不唯新"的原则,在引进优质资源与先进理念的同时,坚持弘扬中华民族优秀文化遗产,并没有"全盘西化",反映出宁波诺丁汉大学并非"克隆"于英国诺丁汉大学的本质特征。

宁波诺丁汉大学追求卓越,选择一流,服务地方,为推动国家经济社会的发展提供了持续、强劲的技术动力和人才支撑,体现了一所大学应有的时代担当。

五、碰撞·坚守·理解

在这所第一家中外合作办学的学校中,不同文化观念、两种教育理念,经常发生碰撞和摩擦。

2004年宁波诺丁汉大学刚开始创办时,就发生了很多不大不小的冲突。[①]

首先是招生宣传标语用词。学校还在建设过程中时,双方对学校宗旨的宣传用语翻译就引发了一场激烈的争论。这句的英文是"Academic excellence in the service of global citizenship",在现在的招生简章上,这句话被翻译成"一流学术成就一流国际化人才"。但在当时,中方很多人认为这句话应该翻译成"一流学术造就一流国际化人才"。是"成就"还是"造就",中英双方各执一词。执行校长站出来,在他看来,不同的翻译反映了教育是"培养"还是"服务"的问题。如果翻译成"造就",那就意味着学生的成功是学校的功劳。对学校而言,更大的重心应该在学,而不是教。大学的教育更多是服务,用"成就"更为适合。执行校长经常告诫他的手下:"教授不是完全拥有知识的老师,他们只是拿着打开知识宝库钥匙的人。他们的工作就是打开门,让学生进来学习。"

在宁波诺丁汉大学的校舍中,不仅体育馆、教学楼、主楼这样的大型建筑,就连小到教室的设置也都是按照英国的原型建造的。此前,它借用的是万里学院的校舍。与中国国内很多高校一样,万里学院的建筑都是中国式的。比如最重要的教学活动场所——教室,容纳三四十人,一排排

---

① 原春琳《"中西合璧"式的教育》,《中国青年报》2005年5月19日。

固定的桌椅。在执行校长看来，一流的大学必须具有好大学应该具有的学习环境，如社团、体育、餐馆等。"我们要把它们创造起来，让学生在这样的环境中接受好的教育。"结果，宁波诺丁汉大学对这个为期1年的"暂居地"也进行了一番改造，重新规划房间的大小，重新购置适合小班教学的桌椅。学生们在这样的教室里学习：不到20平方米的房间，几张桌子交错着放在一起，可以随意组合。

一个校园的硬件建设固然重要，软件建设也必不可少。而这需要双方长期的磨合与努力。宁波诺丁汉大学的第一次招生在浙江省内进行。大约有三分之一的学生是通过自主招生的方式选拔的。他们的竞争十分激烈：400多人报名，200多人进入材料审核阶段，最后录取的只有88人。最后被录取的学生都通过英式招生方式的考验，必须参加英文的笔试和面试，这种方式有些类似于雅思考试。其中，笔试是用1个小时答卷。题型有阅读理解、语法和写作等；题量很大，学生根本做不完。其实，命题者的初衷就是让学生做不完题，借此考察学生对英文的敏感程度。面试是分组单独进行的，5个房间5位教师，每人15分钟。5位教师都是从英国诺丁汉大学过来的。面试考察的是学生的综合思维和逻辑能力。"其实与中文一样，考的是思维能力和反应能力。中文储备决定了他们的英文储备。"考试结束1周后公布成绩。一个班主任带着两个参加考试的学生来到学校，这位班主任一开口就质问学校："你们是怎么考的?"这位教师指了指一位学生，说："这是我最好的学生，可你们怎么选了不如他的?"他认为学校"选了差的，不选好的"。负责招生工作的教师向他解释："好大学有很多。对学生而言，没有最好的，只有最合适的大学。这位没有被录取的同学不适合我们的体系，但他可能适合另外的大学体系。"在新生入校后，学校对新生都有一套跟踪调查系统，学校专门有团队负责这个系统的具体工作。经过将近1年的数据分析，他们发现，尽管当初进校时学生在成绩上有差别，但很快学生们的成绩就会相差不多。

宁波诺丁汉大学还有个规定，就是不会把学生的学习成绩告诉家长，这让中国的学生家长难以理解。第一届本科生入校后，家长们不停地打电话，向学校了解学生的成绩，但每次他们都会碰"钉子"。家长们想不通：凭什么我不能知道自己孩子的成绩？甚至万里集团的领导们也感到困惑：怎么能不告诉父母孩子的成绩呢？时任校长助理沈伟其不止一次向执行校长提出请求。这位来自英国诺丁汉大学的副校长每次都是一个答案，"NO，成绩是学生个人的隐私"。沈伟其不得已想了一个折衷的方案：成绩可以不告诉父母，但是可不可以告诉负责学生工作的辅导员，让他们转告家长呢？没想到，回答还是"NO"。他的理由很简单：第一，学校培养学生，首先应该培养他们成为一个负责任的成人，而不是孩子；第二，是否与父母分享自己的成绩，那是学生的责任。如果他有责任感，就会把成绩告诉他的父母，让父母不为他担心，而为他自豪。执行校长说："大学培养的是能对自己负责的成年人。"

十几年过去了，教务办公室的老师没有向家长透露过任何一个学生的成绩。也因为这样，老师们的手机经常被打爆，一两个小时的沟通就是常态。

最近几年，宁波诺丁汉大学在发放录取通知书时，会附上一份《致家长书》，鼓励家长与学生多沟通，也明确告知：学校没有义务也不被允许在未授权的情况下公布学生的成绩。对此，有的做学生工作的老师也不适应。学生事务办公室的老师都不知道学生的成绩，他们提出：如果有学生因为成绩不好，心理压力过大，出了问题时这个责任由谁来承担？中方与英方人员努力沟通。但英方人员说，"我们有心理咨询师，你自己不咨询是你的事情"。这在中国显然不能被接受。商量了半天，最后找到一个折衷的办法：教学办公室在发送学生成绩的同时，也抄送给学生事务处；但是，他们给的不是具体的分数，而是一个提醒，比如，这名学生可能会留级。学生事务办公室的老师就会想办法帮助这名学生。

无论是中方还是英方，都习惯了这种争论。在他们看来，这种深度的争论有助于学校的发展。只要抱着尊重和包容的态度，总是能找到解决的办法。

六、危机·改变·挑战

宁波诺丁汉大学第一年招生，有259个同学经过层层选拔，成为这个新学校的第一批新生。可是在不到1年的时间里，就有两名学生被劝退。

对一所新学校来说，这个比例可谓不低。

学校有充足的理由。第一名学生被劝退的理由是推荐信作弊。这名学生推荐信上的履历很优秀：毕业于当地名牌中学，在海外读了两年预科，成绩也不错。可是这名学生到学校报到后，教师们发现他的英文水平并没有他在履历中说得那样好。一个在海外读了两年预科的人，英文水平只有这样？起了疑心的学校就按照他在推荐信中所说的履历逐一核实，最后发现这名学生作假。在第一个学期结束的时候，这名学生被劝退了。第二名学生是因为成绩不好被劝退的。在面试的时候，这名学生表现优秀：绘画很好，戏剧也有天赋。他原本在另外一所国际学校就读。结果在上了一段时间课以后，教师发现，尽管这名学生很优秀，可是他的兴奋点不在这里。于是学校与家长进行坦诚的对话，分析了学生的优势和劣势，建议家长不要在这里浪费金钱和时间，应该替学生寻找更适合的学校。结果家长高兴地带着孩子转学了。这两个学生的劝退在校内引起很大的震动。学生们意识到：一是这所大学非常注意做人的诚信，任何事必须老老实实，决不能投机取巧；二是如果成绩不好，适应不了，随时可能会被淘汰。学生们的危机意识油然而生。

刚开学的前两周，新生们着实兴奋了一段时间：世界著名大学的校园氛围，全英文的授课环境，名人杨福家的演讲和报告，英国诺丁汉大学执行校长的来访……从第三周开始，在自豪和兴奋过去以后，学生们各种不适应的症状开始显现。首先是生活上的不适应。这些学生多数是独生子女，生活完全自理必须有个过程。其次是学习上的不适应。授课教师都是老外，这些学生碰到不明白的问题，既不敢问，也问不清楚。刚刚高中毕业的他们，还不知道该如何用英文表达自己的意思。面对沟通上的困难，这些学生喜欢到学校的办公室来，找中国老师聊天，诉说自己的郁闷。中国老师提议校方开一个学生座谈会，让他们倾诉苦闷，帮助他们"断奶"。这个提议又被执行校长拒绝了。他说："这些孩子既然选择了改变，他们就必须自己适应这种改变。"果然过了一段时间，学生们就养成了独立生活的能力，也适应了学校的这种全新的教学方式，消除了对中国教师的依赖感。学生们自己过了这道关。

宁波诺丁汉大学的教学组织形式和方法与中国的普通高校有很大的

不同。在这里学习,本身就是对自己的不断挑战。要适应这里的学习,必须要时刻改变自己。

宁波诺丁汉大学实行英国诺丁汉大学的课程计划,使用英国原版教材,由外籍教师用英语授课。英国大学的本科学制是3年,这与中国的4年学制不同。为了实现两种学制的衔接,再加上考虑到学生大多来自非英语国家的特点,宁波诺丁汉大学将英国大学的学习年限由3年延长为4年,特地设计了第一学年的预科课程。这一年的目标是让他们的英语能从生活用语达到学术学习的水平。学校教务处主管介绍说:"学生们差的不是说话,关键是在课堂上用英语听课、写论文、讨论。他们要习惯把英语变成一种学习语言。"英国诺丁汉大学英语语言教学研究中心组织有非英语国家教学经验的专家,核定课程标准,精心编写教材,组织教学活动,确保学生在第一学年突破"语言关"。教学方法生动多样,有趣味教学法、情境教学法、角色扮演法、单词"轰炸"法等。教学中会设计很多项目,让学生们在项目中学习英语。例如,第一个学期时让学生们做墙报,介绍英国城市。学生们积极地从网上寻找资料,遇到不懂的单词就查字典,最后组织语言介绍这座城市。学校还让学生们设计问卷,具体的题目完全根据学生自己的兴趣,可以谈食物问题,也可以谈运动问题,让学生在兴趣的引导下学习英语。通过项目学习,把所有的技能都集中展示出来。在宁波诺丁汉大学的第一年,学生们还要适应另外一种变化:每个学期考试结束后,班级的格局就会发生一次变化。学校根据成绩来划分不同的班级,进行分级教育,方便学校根据每个学生的变化进行详细的分析,寻找最适合他们的教学方式。定期检测,适时巩固,分层教学,个别辅导。在学习过程中学生没有任何压力,轻松愉快,一年下来进步很快,学生们英语的差距越来越小。绝大多数学生都能达到预期目的,适应"全英语"教学环境。

学生从二年级开始进入专业学习。专业课程都是讨论式,学生需要全程参与,与教师积极互动,这和他们在中学阶段经历的"填鸭式"教学完全不同。教师从来不会在课堂上一讲到底,都会抽出相当时间提出一些问题,和学生讨论与分享。由于"小班化"教学人数少,课堂讨论人人都有发言机会,这就改变了学生"上课记笔记""下课对笔记""考前背笔记"的被动学习状况,引发学生"动脑筋""追疑惑""探真知""说创见"。这种"讨论式教学"促进学生养成独立思考的习惯,抓住了学习的真谛,起到了"事半功倍"的良好效果。

　　研究式学习是课程的另一个特色。每门课教学中都经常设计一些"项目",让学生自己去查资料,自己去做分析,自己去找答案。要求学生将自己的研究结果写成三五百字或者一两千字的论文,教师给出分数,计入学分成绩。"研究式学习"强调要结合实际,分析案例,教师只进行方法指导和思路点拨,从来不将研究结论"和盘端出"。论文一定要写出个人观点,写出真知灼见,写出独到创新。为了完成论文,同学们要做广泛的调查,搜集材料,几年下来,独立查文献和多角度思维的能力提升明显,"不仅在学习方法上,而且看问题的角度比国内其他大学要开阔"。这种训练,强化了学生的批判性思维能力,提高了独立探究和发现创新的水平。

◆ 宁波诺丁汉大学的讨论式教学

　　通过课程学习,培养学生的团队合作精神,是宁波诺丁汉大学教学的一个显著特点。"学会交往""学会合作"是当代国际社会的发展趋势,为了在课程中培养学生的团队意识与合作精神,教师在讨论式教学、研究式学习与其他相关教学中,经常将学生分成不同项目小组,三五个人一组,共同完成同一个项目的学习任务。久而久之,学生学会了分工,学会了交往,学会了关心,学会了分享,学会了善待他人,学会了协同攻关,团队精神得到了良好训练。例如,"物流和供应链管理"的任课教师就将国际物流圈子的新考试方法引入课堂,让学生和素不相识的异国大学小伙伴组成 4 人小组,共同为一家虚拟的公司提供最低成本的物流解决方案,并通过视频会议展示最终成果、获得成绩。还有教师干脆通过互联网组织商战游戏,游戏结果就是期末成绩。① 这种教学方式对学生及早适应社会的助益是不可估量的。首届本科毕业生中有 6 名进入毕马威工作,他们这样回忆面试的过程:"过了笔试,大家的能力其实都差不多。我们有个小组讨论,一些组员非常积极,甚至有点咄咄逼人。但我的话不多,不过一直很配合整个小组讨论,很注意倾听他人的意见。最后,我们这一组只有我进入了第二轮面试,我想团队合作这一点无论在什么时候都很重要。"②

  宁波诺丁汉大学的毕业证和学位证的含金量很高,拿到是不容易的。杨福家说:"想在这里混日子、混文凭是不可能的。"③英国诺丁汉大学的毕业文凭与学位证书分为 4 个等级,即"一等""二等上""二等""通过"。其中"一等"要求大三、大四所有课程的平均分在 70 分以上;"二等上"的平均分在 60~69 分;"二等"的平均分在 50~59 分;"通过"的平均分在 40~49 分;平均分在 39 分以下将拿不到毕业文凭与学位证书。宁波诺丁汉大学与此同步,每门课程安排有多次测验考试,每次成绩综合为课程学分。所有涉及规定学分的试卷和论文,由任课教师打分以后,寄到英国诺丁汉大学重新打分,再由社会"考试监督员"严格审查,最后确定分数等次,存入学生成绩档案,作为厘定毕业文凭与学位证书的唯一依据。

  宁波诺丁汉大学实行"严进严出"政策。4 年下来,因为学习主动性不够,有不少学生掉了队。第一届同批入校的 267 名学生,最终能按时毕

---

① 王倩《宁波诺丁汉大学让你拥抱全世界》,《羊城晚报》2017 年 6 月 27 日。
② 《宁波诺丁汉:坚持办成"小"学校》,《今日早报》2008 年 7 月 3 日。
③ 梅志清《在这里混日子是不可能的》,《南方日报》2010 年 4 月 28 日。

业的只有 233 名。"有被退学的、也有留级的。"学校就业办的教师介绍,在已毕业的首届硕士生中,最初的 25 人也只有 19 人拿到文凭。虽然不少学生没有按时毕业,但在很多外籍教师看来,宁波诺丁汉大学的首届本科毕业生已经相当了不起。有 12 名学生拿到"一等"毕业文凭;"近 90% 的学生能拿到文凭,而且大多数都是拿'二等上'和'二等',这在英国诺丁汉大学也很少见"。

七、导师·火把·火种

宁波诺丁汉大学,"一切为学生着想","一切从学生出发","一切以学生为指归"。这里的教师、管理者把学生当作财富,学校的所有事情都是围着学生转。如果一个学生因身体不舒服发了封请假邮件,教师会马上回复并询问病情,而且教师课后会把那节课的内容、对课程及作业的要求都通过邮件及时转达。每位教师都像熊熊燃烧的火把,他们的任务就是点燃学生心中的火种,把这些火种播撒到世界各地。

大学生的学习和就业是当前困扰中国高等教育发展的两大难题。宁波诺丁汉大学的"以学生为中心"不是一句冠冕堂皇的空头口号,而是化为"学生为本"的观念,贯彻、落实在指导学生的学习和就业的实际行动中。宁波诺丁汉大学像关爱自己的孩子一样爱护学生,指导学习,热情扶持他们成长、成才和成功;像关爱自己的孩子一样高度关注学生就业,为他们切实负责到底。[①]

学习是学生的头等大事,关系到个人的成长进步、校园的文化建设与社会的繁荣富强。但是在很多大学,学生无心向学、逃课成风,有人概括出"必修课选逃"与"选修课必逃"的两条"逃课定律"。教师和学生玩着"猫捉老鼠"的老套游戏,运用"课堂点名""考查考试""扣发文凭"等形式检查督促,而学生"更使出浑身解数,和教师斗智斗勇,奇招迭出";"不光出现了大面积逃课,还有大面积补考、大面积退学"。但是,师资力量薄弱

---

① 华长慧、徐亚芬、沈伟其、喻立森《努力打造中外合作大学的成功范例——宁波诺丁汉大学独特办学模式再探》,《中国高等教育》2010 年第 23 期;另载宁波诺丁汉大学中外合作大学研究中心、学生事务办公室编《探路者的足迹——回眸宁波诺丁汉大学》,2011 年 9 月。

短缺、教育观念传统落后、管理方法陈旧老套导致无法从根本上解决问题。

从新生入学第一天开始,宁波诺丁汉大学就接连不断、持续深入地奋力推进"学习革命",引导学生转变学习观念。最重要的还是通过建立"导师制",建设一支优秀的导师队伍,通过优秀导师的谆谆教导,指引学生的健康成长。杨福家很欣赏这些教育名言:"学生的头脑不是一个用来填充知识的容器,而是一个待点燃的火种。""导师对学生不断喷烟,直到把学生头脑里的火苗点燃。"①要想点燃学生头脑里的火苗,必须运用激发内在动机的引导方法,唤起他们心灵深处的求知欲望,从而变"要我学"为"我要学",从"想学""好学"升华到"乐学""苦学",使大学期间这个至关重要的"黄金四年",成为撬起他们辉煌人生的重要杠杆。

以"学生为中心"的"导师制"教学管理,有效地激发了学生的上进心和求知欲。导师制就是每门课程在讲授的时候分成若干个小班,每班一般不超过 16 名学生,由 1~2 名教师担任导师,全面负责学生的学习、授课与指导。导师经常与学生见面,并根据学业的不同阶段进行特色辅导:大二时关心学生专业学习的适应情况,引导参加社团活动;大三时提醒是否在准备 GMAT、雅思的考试,询问读研还是工作;大四则会与学生讨论申请的学校及专业,为学生写推荐信。所有导师无不尽心尽力地了解学生的学习情况,询问疑难困惑,指导方法思路,拓展认知视野,尤其注重引导学生"深入就里找问题""转换视角提问题""联横合纵追问题""穷极八方解问题",直至思维洞开,疑虑尽释。

杨福家多次指出,"英国一些著名高等院校成功的经验之一,就是它们很早实行了导师制,像牛津、剑桥在 15 世纪开始就实行导师制,使得每个学生都得到关心。每个人的火种是不一样的,需要靠同学的力量、靠家长的力量、靠教师的力量一起把不同的火种点燃"。为此,学校引进导师制,通过导师引路的办法,开启学生刨根究底的特质。考生进入宁波诺丁汉大学必须具备两个基本条件:高考重点线以上,英语成绩 115 分以上,这就使得学生具有接受"全英文教学"的学习基础。但在刚入学时,大多

---

① 杨福家《漫谈中外高等教育的差异》,《求是》2003 年第 11 期。

数学生习惯于被动听讲,不大喜欢主动提问题。针对这种状况,在导师制的小班课堂上,教师就有可能提问每个学生,鼓励他们积极思考,大胆发言。实践证明,导师制使每位学生受到关注,得到激励,问答法点燃了学生的潜在资质,教师引导学生学会学习,让每个学生经过不断的摸索,探究到最适合自己的学习方法,激发了学生的求知欲望。

导师制的实施和英方教师的负责态度与敬业精神,密切了师生关系,加深了相互了解,有效地激发了学生的上进心和求知欲,解决了学生的学习困难。有名毕业生在给杨福家校长写信说:"诺丁汉大学的老师都是那么有责任感,从课堂教学到布置作业到检查和批改作业,都是一丝不苟、尽心尽责,真正做到了对每一位学生负责。"①

学校以教学为中心,教学以学生为中心,学生以学习为中心,创建了丰富多彩的多元化课堂,改变了"教师讲、学生听"的传统习惯,开创了教与学的新局面。宁波诺丁汉大学的课堂灵活多样,可以根据需要随机安排。上课形式多样化,天气好时,老师常会将黑板挪到校园内的草坪上,以非常轻松的方式来教学。讨论课、对话课、演示课、实验课、作业课、情境课、演剧课、与英国诺丁汉大学的网络联合授课等,让学生耳目一新。即使是以讲解新知识为主的讲授课,教师也不是口若悬河、一讲到底,而是创造一切条件让学生感知、领悟、讨论、争辩,然后提纲挈领地予以总结,给学生以启发和点拨。老师的点评总是要言不烦、妙语连珠,往往给学生醍醐灌顶之感,启发学生继续探索的兴趣。即使是枯燥的二外课程,宁波诺丁汉大学老师也会"放出大招",让学生目不暇接。有名日语教师的课总是"花样百出":联系日本明星的经纪公司,让学生和日本明星通信;引进最新的卡通绘本,给日本漫画配音和翻译……学生在学习的过程中惊喜连连,在轻松又快乐的气氛中提高了语言能力。②

课堂外的学习同样得到充分的重视。宁波诺丁汉大学人才培养有一个目标:培育"global citizenship"(世界公民意识)。社团活动正是帮助学生树立社会责任感的有效载体。

---

① 2007届国际传播专业学硕士沈琳琳同学的来信,现任职于澳大利亚驻华大使馆。见杨福家《博雅教育》(第三版),复旦大学出版社2015年版,第248页。
② 李臻、胡敏《宁波有位大学日语老师总是喜欢"搞事情"》,《宁波晚报》2017年3月22日。

宁波诺丁汉大学与遍布20多个国家和地区的67所海外一流院校建立了密切交流合作关系，保证每一位学生都有国际体验的机会。除此之外，学校还有100多个学生组织和社团，开展富有国际化特色的社团活动。其中相当一部分已经跨出国门，成为学校课堂的延伸。

根据不完全统计，每年宁波诺丁汉大学有200余名青年志愿者去国外开展文化、教育、环保、医疗等公益项目。对于宁波诺丁汉大学的学子而言，公益活动不是走过场，而是要扎扎实实付出努力，尽自己所能来影响、改变当地的状况。

宁波诺丁汉大学的海外志愿者，基本选择相对贫困的地区。有名女同学去坦桑尼亚支教，在近40摄氏度的高温里，没有空调、电扇，还经常断电、停水，但她克服困难、出色地完成支教工作，把新的理念带到偏远落后的非洲地区。

2010年，宁波诺丁汉大学国际大学生企业家联盟（Enactus社团；原名赛扶[SIFE]，Students in Free Enterprise，学生自由创业大赛）因帮助长白山参农解决资金和销路，荣获当年赛扶中国创新公益大赛总冠军，并代表中国参加在美国洛杉矶举行的赛扶世界杯比赛，最终从114个精英项目中脱颖而出，荣获亚军。①

2016年10月，宁波市国际志愿者基地在宁波诺丁汉大学成立。国际志愿者基地的成立，不仅为在甬的国际志愿者广泛参与宁波志愿服务活动搭建了平台，而且将承接、发展国际志愿服务项目，推动更多宁波志愿者走出国门、走向世界，扩大宁波志愿服务的国际影响力。

2017年，为响应国家"一带一路"战略，宁波诺丁汉大学的186名学生利用假期，通过国际经济学商学学生联合会（AIESEC）到24个"一带一路"国家参与海外志愿项目②，他们去了印度、尼泊尔、波兰、乌克兰、印度尼西亚、土耳其、斯里兰卡等国。在假期中，宁波诺丁汉大学学生的足迹踏遍大半个地球，他们将浓浓的中国元素洒满"一带一路"沿线国家：志愿者们到当地的学校教大家讲中文、写汉字、讲中国历史、做中国

---

① 王倩《宁波诺丁汉大学让你拥抱全世界》，《羊城晚报》2017年6月27日。
② 《宁波在校大学生一半多是志愿者》，《现代金报》2017年12月29日。

菜……向"一带一路"国家传播中国文化，让更多国家的人了解中国、感受中国。

经过宁波诺丁汉大学各个阶段的学习，学生都经历了一番"脱胎换骨"的改变。入学时大声说话脸便涨得通红、不敢开口讲英语，毕业时已经能操着一口地道流利的英语，主持学校大大小小的活动；入学时看到试卷上的短篇英语文章都会觉得头晕，毕业时已经可以看懂一些经典的原版书，也知道怎么去找专业所需要的学术论文，能迅速地在大段文字中找到有用的部分。经历了社团组织大型活动繁忙的熬夜策划，感受过凌晨两点依旧灯火通明的图书馆①，这样的学生，还有什么畏惧呢？宁波诺丁汉大学教会学生走向社会的本领，还不忘记在毕业前再"扶一把"。学校做出毕业生就业"一个都不能少"的郑重承诺。校领导认为，中外合作大学的最大优势，应该体现在人才培养质量，最终落脚在学生就业的水平和质量上。当他们完成学业、步入社会的时候，不应是稀里糊涂地"谋职营生"，而应是目标明确地"理智择业"。为此，学校专门成立了学生就业发展委员会，对每个学生的职业生涯规划进行精心辅导，帮助他们能在最大限度上让自己的生命绽放最美的花朵。每一个宁波诺丁汉大学的毕业生都把杨福家校长的话牢记心间："毕业以后你要忘记自己的专业头衔，因为你们什么都能做！"宁波诺丁汉大学的毕业生和国内其他高校毕业生相比，都具有非凡的跨文化交流能力、国际理解能力和国际交流意识，在学界和职场上都具有与众不同的竞争力。出色的英语能力、扎实的专业技能和良好的国际化素养，让众多雇主和学校合作方对宁波诺丁汉大学学子印象深刻。

经过宁波诺丁汉大学来自世界各地第一流名师的精心打磨和锤炼，宁波诺丁汉大学的毕业生无论在哪里，他们都能够闪闪发光、璀璨夺目。

八、党委·服务·文化

作为中外合作大学，宁波诺丁汉大学是有党委和党委书记的。

---

① 《宁波诺丁汉大学有什么"魔力"让学生在一两年内脱胎换骨？》，《现代金报》2017年6月7日。

"虽然当时已有很多地方想创办中外合作大学,但审批通过的只有宁波诺丁汉大学。这也是出于一种谨慎的考虑。很多人担心我,西方这么激进的一套教育方式移植到中国,很难生存。这个学校很可能出毛病。"杨福家曾告诉记者,他本人最大的担忧则是中外合作办学作为一种新的办学模式,在管理体制上与普通高等学校存在差别。"开始最头疼的是:怎么处理党委与学校的关系。"

最初英方对是否应该设置党委是持怀疑态度的,因为在《中外合作办学条例》中并没有规定要设置党委。但杨福家还是坚持在宁波诺丁汉大学成立党组织。他对英国人说:"英国人主张保护人权。在中国,青年加入共产党是人权的一部分,如果没有党委,青年学生加入共产党的权利被剥夺了。你们是保护人权还是剥夺人权?"这样一说,英方就不再质疑了,而且表示可以请校党委书记担任顾问、党委副书记担任学生辅导员的负责人。

在杨福家看来,党委在中外合作办学的高校管理体制里要起到3个作用:监督保证学校守法,沟通学校与政府的关系,做学生的思想工作。"英国很重视高校辅导员,辅导员的负责人头衔也很高,通常是社会上有很高地位的人来担任,包括诺贝尔奖获得者。"杨福家说,宁波诺丁汉大学的党委书记由原宁波市教育局长担任,"这样有利于帮助高校与政府的沟通"。

宁波诺丁汉大学党委于2005年12月成立,随后相继成立了党、团基层组织,建立了教工(机关)支部、后勤(社区)支部、学生支部3个党支部。现任党委书记华长慧把党委的职责概括为4点8字:监督、保证、沟通和传播。"监督"就是党委通过"知情、参与、建议、督促",让中外合作大学的运行遵循中国的法律法规,坚持高校正确的办学方向;"保证"就是为学校按照英国诺丁汉大学先进的教育理念、教学内容和教学方法组织教育教学活动提供支持、做好服务;"传播"就是介绍马克思主义中国化过程中我国所取得的革命、建设、改革成就,使学生了解中国国情,确立祖国意识;"沟通"就是沟通中英双方及学校与社会之间的关系,促进中英双方合作共赢,促进学校与经济社会的结合。①"我们做的事情不是拆台,是帮忙"。

---

① 《诺丁汉大学在全国高校党建会议作经验交流》,《东南商报》2013年1月12日。

宁波诺丁汉大学党委成立后,建立了一个党委领导下的总支和支部的党建网络。在这所留学生占比 12%、外籍教师占比 75% 的大学里,学生们拥有浓浓的中国情怀,成为一名中共党员是不少学生的追求。据统计,在该校 7 200 多名在校生中,学生党员有 500 多名;教工党员有 188 名,占中国籍教职工总数的 43%。① 多年来,中国学生入党热情持续高涨,自 2006 年起,每学期都开办入党培训班,共培养了 900 多名学员。党校的严格纪律、良好学风,已经在学生面前树立了威望;党校学员也在学习、生活、实践、工作等方面树立了良好的榜样。值得一提的是,在 2007 年 5 月,应 2004 级出国交换回国学生的强烈要求,宁波诺丁汉大学不得不在原来一学期一期的基础上另外增开一期培训班,以满足这部分学生的入党意愿。② 学生在党校学习心得和思想汇报中写下:"党校是接受政治思想洗礼和爱国文化熏陶的圣地,是磨练意志、萌发理想和坚定信仰的课堂……"不仅学生入党意愿强烈,一些教职工特别是一些"海归"也积极参与入党培训班学习,主动靠近党组织,接受支部和党委严格的审查和考核。现在连外国教师都认识到,能够入党的教师和学生都是非常优秀的。

创办宁波诺丁汉大学最根本的目的是充分利用国外优质教育资源,培养既通晓中西方文化,又具有强烈爱国情怀的国际化人才。杨福家为学生作过"理想、立志和成才"、"科学、爱国和国家利益"等多场报告。他多次在演讲中对大学生诠释"大学"的含义,让人耳目一新:"大学,不仅是大楼的集合体,更是大师的聚集地,还是充满着大爱的群体。"其中"大爱"是他一直倡导的理念,其中包括"爱国"。他非常重视对学生的爱国主义教育,要求每名学生在成为一个国际化人才之前必须具有强烈的爱国意识和民族意识。党委书记华长慧同志为学生作过题为"国际化人才与爱国主义"的专题讲座,让学生在中西方文化的碰撞与交流中把握自己,把做人与做学问统一起来。党委副书记鲁俊生作过题为"加强自我修养,做合格的世界公民"的讲座,进一步将爱国教育作为核心"种子"播撒到每位学生的心中,向所有学生强调这样一个事实:古今中外,凡是事业有成、

---

① 《勇做创新领跑者——来自宁波诺丁汉大学的报告》,《宁波日报》2017 年 9 月 28 日。
② 原春琳《宁波"娶"了诺丁汉》,载《中国青年报》2015 年 10 月 23 日。

名垂青史的人物都是爱国者。杨福家认为,爱国是每一个公民最高尚的情怀,首要的是自觉维护国家利益,遵守国家法律;爱国要体现在我们日常生活的每一个细节中,因为每个学生所代表的不仅仅是个人,而是代表民族和国家。

帮助学生了解中国文化、中国国情、中国的有关法律法规,这是《中外合作办学条例》的要求,也是宁波诺丁汉大学党委着力开展的核心工作。宁波诺丁汉大学在本科一年级开设了"马克思主义原理"(36课时)、"中国化的马克思主义"(64课时)和"道德与法律"(36课时)3门课程,并将这些课程纳入学分管理。2006年8月,在校党委指导下,学校对该系列课程进行改革,形成"中国文化系列课程",并实施涉及学生社会实践活动的项目活动学分。思想政治理论课不及格的学生,不仅不能参评奖学金,而且不能获得毕业证书。这些改革不但丰富了大学生思想政治教育的内容,也确保把大学生思想政治教育落到实处。

为了配合这些课程的开设,学校还组织编纂了"中国文化"系列教材,目前已经出版了3本。《中国思想文化概论》[①]和《中国近两百年历史读本》[②]在全球视野的观照下,对中国传统的思想文化及近两百年来的历史,以及中国现代化进程中马克思主义在中国的传播及其对中国现代化的推进,进行了提要性的梳理。《中国文化与大学生成长》[③]尝试以"中国文化与当代大学生成长"为核心概念,深入探讨传承了几千年的中国文化对当今中国乃至全球社会的发展以及当代青年学生的成长所能发挥的影响和力量。

宁波诺丁汉大学有着来自世界70多个国家和地区的学生和教师。在这样一座特殊的校园里,党组织注意开展各种有特色的教育活动,对学生日常生活予以积极的引导。杨福家要求教师不仅教学生知识,最重要的是教他们做人。"告诉学生,离开教室一定要记得关空调、关灯。我们会叫学生每次回家都要给父母洗脚,要记得父母的生日,要学会感恩和回报。这些都是具有独立人格的现代公民必须具备的素质。"从新生进校开

---

① 宁波诺丁汉大学中国文化课程教研组编著《中国思想文化概论》,科学出版社2010年版。
② 宁波诺丁汉大学中国文化课教研室编著《中国近两百年历史读本》,浙江大学出版社2012年版。
③ 宁波诺丁汉大学中国文化课教研室编著《中国文化与大学生成长》,浙江教育出版社2015年版。

始,学校各级党组织就积极开展爱国、孝道和感恩等主题教育活动,指导学生从为父母设计生日卡片做起,要求学生应时刻不忘父母恩情、不忘回报社会、贡献国家等,从而在大的方向上确保学生思想始终与国家、民族的主张保持一致,不被误导。党组织积极引导学生参加各种社团,开展各种公益活动。有些组织活动也带有鲜明的国际化办学的特色,如有的党支部主要会议均需演唱《国际歌》,对外宣传手册一律采用中英双语形式,部分活动邀请国际生参与,让更多同学了解共产党……

宁波诺丁汉大学在多元文化背景下的党建工作创新模式得到地方政府和社会的好评,也得到英方合作伙伴的支持与配合。英方在认可党委书记本人(当时担任宁波市教育局局长)的工作后,聘请他为校长顾问,把党委副书记视为学生首席指导员(在英国教育体制中有"Warden"这样的职位,这是很高的一个位置)。由担任现职的政府官员担任中外合作大学的理事会成员兼党委书记,对于沟通政府与大学的关系、保证学校健康发展,有很大的好处。

九、焦点·样板·征途

宁波诺丁汉大学成立以来,一直是中外各大媒体高度关注的教育焦点。

中国新华社报道:"就高等院校的教育改革来说,国外高校的进入会起到一个推动作用,宁波诺丁汉大学是一种崭新的模式,可以让国内高校更仔细地了解世界一流大学是怎样运作的。"

《人民日报》报道:"宁波诺丁汉大学的创建将进一步加大我国高等教育对外开放的力度,有利于吸引国外优质教育资源,促进我国教育机构的整体引进,借鉴国外高等教育层次的先进教育理念和教育模式。"

英国《卫报》报道:"中国决定建立能与世界顶尖高校竞争的中外合作大学,是希望宁波诺丁汉大学能帮助中国成为一个地区教育中心,吸引全亚洲和中东的学生。"

美国《新闻周刊》报道:"在诺丁汉大学的教育体系下培养的中国学生将在中国经济中发挥巨大的作用。"

法国路透社报道:"2005年在宁波英国诺丁汉大学与中方合作创办的宁波诺丁汉大学是中国第一所设备齐全的中外合作大学。"

英国BBC播放了采访宁波诺丁汉大学执行校长高岩教授的讲话:"我们要建设好宁波诺丁汉大学,使之成为国际一流的大学,为更多的中国学生提供接受一流教育的机会。"

英国《诺丁汉大学晚报》报道:"宁波诺丁汉大学是我们把世界名校的优势和中国本土优秀的教育机构相结合的载体,宁波诺丁汉大学的建成给青年人提供一个接受英国教育的很好机会,在这以前可能是很难达到的。"

多年来,宁波诺丁汉大学的学生一直是就业市场长盛不衰的"香饽饽"。根据《宁波诺丁汉大学2016—2017学年毕业生就业质量报告》公布的最新数据,在学校2017届1 688名毕业生中,截至2017年12月1日,本科、硕士和博士毕业生6个月内的就业率分别为97.4%、93.7%和100.0%。①

2017年7月,宁波诺丁汉大学共有1 211名国内本科生毕业。其中,继续升学的有83%,直接工作的占12.7%,从事自由职业(包括入职家族企业)和创业的比例为0.8%和0.7%。按照世界权威研究机构QS(2017)世界大学综合排名,在选择升学的宁波诺丁汉大学本科毕业生中,27.5%入读世界排名前10名的顶尖高校,55.5%入读世界排名前50名的高校,81.8%入读世界排名前100名的高校。就业的本科毕业生中有约65%去往世界500强或中外知名企业或机构。如此算来,本科毕业生每4人就有3人进入名校或中外名企。

根据已收到的有效回复,宁波诺丁汉大学硕士毕业生有88.2%直接工作,3.4%继续升学。在直接工作的学生中,有81.5%被机关、政府、事业单位、国有企业和中外名企录取。据不完全统计,宁波诺丁汉大学2016届硕士毕业生的税前平均月收入为9 510.4元;97%的月收入水平在5 000元以上,19%在10 000~12 000元之间,9%超过20 000元。

---

① 《宁波诺丁汉大学就业质量报告出炉,硕士毕业生月均收入9 500余元》,《宁波晚报》2018年1月10日。

宁波诺丁汉大学2016/2017学年博士毕业生的就业率为100%，绝大多数选择了高等院校或科研院所作为就业平台。

无论从哪一个指标来看，宁波诺丁汉大学都获得了极大的成功。

习近平主席在宁波诺丁汉大学落成典礼上讲话时指出，宁波诺丁汉大学的创建和成立，开创了中国高等教育与国外优质高等教育资源相结合的先河，为中国教育走向世界创造了一种全新的模式。

历经10年发展，这所基本上不靠国家财政拨款创办的高等学校的品质已经趋于成熟，社会口碑不错，如今要考这所学校已经相当不易。杨福家校长说，他真的被一批批宁波诺丁汉大学学生所感动，他觉得这所学校的价值从他们身上体现出来，"样板的作用真的会胜过一打纲领"。

宁波诺丁汉大学并不是"在中国宁波的诺丁汉大学"，或者是"英国诺丁汉大学的海外校区"。尽管名字里有"诺丁汉"3个字，但是从法律上讲，宁波诺丁汉大学是在一所建立在中国土地上的中国大学，名字是"宁波诺丁汉大学"。

宁波诺丁汉大学得以"出生"，离不开中国改革开放和教育国际化的大背景，也与杨福家的个人努力分不开。这些年来，这位曾出任过复旦大学校长的教育家，通过各种场合积极建言，在媒体上"发声"、著文，为推动

◆ 2008年6月19日，杨福家和李政道在宁波诺丁汉大学

国内的高等教育改革不遗余力,但是他总感觉效果不大,于是想到如果能直接办一所体现这些理念的大学,或许才更有说服力。宁波诺丁汉大学的开创者们通过合作办学的方式,强调质量,"除了质量还是质量",闯出了一条新路。

对于当下国内的中外合作办学,杨福家认为还存在许多问题。"中外合作办学近年来成为教育领域的一大热点,项目和机构多到数不清,但是独立设置的中外合作办学机构教育部至今只批了寥寥几所。还有很多经验尚待摸索。有的学校是中方控制得太厉害,导致很难办好。有的学校是中方几乎不管,放手给外方去做,这样也有问题。这么好的合作机会,却学不到任何经验。"

在放权的问题上,杨福家提出宁波诺丁汉大学的做法:"我是法人,但是我把具体的管理权力基本上交给了英国方面。比如招生,难免碰到各种家长找关系、打招呼。在复旦做校长的第一年,我也经历过类似的情况。当时有一个人跑来说,他儿子要进复旦,却不参加高考,说是上面的部委会给他儿子一个名额。我是绝对反对走后门的,想规避,也有顶不住的时候。但是在宁波诺丁汉大学,英国管理者最大的特点就是按章办事,如有人要为其子女开后门,就得找主管招生的英国人,事实上没有家长会去找。再比如,基本上所有课程都由外方制定,宁波诺丁汉大学的运作机构比较自主,在国内大学很难做到。"

宁波诺丁汉大学的教学和管理在中国创下很多第一。以学生为中心,以育人为核心,希望培养出的学生具有更多的担当和自信,这已成为大学的核心理念,不仅体现在教学的各个环节,也反映在学校管理架构、风气和效率、后勤支持等文化层面。而在这个层面上的"动静"之大,或许是体制内大学目前还暂时难以仿效的[①],宁波诺丁汉大学的行政框架中没有行政处、保卫处等构架,只有行政服务办公室和教务处,每个行政人员都处在开放式环境中,必须负责接待(接听)每一位学生、家长的来访来电;学校有党委,有专职书记,但职责是落实理事会和校务委员会决定的

[①] 江世亮《国内第一所以中外合作形式创办的大学——"宁诺"走过 10 年,可以复制吗?》,《文汇报》2014 年 4 月 17 日。

事项，做好党员管理，协助做好学生工作；另外，宁波诺丁汉大学的体制保证了即使校长也不能干预学校的正常运转，譬如当某个学生由于某种原因要被退学，家长会找到校长、教务处处长要求更改这个决定，学校会告诉他可以申诉的程序，但一旦经过程序作出的决定，任何人无权推翻。

  杨福家的挚友、美国德州大学达拉斯分校副校长冯达旋教授在《宁波诺丁汉大学：高等教育的创新模式？》一文中指出："如果宁波诺丁汉大学成功达成其目标，它将成为中国高等教育的一个创新模式。"冯达旋还转引了一位化学家朋友对他说过的话："如果你滴一小滴红墨水到一大杯清水中，它将改变整杯清水的颜色！"[①] 在这个意义上，宁波诺丁汉大学就是这样一滴小小的红墨水！

  对于宁波诺丁汉大学今后进一步的发展，杨福家已有成竹在胸："尽管取得了一些成绩，但我们要清醒认识到面临的一系列挑战。我们必须在现有基础上，充实优秀教师队伍，使学校的结构与布局更加合理，设立更多的奖学金，帮助更多学业优秀但家境并不富裕的学生就读宁波诺丁汉大学，使学校朝世界一流大学的目标一步一步扎实前进，那才算是真正的成功。"

  对中国大学来说，争创世界一流的道路是崎岖漫长的。杨福家是一个播火者和传薪人，但他更是一个实践者和探索者，在这条道路上，他正以实际行动践行着自己的教育理念。

---

① 杨福家等《从复旦到诺丁汉》，上海交通大学出版社 2013 年版，第 245 页。

第十章

为推动中国的教育进步而不懈奋斗

温家宝总理曾引用陶行知的话说,当教师就应"千教万教,教人求真;千学万学,学做真人"。他还说:"没有爱就没有教育。我们需要更多的把爱献给教育的人当老师。""教师的知识面要广,教理工的要懂一点文史,教文史的要懂一点理工,这是我们的方向。""我们要提倡的是启发式,不是灌输式。"[①]这些都极好地诠释了杨福家多年来的教育实践和他呼吁实行的博雅教育思想。

2006年的《政府工作报告》曾提出,中国需要建设一支高素质教师队伍,培养一大批教育家。多年来,杨福家坚持教育改革创新,努力办人民满意的教育,为不断完善中国特色社会主义教育体系、推动中国的教育进步不断努力,取得了丰硕成果。2017年12月,在由中国教育学会、中国高等教育学会、中国职业技术教育学会、中国教育电视台、中国教育报刊社、人民教育出版社等6家单位联合开展的当代教育名家推选活动中,杨福家被推选为"当代教育名家"。[②]

杨福家是教育名家,更是名教育家,是人民教育家。

一、比较高等教育中外差异

多年来,杨福家相继担任了复旦大学、英国诺丁汉大学、宁波诺丁汉

---

① 温家宝《不断深化教育改革,全面提高办学水平》,《温家宝谈教育》,人民出版社2013年版,第112页。
② 《关于当代教育名家推选结果的公告》,《中国教育报》2017年11月29日。

◆《走近一流学府——中外教育比较》一书

大学这3种类型迥异的大学校长,并考察过国内外多所大学名校,对中外高等教育的异同形成了深刻的认识和独到的见解。

2003年,他在《求是》(第11期)撰文,漫谈中外高等教育的差异。①

他说,谈到中外高等教育的比较,要有一个出发点,就是怎么比的问题。面对新世纪,我们需要不断"创新、创新、再创新"。怎样创新?"创新就要靠人才,特别要靠年轻的英才不断涌现出来。"因此,比较中外教育,就要以我们的教育是否有利于培养创新人才为出发点。这也是知识经济时代对高等教育的必然要求。

中外高等教育的第一个差异,是学生进校门的方法不一样。

在中国,从古至今都非常重视考试。考试本身并不坏,但一卷定终生、一分定终生可不好。为了一分之差而苦苦奋斗的学生还能对周围事物产生兴趣吗?能有创造性吗?然而,今天中国的高考制度已经成为学校教育的指挥棒,从某种程度上讲确实扼杀了许多青少年的兴趣与爱好。

国外学生是如何进高校呢?以美国名校为例,一般要有5个方面的要求:

一是参加SAT考试,这相当于中国的高考。但与我国高考不同的是,SAT考试一年有7次机会,随你什么时候去考,也不管考几次,直到你满意为止。从2005年开始,SAT考试科目为英文阅读、写作、数学,3门各800分,总分2 400分。阅读能体现出学生的推理、思考、分析、比

---

① 杨福家《漫谈中外高等教育的差异》,《求是》2003年第11期。

较的能力。写作能体现学生的想象力。没有想象力,就没有创造力。其实,3门考试考学生的就是语文和数学。数学体现的是逻辑思维;语文体现的则是隐蔽在文字背后的阅读、思考、解读、表达、沟通能力与想象力。

二是高中实行学分制,要考大学,你必须学满一定学分,至于你是3年学完还是5年学完都可以。不少大学要求学生在高中4年内学满220个学分,如果每门课占有5个学分,那么学生在4年内应学完44门课程,每学期5~6门课。

三是中学考试的平均成绩要达到B。这不是一张考卷所代表的全部分数,即使你全部答对,也只能得50分。平时如果你做一个航天模型,玩一个能够遥控的风筝,也可以拿25分或者30分,甚至对同学的帮助有时也会计算学分,这样综合起来看你是A还是B。

四是考大学要有推荐信,特别是要有个性的推荐信。如果推荐人不负责任,那么你的被信任程度就会大大降低。

五是学校找学生个别面谈,在很多情况下,面谈是了解学生非常有效的方法。

杨福家说,这就是国外很多名牌大学的"五关"。也许有人会说,如果把国内现有的一套很严密的考试制度改掉,最危险的就是"走后门"。

如何才能防止"走后门"呢?这就涉及中外高等教育的第二个差异,即有没有严格的淘汰制。要成为一流大学,没有优胜劣汰制度是不行的。有了严格的淘汰制,开多大后门都没用。我国某大学物理系有位很有名的教授,他是在美国普林斯顿大学获得的博士学位,后来他的儿子也希望进入这所学校。学校一看,老校友的儿子来了,就会优先考虑。(在2007年该校录取入学的新生中,校友子女占14.7%!)

这算不算开后门,算!而且是开大后门。但是,如果你这个人能力不行,就自讨苦吃了。你的能力要与你所选择的大学相匹配。这个大学的水平如果比你的能力低得太多,你去就没意思了。但是如果这个学校的水平比你的能力高得太多,你也受不了,你开后门进去,就是自讨苦吃,过不了一年半载你就得自动"下岗",在你的简历中留下不太光彩的一笔。

世界上最好的大学对你并不一定是最好的大学!换句话说,对任何一个学生来讲,适合他(她)的大学是对他(她)而言最好的大学。

淘汰制不仅对大学生,而且也对研究生、对教师同样适用。

紧迫感和压力部分来自师生的兴趣,部分来自周围的环境。健全的用人与育人制度,则有利于这种环境的形成。淘汰制是这种制度的一个重要组成部分。没有紧迫感的环境,是不利于创造性人才成长的。

第三个差异是不同的学校有不同的教育策略和办学定位,对不同的学科也有不同的要求。杨福家参加了美国3 688所高等院校的校长大会,会上表扬了5种类型的学校。这些学校都很注重自己的办学定位,其中相当一批是社区大学和学院。比如,纽约的服装学院就培养了很多世界一流的服装设计师。加州理工学院是美国西海岸洛杉矶附近的一个小学校,该校成立之初就规定,不管谁做校长,学校的规模不能扩大。该校约有2 000名学生,占地也很小。但就是这样小的学校照样成了世界一流大学,培养出一流的人才。纽约的服装学院、哈佛、牛津、剑桥等都是世界一流的学院或大学,但各家的定位却不相同。

美国加利福尼亚州的公立大学分为3个层次:一是10所研究型大学构成加州大学系统;二是23所研究教学兼顾的大学构成加州州立大学;三是一大批技职导向的社区大学。三者各司其职,互通有无。当然,在加州还有几所世界顶尖的私立大学。

荷兰的大学不到10所,但有70多所技职学院;德国从技职学院出来的毕业生,收入远高于一般的大学毕业生。

杨福家认为,不同学校发不同的音,只有这样才能够奏出美妙的乐章。如果都往一个方面挤,就不可能奏出动听的乐曲。同时,不同学科对学位的要求也不相同。一个好的高等学校并不意味着一定要培养多少硕士生和博士生。现在高等职业技术学校常被人看不起。所以,建立一个比较合理的高等学校结构,使之符合教育发展规律,并能满足社会的不同需求,是非常重要的。这也是我国高等教育能否顺利地从精英教育过渡到大众化教育,再过渡到普及高等教育的一个关键。

第四个差异是高校的内部结构。这一差异导致了学生培养方法的根本不同。任何高等院校的内部结构都是纵横交错的,纵的方向是本科教学,横的方向是科学研究。不同的学校其内部结构是不同的。国外一流的研究型大学纵向简洁,横向丰富;但一流的高等职业学校纵向丰富,横向简洁。我国的高校却趋于雷同。依国际经验,对复旦、北大这样的学校来说,本科教学的方向不能多,横向的交叉学科、研究机构可以多些。但我国的高中生考入高校,往往被分入几十个不同的院、系,像被领到一个个窄胡同里,怎能培养出创新人才?世界上一流的研究型大学,都把博雅教育放在培养本科生的首位,把专业培训放在次要位置。比如,哈佛大学早就规定,学生入学后都要学"七艺",即文化、逻辑、修辞、几何、天文、数学、音乐,后又加上语文、人文、社会、自然(2007年5月哈佛大学作了新的修正)。这样培养出来的学生,就可以具备思考的能力、清晰沟通思想的能力、明确的判断能力以及能够识别普遍性价值的认知能力。只是在进大学两年之后,学生才会在某一方向上选修的课程比较集中一点。"集中"(concentration)一词由哈佛历史上最有名的校长艾里奥特(Charles William Eliot,他在1869—1909年间担任哈佛校长,长达40年)所创造,一直用到现在,它不同于其他大学所用的"主修"(major)一词。即使用"主修"一词,也没有"属于某专业"的意思。专业教育,对于这些学校而言,是大学毕业以后的事。有了大学文凭,就可以进研究生院或各种专业学院(professional school)。这种宽基础的培养方式带来与专业分得太细的培养方式全然不同的结果。比如,在哈佛医学院就有许多本科学文科甚至学音乐的学生,在我们这里,这简直无法想象。

从一进大学就分专业,把学生引入一个个小胡同,并规定学生必须读完那些课,发展到让学生在"大观园"里"游来游去",并不是一件简单的事情。为此,学校必须能提供足够广泛的课程供学生选择(耶鲁大学提供了1 800门课程供学生选择),同时也应有足够的导师加以指导。从办学的理念上,这是给学生一种可贵的自由!"19~20岁的青年,应该知道什么是自己最喜欢的,什么是最适合于他(她)的。"①

在中国,北京大学已开始试点,部分新生入校不分专业,进入"元培计划班",获得宽口径、厚基础的培养,在一年半后再选择专业。清华大学、上海交通大学、复旦大学等也有相似举措。这无疑是一个好的开端。

第五个差异是研究生的培养。在国外杨福家遇到很多教授,他们的

---

① 选自1869年艾里奥特任哈佛大学校长时的就职演说。

科研水平与国内清华、北大、复旦等高校的水平相比,也不是高得很多。然而有一个巨大的差异是:国外很多教授的手下都有5~10个(硕士与博士)研究生在拼命地干活。在斯坦福大学、哈佛大学和麻省理工学院等世界一流高校,杨福家找一些研究生个别谈话,问他们为什么这么拼命地干活。他们回答得很巧妙,说如果我不好好干,明年就要"走路"——被淘汰。如果努力干活的话,就可以看到自己未来的前途:第一,拿到名校的文凭,这张文凭的含金量是很高的;第二,能够参与世界前沿领域的科研工作。看看我学兄辈中很多人做出了永载史册的成果,充分体现了人生的价值。事实上,很多诺贝尔奖的获奖依据就是获奖者的博士论文。例如,在量子力学领域有巨大贡献的德布罗意本来是位王子,他受哥哥的影响开始对物理学感兴趣,并于1924年拿到博士学位。对博士论文中的观点,他的导师是不太赞成的,在论文下面还特别加注说明,但是也同意给他学位证书。没想到5年后德布罗意就凭这篇论文获得了诺贝尔物理学奖!这样的例子还有很多。

在国外大多数大学里,博士生的毕业年限是不定的。在美国,读基础学科(数、理、化、生等)的博士生绝大多数都能拿到全额奖学金(包括学费和生活费),有些学校从校总部开支中直接给优秀研究生奖学金,而一般的研究生则从导师的科研项目经费中领取。在英国,有的给全额奖学金,也有的给部分(只包括学费或部分学费)奖学金。不管哪种形式,学生都会有压力,导师有权增加、减少或取消奖学金,有权延迟(甚至无限期延迟)学生的毕业时间。有着近250年悠久历史的莫斯科大学为了留住优秀研究生,已经采取措施,保证研究生的待遇与国外发达国家一样。

没有压力的环境,不利于创造力的产生。

杨福家感叹,反观我们的研究生,恐怕是受了机制方面的限制。一方面,研究生的生活艰难。国家给予的研究生待遇偏低,在不少城市要低于当地政府规定的最低工资,这对于以基础研究为主的研究生更显得不尽合理。另一方面,教师也不敢给他们出难题,要保证3年毕业,出一个小题目做做,学生也没有多大的压力。这种状况不利于创新人才的培养。一流大学不一定要有现代化的标志性建筑,牛津、剑桥的房子都很古老。创一流在某种意义上要靠学生,让优秀的学生在杰出教授的指导下,在科学的前沿艰苦奋斗。

近年来,我国研究生规模有空前的大发展。1998年,全国研究生数量为7.2万。自1999年以来,研究生招生数量以平均每年26.9%的速度递增。2001年有46万人报考研究生,2002年增加为62万,上升幅度世界第一。2007年的考研人数为128.2万,几年来一直呈上升趋势。但是在2008年,该数字首次缩水为120万,其降温与近两年研究生毕业后的就业压力较大有关。

有些大学认为,在研究型大学里,研究生的数量必须多于本科生;很多高校在制订规划时把本科生与硕士生的比率定在1∶1;认为研究生的数量是一流大学的标志之一。在杨福家看来,这些看法都是误解,这些做法并不妥当!

普林斯顿大学全校学生有6 500人,研究生为1 400人;剑桥大学的15 000学生中,有3 000名研究生;莫斯科大学的研究生占全校学生的四分之一弱;牛津大学则占四分之一强。它们都是世界一流大学。

第六个差异是"以人为本,以学生为中心"。以学生为中心不是今天才有的新概念,世界上优秀的学校一直把它作为非常重要的一条来考虑。英国一些著名高等院校成功的经验之一,就是它们很早实行了导师制,像牛津和剑桥在15世纪就开始实行导师制,使得每个学生都得到关心。"学生的头脑不是一个用来填充知识的容器,而是一个待点燃的火种",教师的职责就是帮助学生把这火种点燃。每个人的火种是不一样的,需要靠同学的力量、靠家长的力量、靠教师的力量一起把不同的火种点燃。"学校的任务就是发挥学生的天才",法国巴黎师范学校这所世界顶尖大学之一的校长这么说。在"以人为本"方面中外高等教育的另一个明显不同是,在人力资本与物质资本投入比例上的巨大差异。

知识经济是以人为本的经济。知识经济的代表微软公司的办公室强调个性化,公司鼓励个人设计、布置自己的办公室,使它有利于激发个人的想象力、激发创造性。很多五星级旅馆正在向六星级甚至七星级过渡,其核心是个性化服务。工业经济的代表,如福特汽车公司,其最大成就之一是把流水线引入汽车生产,其理念与微软公司很不相同,这种不同必然反映到教育领域。

第七个差异是师资的来源与水准。我国高校的师资大多是学术型的,从学校到学校,不少是在同一学校里从助教做到教授。国外一流大学的教授很少"近亲繁殖"。1996年杨福家访美时,哈佛大学的校长曾对他说:"我的职责之一是从世界各地找到有才能的人。如果我想要在某一领域招募一名教授,我会找到这一领域里最好的一位教授并努力邀请他。如果不行,就去找仅次于他的。通常如果请不到最好的,我能请到排名第二的。在大多数情况下,我不会邀请排名第五的教授。"哈佛的大多数教授并不是来自哈佛内部的晋升,而是从全世界各地招募来的。在康纳(James Bryant Conant)担任哈佛大学校长期间(1933—1953年),更是引入校外专家参与评审本校教授聘任的机制。

对于社会科学、工学等应用科学,很多教授来自政府机关、企业部门。例如,耶鲁大学的工学院院长原是美国总统科技顾问,商学院院长原是美国商业部长,就连原美国副总统戈尔也可以到哥伦比亚大学任教授。他们丰富的经历,与社会各界广泛的联系,为大学的教学、科研带来了非常珍贵的资源,他们能发挥一般教授无法替代的作用。在人们的眼光里,教授、院长的社会地位是很高的,从部长、副总统到教授、院长,一点都没有降低身份。

杨福家在《一流大学点滴启示》一文里还讲了美国国防部长上讲台的故事。① 威廉(比尔)·佩里博士曾在1994—1997年任美国第19任国防部长。经他推荐,杨福家在2001年被选为"防核威胁倡议"董事会成员,从而有机会常与他一起参加会议。2003年9月23日,他们开完会后都从华盛顿飞往旧金山。杨福家抵达旧金山后直赴斯坦福大学附近的旅舍;佩里却先飞波士顿,去哈佛大学作了个演讲,下午抵达旧金山后,在市内又作了个演讲。次日中午,两人在斯坦福教员俱乐部共进午餐,杨福家看到佩里西装革履,便打趣说:"比尔,你今天衣着怎么仍旧如此正式,西装加领带?"他立即回答:"下午我有课,为研究生上课。"课程题目是"技术与国家安全"。本来估计有70位学生报名,结果来了300多位,选这门课的学生大多来自工学院,也有来自国际关系等社会科学院系的。佩里一

---

① 载于《文汇报》,2003年11月2日。

◆ 2001年8月22日杨福家与美国前国防部长佩里在斯坦福大学演讲后的合影,听众中有前国务卿舒尔兹(杨福家的左面)、前国防部长佩里(杨福家右面);会后,佩里即推荐杨福家成为"防核威胁倡议"董事会成员

直很忙,在2003年剩下的3个月(10—12月)里,他还要到国外演讲、开会4次!尽管他的日程这样繁忙,给学生上课却是"雷打不动",处于优先安排的地位。杨福家聆听过佩里的精彩演讲,他感叹道,像佩里这样的优秀人才走上讲台,对斯坦福大学的学生真是一大幸事。

一流大学必须有一流的教学。近年来,国内一些高校开始从国内外招聘教授、副教授、副校长,这是非常可喜的现象。但是也出现了一些怪事:不仅有一些省市高校,而且还有不少国家重点高校,都把才做了2~4年的一些博士后学者聘来担任正教授,这在国际的高校中几乎是见不到的。目前,在英美的大多数高校中,做完博士后被聘为讲师已经很好了。

国外名牌研究型大学,例如,属于英国鲁塞尔(Russell)集团的20所大学,属于美国大学联盟(AAU)的62所大学,聘任的教授必须在他(她)的领域内在国际上有重要影响,聘任的副教授必须在本国有重要影响。一旦被聘为教授或副教授,在英美大学里一般都是终身职位(tenure);在英国一直做到退休,在美国甚至没有退休,除非身体健康不佳、无法上课,

◆ "防核威胁倡议"董事会成员合影

那就自己提出退休。在名牌大学特别是有些一流私立大学,如果教授申请不到科研经费,无法带研究生,他(她)的办公用房就可能被要求缩小,这样的话,对于年老的教授,即使待在学校,心中也会不舒服,还是希望早点退休。在国内的大学,教授或副教授过去几乎都是终身制,都是铁饭碗。现在开始改革了,很多学校都实现了聘任制。但是,有一些可能做过了头,把教授终身制都废除了。教授终身制有其存在的道理。像下面要提到的怀尔斯,在他做了世界顶尖大学教授以后,他一方面感到荣誉与责任,另一方面,他也没有后顾之忧,埋头苦干攻难题,结果摘取了数学的桂冠。教授,特别是名牌大学的教授,是很大的荣誉。这个称号本身就会催人奋进!教授终身制,应该长期存在,但是,晋升教授必须十分严格。

第八个差异是育人的环境。环境对人才的培养十分重要。举一个例子来说,1953年出生的一个英国男孩名叫安德鲁·怀尔斯,10岁那年老师在讲商高定理的时候,讲到世界难题"费马大定理",他开始对此着迷,并立志研究数学。他在1985年成为普林斯顿大学的正教授。但是从此以后,这个人像是突然消失了,学术会议不参加,论文也没有,别人说他是江郎才尽。实际上,怀尔斯埋头苦心钻研了 9 年,并终于在 1994 年破解了"费马大定理",轰动了全世界。杨福家说,这个故事给我们的教育很大。第一,教师很重要。如果在这个人小时候总是逼他考 100 分,而不是启发他的好奇心,能有这个人才出现吗?第二,要有一个宽容的育人环境。一个人能够 9 年什么事情都不做、专攻世界难题,这就是环境给他的宽容!因此,我们不仅要为年轻人创造一个能激发兴趣、产生好奇心的环境,还要营造一个能够使其静心苦干十几年的宽容氛围。

第九个差异是教育观念。英国《自然》杂志在 2003 年出版专刊《中国之声》,蒲慕明教授在专文中指出:"墨守成规和等级森严的儒家传统,给现代中国社会遗留了长远的阴影……听老师的话和接受经典论著的教条是儒家教育的基础。"

而这一基础理念与科学发展的核心——创新,是格格不入的。孔子要求尊重权威,而科学要求批判,要求批评与自我批评。

长期以来,走进中国的中小学教室,看到的景象往往是:学生个个都像军人那样端端正正地坐着,只有老师有讲话的权力,没有学生质疑的机会。对课外的提问,老师都是"万能博士",不会回答"我不知道",否则有失老师的尊严。与此相反,走进英美的中小学教室,常看到一派欢乐景象,七嘴八舌、活泼无比。1999 年获诺贝尔物理学奖的霍夫特(G. Hooft,1946—)2002 年 10 月 17 日在上海说:"不听话的学生是好学生!"可是我们的教师和家长话不离口的是:"要听话,才是好孩子!"在科学上都听权威的话,还能有所发现吗?

学生回到家里,中国的家长经常问:"你今天考了几分?"而英美的家长却问:"你今天问了几个问题?"没有问题,哪来创造性?!1962 年诺贝尔生理学或医学奖获得者克里克(Francis Crick,1916—2004),在少年时就好提问题,有时使得父母与教师很难回答,后来父亲买了一本百科全书给他,以解"燃眉之急"。在 1953 年他与华生(James Watson,1928—)一起发现了 DNA 双螺旋结构,这是 20 世纪三大发现之一,被誉为"DNA 之父"。2003 年德国最美丽的图书是《儿童大学》,这是德国最古老的大学之一、有 500 多年历史的蒂宾根大学(University of Tübingen)创立的全世界第一所儿童大学课程,为孩子们解答世界的疑惑。该书图文并茂,引人入胜,是一本赏心悦目的好书。

在美国人的眼光里,"好孩子"应该是"坦诚、直爽、好提问题、见解独立、热爱自由、崇尚法治"。

牛津大学副校长麦克米伦(W. D. Macmillan)教授精辟地从传统文化角度分析了中英学生的差异:中国学生普遍易于接受知识,而英国学生则善于分析问题,并提出质疑。在英国大学里分析能力是最重要的学习能力要求。英国人喜好自由辩论,喜好用自己的分析质疑他人观点、捍卫自己的说法。英国学生善于挑战他人的想法和他们在学术上的质疑精神,传承了英国的传统文化。

由于这种差异,4位诺贝尔奖得主在北京演讲时,在专门留出的提问时间内,上千位听众无一人提问!在国外这是不可想象的。与此相对照,我国一位国家领导人在境外某大学演讲结束后,会议主持人自然地问演讲者,是否让听众提些问题(话音未落,台下纷纷举手),不料随从人员马上出来阻止说,今天没有安排回答问题!显然,演讲的效果被大大打了折扣!成功的访问在这里出现败笔。

在中国的不少大学里,教授、副教授、讲师的等级分明:讲师要听副教授的,副教授要听教授的。目前在有些中国大学,很多人刚做完博士后,特别是在国外做了两年博士后,就立刻被升为正教授。据说理由之一是:有了正教授头衔才能容易申请到科研经费。杨福家感到,美国教育制度的一大亮点是:教授、副教授、讲师(助教授)都是独立存在的,不管什么职称,要生存必须要有独立的科研集体,在教授、副教授、讲师之间没有相互领导关系,都可以(都必须)独立地申请科研经费,都可以带博士生。申请科研经费也好,带博士生也好,都不必得到领导(包括系主任、校长)的批准。假如讲师申请不到科研经费,就无法支付博士生所需要的费用,也就无法形成研究集体,从而无法生存,更谈不上升为副教授。对接受申请经费的单位(如国家自然科学基金会),评审的是项目,而不太管申请人的职位高低;有时甚至对讲师可能还会给些优惠,因为他(她)是新伙伴嘛!正因为如此,在一流大学里,每天工作十几个小时的讲师到处可见。

杨福家还对中外教育体制上的差异有所涉及,如教育部在各国的作用就很不同。美国的大学与美国教育部几乎没有任何关系。英国的教育部比美国的权大一点,但与大学也没有直接领导关系,更没有任何财政上的关系;不管直接还是间接,英国大学都不从英国教育部领取任何经费。与我国教育部相当的部门,在英国称为教育与技能部(Department for Education and Skills;部长为 Secretary of State for Education and Skills,是英政府内阁成员)。教育与技能部负责制订全英从幼儿园到大学教育的政策、法规与战略;有责任为全英各年龄段的人群创造学习机会;有责任确定全国教育质量标准,以立法保证教育与技术培训的质量,并不断加以改进。英国大学相当一部分经费来自政府,但政府并不直接向大学拨款,而是通过"全英高等教育拨款委员会"(Higher Education Funding Council for England)。该委员会聘请专家定期对大学进行评估,向大学拨款的多少取决于对大学评估的结果。如果全英高等教育拨款委员会感到总经费不足时,就向教育与技能部反映,而后者再在内阁会议上提出。日本最近高等教育改革的亮点是,大学从归属文部省(教育部)转为行政独立法人。

杨福家的深入比较激励我国教育工作者进一步思考与行动。知识经济依靠的是创新,"创新就要靠人才,特别要靠年轻的英才不断涌现出来"。如何点燃隐藏在青年人头脑中的智慧火种,让它在中华大地上星火燎原,让一批又一批富有"梦想、创造性思维、发明"能力的年轻人脱颖而出,是我国高校面临的重大挑战。同时,高校本身也应该是创新之源、不断出现科技重大突破的场所。有人说,知识经济是大学领头的经济。如何结合实际,创新我国的高等教育,虽然任重而道远,但值得我们每个人去深思。

二、针砭中国高教发展乱象

1999 年初,杨福家在复旦大学卸任校长,然而他关于怎样当大学校长的思考却越来越深入。他还利用各种场合,在会议上、在演讲中、在文章里,直言抨击中国高等教育的种种弊端。"我经常比较中外教育状况,越比较越觉得有问题、感触越多。说出来、说真话是我的责任。"2004 年 11 月,他的《我对高等教育发展中若干现象的迷惑》一文,在高教圈内流传一阵之后见诸报端,"当很多贫困学生接到入学通知书,却因付不起学费无法去报到时,我们有什么理由超大规模地扩建校园、建造豪华的标志性大楼?"这样真诚然而充满火气的质问,博得不少同行的赞同,也刺痛了许多人的神经,引起一场轩然大波。

这篇文章首先从中国高校在经历了合并、调整后又进入另一个"兴建新校区、兴建大学城"的高潮谈起。各所高校纷纷大兴土木,如上海西南某大学在闵行新校区建成后,又开始了"二期"工程,校园总面积也将超过5 000亩;上海松江大学城之规模令人刮目相看,很多高校的校园超过了1 500亩。上海如此,全国也如此。有的省份为建大学城已负债20余亿。据报道,全国共有50多个大学城正在兴建,其中,南京的仙林大学城宣布投入50亿,规划面积70平方公里,相当于26个北京大学的面积![1] 杨福家认为这个现象引人深思。虽然适当改善办学条件是必要的,但单单如此并不能建设世界一流大学。

中国经济在过去25年得到了史无前例的大发展。正如美国德州达拉斯大都市战略研讨会的结尾时所说,"一流大学不是一个奢侈品,而是必不可少的发动机"。为了中国经济进一步高速发展,我们同样需要在我国的土地上建立世界一流大学。但建立世界一流大学靠什么?肯定不是靠大楼。在世界大学排名的各项指标中,并没有校园面积或校内建筑面积这类项目。2004年与哈佛并列世界第一的普林斯顿大学(6 500名学生)占地1 820亩,哈佛大学占地2 300亩(近20 000名学生,比复旦少得不多);世界大学排名在100名之内的英国诺丁汉大学占地3 400亩(26 000名学生,这是所综合性大学,与复旦非常相似,但含有复旦所没有的、占地较大的农学院),但其建筑面积仅为复旦的一半。比复旦年轻6岁的香港大学,无论建筑面积,还是校园面积,都远低于15年前的复旦,但它在世界大学的位置肯定在200名之内。那么一流大学靠什么?

美国德州达拉斯大学算不上一流或二流大学,3年前无一人有

---

[1] 载于《经济日报》2003年12月16日。

资格参加某纳米国际会议,但数月前召开的同样主题一个会议,该校派出了以麦克迪尔米德教授为首的50人代表团去参加,并作了1个主题报告、5个大会报告;该校在纳米科技领域的一个成果于10个月前在《科学》《自然》等重要刊物发表,并为美国各大报刊纷纷转载。巨变从何而来?以人为本!他们没有新造一幢大楼,却看准方向,引进了领军人物及"在第一线战斗的战士"。毫无疑问,该校正在向一流大学迈进。

美国普林斯顿大学连续3年荣登世界大学排名榜首,加州理工学院总是在前5名之列(2000年为世界第一),前者有6 500名学生,后者有2 000名学生,两校既不大,也不全,都不是综合性大学,但都培养了二三十位诺贝尔奖得主。普林斯顿大学是美国有名的智库,加州理工学院是美国火箭设计的发源地("二战"时期,美国90%的火箭在此设计),在航空航天领域在世界占主导地位。最近该校又发现了太阳系第十个行星。中国航天事业创始人钱学森院士是加州理工学院1939年博士毕业生,中国遗传学创始人谈家桢院士是该校1936年博士毕业生,中国物理学泰斗周培源是该校1928年博士毕业生。

人们在这些学校看不出其建筑物有什么宏伟、高级之处,同样,在剑桥、牛津看到的处处是古老陈旧的建筑,但它们都是世界排名前10名的一流大学!

文章指出,一流大学没有固定的模式,应该鼓励多样性,并列举了在中国本土出现的几个成功案例:

针对各校实际情况适当改善办学条件是必要的,特别是由于历史原因,不少高校欠账很多。例如,在评审"211"工程时,专家们惊讶地发现,像北大那样的重点大学,教学科研用房居然只有17万平方米。但笔者现在实在弄不懂,今天很多学校大兴土木之风,走到了另一个极端,这与一流目标有何必然的联系?当这些新建筑完成后,其相当可观的维持费又在哪里?某大学建成的一座十几层的高楼已经使用了20余年,但楼内豪华的中央空调设备一次也没用过!

再看看某些中国高校的口号,都是"向研究型综合性大学转型",真有些使人摸不着头脑!一流大学可以有医学院(像哈佛大学、耶鲁大学),也可以没有医学院(像普林斯顿大学、加州理工学院、麻省理工学院);一流的医学院可以在综合性大学里面(像约翰·霍布津斯大学医学院、哈佛大学医学院),也可以独立存在(像美国德州大学体系内的"西南医学中心"就是一所独立的医学院校,它拥有4名诺贝尔奖获得者、15名美国科学院院士、15名医学科学院院士、12名美国艺术与科学院院士。有的评估组织把哈佛评为世界第一名校时,同时把它列在第34位)。世界是丰富多彩的,为什么我们一些大学都要朝向一个模式发展呢?

所幸的是,在"开口闭口谈外国"之时,在上海出现了一所世界一流高等学府:中欧工商管理学院。成立10年,历经艰辛(在8年中其学位得不到我国学位委员会的承认),其建筑未必比有些高校内的管理学院漂亮,但它以培养出色的硕士生而跻身世界同类高校100强。① 为什么?还是一句老话:该校做到了"以人为本"!该校既有世界一流的教师,又有一流的学生。

但是,中欧工商管理学院的成功之路并不能回答几个月前一位记者提出的问题:为何北大与清华领导提出,他们进入世界一流大学的时间要推迟?中欧工商管理学院的成功,也只能给北大与清华的管理学院提供借鉴。不过,香港科技大学10年成名的范例,或许可以给清华作参考;北大可以参考另一所规模与其相差无几的综合性大学——加州大学圣地亚哥分校,从1960年成立到现在只不过44年,现已是世界50强之内的名校,她在建校20年时已经名列200强之内。关键所在仍是一句老话:以人为本。今天的加州大学圣地亚哥分校已拥有10位诺贝尔奖获得者、62名美国科学院院士、13名工程科学院院士。

在中国土地上"土生土长"的中国科技大学,它不仅在过去40年

---

① 根据英国《金融时报》发布的2018年全球MBA排行榜,该校世界排名第八、亚洲排名第一(引自《澎湃新闻》2018年1月29日)。

培养了78位院士,而且近年来在迈向一流大学的大道上走得很踏实:在量子通信与表面化学等方面都取得了国际一流的成果,其中几位年轻的教授去年都被选为中国科学院院士。其成功关键在于:为教授营造一流的科研环境。该校的大学毕业生与北大、清华、复旦一样在国际上受到好评与欢迎。

上海第二医科大学是我国医科大学的一朵鲜花,近年来的进展令人注目,这是因为该校领导把人放在首位。首先考虑的是引进一批一流学科带头人,而不是大规模增加校区,而且在引进人才以后能为他们营造一流的环境。王振义院士[①]是一位著名的伯乐,他领导的研究组哺育了一批一流学者。该校附属医院的不少医生把病人放在首位,例如,牙医首先考虑的是保牙,而不是拔牙。当你时时处处把人放在首位后,你离一流就不远了。

上海的东华大学以富有特色的成果——耐高温的纤维材料,也给人留下了十分深刻的印象。

他总结了这些学校的成功之处都在于"以人为本":

> 继北大引进大师级数学家之后,清华在最近引进了世界一流的计算机专家;上海交大在世界范围招聘教授及副校长。北大从2001年开始招"元培班"(以前校长蔡元培命名,进北大的新生不分院系、不分专业)60人,今年扩大到180人,而且今年进入北大的新生全部按大类招生(算是"准元培班"吧)。所有这些,都是向世界一流大学方向前进所必须的、可圈可点的举措。
>
> 如果一所高校真正把人放在第一位了,取得的一流成果多了,培养人的举措对路了,对科学、对社会、对国家的贡献就大了。培养的学生在国内外更受欢迎,并获得了杰出的成就,那么,这所高校距一流大学的目标就更近了。要做到这点,关键是人,一流的教师、一流

[①] 王振义(1924—),内科血液学专家,中国工程院院士。曾任上海市第二医科大学校长等职,现为上海交通大学医学院终身教授。

的学生（大学生和研究生）和一流的管理人员。有"中国居里夫人"之称的吴健雄教授曾经说过："什么叫一流大学？只要在周末晚上去看看那里的灯火是否辉煌。"确实，在世界一流的研究型大学里，我们一定能看到：在杰出教授的指导下，一大批既充满着激情与兴趣，又能艰苦奋斗的优秀研究生在宽松又自由的气氛里日日夜夜地在探索自然的奥秘、攻克技术的难关。不少诺贝尔奖获奖者和大发明家都由此而诞生！

作为本文的结束语，让我们来读一下2000年诺贝尔奖得主艾伦·麦克迪尔米德教授说过的一段话："一所大学的质量并不取决于它所拥有的教学大楼，也不取决于它的实验室和图书馆，虽然这些都很重要。但是决定科学研究水平高低的关键在人。一般来说，即使有风景如画的校园、汗牛充栋的图书馆、装备精良的实验室，但要是不能将最优秀的师资和一流的学生吸引到这些建筑物之中，那只能是金玉其表。因此，我一再强调——科学研究在于人，人是第一位的。"

文章呼吁国家应以人民利益为重，按照"求真务实、艰苦奋斗、以人为本、追求卓越"的精神，兴办一流的高等教育。这位人民教育家热爱祖国、热爱人民、热爱教育事业的拳拳之心，跃然纸上。

他在接受《中国青年报》记者采访时表示："我知道这篇文章会得罪一些人，但是我想讲真话。这出于一个人的责任感。"杨福家认为，我们的大学，现在更需要一种"大爱"。大学首先要营造一种宽松、宽容的环境，充盈着一种以人为本的爱心。有了这样的环境，既能请得来、也能留得住大师，更能让他们在坦然、平和的心境下出成果。另外，这种大爱还起码应该包括两个层面：就国家和社会而言，应该建立起一种帮助所有考上大学的贫寒子弟上得起学的机制；就高等教育的主体——大学而言，应该彻头彻尾地体现"以学生为中心"。

这篇文章在高校领导中广泛流传，很多大学校长致信杨福家，表示赞同和支持。2004年7月，杨福家将这篇文章寄给了原北大校长、民盟中央主席丁石孙先生。丁主席被这篇文章打动了，他认为文中的意见是重要的，也是正确的。7月28日，丁主席致函胡锦涛总书记，把杨福家的信和自己对该信的评价一并递交。他在信中写道:"据我的了解,很多在大学工作的同行有类似杨福家的想法。我觉得此文中的观点,值得中央决策时加以考虑。"胡锦涛总书记和温家宝总理分别作了重要批示。胡锦涛总书记在批示中说,丁石孙副委员长的信和杨福家的文章都很重要,有对中国高教的分析,教育部要对高教改革加以引导。温家宝总理批示,要求教育部认真落实。①前全国人大委员长乔石同志在 2009 年看到这篇文章,也特地写信给杨福家说:"粗翻新著,读了《对中国高教发展的困惑》,对你的见解颇为赞同。"(写于 2009 年 3 月 25 日)半年多后,他又写信赞叹道:"你的文章写得何其好啊!我将代转总书记。"(写于 2009 年 10 月 2 日)

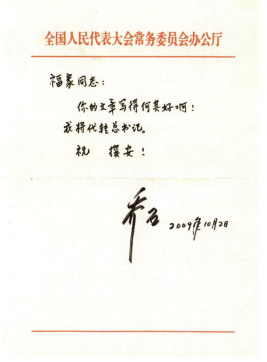

◆ 2009 年 10 月 2 日乔石写给杨福家的信,由乔石夫人郁文书写

多年来,杨福家对高校中的种种不正常现象经常发表真知灼见。他对高校里出现的几十名教授争一个处长职位的情况痛心疾首。他呼吁改革那种"一致同意"式的评审制度,主张组织评审的单位及评审专家与被评审的单位的关系必须是"利益非相关"。② 他反对研究生扩招,对"批量制造"博士学位的现象更是深恶痛绝。媒体上宣扬国内某些名校"去年毕业了 3 600 名硕士生",他觉得十分荒唐,"世界名校普林斯顿大学才

---

① 中央社会主义学院中国政党制度研究中心编《中国参政党参政议政案例选》(第一辑),中央文献出版社 2012 年版,第 57 页。
② 杨福家《评审制度非改不可》,《文汇报》2009 年 4 月 20 日。

毕业了300多名"。杨福家说,如果一所高校有一批世界范围内选拔出来的优秀研究生,对科学抱有浓厚的兴趣,在导师的带领下拼命工作,这所大学就离世界一流大学不远了;但将研究生人数作为世界一流大学的指标而不断扩招太荒唐。

他主张在科研经费的使用上应"以人为本"。他说,1998年剑桥大学1年的科研经费为1亿英磅,合13亿人民币;复旦大学当时的科研经费是1.3亿人民币,为其十分之一。但是剑桥大学科研经费的90%是用在人员的工资上,仅用10%购买设备,而复旦大学的全部科研经费几乎都用在仪器设备上。两校的设备费几乎相等,但剑桥大学用90%的钱从世界范围招聘英才,所取得的科研成果当然就不一样。"以人为本"看起来很容易被接受,做起来并不容易。剑桥大学有个分子生物学实验室非常有名,它由两次获得诺贝尔奖的桑格尔(Frederick Sanger,1918—2013)主持。其实这个实验室里的仪器复旦有的是,甚至比它还多。但是这个实验室的69个成员中有11人得过诺贝尔奖。桑格尔有句名言:"我的任务是招聘一流的教授到我的实验室来,来了以后,我就不管了,你要做什么你就做什么。"[①]

杨福家主张高校应对教师充分关爱。他说,现在普遍存在不断考核、不能容忍失败的急功近利的短视行为,大量填表,占用了教师和科研人员宝贵的时间。他还说,现在高校教师的收入分成两块,一是固定工资,二是津贴。教师的工资不高,如果不努力多拿一点"额外"收入,一退休一大块津贴就没有了,以后的生活就无法保障。这怎么能让他们安心科研和教学呢?

三、总理写信面谈问计教育

温家宝总理在卸任后出版的第一本专著就是《温家宝谈教育》,封面选用了他给杨福家探讨教育改革问题的亲笔信。温总理一共给杨福家写了3封亲笔信,这些往来的信件见证了总理对教育的关心,以及他与教育

[①] 厦门大学校庆论坛组编《厦门大学80周年校庆论坛演讲集》,2002年4月。

家结下的友谊。

两人的交往缘于杨福家2006年1月的一篇文章。

2005年11月底,杨福家应瑞士达沃斯会议"世界经济论坛"会刊编委会的邀请,撰写一篇关于高等教育国际化问题的文章。后来杨福家请英国诺丁汉大学的执行校长和他一起写,因为杨福家感到他的声音和英国人的声音一起发出来会更加有力。

在这篇文章写作期间(12月6日),正值温总理在法国访问,他在法国讲了一段话,内容大意是,商业上的交换是为了现在,而文化、教育上的交流是为了将来;学生之间交流的意义远远超过购买150架空客飞机。这段话在《中国日报》(China Daily)上曾有报道。杨福家在文章中引用了这段话。后来世界经济论坛会刊收到这篇文章,看到这两句话以后就配上温总理在演讲时的一幅彩照。杂志正式出版后,编辑部给杨福家寄了两本,其中一本希望他转给温总理。杨福家给温总理转寄了这份会刊,同时附上他新近出版的一本《中国当代教育家文存·杨福家卷》。

◆《中国当代教育家文存·杨福家卷》一书

收到信后,温总理给杨福家回了一封信。杨福家说,因为他当时在国外,真正看到这封温总理亲自用毛笔书写的信封和信件,差不多已是一个月以后的5月底。杨福家说,温总理的信非常谦虚,他说那本书已看完,要向自己请教教育问题,希望自己到北京去的时候能够当面谈一谈。杨福家看到这封信后就给温总理回了一封信,说明正好6月初要到北京开院士大会,这段时间他会到北京。

2006年6月5日上午召开的院士大会,由于是在人民大会堂开会,

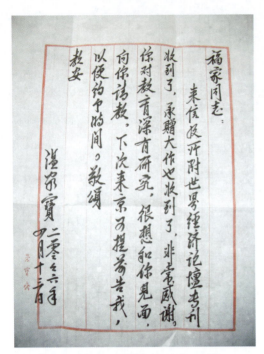

◆ 温家宝总理致杨福家的第一封信

不能携带手机，中午杨福家回到宾馆一看有 5 个未接电话。这个号码是国务院打来的，但是杨福家没办法回电话。结果两点钟又有一个电话打入，希望杨福家能够到温总理办公室。

杨福家说，他到温总理办公室大概是在下午 3 点钟左右。温总理从办公室里面走出来，说："福家，你来了。星期天我刚从内蒙古回来，今天上午我参加你们的院士会。今天下午的时间都是给你的。"

温总理开始说他的一家都是搞教育的，使人深切感受到他对教育的极大热情。他很希望与杨福家讨论些教育的问题，两人谈了很长时间，至少在一个半小时以上。温总理的办公室在中南海的两层楼上，谈完了以后温总理要送杨福家下楼，杨福家说不要送，总理说，"我也正好散散步"。这让杨福家想起自己一生中已是第三次听到这句话了。第一次是到指导老师卢鹤绂先生家里请教问题，请教完以后卢先生送自己出来，说"我要散散步"；第二次是到北京去拜访钱三强先生，钱先生谈完了送自己到汽车站，也是这句"去散散步"。如今温总理也是讲这一句话。虽然寥寥数语，但令人倍感亲切和温暖。

后来，温总理要找一些教育界人士座谈，他要杨福家向他推荐一些人。大约一周后杨福家给温总理写了一封信，根据他的要求提供了一些人的名字。他完全没想到的是，温总理在收到信以后就叫秘书给杨福家打电话，"你的信我已经收到了"。

7 月 18 日，国务院召开第一次教育工作座谈会。会前，总理秘书电话一直打到英国，希望杨福家能够参加。由于当时杨福家要主持授予李政道英国诺丁汉大学名誉博士学位的仪式,赶不及参加这次座谈会。后来杨福家看到会议记录上有这样的记录:温总理对中国科大校长朱清时说,我过去不认识你,是杨福家校长与我交谈的时候推荐你的,他后来给我的信中也是第一个推荐了你。温总理还对韦钰讲,杨福家说你既懂大学又懂中小学。

看到这些文字记录,杨福家说他强烈感受到一个知识分子被国家领导人信任的舒心。同时,总理这些话表明他对人的尊重,就像写文章引用时要讲出处一样。

2006年11月20日,国务院在中南海召开教育工作座谈会。这是国务院从7月以来继教育形势、基础教育、职业教育后召开的第四次教育工作座谈会,主要围绕高等教育展开,邀请了6位大学校长和教育专家,华建敏、陈至立和国务院有关部门负责人出席了会议。

"有几个问题,一直在我脑海里盘旋,今天向大家求教。"上午9时许,在国务院第四会议室,面对6位并肩而坐的大学校长和教育专家,中共中央政治局常委、国务院总理温家宝说。

"去年看望钱学森时,他提出现在中国没有完全发展起来,一个重要原因是没有一所大学能够按照培养科学技术发明创造人才的模式去办学,没有自己独特的创新的东西,老是'冒'不出杰出人才。我理解,钱老说的杰出人才,绝不是一般人才,而是大师级人才。学生在增多,学校规模也在扩大,但是如何培养更多的杰出人才?这是我非常焦虑的一个问题。"

"如何提高高等教育质量?""高校如何办出自己的特色?"温家宝紧接着说出了另两个在心里盘桓已久的问题。

温总理的3个问题,引起了6位校长、专家的共鸣和思考。

在这次座谈会上,提高高等教育质量成为大学校长和教育专家们共同关注的话题,大家纷纷献计献策。杨福家的发言主要是从国际比较角度谈创新型人才培养。从入学标准、办学体制、以学生为中心、文化内涵等4个方面对比了中外教育的差异后,杨福家提出一系列建议:改革高考考试方式和招生办法,高校招生凭高考成绩和高中表现录取;进行大学校长公开招聘的试点,严格学校财务管理、质量控制等制度;

进一步建立导师制,适当控制班级人数;大力建设爱国求真、严谨求实、宽容创新的校园文化……

杨福家的精彩发言让与会领导和专家都陷入深思。"高校班级人数是要少一点。"温家宝接过话茬,"导师和学生要经常见面,才能真正发挥指导作用。但现在有的学生读几年书,和教授都说不上几句话"。

◆ 杨福家在教育工作座谈会上发言

座谈会开了3个多小时。散会后,温总理送全体与会者上车、挥手道别。在参加这次高等教育质量座谈会后,杨福家进一步感到党中央办一流教育、创一流国家的决心。

面对中央领导的信任和重托,杨福家说他已深深感受到责任的重大。他期望能把中央领导对广大知识分子的关爱和信任传达给更多的人,化作更多人的实际行动:对教育要有使命感、有热情、有决心!相信在党的正确的政策指导下,在大家的努力下,找准问题,并逐步解决问题,中国一定能够实现建成教育强国的夙愿。①

---

① 江世亮《信任是最强的凝聚剂——杨福家教授以亲身经历谈国家领导人对知识分子的信任》,《文汇报》2006年11月28日。

2007年的教师节刚过,温总理给杨福家写了第二封信。

◆ 温家宝致杨福家的第二封信

2007年9月9日上午9时,温总理来到北京师范大学,看望刚刚入学的免费师范生,并与学生和教师们进行座谈。座谈会上,温家宝动情地对大家说,教育事业是人类最崇高的事业,教师是太阳下最光辉的职业。座谈会后,温家宝于9月14日给杨福家写了第二封信,希望听听杨福家关于"如何办好大学"的建议。① 全文如下:

福家同志:

托建敏秘书长转来的《对同济大学的祝愿》的译文收到了,感谢你对此文的关注。为了使译文更准确,特别是中国经典引语的译文与原意更为贴切,我请资中筠先生作了修改。现将改稿送你,供参用。如何办好大学,是我经常思考的问题,虽然多次谈了些意见,但总觉得工作做得不够,现实问题不少。最近在北师大与新生作了一

---

① 《温家宝谈教育》,人民出版社、人民教育出版社2013年版。

次对话,阐述了我对教育的一些看法,想必你已看到了报道,不知你有何看法,很愿听听你的建议。此致
敬礼!

温家宝
2007年9月14日

收到这封信后,杨福家召集了50位教育界的老朋友一起商讨温总理提出的问题,并最终由他总结写出一篇题为"关于如何办好大学的思考和建议"的文章,主张试行"党委领导、校长负责、教授治学、民主办学"的管理模式。

此后,温家宝回复了一封信①,指出对教育的发展和改革不能停留在议论上头,必须有更多切实可行的措施,必须有更大的作为:

福家同志:

2月28日信收到了。"两会"前后一直在忙,迟复为歉。提纲读了,十分高兴,看来是下了大功夫的,倘有更多的人思考、讨论这个问题,对于办好大学,必有益处。我拟将这份材料转延东同志研究,她现在负责教育工作。您信中提到的感受和希望,是对我们的提醒、鼓励和鞭策,对教育的改革和发展,不能停留在议论上了,必须有更多切实可行的措施,必须有更大的作为。为此,我们正在酝酿新的规划。何时来京,可提前告之,如能晤谈,不胜企望之至。专此,敬祝健康!

温家宝
2008年4月11日

温总理念念不忘教育问题。2009年9月4日,温总理在教师节前夕考察北京第三十五中学,花了整整一个上午听了5堂课,中午和同学们一起吃了饭,下午和教师们座谈,听取意见并发表了重要讲话。温总理认

---

① 《致杨福家的信》(2008年4月11日),《温家宝谈教育》,人民出版社2013年版,第281页。

为,我国教育改革和发展正处于关键时期。应该肯定,新中国成立60年来我国教育事业有了很大发展,无论是在学生的就学率还是在教育质量上,都取得了巨大成绩,这些成绩是不可磨灭的。但是,为什么社会上还有那么多人对教育有许多担心和意见?应该清醒地看到,我们的教育还不适应经济社会发展的要求,不适应国家对人才培养的要求。他指出,任继愈先生对我国教育的现状有一种危机感,曾尖锐地指出了教育存在的一些问题;钱学森先生也再次提出:"为什么现在我们的学校总是培养不出杰出人才?"字里行间,我们真切体会到温总理对中国教育现存问题的沉思。

◆《温家宝谈教育》一书

杨福家应《人民日报》之约,接受了记者的采访。[①] 他说:2007年9月14日,温总理曾希望我就"如何办好大学"这一问题提出建议。半年后,我在很多同志的帮助下交"卷"。具体意见归纳起来是"一二三四五":

"一个中心":提高国民素质,培养合格公民。

"两个基本点":教育公平;教育质量。

需要转变"三个观念",并有政策配合:大力发展职业教育,使三百六十行行行出状元;正确对待各种学位,学生的兴趣爱好决定了最适合他的学位;减少名校情结,对学生来说,适合他的学校才是最好的学校。

关注"四个要素":有形资产,人力资源,文化内涵与办学体制。

其中,人力资源包括优秀的教师、学生与管理人员。大学有没

[①] 姜泓冰《杨福家回应温家宝:中国教育如何摆脱"危机"》,《人民日报》2009年10月19日。

有优秀学生,以及他们能否在一流教授的指导下,在人文、科学技术的前沿探索方面或为社会服务方面,以极大的兴趣与好奇心,夜以继日地努力奋斗,是大学能否成为世界一流大学的必要而充分的条件。

温总理在讲话中提到,"英国这样一个不大的国家,仅剑桥大学就培养出 80 多位诺贝尔奖获得者"。我深有感慨。几年前我曾夜访剑桥大学,晚上 10 点,仍见大批优秀学生与导师在实验室做科研——在世界一流大学,这种情景到处可见。

10 年前,我与剑桥大学校长交流时发现:复旦的科研经费只是剑桥的 1/10,几乎全部用在仪器设备上;而剑桥的科研经费支出中,只有 1/10 用于仪器设备,其余 9/10 全用于人:聘最好的教师,招最好的学生。两校用于仪器设备的费用一样,但剑桥用于师生的费用则大大超过复旦。现在,我国名校的经费与世界的差距大大缩小,但用于人的经费依然大大低于国际水准。温总理提到,要有"以人为本"的办学理念,这应体现在办学的各个方面。

文化内涵是四要素的核心,大爱是文化内涵的重要内容。独立的思考,自由的表达,宽容、不浮躁的学术环境,都是大学应有的文化。良好的学术环境是造就杰出人才的必要条件。

而发展中国教育,还须进行"五项改革":高考制度,评估制度,教育方法与内容,教育结构,教育体制。

教改的关键是体制的改革。理想的体制应该做到:尊重学校的办学自主权,教育事业还是应该由懂教育的人办。保证大学在国家宪法和法律框架内具有独立的思考、自由的表达、自主的办学权。保证高等学校应当面向社会,依法自主办学,实行民主管理。

教育体制不仅是领导体制,还有同等重要的质量控制体制、师生激励体制等。

2010 年 1 月 11 日,杨福家向温总理汇报时,题目就是"对教育改革必须有更大的作为"。① 杨福家认为,发展中国教育,必须进行5个改革:高考制度、评估制度、教育方法与内容、教育结构及教育体制。

2010年11月22日,中央人民广播电台报道了温家宝总理在中南海主持召开教育工作座谈会的消息。这篇报道提到,今年7月至11月,温总理在北京中南海先后主持召开4次座谈会,同来自全国各地的21位教师、校长和教育专家亲切交谈,英国诺丁汉大学校长杨福家等21位教育专家的名字被一一列出。除了这则消息外,中央人民广播电台还配发了一段温总理听取专家对教育工作意见的座谈会侧记,座谈会现场采制的录音稿里有这样一段话:

> 温家宝回忆起开会前曾征求过杨福家教授的意见,他说:"我当时给杨福家写了一封信,我亲自写了一封信。我说你什么时候到北京来的时候给我打个电话,我约你到办公室谈一谈。他很快就给我回了一封信,接到我的信他感到很惊奇。结果来了,我就把他约到中南海,我们两个谈心,谈了好长时间……"
>
> 温家宝说,杨福家教授后来回了一封信:"他说作为知识分子不求什么,就求领导的一个信任。我呢,就跟大家讲,我信任大家。"

这段录音稿文字不长,但国家领导人对教育工作的重视、对教育家的尊重和信任跃然纸上,特别是当总理在谈到自己何以对教育有如此热情时,联系自己的家世谈的那段话令许多听众动容。

2011年1月11日杨福家应邀参加了《国家中长期教育改革和发展规划纲要》的首次座谈会。

2012年,杨福家被聘为中央文史研究馆馆员。6月15日上午9时许,聘书颁发仪式在中南海紫光阁举行。国务委员兼国务院秘书长马凯宣读国务院聘任通知。温家宝总理向新聘任的国务院参事和中央文史研

---

① 杨福家《教育改革,必须有更大的作为——中国教育现状的危机感与对策》,《文汇报》2010年1月28日,全文转载于《国是咨询》2010年第1期(供中央领导阅)、《上海科技报》2010年2月3日。

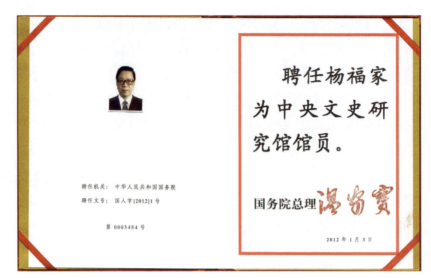

◆ 杨福家被聘任为中央文史研究馆馆员

究馆馆员颁发聘书①,随后,温家宝在国务院小礼堂主持召开座谈会,与参事、馆员座谈。

四、基础教育点燃心智火焰

2007年9月8日,中国科协年会在华中科技大学隆重开幕。中科院院士杨福家在年会上以"节能减排与做人做事"为主题作了特邀报告。杨福家接受媒体专访时表示:"中国学校应多教学生做人。"他从基础教育娓娓谈起:"我在国内认识一个5岁的孩子,天天回家要做七八门功课,很忙很累;在美国,也认识一个5岁的孩子,他也很忙,忙着搭积木、玩拼图。家长开车,他就叮嘱家长:'开空调就不要开窗,开了窗就不要开空调。'一问谁教的,是幼儿园老师教的。"

杨福家说,他去过国内很多中学,发现这些学校校区都建得非常漂亮,"但学校不能把钱都花在建房子上"。我国的基础教育最应该教会孩子如何做人做事,激发创造力、传递环保理念,而不是像现在这样,绝大多

---

① 杨福家等《从复旦到诺丁汉》曾刊出温家宝总理于2012年6月15日在中南海授予杨福家中央文史研究馆员聘书时的留影,上海交通大学出版社2013年版,第13页。

数中学的班级人数都超过 50 人,这个人数让教师根本无力有针对性地培养学生。①

杨福家认为,想要打造杰出人才,根子就在基础教育。温家宝总理于 2009 年 9 月 4 日到北京第三十五中学去谈培养杰出人才问题。北京三十五中是一所优秀中学,做了充分准备,欢迎总理光临。但从照片中可以发现,班级人数太多,不利于师生互动。杨福家说:"我记得,克林顿总统在一次演讲中曾提到:为迎接知识经济时代的到来,美国要在教育上采取 10 个措施,其中之一就是把中学班级平均人数从 22 人减到 18 人。"杨福家不仅对班级的规模提出了建议,更对课堂教学方式提出了批评。他说:

> 印象很深刻的有一张温总理与同学一起记笔记的照片。温总理记笔记的结果,是提出了一系列见解;同学们是否也有充分机会提出意见,包括反对意见呢?教师是否鼓励学生们这么做呢?在教学方法上,我认为,应以学生为中心,"我爱我师,但更爱真理"。教师的职

◆ 杨福家谈中学教育

---

① 秦璇、赵飞、喻旭《杨福家:为中国高校树个样板》,《楚天金报》2007 年 9 月 9 日。

责不仅是传授知识,更重要的是教导学生如何做人、如何思考,是发现学生头脑中的火种,让进学校的每一颗金子都发光。不过,如果高考制度不改,一切都是空话。①

2011年12月11日在北京钓鱼台国宾馆,杨福家在国务院参事室主办的"为了孩子健康快乐成长"教育论坛上发言。发言的题目为"点燃人的心智火焰——中小学,人生的关键时期",阐述了他对中学基础教育的几点看法。②

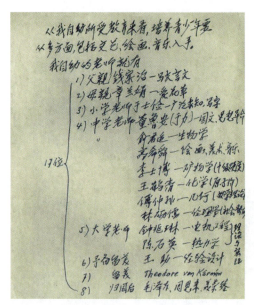

▲ 钱学森手写的17人名单

今天是钱学森诞辰100周年,因此我愿意把钱学森亲笔写的一张纸条内容向大家说一下。这张纸条上写了对他一生最有影响的17个人的名字,这17个人中间有3位是政治家,毛泽东主席、周恩来总理、聂荣臻元帅,除了这3位还有14位,在这14位中间父母两位,还剩下12位,没有想到12位中有7位是中学教师。我看了以后感到非常惊讶,这确实说明中学的重要性。而以我个人的经验,也有同感。

我初中一年级的时候被学校开除过,为什么呢?是因为很小的一件事情。化学老师来上课,他擦黑板,擦来擦去擦不干净,发现里面有粉笔,他问是谁干的,我说是我干的,于是被开除。家长去学校说情,结果改为勒令退学。后来,我很幸运地进入了一个很好的中

---

① 姜泓冰《杨福家回应温家宝:中国教育如何摆脱"危机"》,《人民日报》2009年10月19日。
② 载于《国是咨询》2011年第9期;另见方鸿辉、陈建新选编《博学笃志切问近思——杨福家院士的科学与人文思考》,上海教育出版社2016年版,第264—267页。

学——格致中学,对于这所中学,我一生难忘。我现在每年都要去做演讲,表达我的感谢。为什么呢?因为它给了我两件东西,一个是人生观,怎么做人。人到世界上来,为什么?到世上兜一圈,享受过人家给你创造的所有东西,然后就走了,不应该,要有所贡献、有所回报。第二,这些数学、物理、英语老师都非常好,让我对学习产生了兴趣,这两件事使得我受益匪浅。

中学既然这么重要,那么怎么样办好它呢?我想起美国奥巴马总统有过一次非常有名的演说,是对中学作的。他的主题是两个字:责任(responsibility)。政府有政府的责任,学校有学校的责任,老师有老师的责任,学生有学生的责任。如果你问我学生有什么责任,即使他不讲,我也能够想得出一些责任:努力学习,参加课外活动等。但是我绝对没有想到,奥巴马对学生的责任是这么说的:学生的责任是发现自我,你要发现自己的强项在哪里,人人有才能,关键是你怎么发现自己的长处。去年温家宝总理在全国教育工作会议上也是这样说的,要点燃人的心智火焰,把受教育者内在的潜力发挥出来、启蒙出来,让学生积极主动地追求新知,这样培养出来的人就有可能成为全面发展的人。所以,按照3000年前人们的概念,人们的头脑不是用来被填充知识的容器,而是即将被点燃的火种,只要把火种找到了,他就有希望成功。

怎么发现呢?奥巴马也讲了,他说你要成为科学家,你就去参加科学活动,看看自己行不行;你要成为作家,你就要多写文章,看看自己能不能写文章;你要成为总统、成为参议员、成为市长,就要去参加辩论赛——你要当市长,讲话能力差是不行的,所以要从实践中发现自己的长处。这就是我们所谓的第二课堂。要把中学办好,必须要有非常好的第二课堂。当然,第一课堂同样重要,但第一课堂的关键是小班化教学,因材施教;要讨论,要能质疑。我经常讲到美国一个小学生,他在讨论会上可以提8个问题,而且会因此受到学校的表扬,我们在学校能允许学生一堂课提8个问题吗?而且有次老师讲一个故事,发现一个字很难,就写在黑板上面,写出来之后,有同学举手说,"你这个字拼错了"。老师说,"真的拼错了吗,让我查一下字典"。之后学生的一句话太厉害了,学生说,"我保证你错了,你不必查字典",这就是一种自信。有这种质疑精神,有这种自信,他将来会有所创造,但这样的情况在我们的学校里面可能发生和被允许吗?

接下来人家会问我:发现了自我,又怎么样呢?如果大环境不变,是没有用的。

我下面要讲我们政府的责任,政府的责任在哪里?第一条是保证做到三百六十行,行行出状元,这是句古老的话,可是现在贯彻了吗?没有,说出来大家都同意,没有人不同意,什么行业都重要,都是平等的,但是,我们的政策不是这样的,在政策层面上应该调整过来。前不久我在耶鲁大学访问,碰到了我的老朋友,物理系的。他说:"两个月以前,我两根颈椎骨断了要换,这手术不容易做,做坏了人就完全瘫痪了,结果一个年轻的医生给我做了,你看我连疤痕都没有!"但是,这个医生没有博士学位,也不是教授,只不过是一名讲师。他没有 SCI 的文章,但是,他开刀开得最好,水平比教授都高,工资不比教授低,而且受到人们极大的尊敬。这就是人各有各的作用。但是,我们现在的状况非常糟糕,有位医学院院长跟我说,"将来要死在学生的手术台上"。某报纸上头版讲,有位外科主任医生开不了刀。我到一个医院去看病,医院很重视我,派了一个博士给我看病。我后来问他导师是谁,他就告诉我是某某,我晚上打一个电话给这位导师,他说找他的学生看病是不行的,你要做研究可以找他。我们现在把不同类型的人混在一块儿。所以,怎样创造一个环境,让我们真正做到人人平等,做到"三百六十行,行行出状元",这样会使中小学生真正向着他有兴趣、有特长的方向发展。

现在中小学生进大学都希望不要进"三本",因为他们认为"一本"学校是一流的,"二本"是二流的,"三本"是三流的。其实,"三本"、"二本"和"一本"只代表学生这一次考试成绩的差异,如果他的火种被找到了,"三本"毕业的孩子今后也可能会做得比"二本""一本"的还要好。今天,我们的教育主管部门,有没有勇气把这种歧视人的概念取消了?把学生分为"一本、二本、三本",是对人的不尊重,使一部分学生自感低人一等。他是不是真的低人一等?不是的。所以,为什么要用这个标准来区分人呢?!宁波诺丁汉大学建立不久,学期考试结束后,家长打电话来问,"我的儿子考几分",校方说,"这是学生的隐私,你要问自己去问,他愿意告诉你就告诉你,不愿意告诉,你就别问了"。而我们现在公开把学生分为"一本生""三本生",这是很不好的,应该改过来,要营造"人人感到平等,人人都会有贡献"的氛围。只有这样,才能在发现了人的火种后让它燃起熊熊烈火!

今年上半年我专门去了英国格拉斯哥大学,去看了亚当·斯密的塑像,大家知道,他是经济学的鼻祖,但是,更值得一提的是,这个学校还造就了工业革命先驱、技工出身的瓦特!他的塑像比斯密的还要大!所以,经济学大师与技工对社会是同样重要的!我们政府的第一个责任是要真正做到"三百六十行,行行出状元"。这会牵涉很多观念、很多政策,要下决心做才行!

第二,政府要下决心把高考录取方式改革一

◆ 在英国格拉斯哥市中心乔治广场的瓦特塑像,塑像底座上写着:詹姆斯·瓦特(1736—1819),苏格兰的发明家、机械工程师

下,高考已经很成熟了,高考一定要考,这是保证教育公平非常重要的基础。不过,除了教育公平,教育的两大支柱中另外一支是教育质量。为了从根本上提高质量,必须使中小学学生学得愉快、学得健康,高考必须改革。

我感到这次参事室举办这样的会议,在历史上是一大创造。它能够推动教育改革进一步深化。去年教育改革纲要颁布以后,我有一些怀疑：纲要的东西太丰富了，能实现吗？素质教育不知道有过多少文件，但没有行动，一切都是空的。现在看到行动了，我们看到了希望。我充分相信，在今后几年，教育会有大发展。谢谢。

杨福家非常重视基础教育。为了打造优质的基础教育，他甚至主张基础教育不应仅包括中小学，还应包括大学本科（至少前两年）。① 他十分重视科普工作，很推崇国外一些杰出科学家的科普著述。他说丹麦玻尔研究所的科普工作十分出色，吸引了牛奶工人和乐器制造匠都来应聘工作。该研究所的杰出学者克拉默斯亲自著文，用通俗的语言解释当时还相当神秘的原子理论；后来，在该所从事过研究工作的俄裔科学家乔治·伽莫夫更是把科普创作当成本职工作，其著名的《核衰变理论》反倒成了业余著作。② 近年来，杨福家开办了多次面向中学生的科普讲座，还参加了《大辞海》和《十万个为什么》等大型工具书和青少年科普读物的编写工作，为在广大人民群众特别是在青少年中普及科学知识、传承科学精神做出了巨大的贡献。

五、民办大学育人放在首位

在辞去复旦大学校长一职后（1999年1月），杨福家在江苏省有关领导的鼓励下，带领一批志同道合的退休教师到江阴创办民办培尔学院。

培尔学院全称是培尔职业技术学院，是由台湾培尔教育机构（投资占60%）、江苏联通集团公司（投资占40%）共同投资创办的一所全日制民办普通高等学校。由于学院聘请的是知名度较高的校长，聘用的师资主要是来自复旦、同济的大学教授，筹建期间挂靠的是知名大学，曾被称为"名校长、名教授、名协作"的"三名"高校。学院实行董事会领导下的院长负责制。

---

① 杨福家《21世纪教育的主旋律：以学生为中心》，《教育参考》2001年第1期。
② 杨福家《我心目中的中国科协》，《科技导报》2006年第5期。

杨福家很快发现,学校内部管理和运行机制存在不少问题。台湾投资者实际上是一个家族企业,学院的创始人、投资者,同时也是学院的董事长。培尔学院的董事会构成,以该家族企业内部的亲朋好友居多。在学校的账目管理上,学院董事长专门从台湾带来独立的会计师管理学校的核心账目。实际上,他们是要通过办学来赚钱的,而这个赢利的目的是与我国法律相抵触的。杨福家在办学的定位、目标、招生等诸多方面与董事会意见不合,投资者多处违规又拒不改正。杨福家只是名义上的校长,毫无权力。无奈之下,他决定立即退出这个学院,从复旦来的所有同事也与他一起退出。

最后,培尔学院以失败告终。杨福家曾对培尔学院寄予厚望。他对记者说:"我的名片上有3个头衔,一个是复旦大学,那是我工作了几十年的地方,我是复旦的前任校长,所以某种程度上是过去。第二是英国诺丁汉大学,它代表我的今天。还有一个是江阴一所私立大学的校长,我想在某种程度上是我将来的发展。"①兵败培尔学院这一苦恼的经历,加上对国际一流民办大学的了解,让杨福家明白了真正成功的、一流民办大学的办学之要素,积累了经验,熟悉了规则,为日后成功创办宁波诺丁汉大学打下了坚实的基础。

近年来,我国民办教育已有长足的发展。截止到 2010 年,我国民办高校已有 676 所,占全国普通高校的 24.83%;在校学生 477 万,占全国普通高校在校生总数的 17.22%(如不计非学历成人教育,这一比例应为 20%)。民办教育对国家的贡献越来越大,国家对民办学校的要求、重视程度与期望也越来越高。温家宝总理在 2012 年政府工作报告(2012 年 3 月 5 日)中,进一步提出:"大力发展民办教育,鼓励和引导社会资本进入各级各类教育领域。"如何发展民办高校? 杨福家认为,我国发展民办高校的关键是"质量,特色,百花齐放"8 个字。

---

① 《两脚踏东西文化,一心做教育文章——中国第一个外国名校校长杨福家专访》,中央人民广播电台"新闻背景"节目,2001 年 3 月 19 日。

杨福家指出，我国民办高校目前存在两个错误趋向。①

一是把"专升本，本升研"作为民办高校的追求。认为只有可以招研究生了，就是上档次了，可以算是高水平的民办高校了。其实，"三百六十行，行行出状元"，专有专的状元，本有本的状元，研有研的状元；它们之间只是分工不同，无高低之分。否则，社会不能发展，经济不能上升，人民生活不能提高！美国的烹饪学院、纽约服装学院是"专的状元"；威利姆斯学院、阿姆赫斯特学院是"本的状元"，有的排行榜把它们排在哈佛学院（哈佛大学中培养本科生的学院）之前；普林斯顿大学、哈佛大学、耶鲁大学是"研的状元"。它们都是一流的民办（私立）高等学府，都是社会必不可少的！能进哈佛的而进了烹饪学院这类高校的学生，并不罕见。不同类别的学校都是教育不可缺少的一部分，都是社会发展所需要的。如果把费孝通的"各美其美，美人之美，美美与共，天下大同"的最后一句改为"强教强国"，用在这里不就很恰当吗？

二是把"三本朝二本走，二本向一本跑"作为一种追求。招收一本生的高校是一流的高校，二本是二流，三本是三流。

造成这一错误倾向的根源不在民办高校，而在有关部门对沿用至今的高校分批次录取的办法未做及时调整，从而形成的社会价值观的取向。

"一本，二本，三本"只说明学生考试成绩的差异。学生最重要的差异是头脑中的火种不同、潜能不同。每一个人都有自己的专长（人无全才，人人有才），每一个人都会有所作为、有所贡献。在教师、家长的帮助下，发现自己——发现自己的潜能——既是学生自己的责任，也是教师与家长的责任！教育给了学生发现自己的机会。不管是一本、二本，还是三本，只要进了学校就应受到平等对待。如果各类学校都争要一本、二本学生，那么三本学生到哪里去?！现在的三本学生总感到"低人一等"，这违反了教育公平的基本原则，是对人的不尊重，也违背了育人的根本理念。在一流的学校里，分数是学生的隐私，除了学生本人，其他人包括家长也无权知道，除非得到学生本人的同意。杨福家主张取消一本、二本、三本

---

① 以下论述引自杨福家《创办几所一流的民办大学》一文，发表于《文汇报》2012年2月3日，部分内容载于《人民日报》（2012年2月14日头版），刊于杨福家等《从复旦到诺丁汉》，上海交通大学出版社2013年版，第246—253页。

的分类方法。凡是能使学生找到自己火种的学校,能使大多数毕业生感到"这个学校改变了我一生"的学校,就一定是高水平的学校!

杨福家认为,一流民办大学最强的生命力就在于要"把育人放在首位"。

美国是当今世界头号强国,其根本原因在于它同时也是当今世界头号教育强国。在美国教育体系中,民办教育占有极其重要的地位。例如,文化名城波士顿的52所高等学府中,有51所是民办的,其中就包括闻名天下的哈佛大学及麻省理工学院。

再如,有3 700万人口的加利福尼亚州共有约300所高等学府,其中公立、私立差不多各占一半,但是最好的高等学府几乎都是私立(民办)的。例如,研究型大学中的加州理工学院(钱学森、周培源、谈家桢、赵忠尧获得博士学位的大学;本科生967名,研究生1 208名,师生比为1∶3)、斯坦福大学(哺育出硅谷的大学;本科生6 887名,研究生8 779名,师生比为1∶6.2),都是世界顶尖的大学。加州还有20所以本科教学为主的博雅学院,每所学院的学生数不超过3 000人,师生比均高于1∶9,其中有些学院的本科生质量可与哈佛学院、耶鲁学院相比。所谓"质量",最主要的是学生的素质,例如,一位毕业于斯坦福大学的华裔教授这样说:"我有幸就读于斯坦福大学,这是一所笃信素质教育的大学。在斯坦福,直到本科的第三年才要求我们选定专业。我的许多朋友改了几次才最终决定专业。所有本科新生,都要学习1门为期1年的课程,名为'文化、观念和价值观'。课程的中心,围绕着'人何以为人'这一主题展开。无论学生将来选择什么专业,都必须首先回答这个问题。对于其他以培育专业人才为导向的学校来说,花1年的时间阅读文化经典或许被看成浪费时间,但我认为这是我的大学生涯中最精彩的部分。早期的大学生涯对人生有着巨大影响,也许唯有在人生的这一阶段,才可能投入大量的时间来思考人生的基本问题。在打下坚实的基础之后再选择专业,所有学生都深刻地认识到'做人第一,修业第二',这就是一流大学培养出来的学生具有的感受!"

世界顶尖高校之所以大多都是民办(私立)的,不仅是因为他们认识到育人是教育的根本,而且认识到只有把育人放在首位,民办高校才能生存与发展。

杨福家曾对世界顶尖大学、耶鲁大学(私立)的校长莱文说:"你每年单从校基金库中生出来的钱,就超过了英国诺丁汉大学每年的全部收入。"并问他:"你从哪里筹来这么多的钱啊?"莱文说主要是校友捐赠的,因为这些校友认为是耶鲁改变了他们的一生。一位中国学生从耶鲁大学毕业后,事业有成,曾捐赠了 888 万 8 888 美元,有人责问他:"为什么不把钱捐给中国高校?"他回答说:"是耶鲁改变了我的一生!"美国顶尖大学(美国排名前 20 名的都是私立大学)在培养人才方面不惜工本,而且确实改变了很多学子的一生!

在过去 20 年,杨福家一直在做一流大学梦,从国内做到国外,再做"中外合作大学"的梦,最近又做一流民办大学的梦。杨福家呼吁在我国创办几所新机制、高起点、有特色的一流民办大学,为高等民办教育改革探索一条新路。下面就是他对这样一所大学的设想:

1. 使命、理念与措施

使命:以育人为本,实行博雅教育,培养既有广博的知识,又有高雅的素养,把国家与人民利益放在首位的合格公民。这些原则在《1828 年耶鲁大学报告》中早已写得清清楚楚,也是以科技闻名的斯坦福大学的学生一进校就受到的教育:做人第一,修业第二。

基本理念:以学生为中心,教师全心全意为育人尽心尽力。以"雅典学派"方式培养学生能独立思考、自由表达、敢于争辩、追求真理——"我爱我师,我更爱真理"。

"点燃人心智的火焰,把受教育者内在的潜质开发、启蒙出来,让学生积极主动地去追求新知。"使培养出来的人有可能是"全面发展的人,站在巨人肩上的人"。(温家宝总理,2010 年 7 月 13 日)

基本措施:①建立育人的载体:住宿学院。有一批教授与学生一起住在里面,担任学生的导师。首席导师应是德高望重的权威学者。师生比为 1∶10 或更好。②以讨论式的小班课为主。教师与学生在课堂上有同样的发言权,但也有系列讲座:讲中外名家,讲历史、社会,讲科学技术,讲文化艺术,讲人生观、价值观。③十分重视

第二课堂,建立丰富多彩的学生社团。依照学校的特色,与不同的企业、研究单位、政府有关部门加强联系与来往。暑期组织学生赴工厂、农村、科研院所或政府基层部门实习。④充分利用第三课堂:国际上日益兴起的网络课程。

2. 培养方向

培养中国未来急需的高端型人才,使毕业生有可能成为高素质的公务员、高水平的职业外交家、具备国际竞争力并熟悉国际规则的企业家、社会事业的高级管理人员、中华优秀传统文化的传承者、具有科学素养和潜能的创新人才(包括杰出的科学家)。按此要求,逐步设立如下学院:政治科学与政府学院、国际关系与外交学院、经济与企业学院、绿色科技学院、文史学院、计算机网络教育学院。学生入校进书院,在导师指导下从不同学院选课。在前两年每个学生必须从每个学院选课;在前3年的学习中,学生从哪个学院选课多于5门的,就算以后的专业方向。学生在毕业时可能有两个专业方向。

3. 师资来源

师资来源具体包括:国内外具有影响力的知名学者;离开领导岗位、热爱教育且有专业修养的党政领导干部;中国驻外使领馆的外交官(退休的大使、总领事等);经济、科技、文化和企业界及其他领域的成功人士、该领域的领军人物、两院院士;国务院参事、中央文史馆馆员中的知名学者和学术大家。

同时,从国内外聘请具有实际教学经验的高层管理人才,担任学校教学及行政管理人员。

4. 获得资金的来源及原则

①办学主要资源来自非政府资助,投资者不求任何回报(不但非营利,而且非盈利)。最佳模式是多元投资,有足够资金建立教育基金库,以保证学校长期、稳定运作;同时,地方政府应对它与公立学校一视同仁,拨给人均经费。②科研经费与实验室建设费用,应该可以在公平竞争的基础上,取得来自政府的资助。③投资者与管理者分开,即:投资方或捐赠方不介入学校内部事务运行和管理;投资者参与理事会,管理者参与校务委员会。

5. 组织机构

理事会是大学的最高领导机构,其职责是制定学校的章程(学校的大法),决定学校的定位与特色、专业设置的原则、学校的规划与发展以及其他重大事项。校务委员会是学校的最高执行机构,其职责之一是遴选校长,最后由理事会任命。校务委员会也有权向理事会建议罢免校长。学术委员会是学校的最高学术机构,由第一线的教授组成,由教授选举产生。其职责是讨论并决定校学术大事、学位授予,最后通过教授提升名单。党委书记参加理事会,一名副书记可以作为校管理人员参加校务委员会。他们主要的作用应该是监督,保证学校奉公守法。校长在3个委员会的领导、监督下,主持日常工作。任期5年,经校务委员会同意后可以多次连任。副校长一般都是教授,由校长提名,向校长负责,在学术委员会同意后报校务委员会批准后任命,一般在5年任期后回到学术岗位。由校务委员会直接选举、任命财务长和管学位质量控制的教务长,校长无权罢免他们。上述组织体制的核心是:权力制衡权力,没有绝对权威;依法办学,财务公开,接受监督。

6. 入学以全国高考为基础

学生入学必须通过全国高考,这是目前保证教育公平的最有效手段。但是现在的"3+X"模式可改为"2+X",其中"2"为语文、数学。语文考察表达能力,数学考察逻辑思维,这两门必须要考,但其他的"X"不要完全由学校确定,而要让学生有发言权。学生可以选择几门课参加考试。他的火种或兴趣在哪里,就选择与此有关的科目。逐步地可争取一年考几次,一次成绩3年有效。

在全国高考的基础上,学生可报考任何学校。除提交高考成绩外,还必须提交中学成绩、学校推荐信、参加学生社团情况、社会实践经历。高校可以约谈面试。

对申请在本文提出的大学就读的学生,不预先设定任何专业,而是在进校后先进书院(住宿学院),在导师指导下从各专业学院选课。两年后再根据自身兴趣、能力及发展方向,从一两个学院选较多的课程确定毕业时的专业。

对在校学生实行严格的淘汰制,特别是对不诚信行为,不论是在报考时还是在进校后的欺诈行为,决不姑息。

入学费用逐步实现资格准入制(needs-blind admission),即:家庭有困难的学生只要符合入学条件,就可以获得部分或全额奖学金,甚至还有生活补助。至今为止,全美仅有 6 所学校,包括哈佛(1636 年建立)、耶鲁(1701 年建立)、普林斯顿(1746 年建立)、麻省理工(1861 年建立)、达特茅斯学院(1821 年建立)和阿姆赫斯特学院(1769 年建立),对本国及外国学生同样实行这样的准入制。这些学校吸收国际学生的目的,完全是为了吸引世界上最优秀的学生,而不是为了增加学校的收入。

杨福家建议在我国按上述原则办几所博雅大学,可以独立办学,也可以在优秀的民办大学内按上述原则办试点学院,使得真正一流的民办大学在我国生根发芽、茁壮成长!

六、职业教育倡导均衡发展

与普通教育、高等教育相比,我国职业教育的发展长期以来都不被重视。职业教育的先驱黄炎培先生曾把职业教育的目的概括为"使无业者有业,使有业者乐业"。① 职业教育关系到成千上万人的就业,直接关系到制造业的水平、服务业的服务质量,与经济社会发展实际联系非常紧密。发展职业教育是我国经济社会发展的现实需要。2005 年 12 月,杨福家在一次演讲中就通过对几组触目惊心的事实的比较谈到发展职业教育的重要性和迫切性。

他说,中国高校定位不准确,研究生大幅度扩招,结果造成研究生遭遇就业寒冬;与此同时,上海一家企业开出 6 000 元月薪征聘高级技工,却无人"揭榜"。更为尴尬的事情是:同样的飞机零部件,由我国的工人

---

① 转引自《大力发展中国特色的职业教育——温家宝总理在全国职业教育工作会议上的讲话》,2005 年 11 月 7 日。

安装,飞机只能飞 400 小时;由前苏联的工人安装,飞机能飞 800 小时;由美国的工人安装,飞机能飞 1 200 小时。

他谈到国外大学也有扩招,但主要是在职业教育方面。例如,英国两年前发表了高等教育白皮书,指出:英国现在毛入学率是 43%,到 2010 年要实现 50%。英国教育扩招方向非常明确,根据社会需要扩招,主要在高职进行。如果方向不明确的话,就会出大毛病。就像一个交响乐队,乐手的结构是有一定比例的,小提琴手往往很多。[1]

2005 年 11 月 7 日,中央召开全国职业教育大会;11 月 9 日,新华社受国务院的委托发表了《国务院关于全国职业学校发展的一些决定》。这充分显示了中央对发展职业教育的重视。受此鼓舞,杨福家也继续思考职业教育的问题。2009 年,他在《求是》杂志上发表《中外职业教育观之差异》[2],倡导教育均衡发展,重视职业教育。

杨福家首先讲了 3 个故事。第一个故事发生在他 40 多年前在丹麦玻尔研究所工作时,他第一次准备通宵在加速器上做实验,仪器工程师为他准备了 5 台仪器以防万一。9 个月后,当他有了研究结果准备去国际会议作报告前一周,一位技师主动到他办公室说:"我知道你要去作报告,你要用的幻灯片我已经做好了,你看要不要修改?"听了这番话令杨福家很感动,他说正是因为有了这些工程师、技师出色的工作,他才能集中时间搞研究、准备学术报告。

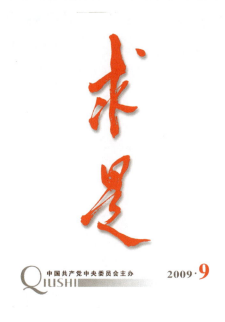

◆ 杨福家的《中外职业教育观之差异》一文发表在 2009 年 9 月的《求是》杂志上

---

[1] 杨福家《国际视野下的高等教育》,上海文广新闻传媒集团、上海图书馆、上海市社会科学界联合会主编《东方大讲坛》(3),文汇出版社 2006 年版,第 95 页。
[2] 杨福家《中外职业教育观之差异》,《求是》2009 年第 9 期。

这些从高等职业院校毕业的技师或工程师不参加实验,更不会要求在论文上署名。他们没有博士学位,一般也不会做教授,但他们是实验室不可缺少的人群。他们的工资待遇不一定比教授低,职位也更稳定。不同人站不同岗,各擅其长,相得益彰。

第二个故事有关杨福家一位亲戚的女儿。这个女孩2006年毕业于美国的一所高中。她的SAT成绩为2 200分,有可能进入哈佛等一流大学,但是她选择了美国烹饪学院,并得到了母亲的大力支持。美国烹饪学院的录取率为10%,与哈佛大学的录取率(9.3%)相近。哈佛大学闻名世界,美国烹饪学院也是世界有名:全世界共有71位烹饪艺术家,其中有7位毕业于美国烹饪学院。该学院有句名言:"我们讨论美餐,世界会聆听。"

在美国,类似的高等职业学校还有纽约服装学院,它培养了不少世界有名的服装设计师。这些服装设计师在社会上的地位、在人们心目中的声望以及他们的个人收入都不低于诺贝尔奖得主。

在杨福家看来,美国学生很少有名校情结,他们大都按自己的兴趣和爱好去选择学校,家长也会顺其自然。他们对职业教育的观念与我国目前的情况很不相同。在我国恐怕很难想象,家长们会同意他们的子女在能进北大、清华或复旦时而不进,却去选读高等职业院校。世界上有很多名校都一再告诫学生:对你来说,适合你的学校,才是最好的学校。在每个学生的头脑中都有火种,但各人的火种不尽相同。家长、教师应当努力帮助学生找到个性化的火种,把他们脑海中的火种点燃,而不是扑灭。

第三个故事讲述的是杨福家在英国和美国的经历。2008年,杨福家在英国诺丁汉大学出席各项活动期间,住在校内一幢古老的建筑里。热水器发生故障后,一位技工来修理。这位技工告诉杨福家:他5岁进小学,11岁进中学,在16岁中学分流时与班上多数人进入职业学校,另外少部分同学再读两年后进入高等院校。他现在住的房子与很多大学教授的房子相差不多。

杨福家在美国遇到修理空调的技工也是如此。高中毕业时,这位技工除了拿到正规的高中文凭外,还拿到两张执照,其中一张就是修理空调的。他现在在一家大公司工作,收入丰厚,足以负担一家四口的生活,而且工作稳定,根本不担心失业。他的妻子虽有硕士学位,却失业在家。

杨福家说,这两位技工都深感自己的工作是社会非常需要的,体现了他们的人生价值。在与他们的交谈中,可以明显地感觉到他们都十分珍惜和热爱自己现有的工作。他们都持有修理执照,这说明建立职业资格证书制度十分重要。一方面是对人民负责,保证有资质的人员为他们提供服务;另一方面也提高了持证者的社会地位。

以这3个故事为铺垫,杨福家重申了"三百六十行,行行出状元"的道理。这个道理中国人自古就懂得。世界是丰富多彩的,社会需求必然是各种各样的,年轻人的梦想同样应该是五彩缤纷的。在1997年召开的全美大学校长会议上,有人说如果美国的大学都是哈佛,那么,美国的社会要崩溃;接着又有人说,如果培养的人才都是诺贝尔奖得主,那么,美国社会也会崩溃。

杨福家说,在当今中国,很多学生和家长的心目中只有北大、清华或复旦、交大,大都把博士学位当作追求目标。到2009年,我国博士学位授予单位的数量(310个)已超过美国(253个),成为世界上最大的博士学位授予国家。2007年毕业的博士生数量也超过了美国。然而,我国高职院校的数量(1 168所)却远少于美国(超过2 000所)。

杨福家强调,在任何发达国家,高等职业院校都是高等院校的主体。美国有近4 000所高等院校,大部分学校是培养应用型人才的。其中40%以上是两年制社区学院,两年后一部分毕业生可转到本科院校,学分照算;大部分毕业生以他们学以致用的知识和技能直接走上工作岗位。20%的高等院校是专科类型,两者相加超过美国大学总数的60%。只有18%的美国大学可授予学士学位,15%可授予硕士学位,6%可授予博士学位,其中能授予博士学位的大学也只有一半(3%)才是所谓的研究型大学。2006年,全瑞士有23 200名学生进入普通高中学习,有78 100名学生进入职业学校学习。职业中学的学生毕业后,大约有80%~85%的学生直接就业,15%~20%的学生进入高等职业学院或应用科技大学深造。

高等院校的结构必须有利于社会的发展。社会需要大量的应用型人才,因此,从小学开始就不应该把重点放在学习课本知识、应付各种考试上,而应鼓励学生多动手,敢于挑战权威,善于提问,学会与人相处,做好公民。这是国际上已有的教育强国的成功经验。

要发展职业教育,要求我们转变观念、落实好政策。中央已经注意到我国高等教育的结构问题。在2005年11月召开的全国职业教育工作会议上,温家宝总理强调:"职业教育具有鲜明的职业性、社会性、人民性","是面向人人的教育"。要"进一步增强紧迫感和使命感,采取有力的措施,切实加强职业教育工作,加快职业教育事业发展"。这次会议还明确了5年目标:中职招生与高中相当;高职招生逾高教一半。在杨福家看来,中央的政策已经十分明确,教育部在落实中央精神方面也做了大量工作,这些努力使得近几年来职业院校学生的数量有较大幅度的增长,2008年全国中职与高职在校生人数超过3 000万,已分别占据高中阶段教育和高等教育的"半壁江山"。但是人们的观念仍未跟上,而转变观念的关键是配套政策的落实。

杨福家又讲了几个故事。上海某大医院从国外引进一台高级医疗设备,比起其他城市引进的同类设备,这台设备的使用效率要高得多,这是因为它有一位水平很高的操作技师,但是他没有博士学位。一位人事干部告诉杨福家,这样的技师的工资是上不去的。结果这位技师只好离职去读博士,他得到博士学位后也不会再回来工作了。

《文汇报》2008年10月31日头版曾刊登一则消息:明明是大医院的外科主任,却从来不上手术台;拿了医学博士学位的外科医生,却拿不了手术刀。在国外,一般来说,医生与博士是不同的:医生的主要任务是看病,医学院博士的主要任务是搞研究。医生的工资普遍要高于博士。在医院里,医生、博士、护士都是重要的,但他们应各就各位,在不同的位置发挥各自的作用,不能把博士捧得最高,乃至造成"畸形"。

职业教育是"行行出状元"的基础,理应受到人们的尊重。可是目前我国的高考制度却把考生分为3个层次:第一层次的考生有可能进北大、清华、复旦等研究型大学,第二层次的考生进一般大学,第三层次的考生只能进高等职业院校。

我国高等职业院校的毕业生,可获得一张注有"高职"标识的大专文凭,但因此不能报考要求具有"本科及以上学历"的政府公务员,不能报考需要有"教师资格证书"的中小学教师,甚至有的地方在"选调优秀大学毕业生到基层工作条件说明"里特别注明:"毕业生范围,不包括委培生、定向生、高职生等。"在这样的环境里,高等职业院校的学生就成为"学习失败者"、被认为"学业不良",从而被同学看不起、遭亲朋冷遇。

杨福家指出,我们必须转变"职业教育是低层次教育"的观念。社会是多样化的,人才的类型也应该是多样化的。职业教育在培养满足社会多样化需求的人才方面可以发挥巨大作用。职业教育更是终身教育的重要组成部分。职业教育的目标不应单纯针对岗位培训,而应扩大到从业者的整个职业生涯。从这一点上说,职业教育也是满足个人可持续发展的全面教育。

职业教育是整个教育大家族中的重要一员,是关于"谋职与从业"的教育。当今社会生产更需要技术能力强、知识丰富、交流能力突出的"多面手",这凸显了企业对职业教育人才的需求。由此看来,职业教育是我国当今应对国际金融危机、调整经济结构、使我国经济腾飞急需的教育。

2013年9月22日,杨福家在《国是咨询》上发表《教育均衡发展与行行出状元》一文,进一步呼吁重视传统的"行行出状元"观念,改善我国的教育结构,以适应经济的发展。

在杨福家看来,我国在中学分普通中学与职业教育学校,这是社会发展的需要,而不是把学生分出优劣。杨福家回忆起他60年前初中毕业时,职业教育学校与普通中学具有同样的吸引力。但今天只有所谓的"差生"才会去报考职业学校。不仅中学如此,高等教育也是如此。似乎只有大学是高级的,学院要低一等,高职学校再低一等,以致"从2008年3月至今,全国共有257所高校获得教育部批准而更名,占到目前全国高校总数的10.35%"。[1] 这种做法在国际教育界十分罕见:不论是法国巴黎高等师范学院,还是麻省理工学院、加州理工学院,都是世界顶尖高等学府,从来没有改名。这是源于他们的自信和对历史的珍惜。以创办于1794年的巴黎高等师范学院为例,学校的名字中又是"师范"、又是"学院",单从名字上来看,是我国很多人心目中的二流、三流学校,但是,法国是获取

---

[1] 载于《北京日报》2013年5月29日。

数学最高奖(菲尔兹奖)的第二大国,而其中一半以上是该校领取的,该校校友中获诺贝尔奖的超过10人,2012年诺贝尔物理奖又有一位来自该校。

我国的中学生在参加"一考定终生"的高考后,就被分为"一本、二本、三本",根据考分进不同的高校。杨福家指出,其实,"一本、二本、三本"只能说明学生考试成绩的差异;学生最重要的差异是头脑中的火种不同、潜能不同,每一个人都有自己的专长(人无全才、人人有才),每一个人都会有所作为、有所贡献。在教师和家长的帮助下,发现自己——发现自己的潜能——既是学生自己的责任,也是教师与家长的责任!教育应该给学生创造发现自己的机会。巴黎高等师范学院的校长有句名言:"学校的责任是发挥学生的天才。"

不同的学生有不同的"才",对社会的贡献也不同,可是我们现在把它混淆了。最近上海市普通大学毕业生很难找工作,而职业学校的毕业生却供不应求(据2013年6月5日广播新闻)。市场已经开始在纠偏!但真正的纠偏必须从教育界的领导、教师、家长与学生开始,进而辐射到全社会(特别是人事部门),从思想上认识"三百六十行,行行出状元"的真理,认识"人无全才、人人有才"。只有如此,各类不同的人才能发挥他们的独特作用,中国梦才能实现。

杨福家总结说,除了思想上的认识,还需要有政策的支持。国家对师范生采取过的政策可以用于以学技术为主的学生,从国家层面给予奖学金、学费补贴或者减免部分费用,鼓励学生进入各类职业学校;同时,加大对中等职业技术学校及高等职业技术学校师资队伍建设的投入力度,使专任教师的水平与数量能满足教育结构均衡发展的需要;稳步增加国家级重点中等职业学校、国家级重点建设示范高职院校的数量,加大投入,推进中高职衔接,从政策上对有特色、有质量的学校倾斜。社会的发展要达到合理的教育结构均衡,需要至少半数以上的学生逐步进入各种职业学校,安心学习,快乐学习,在学有所成后,回报社会,回报国家。

七、网络教育发展重在质量

从上世纪 90 年代,互联网在世界各国相继兴起并迅速扩张,到今天已经成为我们生活中不可缺少的一部分。网络教育也应运而生。网络教育这种新的技术手段和教育教学模式,可以充分利用各种资源,增加教育普及程度,提高教学质量,培养创新人才,构建一个面向全社会的终身学习体系。网络教育已成为当今世界关注的热点。

杨福家在中国网络教育还没有真正出现的时候,就已经观察到这个新生事物,并及时发表了关于网络教育的前瞻性思考。1996 年暑假,美国《纽约时报》发表了一篇题为"虚拟大学"的文章,提出由于通信事业的发展、电脑网络的普及和信息高速公路的出现,将来大学会被所谓的"虚拟大学"所代替。对于这种观点,杨福家的回答是:"绝对不可能!"他说,不管信息如何发达,"高速公路"如何发展,大学是完全有存在必要的。因为大学的任务不仅仅是传授知识,更重要的是培养对社会有用的人才。正如联合国教科文组织总干事马约尔博士在一份报告中所指出的:要教育学生,让学生不仅仅是"学知识",而且要"学做事,学做人,学会与他人相处"。学会与他人相处这一点特别重要。杨福家说,他非常赞赏一句话:当你走进艺术展览馆时,看到自己的作品是一种享受,看到别人的作品,也应感到是一种享受。在一个科研集体中,其他人取得了成绩,你也应感到高兴,感到是一种享受。当代知识分子应具备这种素质,跨世纪的知识分子更应当具备这种素质。哈佛大学一位教育学家提出一个全新的"多元智慧理论"。他的根据是人脑的研究成果:人的脑子是分区的,7 个区中有的专门对应语言,有的专门对应逻辑,还有一个区专门对应人际关系。他提出要分区对学生加以启发与引导,分区进行教育,这样会更有成效。在 21 世纪我们要强调,对学生的教育是素质教育、全面教育,特别要在学校中培养他们如何学会做人。

杨福家强调,21 世纪大学教师更要着重训练学生如何思考问题,大学期间如何使学生具备自学能力十分重要。为了达到这一目的,我们特别提出,要关心每个人。一流的教师必须直接与学生相接触。世界上很多大学都已认识到这一点:斯坦福大学校长带头,在新学期开始前3周,每天2小时给学生上课,而且是小班教学;耶鲁大学规定所有新生必须住读;哈佛大学的传统是,校长办公室的大楼有一层是给学生住的。杨福家深深感到,不管通信怎么发达、教育如何现代化,人的因素是第一位,教师必须接触学生,越是一流的教师,越要与学生多多接触。教师要走向课堂,走向实验室。因此,杨福家担任复旦大学校长伊始,就促成让一流教授、博士生导师给学生上基础课制度的实行,规定一二年级的课必须由资深教师来上。现在看来这样做的效果很不错,这个制度若长期保持并全面实行的话,可以让每个学生都有更多的发展机会。①

中国的互联网发展迅速,网络教育的发展也突飞猛进。1993年中国没有一家网站,1997年中国已经拥有65万网络用户。1998年教育部批准4所高校首批试办网络远程教育,短短5年内就有68所大学参加试点,学生总数超过250万人。例如,中国人民大学的4届网络教育毕业生共计3 000名,其在读学生遍布全国各地,平均年龄32岁,其中年龄最大的为53岁。2004年6月,温家宝总理给院士作报告时宣布:我们拥有1亿以上的网络用户,其增长速度独一无二,其中有12%的人是为了进行网络学习。

我国已建成世界最大的农村远程教育机构,这真是一个了不起的成绩!目前我们拥有近3 000所分校、23 000个教学班、46 000名办学人员,农民实用技术培训1.2亿人次,培养农村实用人才800多万人。这是一种很好的扩展教育的方式,对于中国的发展来说是很大的进步。在中国农村,我们已经形成远程教育的天网、地网和人网,即:天上有卫星,地上有互联网,同时我们还有4万多办学人员的人网。

但是,各高校网络学院的发展出现种种怪象。例如,某大学开办的网络学院"国际经济与贸易"专业,一年级共500名学生,一个学期共7门课,其中4门是500人同时上课。500名学生分坐5间教室,上课的是1位教师,学生面对的是5块屏幕。学生每上5次课,才可以见到教师一面,还从无接触,也不知道教师的尊姓大名。两门英语课有5位老师,每

---

① 光明日报教育部编《中国大学校长访谈录》,光明日报出版社1998年版,第1页。

100 名学生组成 1 个班；一门数学课有两位老师，500 名学生分成两个班，每班 250 名学生。"网络学院"根本没有现代意义的网络，与今天的"网络时代"也毫无关系，这样的"网络学院"违背了现代教育的根本理念。

《文汇报》2004 年 10 月 25 日有则消息的标题是"网络学院将接受'年检'"，副标题是"学历教育将逐步退出，培训将成为网络教育重点"。这则消息触动了杨福家。他认为，新闻报道说网络学院将接受"年检"，这是为了保证网络学院的教育质量，需要接受国家一定的检查。但是，"学历教育将逐步退出，培训将成为网络教育的重点"，那么，网络教育是否应该排除一切学历教育？网络在高等教育中究竟应该扮演什么角色？不久以后，杨福家在出席亚洲开放大学协会第 18 届年会时，作了题为"开放与远程学习：高等教育的有机组成"的主题演讲，集中阐述了对于网络教育的意见。①

首先，杨福家强调他一贯的观点，就是网络教育不会取代真正的大学。

杨福家认为网络教育可能不适合本科学历教育，不适合研究型大学的大多数研究生学历教育。很多大学认为教育不同于培训。像哈佛大学的重心放在博雅教育，而不是放在培训。哈佛大学有位很有名的校长艾里奥特（C. W. Eliot），他担任校长一职长达 40 年之久（1869—1909 年），他不但不喜欢"专业"两字，也不喜欢很多美国大学所用的"主修"（major）两字，而是采用"集中"（concentration）以淡化专业，学生在大学期间只不过把选修的课程稍作集中而已。

杨福家提到 1996 年在《纽约时报》上有篇文章曾预言，虚拟大学将要取代传统大学，30 年后世界将不存在传统大学。他认为大学需要教师和学生之间的亲密互动。杨福家曾问一位英国诺丁汉大学的毕业生："你觉得诺丁汉大学怎么样？"他说"这是一所很好的大学"；杨福家问他诺丁汉大学有什么好的地方，他说"诺丁汉大学拥有好的教师"；那么，什么是好的教师？他说："尽管我已经离开诺丁汉大学 3 年了，我仍然记着我导师家里的电话号码。"这反映出一流大学师生之间的关系。就像诺贝尔奖得

---

① 杨福家《成功的关键在于教育的质量》，《新民晚报》2004 年 12 月 19 日。

主李政道在《物理的挑战》中提到的,他曾在做博士生时制作了世界上最长的计算尺。现在已经都不用这种计算尺,连计算器也不用了,我们现在使用的是计算机。但是,当他们年轻时,计算尺还很重要。他和著名的诺贝尔获奖得者、核能研究的先驱费米教授一起制作了这把世界上最长的计算尺。李政道认为,培养创新的科学人才,必须要有优秀的导师和密切的师生共同研究的过程,这是不能用网络、用程序所代替的。人是人,还是需要师徒关系,需要一两年甚至较长时期精神上的培养,这样培养的人才可以一生独立思考。①

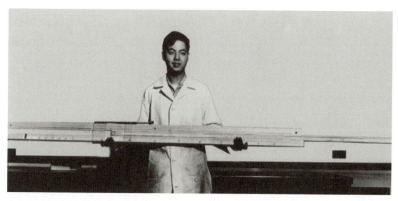

◆ 1948年李政道和费米一起制作的为计算主序星内部温度分布的专用计算尺

其次,网络教育可能不适合研究型大学的本科学历教育,这里所说的是"可能",而不是"绝对"。网络教育应该发挥其特有的重要作用,不能因为在其发展过程中出现一些乱象就加以禁止和取缔,这是因噎废食。联合国教科文组织在巴黎举办了一次世界会议,主题是迎接新世纪的高等教育,会议邀请了联合国所属所有国家的教育部长。在会议最后形成的宣言中提到了3点:一是终身受教育,二是以学生为中心,三是全球化。这3条都和网络教育相关。

网络学习对于培训是一个强有力的工具,杨福家认为大多数人都会同意"培训将成为网络教育的重点"这一观点。美国的电子学习学生数每年增长300%,60%的公司通过电子学习培训员工。摩托罗拉、思科、沃尔玛

---

① 李政道《物理的挑战》,《科技日报》2001年10月31日。

等跨国公司也都利用网络的形式培训他们在世界各地的员工。1999年，全球网络教育培训市场份额只占38%，而2004年其份额已达到63%。

杨福家说教育不同于培训。对于年轻人来说，特别是完成高中教育之后的年轻人，他们应该接受最好的教育；对于已经工作的成年人来说，很重要的一点就是在他们的职业生涯中需要不断接受培训。我们也必须关注新的发展，澳大利亚南昆士兰大学的远程教育中心就是一个成功的例证。1977年他们开始进行远程教育，到2003年为止，该校四分之三的学生参与了远程学习。我们也有很好的例子，北京大学医学网络教育学院就很成功。他们能够提供学历和非学历教育，南昆士兰大学只提供学历教育；北京大学医学网络教育学院是相当独立的，不像南昆士兰大学是双重模式的融合。杨福家经常将高等教育系统比作交响乐。1997年杨福家参加美国大学校长会议，当时美国有3 368所大学和学院的领导参加了这次会议。在报告中有人提到，如果所有的大学都像哈佛大学，那么这个社会将会崩溃；如果我们所训练的人都获得诺贝尔奖，那么这个社会也将会崩溃。我们需要来自不同大学的不同的人，这样才能奏出和谐、生动的乐章。

杨福家认为，大家可以考虑我们需要什么样的开放大学。如果下令停止所有的网络学历教育，这并不是一件好事，应该让不同的大学扮演不同的角色。

最后，杨福家提出，发展网络教育，首先要考虑的是质量。网络教育对每所大学都是有益的，但是首先必须注重质量。在这里杨福家举了两个例子。一个是上海的例子。康奈尔大学的一位著名学者在上海交通大学作学术报告，同时分别向纽约、圣路易斯、巴黎、北京和上海的5所大学的课堂开放。参加听课的人员包括上海交通大学和中国人民大学的各20名MBA学生、摩托罗拉公司的一些职员、康奈尔大学的25名研究生、波音公司的5位经理、巴黎IBM公司的3位经理……他们共同参与了一场交互式讨论，3位教授包括主讲者还对交互教育作了评论。这是一个成功案例，但做起来很不容易。所以，我们不但需要网络在国内的普及，还需要讲求质量。杨福家曾对比中美两国网络使用的体验。他去海南某地，那里有美丽的大海，很多房子沿海而建，但一测试网络，发现那里的网速实在太慢，在今天这个信息社会，已经使杨福家没法在那里待得太久。时隔不久，他到美国缅因州一个偏僻的地方待了很长一段时间。杨福家的一个朋友每周只工作3天，完全是通过计算机会议系统管理自己的公司。中国的网络现在已经分布很广，可以让偏远地区的学生接受最好的教育，但是必须考虑教学质量以及最好的教师和最好的服务。

另外一个例子是关于美国大学学业能力评估测试（Scholastic Assessment Test，SAT）和美国大学预修课程（Advanced Placement，AP）。在美国每个学生都知道SAT，当学生想进入美国的大学时，必须达到一定的SAT分数。现在除了SAT，又有了AP考试，目前美国的大学并没有要求学生需要有AP成绩，但实际影响却很大。AP的34门考试目前已涉及19个学科、31门课程，其学分已被22个国家和地区的3 600所高校承认。最近一次的AP考试共有100万人参加，报考SAT的人数也只不过130万。这是因为大家已经看到这个考试在80个国家进行（包括中国），哈佛、耶鲁等名校都承认AP成绩；学生进入大学后可以免修这些课程，能够节省很多费用。尽管这些大学还没有要求AP考试，但是当学生申请大学时，可以出示他们已经获得的成绩。例如，有1 150名学生向耶鲁大学提交5 691门AP考试成绩，平均每人近5门。在最近一次的AP考试中，参加8门以上考试且平均成绩达到4分以上的学生就有2 157人。这些学生怎么不会受到名校的青睐？美国的很多大学，特别是那些名校，实际上已经把AP成绩作为入学的重要参考。

AP成绩已被28个国家和地区的高校作为学生录取的参考依据（其中包括北京大学、清华大学、北京外国语大学和北京语言大学），学生进入大学后可以免修这些课程。杨福家建议上海开放大学可以考虑通过网络开展AP课程的教学。通过网络教育，让偏远地区的学生或者家庭贫困的学生有机会学到这些课程，这样他们可以方便学习，也可以节省更多的钱。因此，网络教育适合于开放的AP课程，这将帮助更多学生进入好的大学。就像克林顿所说的，人类历史上首次让无论处于偏远农村，还是处于富裕地区的孩子，都有同等的机会获得同等的知识。

为了达到这个目标，我们必须有好的教师，好的技术支持，好的学习服务，与学生进行专业的交互。只有具备这些可能性，网络教育的未来才是光明的。

八、积极宣传推广博雅教育

"强国先强教。"在杨福家看来,中国梦首先是教育梦。民族复兴、国家强盛、科技腾飞,教育是根本。如何提升教育呢?他认为,博雅教育是中国教育提升的方向,是必须经历的。

在1990年前,杨福家主要从事物理学的教学、科研工作。1991年他被选为中国科学院院士,1993年开始担任复旦大学校长,由此走上教育管理之路。

从21世纪的第一天起,杨福家担任英国诺丁汉大学校长,2001年2月见到英国女王,那是他第三次来到英国。但是杨福家之前已去过美国60余次,很自然地,他就不断比较英美教育的异同。第一感觉是两者相差巨大。美国教育是从英国引入的:英国人乘坐"五月花号"移民船来到新大陆,首先做的就是办学校、造教堂、建邮局3件事。哈佛大学由此而生。然而,美国的高等教育是青出于蓝而胜于蓝!他们用"6+2+2"取代了英国的"7+3"模式。英国认为中学有7年通识教育就够了,一进大学就开始专业教育,专业分得比我国采用的苏联模式还要细。但是美国很多研究型大学认为7年通识教育还不够,就用"6+2+2"进行通识教育,即:中学6年,进大学前两年不分专业,后两年也很淡化专业。美国从中学到大学都是通识教育,真正的专业教育是大学本科毕业以后的事。例如,耶鲁大学的学生在完成本科教育4年后才进入医学院、法学院、商学院等11个专业学院。这样看来,英美教育差别巨大。杨福家说,他不久后认识到的通识教育(General Education),实际上应该是博雅教育(Liberal Arts Education)。"Liberal Arts Education"有多种译法,如通识教育、素质教育、自由教育,也有把实行博雅教育的学校称为文理学院、人文学院的,但"博雅"的翻译更能体现其内涵与文笔的优美。"博"为广博的知识,"雅"为优秀的个人素养。

美国一批博雅学院(Liberal Arts College)以及哈佛、耶鲁等一批世界顶级研究型大学的本科都实行博雅教育,它们是美国甚至是世界上最好的本科院校。而美国的精英(如中美建交后所有的美国总统)无一例外地都出自这样的本科院校。

那么英国呢？其实，在杨福家理解博雅教育的要素后，英美教育的差异并不如他最初想象的那么大。

2012年4月初，杨福家率国务院参事室的考察团赴美国，考察了美国几所著名的博雅学院。主要包括：

威廉姆斯学院(2012年《美国新闻与世界报道》发布的最佳博雅学院排名第一)；

阿姆赫斯特学院(最佳博雅学院排名第二；该校建于1821年，位于美国文化名城波士顿西面150公里；现有学生约1 800名，全职教师200名，占地6 000亩；杰出校友有美国第30任总统卡尔文·柯立芝、摩纳哥亲王等)；

斯沃司莫尔学院(最佳博雅学院排名第三；该校建于1864年，位于美国历史名城费城郊区；现有学生约1 500名，全职教师200名，占地2 400亩；杰出校友有世界银行第11任总裁佐利克以及加州理工学院院长、诺贝尔化学奖得主戴维·巴尔的摩等)；

史密斯学院(最佳博雅学院排名第19；该校建于1871年，位于美国文化名城波士顿西面155公里；现有学生约2 800名，全职教师280名，占

◆ 杨福家参观史密斯学院，向史密斯学院的校长和副校长介绍来访人员

◆ 卢鹤绂在斯沃司莫尔学院讲学

地900亩;杰出校友有老布什总统的夫人、里根总统的夫人、前复旦大学校长谢希德教授等)。

  杨福家说,这些学校统一称为博雅学院。与一般大学(University)不同的是,它们以本科教育为主。这些学校学费昂贵,亦小亦美,可以称得上是"精英教育"。[①] 中国人只知道哈佛、牛津是名校;以前卢鹤绂去斯沃司莫尔学院讲学,当时复旦大学的校领导不知道这所学校,在全校的大会上公开嘲笑说:"堂堂一个复旦大学的一级教授,去这种小学校教书。"殊不知在美国本科教育的排名上,斯沃司莫尔学院排名第三(哈佛第八、耶鲁第十),能去该学院任教,是莫大的荣誉!上述博雅学院是美国真正的名校。威廉姆斯学院、阿姆赫斯特学院和斯沃司莫尔学院分列最有名的博雅学院前三名。史密斯学院位列第19名,但是在女校中排名第一。这些博雅学院是哈佛、耶鲁、麻省理工都不能小觑的"小学校"。在近年的美国大学排行榜上,这类学校甚至稳坐"全美第一"的位置,把一众常青藤盟校甩在身后。

  杨福家通过对这些博雅学院的考察,结合自己多年办学实践的经验

[①] 张重文《博雅学院,亦小亦美》,《文汇报》2012年6月7日。

和教训,总结出博雅教育有 5 个要素:

博:文理融合,学科交叉,在广博的基础上求深度;博学多闻,博古通今。

雅:做人第一,修业第二;君子以厚德载物,明大德,守公德,严私德。

以学生为中心,学校把育人放在一切工作的首位。

鼓励质疑,"我爱我师,我更爱真理",并在以小班课为主的第一课堂得到充分体现;博学而笃志,切问而近思,仁在其中矣。

非常丰富的第二课堂:为数众多的学生社团、各种社会实践活动和学生参与的科研项目,在学习生涯中占有非常重要的地位;知行合一。

上面 5 个要素中的前两个是目的,后 3 个是措施。对于后 4 个要素,英国的大学做得相当好。

杨福家一贯重视大学"育人"的主要任务。他在卸任复旦大学校长之后,在英国诺丁汉大学担任了 12 年校长,并创办了宁波诺丁汉大学,担任了 10 多年的校长。他一直深入思考中国的高等教育,特别关注如何推行博雅教育。宁波诺丁汉大学是中国第一所中外合作大学,10 年的办学实践证明,通过应试教育进入大学的学生,在学校实行博雅教育后,激发出更大潜力,在自觉性、创造性、团队合作,以及社会责任感方面表现突出,这给杨福家带来在中国实践博雅教育的信心和力量。

杨福家出版了多本高等教育专著,直言纵论世界名校,无一不将"育人"作为办校的头等大事。早在 1828 年,耶鲁大学阐明办学宗旨的报告中就写有:"一个人除了以职业来谋生以外就没有其他追求了吗?难道他对他的家庭、对其他公民、对他的国家就没有责任了吗?承担这些责任需要有各种深刻的知识素养。为了让学生完成本科教育,他的专业教育有可能会有所推迟,可是这种牺牲难道是不值得的吗?它所换来的是全面教育与片面教育之间的巨大差别。"

耶鲁的报告中还有这样的文字:"我们的国家活力充盈、国土辽阔、充满智慧、资源丰富,并且人口、国力、财富都在快速增长。因此,浅薄而平庸的教育不适合指导我国的发展。我国的壮丽河山注定我们要成为一个

```
REPORTS
ON THE
COURSE OF INSTRUCTION
IN
YALE COLLEGE;
BY A
COMMITTEE OF THE CORPORATION,
AND THE
ACADEMICAL FACULTY.


NEW HAVEN:
PRINTED BY HEZEKIAH HOWE.
1828.
```

◆ 1828年耶鲁大学阐明办学宗旨的报告

强大的国家,我们怎能容许我们的文化衰颓、贫乏和肤浅呢?"杨福家强调:"人的素质培养远比技能培养重要。"哈佛大学要求每个学生在大学期间,在以下每个领域都至少修1门整个学期的课程:美学与阐释、文化与信仰、经验与数学思考、伦理思考、生命系统科学、物质世界科学、世界上的社会、美国与世界……耶鲁大学给本科生设计的课程,并不包含职业技能学习,因为它的教育目的并非传授某种职业技能,而是传授所有职业都需要的基础;本科教育最主要的目标是促使学生的思维能力平衡发展,使学生具备开放与全面的视野,以及均衡发展的人格。再如,斯坦福大学要求学生到大学第三年时再选择专业;日本要求各所大学推广博雅教育……

关于博雅教育,耶鲁的报告中有详细阐述:"博"指广博,既要学文,也要学理;"雅"指素养,培养出来的学生要有修养。它的核心是让学生能够回答"人何以为人",它培养的是才智,发展的是思考和理解能力。同时,杨福家强调:中国的大学,除了"不惜工本"地育人,还要在整肃校规上"不惜工本"。

杨福家曾撰写《科学与文史》一文[①]，讨论了"博"和"雅"之间互为表里、互通互联的密切关系。他说，如果我们观察世界一流顶尖大学，就会发现其在科学上的贡献都与文化有关。世界上一流本科教育都把"做人"放在第一位。不管"做人"还是"修业"，都离不开文史与科学，离不开文史与科学的交融。而科学，特别是科学史与科学精神，同样充满着做人的道理。杨福家不辞劳苦在各地演说，宣传博雅教育。为了便于听众理解，他经常会讲些通俗易懂的故事。例如，他说学理论物理的学生是否将来一定研究理论物理，这可是不一定的。复旦大学20年来毕业的学生中，有一个最有钱的学生是复旦大学物理系理论物理专业毕业的。这个学生到了麻省理工学院读博士，拿到博士学位，毕业论文题目有关夸克。他站在理论物理研究的最前沿，似乎与经济毫无关系。但是过了几年，他入职美国的一家证券公司，10个月以后为这家公司赚得2亿美金，被提升为研究部主任。他"雇佣"了一批物理人并为他们每人支付15万年薪，而他自己是150万美金的年薪。杨福家曾经问起这个学生，"你凭什么赚这么多钱？"他说，"我用夸克理论计算股票，谁也算不过我嘛！人家算到3位，我算到5位"。杨福家经常向大家推荐由李政道主编、江泽民总书记题写书名的《科学与艺术》一书，因为这本书会让人充分体会到文与理之间是没有鸿沟的。

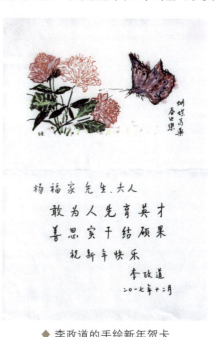

◆ 李政道的手绘新年贺卡

杨福家将他自己多年的思考，连同宁波诺丁汉大学的成功实践经验，总结编成《博雅教育》一书，2014年1月在复旦大学出版社出版。这本书一问世即引起社会的广泛关注，一版再版，当年10月推出第二版，2015

[①] 杨福家《科学与文史》，《文汇报》2012年8月15日。

年10月推出第三版，2017年4月再出第四版。在杨福家的积极推动下，2014年4月中国博雅教育研讨会在宁波诺丁汉大学召开，会议就如何促进博雅教育作出探讨。时任北京大学校长王恩哥院士与副校长高松院士带领北大的15位教师、教学管理者参会，复旦大学、南京大学、西安交通

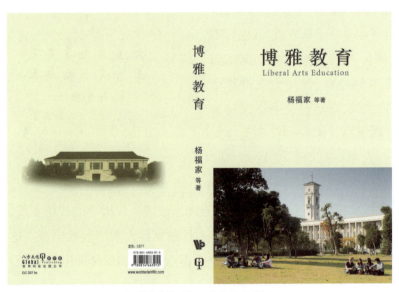

◆《博雅教育》一书的各个版本

第十章

为推动中国的教育进步而不懈奋斗

◆ 2014年4月在宁波诺丁汉大学召开的中国博雅教育研讨会

◆ 2017年4月在复旦大学召开的第三届博雅教育国际研讨会

大学等多所大学的校领导参会,许多国外知名教育专家应邀参会。2015年新加坡南洋理工大学承办第二届泛亚博雅教育研讨会。2017年4月15日至16日,第三届博雅教育国际研讨会在复旦大学召开,来自国内外70多所高校的210余名专家、学者和相关负责人参加会议,会议的主题是"博雅教育:理念与实践"。

在杨福家看来,宁波诺丁汉大学的成功其实也再次证明博雅教育的重要,这位国际知名的教育家近年来不遗余力地推广博雅教育,是因为他觉得中国的高等教育若要真正走向世界,博雅教育是必须要修炼的基本课,在博雅教育的5个要素中,"以学生为中心"——学校把育人放在一切工作的首位是其中第一要义。

博雅教育这一古老的教育形式在当代又放出耀眼的光芒。越来越多的有识之士认识到,它不仅关乎个人的发展,而且与人类的命运紧密相连。博雅教育培养的是全面发展的人才,是真正的人才。当今世界,局势不断变幻,挑战层出不穷,竞争日趋激烈,技术日新月异,知识不断更新。大学必须要不断地守正创新,博雅教育也将任重道远。[①] 时代呼唤着博雅教育在大学的变革中发挥更加重要的作用。中国的博雅教育,必将以更加开放、灵活、本土的形式,适应未来人才培养的需求,适应多元的社会,引领着充满希望的未来,承载起中华民族复兴的伟大历史使命。

[①] 刘丽华、应建庆《着眼未来,迎接挑战——第三届博雅教育国际研讨会述评》,《复旦教育论坛》2017年第3期。

| 附录 |

附录一　杨福家大事年表

1936 年 7 月出生于上海市。

1954 年 9 月考入复旦大学物理系。

1958 年毕业于复旦大学物理系,留校当助教。

1960 年被任命为新创建的复旦大学原子能系副系主任。1963 年升为讲师,并赴丹麦哥本哈根大学,是新中国成立后派往西方国家进修的第一批学者。1965 年回到复旦大学。

1978 年升为副教授。

1980 年升为正教授。

1987—2001 年担任中国科学院上海原子核研究所(现名应用物理研究所)所长。1995 年分别向中科院两位院长、上海市 7 位市领导建议建造"上海光源"。

1991 年,在谢希德校长劝导下进入复旦大学领导班子,于 5 月 25 日被国家教委任命为副校长。

1991 年 10 月被选为第三世界科学院通讯院士、院士,1991 年 11 月被评为中国科学院学部委员(院士)。

1993 年 2 月 12 日被国务院任命为复旦大学校长,同月成立复旦大学发展研究院(我国高校第一个思想库),并任院长。

1993 年 2 月 25 日在校长就职仪式上,提出要把复旦大学建设成世界一流大学的目标。

1993年3月,向国家教委主任朱开轩提出,复旦大学应由国家教委与上海市共建,从此开创共建先河。

1993年6月提出,"谁作弊,谁退学",并在《光明日报》头版发表文章,教授的首要任务是教学生如何做人。同时陆续提出,"一流教授要为大学本科生上基础课""为年轻人创造机会"。

1994年提出,复旦大学应实行"广博教育"。

从1994年起连续8年应邀参加美国总统早餐会,1997年作为中国唯一代表成为克林顿总统单独接见的25名外国人士之一。

1996年起,复旦大学陆续参加一些重要的国际教育组织,并代表中国进入领导班子。

1997年发起成立"中国大学校长联谊会",并任创会会长。

1998年作为中国大学校长代表团团长首次访问英国。

1998年8月,向教育部陈至立部长书面提出辞去复旦大学校长一职,12月获准,1999年1月正式卸任。

1999年被香港大学与英国诺丁汉大学授予名誉科学博士。同年应聘为香港大学校长特别顾问(1999—2005年)。

2000年12月,被英国诺丁汉大学董事会聘为英国诺丁汉大学第六任校长,任期3年;2003年12月,再续聘3年;2005年12月,董事会决定,从2007年1月开始,再聘3年;2008年12月,校董会再次延长杨福家的任期至2012年。

2001年起应邀成为"防核威胁倡议"董事会成员。这是建立在美国的一个国际组织,共18名成员,包括:美国3位参议员;前国防部长;前战略部队司令;CNN创始人;北大西洋议会议长(法国人);俄罗斯杜马副议长;海牙国际法庭大法官(日本人);约旦王子;一位诺贝尔奖获主(印度人);联合国人口委员会成员(巴基斯坦人)等。

2001年起任中国科学技术协会副主席。

2004年开始参与创建宁波诺丁汉大学;次年正式成立,担任校长。2006年初,国务委员陈至立、省委书记习近平与英国副首相普雷斯科特亲临宁波诺丁汉大学,并分别作演讲。

2006年6月5日,在温家宝总理办公室和总理讨论教育发展大计。

2006年11月20日,出席国务院在中南海召开的教育工作座谈会。

2012年1月,被聘为中央文史研究馆馆员(终身)。

2017年12月,在由中国教育学会、中国高等教育学会、中国职业技术教育学会、中国教育电视台、中国教育报刊社、人民教育出版社等6家单位联合开展的当代教育名家推选活动中,被推选为"当代教育名家"。

附录二　杨福家著作目录

［1］《原子核结构》(第一卷第一分册)

［丹麦］玻尔、莫特逊著,北京大学物理系原子核理论组译(杨福家参加),科学出版社,1973年。

［2］《二十世纪物理学》

［美］韦斯科夫著,杨福家、汤家镛、施士元、倪光炯、张礼译,科学出版社,1979年。

［3］《玻尔研究所和早年岁月(1921—1930)》

［丹麦］罗伯森著,杨福家、卓益忠、曾谨言译,科学出版社,1985年。

［4］《原子物理学》

杨福家著,

第一版,上海科学技术出版社,1985年;

第二版,高等教育出版社,1990年;

第三版,高等教育出版社,2000年;

第四版,高等教育出版社,2008年。

［5］《离子束分析》

杨福家、赵国庆主编,复旦大学出版社,1985年。

［6］《中国科学院上海原子核研究所年报1991第11卷》

杨福家主编,《中国科学院上海原子核研究所年报》编辑委员会编,原子能出版社,1991年。

［7］《原子核物理》

杨福家、王炎森、陆福全著,

第一版,复旦大学出版社,1993年;

第二版,复旦大学出版社,2002年。

［8］《应用核物理》

杨福家等著,湖南教育出版社,1994年。

［9］《追求卓越》

杨福家著,复旦大学出版社,1995年。

Quest for Excellence(《追求卓越》英文版)

杨福家著,Jovian Publishing Company,1996。

[10] **Modern Atomic and Nuclear Physics**

Fujia Yang,Joseph H Hamilton,

McGraw-Hill,1996;

Revised Edition,World Scientific Publishing Company,2010。

[11] **Modern Atomic and Nuclear Physics Problems and Solutions Manual**

Fujia Yang,Joseph H Hamilton,

World Scientific Publishing Company,2010。

[12]《现代科技与上海》

杨福家主编,汤钊猷、郭伯农、张景云副主编,上海科学普及出版社,1996年。

[13]《同步辐射应用概论》

马礼敦、杨福家主编,复旦大学出版社,2001年。

[14]《博学笃志 知识经济与高等教育》

杨福家著,上海教育出版社,2001年。

[15]《中国当代教育家文存·杨福家卷》

袁振国主编,杨福家著,华东师范大学出版社,2006年。

[16]《走近一流学府 中外教育比较》

杨福家著,新加坡八方文化创作室,2009年。

[17]《从复旦到诺丁汉》

杨福家等著,上海交通大学出版社,2013年。

[18]《博雅教育》

杨福家等著,

第一版,复旦大学出版社,2014年;

第二版,复旦大学出版社,2014年;

第三版,复旦大学出版社,2015年;

第四版,复旦大学出版社,2017年;

新加坡八方文化创作室,2015年。

[19]《博学笃志 切问近思——杨福家院士的科学与人文思考》

方鸿辉、陈建新选编,上海教育出版社,2016年。

[20]《应用核物理》

杨福家、陆福全等著,高等教育出版社,2018年。

附录三 杨福家任复旦大学校长公开活动纪事

1993 年

1月6日

《上海科技报》报道,复旦大学副校长、中科院学部委员杨福家当选上海市科协主席,入选 1992 年上海市十大科技新闻。

2月12日

以"依托复旦,立足上海,面向国内外"为目标的复旦大学发展研究院成立,上海市常务副市长徐匡迪任名誉院长,市府副秘书长蔡来兴任顾问,副校长杨福家任院长。名誉校长苏步青、市政协主席谢希德、党委书记钱冬生等校领导参加成立大会,会议由华中一校长主持。

2月25日

学校召开中层干部会议,国家教委人事司副司长张仁贤宣读国务院和国家教育委员会的任命书,宣布杨福家为建国以来复旦大学第五任校长。上海市委常委、组织部长罗世谦,国家教委直属高校工作司司长陶遵谦,复旦大学名誉校长苏步青,上海市教卫党委书记郑令德,复旦大学党委书记钱冬生等出席大会。

3月3日

校务委员会举行全体会议,校长杨福家任校务委员会主任。杨福家校长与我校民主党派人士座谈,希望他们充分发挥才智,为振兴复旦出力。

3月5日

学校 1992 年度学生工作先进集体和优秀个人表彰大会在工会礼堂举行,党委书记钱冬生、校长杨福家等领导出席。

3月6日

经国务院学位委员会批准,杨福家校长代表我校授予著名爱国华侨、杰出的企业家谢国民复旦大学名誉博士学位。

3月19日

上午,杨福家校长出席总务处工作座谈会。会上提出,希望后勤今年要做几件让教师感到温暖的事。

下午,杨福家校长与我校学生代表座谈,共同探讨振兴复旦大计。

4月8日

为参加在新加坡举行的第四届国际华语大专辩论赛,复旦参赛队专家指导团成立,张霭珠任参赛筹备组组长,俞吾金任领队兼教练,王沪宁任顾问。校党委副书记程天权、副校长施岳群出席并讲话。

4月14日

学校调整校志编纂委员会和校史编写组,委员会由杨福家、钱冬生等12人组成,钱冬生任编委会主任,宗有恒任副主任。

4月20日

《数学年刊》第八次常务编委扩大会议在复旦大学举行,主编苏步青致开幕词,校长杨福家出席并讲话。

4月23日

复旦大学第31届学代会召开,经济学院1990级学生范文仲当选校学生会主席。校长杨福家、党委书记钱冬生出席会议并讲话。

5月5日至7日

杨福家校长带队一行10人赴南京大学、东南大学学习考察。

5月15日

校长杨福家在辩论赛集训队顾问王沪宁的陪同下看望集训队队员,勉励队员们发挥团队精神,刻苦训练,一定要夺得冠军,为复旦争光,为国家争光。

5月25日

学校举行庆贺中科院院士顾翼东从事化学教育70周年大会,校长杨福家、党委书记钱冬生等200余人出席,国务委员宋健、中科院院长周光召等发来贺信。

5月27日

学校举行1993届(春季)博士学位授证仪式,校长杨福家为16名博士学位获得者颁发博士学位证书。

5月28日

建校88周年庆祝大会隆重召开。校长杨福家作题为"面向新世纪,积极培养青年一代,为复旦办成世界一流大学而共同努力"的报告;党委书记钱冬生在致辞中指出,要落实上海教育工作会议精神,加快高等教育改革与发展,争创一流,振兴复旦。名誉校长苏步青等党政领导出席庆祝大会。

6月14日至16日

复旦发展研究院主办"上海:迈向新世纪国际化大都市"战略研讨会。上海市市长黄菊出席开幕式并讲话;校长杨福家、党委书记钱冬生等校领导和国内127位专家参加研讨。

6月28日

李达三楼工程奠基仪式暨开工典礼在本校举行。上海市委统战部副部长茅致琼、校长杨福家和李达三为工程开工剪彩,原校长谢希德、华中一和党委书记钱冬生等参加仪式。

8月26日

学校召开全校中层干部会议。党委书记钱冬生代表学校就新学期党政工作作出部署,提出要明确复旦的坐标和参照系,树立建设世界一流大学的决心和信心。校长杨福家部署学校工作。

9月1日

校长杨福家签署通报,表彰赴新加坡参加比赛的复旦辩论队,号召大家向他们学习,为祖国、为学校争得荣誉,争创一流,把复旦的各项工作做得更好。共有5位教师、6名学生受到表彰。

学校举行教授为本科生开讲基础课座谈会,16位名教授出席,校长杨福家勉励他们"贵在坚持"。

9月9日

我校在相辉堂隆重举行1992级本科生入学典礼。名誉校长苏步青、校顾问谈家桢、蔡尚思和南昌陆军学院院长许志龙少将、大连陆军学院副政委孟宪良大校及我校有关领导出席,杨福家校长和钱冬生书记先后讲话。

9月10日

学校隆重举行1993级研究生开学典礼,名誉校长苏步青、校长杨福家、党委书记钱冬生等出席。

9月13日

我校1993级外国留学生开学典礼在国际文化交流学院举行,杨福家校长出席并讲话。

9月15日

校长杨福家、党委书记钱冬生以及华中一等一行前往华东医院看望复旦著名学者、社会活动家周谷城,代表全校师生祝贺周老95岁寿辰。

9月20日至25日

在日本奈良召开的国际物理学界最高学术机构——国际纯粹物理与应用物理联合会(IUPAP)第21届大会上,本校杨福家、王迅当选为专业委员。

9月间

物理系为本科生开设现代物理系列讲座,学部委员、原校长谢希德于9月3日首讲,学部委员、校长杨福家于9月10日次讲,吸引许多大学生听讲。

10月8日

召开全校中层以上干部大会,就《面向新世纪,建设一流大学——复旦大学改革和发展纲要(1993—2005)》的分组讨论体会进行大会交流。校长杨福家、党委书记钱冬生先后讲话。

10月9日

校长杨福家授予日本国会议员、前通产大臣渡部恒三"复旦大学名誉教授"称号,日本国副首相兼外务大臣羽田孜等发来贺电。

10月14日

以色列国总理伊扎克·拉宾访问复旦,受到校长杨福家等近千名师生的热烈欢迎。复旦大学是以色列国家领导人在中国访问的第一所高等学府。

10月15日至18日

第三届复旦大学世界校友联谊会在北京举行,来自海外和全国各地的800多名校友聚集中国社科院礼堂。全国政协常委、民革中央名誉主席、我国能源工业奠基人、复旦校友会世界联谊会创始人、复旦最老的校友、百岁老人孙越崎致开幕词。复旦校友、国务院副总理李岚清,复旦大学校长杨福家,复旦台北校友会理事长、《联合报》发行人刘昌平等应邀与会并讲话。

10月18日

上午,中国科学院学部委员、中国化学会理事长钱人元,中国科学院学部委员、吉林大学化学系沈家聪受聘为本校新成立的高分子科学系兼职教授,校长杨福家代表学校颁发证书。

下午,我校在相辉堂举行1993级本科生开学典礼。全国政协副主席、名誉校长苏步青出席,校长杨福家、大连陆军学院院长张德成、南昌陆军学院副政委桑昌武和党委书记钱冬生在会上先后讲话。

晚上,1993年上海科技节在虹口体育馆开幕,校长、上海市科协主席杨福家主持开幕式,李远哲和一批学部委员、专家、教授出席开幕式。

10月19日

学校举行抹云楼(激光化学楼)落成典礼,应昌期、李远哲和上海市政协主席陈铁迪、校长杨福家等为大楼落成剪彩,校党委书记钱冬生和16位中科院学部委员参加典礼。该楼由台湾著名实业家应昌期捐资55万美元建造。

10月22日

国务委员兼国家科委主任、本校兼职教授宋健来校视察,校长杨福家等陪同。

校长杨福家在相辉堂向1992级全体学生就"复旦的今天和明天"作专题演讲。

10月23日

学校举行博士学位授证仪式,张雄等39人获得博士学位证书,校长杨福家等领导出席仪式。

10月26日

学校举行科技表彰大会,表彰在1992—1993年获各类科技奖励项目的主要研究人员,以及在国内外核心刊物发表论文数居前3位的个人和前5位的集体。校长杨福家向获奖者颁奖并讲话。

10月27日

三束(激光束、离子束、电子束)材料改性国家重点实验室举行第二次学术委员会扩大会议,兼任该委员会主任的杨福家校长主持会议并讲话。

11月3日

凉城新村至国定路的133路公交车通车典礼在凉城车站举行。校领导杨福家、程天权、方林虎以及上海市公用事业局、市公交总公司等有关领导到场祝贺。

11月9日

　　美国前总统里根的科学顾问乔治·艾·基沃思在逸夫楼报告厅为我校300多名师生作题为"美国的思想库"专题演讲。演讲结束后,杨福家校长授予他"复旦大学发展研究院特约研究员"称号。

11月12日

　　我校马克思主义研究中心挂牌,同时举行了《邓小平文选》(第三卷)学习讨论会。上海市委副书记陈至立来信致贺,市教卫党委副书记秦绍德到会祝贺,杨福家校长宣布该中心成立,钱冬生书记任该中心顾问并致辞。

11月16日

　　下午,在全校中层干部会议上,校长杨福家传达10月中旬在广州召开的国家教委直属高校工作咨询委员会第四次全体会议精神,并转达分管教育的国务院副总理、校友李岚清向母校的问候。

　　晚上,以"拥抱明天的太阳——一流大学的学生形象"为主题的第三届"新生杯"演讲决赛在3108教室举行,杨福家校长和程天权副书记出席并担任评委。

11月17日

　　杨福家校长在美国研究中心授予韩国著名教育家金俊烨"复旦大学名誉教授"称号。金俊烨长期致力于发展教育事业,为推动中韩学术交流做出了积极贡献。

11月26日

　　举行"争创一流,深化教改"全校教师大会,校长杨福家从教学、科研、产业、人才培养4个方面畅谈学校的办学思想。

11月30日

　　经济学院一批青年学者撰写、上海文化出版社出版的"市场经济热点"系列丛书首发式暨研讨会在衡山宾馆举行。上海市政府顾问汪道涵、校长杨福家等领导和经济界、理论界、新闻界、出版界有关专家学者50余人出席。

12月16日

　　以培养一批迎接21世纪的拔尖人才为目标的复旦大学21世纪学会正式挂牌。上海市委副书记陈至立来信致贺,市委副秘书长王荣华到会祝贺。苏步青教授、杨福家校长、钱冬生书记等领导到会祝贺,程天权副书记任学会会长。

12月22日

学校召开归国留学人员恳谈会,钱冬生、杨福家、宗有恒、施岳群等党政领导出席。据统计,1993年本校公派留学人员中,有47名回校,回归率达81%。

12月29日

我校研究生院召开博士后工作新年座谈会,学校领导杨福家、钱冬生、程天权、施岳群等与38位博士后及其家属共庆新年。

1994年

1月6日

杨福家校长、施岳群和方林虎副校长等亲临学生食堂、教室和寝室,亲切慰问正在复习迎考的同学们。

1月8日

中共中央政治局委员、国务院副总理李岚清在上海市委副书记陈至立陪同下,亲临我校视察工作,他非常赞成和支持我校的办学思路,表示应当把复旦办成世界第一流的大学。李岚清在校领导杨福家、钱冬生等的陪同下参观欧共体与中国合作的OSI一致性测试实验室、集成电路设计中心和专用集成电路与系统实验室。

1月11日

第九届全国中学生数学冬令营开营式在本校逸夫楼举行,校长、上海市科协主席、冬令营名誉主任杨福家到会讲话。

1月12日

上海应用物理研究中心筹备委员会在本校成立,上海市科委主任华裕达任筹委会主任,谢希德和杨福家任副主任。该中心的目标是建成具有新型运行模式、以优秀青年人才为骨干、研究方向与经济发展紧密结合的国家级研究中心。

1月17日

上海第二医科大学校长王一飞一行前来本校商谈合作办学事宜,校长杨福家等接待。

1月20日

校长杨福家在校学生会接待复旦师生来访,这是1993—1994学年第一学期的最后一次校领导接待日活动。在一个学期内,学校各位领导先后16次接待78批148人次的来访。

2月9日

除夕之夜,杨福家校长通过学校闭路电视,向全体师生员工送上新春献辞,恭祝春节愉快、新年进步。

3月12日

学校召开干部会议,党委书记钱冬生、校长杨福家部署新学期党政工作,提出"围绕抓住机遇、深化改革、扩大开放、促进发展、保持稳定这个大局,扎扎实实创一流、上水平"的学校各项工作的总目标。

3月17日

校党委召开全委(扩大)会议,讨论提高党组织的适应和领导能力问题。党委书记钱冬生主持会议,校长杨福家出席会议。

3月23日

学校在物理楼三楼会议室举行《重新认识中国——1993年中国发展报告》庆功会,这是复旦大学发展研究院主编的一份全面评述中国过去一年改革和发展态势的年度报告。校长杨福家对王沪宁等编写者的奉献精神和团队精神给予高度评价。

3月25日

学校举行世界经济研究所庆祝建所30周年及欧洲研究中心成立仪式。上海市社联主席李储文和校领导杨福家、钱冬生等到场祝贺。

3月26日

本校发展研究院和中港股市研究小组联合举办的"第二届中国证券市场发展与中外证券市场比较研究会议"筹备委员会举行首次会议,校长杨福家会见并宴请与会专家。

4月25日

据《中国科学报》海外版报道,在第三世界科学院325名院士中,复旦大学有3名:谈家桢(1985年)、谢希德(1988年)、杨福家(1991年),人数与北大同居全国高校之首。

4月28日

国家教委与上海市政府在上海召开共建工作座谈会。国家教委主任朱开轩与上海市副市长谢丽娟共同宣布《国家教委、上海市人民政府关于共建复旦大学、上海交通大学、上海外国语大学的意见》，复旦大学校长杨福家、党委书记钱冬生出席座谈会。

5月16日

学校在逸夫楼举行仪式，授予日本国前通产省事务次官棚桥佑治"复旦大学名誉教授"称号，校长杨福家出席仪式。

5月18日

我校与浦东新区全面合作拉开序幕。5月19日，在浦东新区首届科技工作会议上宣布，复旦大学浦东园区开始筹建，上海市副市长、浦东新区管委会主任赵启正担任该园区名誉主任。复旦大学校长杨福家与浦东新区管委会副主任胡炜在协议书上签字。双方将共建的复旦大学浦东园区主要包含3个部分：推进高新技术的开发及产业化、筹办为浦东新区培养各类高级技术人员的教学基地——复旦书院、建立东上海复旦咨询公司。此前的5月5日，杨福家校长率团赴浦东与赵启正等商谈合作事宜，并进行实地考察。

5月19日

上海电视台8频道播出电视纪录片《播洒春晖催桃李》，介绍改革开放以来复旦大学的4任校长：苏步青、谢希德、华中一和杨福家，播出后引起较好反响。

5月20日

杨福家校长在第四教学楼为21世纪学会的同学们作了题为"从上海的新型支柱产业谈起——兼谈第五次产业革命"的辅导报告，深受欢迎。

5月25日

学校举行1994届（春季）博士学位证书颁发仪式，14位博士生分别获得经济学、法学、新闻学、历史学、理学等博士学位。学校顾问谢希德出席会议，校长杨福家颁发学位证书并讲话。

5月27日

校长杨福家在建校89周年纪念日举行的校庆大会上作题为"携起手来，创造光辉的明天"的报告，并宣布复旦大学人文学院和法学院正式成立，分别由姜义华和王沪宁担任院长。

坐落于四平路2545号的上海复旦大学科技商城试营业,校领导杨福家等前往祝贺。

6月9日至17日

应韩国高丽大学邀请,校长杨福家、党委副书记程天权等一行4人对韩国进行交流访问,并受到韩国教育部长官金淑喜的接见。这是复旦大学代表团第一次正式访问韩国。

7月8日

上海应用物理研究中心在我校隆重挂牌。这是我国第一个旨在促进物理学与其他学科领域交叉、渗透和融合,注重应用物理研究,培养新型研究人才的国家级研究中心,上海市科委主任华裕达任该中心理事长,中科院院士、上海市科协主席、我校校长杨福家任主任。

7月12日

珠海巨人集团总裁史玉柱一行访问复旦,杨福家校长等领导同来宾进行亲切的交谈。巨人集团介绍了艰苦创业、开拓发展的成长经历,并表达了要在共同开发浦东等方面与复旦合作的意向。

9月6日至8日

上海市召开全市教育工作会议,校长杨福家代表复旦大学在大会作题为"抓住机遇,争创一流,为建设新世纪国际化现代化大都市做贡献"的报告。

9月8日

由中文系、外文系、公共外语教学部、历史系、哲学系等单位联合组建的复旦大学人文学院,在相辉堂举行揭牌仪式。著名军事家萧克将军,上海市委常委、宣传部部长金炳华到会祝贺,校领导杨福家、钱冬生等出席。

9月9日

校长、书记办公会议决定授予陆谷孙、王沪宁"复旦大学杰出教授"称号。

学校举行庆祝第10届教师节大会,校长杨福家发表重要讲话。

9月10日

学校在工会礼堂举行庆祝教师节暨30年教(工)龄教职工座谈会,校领导钱冬生、杨福家等为120位老同志颁发荣誉证书。

下午,校领导钱冬生、杨福家、程天权、徐明稚、赵衍盛等前往华东医院,看望正在那里接受治疗和护理的周谷城和苏步青教授。

9月12日

以日本电讯电话数据公司(NTT)资深董事牧野亲之率领的代表团访问复旦,受到杨福家校长、钱冬生书记等的热烈欢迎,复旦与日本NTT就合作创办中日管理与技术讲习所签定意向书。

9月23日

学校召开复旦大学申报"211工程"工作会议,100多名各学科骨干和有关部门负责人出席会议,校长杨福家要求全校齐心协力迎接"211工程"预审。

9月29日

校党政领导、党委各部部长和部分总支书记认真学习十四届四中全会《关于加强党的建设几个重大问题的决定》,党委书记钱冬生、校长杨福家作重要发言。

学校在逸夫楼贵宾室召开民主党派和无党派人士座谈会,杨福家校长就申报"211工程"及争创一流工作通报情况听取意见。

10月1日

复旦100余名师生在物理楼前举行国庆升旗仪式,校党委书记钱冬生、校长杨福家等参加。

10月8日

美国IBM公司副总裁詹姆士·麦哥地等一行来校访问,受到校长杨福家等领导的欢迎。

10月14日

全军医学院100多位领导和专家来校,在校长杨福家、党委书记钱冬生等陪同下参观遗传所、电子工程系、测试中心等有关实验室。

10月21日

本校第九届李政道物理奖学金颁奖大会举行,校长杨福家、副校长徐明稚、EG&GDRTEC公司中国办事处总经理卡迈克尔(Philip Carmichael)分别向获奖者颁奖。

10月23日

诺贝尔奖获得者李政道来校颁发李政道物理奖学金,并作演讲。

10月27日

印度副总统纳拉亚南来校访问,校长杨福家接待。

11月6日

本校研究生院成立10周年大会在相辉堂举行,国家教委发来贺信,周谷城、苏步青、谢希德、钱冬生、杨福家等题词祝贺。

11月7日

学校1994届博士学位证书颁发仪式在逸夫楼会议厅举行,校长杨福家、研究生院院长李大潜分别向54名博士颁发博士学位证书。

11月9日

韩国著名政治活动家、亚洲太平洋财团理事长金大中一行来访,受到校长杨福家和师生代表的欢迎。

12月17日

《人民日报》从这一天起,连续发表《给青年更多的机会——访复旦大学》等4篇报道。

12月19日

复旦大学"211工程"部门预审在逸夫楼报告厅开幕,国家教委副主任张孝文,上海市委副书记、市长徐匡迪,副市长谢丽娟等领导出席,校长杨福家做工作汇报。

12月20日

学校举行李达三楼落成典礼。李达三、上海市副市长谢丽娟、市政府顾问李储文、校长杨福家为大楼剪彩。

12月21日

由国家教委组织的复旦大学"211工程"部门预审历时3天,本校顺利通过预审。

12月22日

香港利诚国际(集团)有限公司出资1 000万元设立利诚-复旦生物高新技术研究发展基金,校长杨福家与公司领导吴淞出席签约仪式。

12月26日

美国亿事达国际有限公司总裁吴根梁校友在本校设立亿事达人文科学基金,首期资金400万元人民币,至2000年达到1 000万元。校党委书记钱冬生、校长杨福家、党委副书记程天权等出席签字仪式。

12月间

校长杨福家当选国家教委第二届直属高校工作咨询委员会执行主席。

学校制作完成电视专题片《日月光华旦复旦——奋进中的复旦大学》。

1995 年

1月10日

学校召开"顺利通过211工程部门预审"表彰大会,校长杨福家、党委书记钱冬生代表学校向为学校做出贡献的复旦人表示感谢。

1月17日

学校举行归国人员恳谈会,校长杨福家、党委书记钱冬生等领导及40多位年内归国学者、学生参加。

2月20日

"面向21世纪原子、分子和固体物理学术研讨会"在本校举行,中科院院士谢希德、杨福家、冯端担任研讨会主席。

3月7日

校妇委会在工会礼堂举行庆祝"三八"国际劳动妇女节暨表彰会,钱冬生、杨福家等校党政领导出席。

3月间

校长杨福家被任命为第三届国务院学位委员会委员。

3月14日

杨福家校长在李达三楼为我校数百名师生作题为"第三代同步辐射光源"的科普报告。

3月31日

杨福家校长在5301报告厅为400多名同学作题为"复旦的昨天、今天和明天"的报告。

4月8日

复旦大学新闻学院成立董事会,市委宣传部副部长、市政府新闻办主任贾树枚出任董事长,名誉院长、上海市副市长龚学平和校长杨福家等到会讲话。同时,由国学大师南怀瑾首倡的中国复旦新闻教育发展基金设立。

5月27日

1万余名海内外复旦校友与2万名师生,各界知名人士,国家教委和上海市委、市政府的代表,以及来自8个国家与地区的30多所姐妹院校、40多所国内高校的代表欢聚在一起,共庆复旦90华诞。中共中央总书记、国家主席江泽民发来题词:"面向新世纪,把复旦大学建设成为具有世界一流水平的社会主义综合性大学。"国务院总理李鹏、全国人大常委会委员长乔石、全国政协主席李瑞环等党和国家领导人分别为复旦大学题词祝贺。上海市委副书记陈至立代表市委、市政府向复旦校庆表示热烈祝贺。

复旦大学校董会成立。著名物理学家李政道任名誉主席,校长杨福家任校董会主席,陈香梅等51人任校董。

"21世纪对大学人才培养提出的挑战"国际研讨会在本校美国研究中心举行。参加复旦90周年校庆的人员有美国、韩国、日本、英国、中国香港和台湾等70多位海内外校长或代表,他们出席会议并作交流发言。

5月28日

学校与美国国际教育交流基金会合作筹建复旦华美国际学院签字仪式举行,市委副秘书长王荣华、市教委主任郑令德、校长杨福家等出席仪式。

复旦浦东园区奠基仪式在浦东金桥隆重举行。杨福家校长致辞,孙柏、胡炜、朱晓明等分别代表机械工业部、浦东新区管委会、金桥出口加工区讲话。方林虎副校长主持仪式。

6月15日

1993—1994年本校校级优秀教学成果奖评选揭晓,并举行颁奖大会,校领导杨福家、钱冬生、严绍宗、宗有恒、施岳群、徐明稚、程天权、赵衍盛等出席表彰大会。

8月7日

杨福家校长会见美国商务部副部长加顿一行。

9月5日

国家教委人事司司长陈文博前来复旦,代表国家教委党组宣布关于任命程天权为复旦大学党委书记、免去钱冬生复旦大学党委书记职务的决定。

校长杨福家就《教育法》的实施接受《文汇报》记者专访,强调要严格执行教育教学标准。

9月23日至10月8日

应香港大学、香港科技大学、日本电信电话株式会社、东洋大学以及创价大学邀请,校长杨福家率团访问中国香港和日本。

9月24日

校长杨福家拜会国学大师南怀瑾,并为他颁发"复旦大学名誉教授"证书。

9月26日

校长杨福家向香港周生生集团国际有限公司董事长、复旦校董周君廉颁发答谢状,感谢他在学校设立复旦大学香港人奖学金。

杨福家应邀出访期间,与在港校董相聚,并一致推选李达三、林辉实、尹志强为香港地区校董召集人。

10月5日

杨福家校长应邀对日本大阪学院大学400名学生作题为"21世纪对教育的挑战"的演讲。

10月6日

日本创价大学举行隆重仪式,授予本校校长杨福家名誉博士称号。

10月21日至22日

学校召开"九五"学科建设工作会议,党委书记程天权、校长杨福家分别讲话。

11月8日

挪威首相布伦特兰来访,并为复旦大学北欧研究中心成立揭牌,校长杨福家任中心主任。

11月24日

校长办公会议决定组成新一届校学术委员会。由杨福家校长担任委员会主任,李大潜、伍柏麟担任副主任,丁淦林等43人组成委员会。

11月28日至30日

学校举行"211工程"学科建设项目申报研讨会,校党政领导分别主持为期3天的研讨会。

12月15日

第四届"挑战杯"全国大学生课外科技学术作品竞赛暨上海市第四届大学生课外科技学术作品竞赛总结表彰大会在本校举行,校长、上海市科协主席杨福家和共青团上海市委副书记陈立青到会并讲话。

1995年，杨福家、王炎森、陆福全编著的《原子核物理》一书，获国家教委第三届高等学校优秀教材奖一等奖。

1996 年

1月12日

学校召开中层干部会议，传达国家教委直属高校工作咨询委员会第六次会议精神，布置推荐增补校级领导干部等工作。党委书记程天权、校长杨福家出席会议。

1月16日

复旦大学第二届第二次教代会召开，校长杨福家、党委书记程天权向代表通报学校工作并讲话，强调教代会今后将定期召开。

3月7日

学校召开中层干部会议，校长杨福家传达党委扩大会议精神。会议重点讨论学校"九五"事业发展计划制定工作，要求抓好"211工程"立项和启动工作。党委书记程天权强调要抓好"三讲"学习，并通报本学期党委工作要点。副校长施岳群布置高级职称晋升工作。

3月23日

著名经济学家蒋学模从事学术活动55周年暨80华诞庆祝仪式在新锦江饭店举行。市委常委、市委宣传部长金炳华，副市长华建敏和我校领导程天权、杨福家等到会祝贺。

4月11日

新任美国驻华大使尚慕杰(James R. Sasser)来校访问并拜会校长杨福家。

5月18日

由学校党委学生工作部主办的"我为复旦发展献计献策"恳谈会在逸夫楼会议室举行。20余位即将毕业的1991级学生与校领导程天权、杨福家、施岳群、徐明稚及有关部门负责人，就复旦大学未来发展进行诚挚的交流与探讨。

5月20日至21日

由复旦发展研究院与美国麻省理工学院斯隆管理学院共同举办的"区

域合作：长江流域基础设施建设"国际研讨会在本校美国研究中心召开。来自美国以及日本、法国、荷兰、韩国、澳大利亚等国的50多名专家和商务人士，与中国各地的专家、政府官员和企业界人士300余人，就迈向21世纪的中国尤其是长江流域大型基础设施建设的区域合作与国际合作等问题，展开广泛的研讨。校长杨福家致欢迎词。会议期间同时举行长江流域基础设施建设项目展示，长江流域20多家相关单位参展。

5月20日至22日

著名物理学家、诺贝尔奖获得者、本校名誉博士杨振宁应邀来校，为师生作了3场学术演讲。以杨振宁教授的父亲、已故复旦大学教授、数学家杨武之命名的"杨武之教授论坛"由此宣告开讲。中国科学院院士杨福家、谷超豪和谢希德分别主持了报告会。

5月20日至24日

国家教委委托上海市教委对本校函授、夜大学教育工作进行评估。市教委俞恭庆和国家教委函授、夜大学教育评估专家组成员桂世瑞等人组成评估专家组。学校在自评基础上接受历时5天的评估与检查。校党委书记程天权、校长杨福家等领导参加评估活动，副校长兼成人教育学院院长严绍宗参加评估活动并接受专家们的提问。

5月25日

哲学系举行建系40周年纪念大会，来自海内外的500多名系友参加大会。哲学系1965届毕业生、上海市委宣传部部长金炳华和校党委书记程天权、校长杨福家等出席大会致贺。

5月26日

校董会举行第二次全体会议。来自包括中国香港、台湾及日本的近40位校董参加会议，就《复旦大学"九五"事业规划》及其他事项进行讨论。校党委书记程天权出席会议，校长杨福家、副校长徐明稚分别作学校工作报告和校董会年度工作报告。上海市副市长谢丽娟到会祝贺，并向香港声宝-乐声有限公司董事会主席李达三校董颁授上海市人民政府"白玉兰"奖牌和荣誉证书，表彰他为复旦大学及上海教育事业做出的贡献。

5月27日

复旦大学与美国太阳微系统(SUN)公司在李达三楼举行合作共建复旦大学金融工程实验室的签字仪式。副校长方林虎代表我校在合作协议上签字,校长杨福家和 SUN 公司电子计算机中国有限公司总裁余宏德分别讲话。

香港利诚国际(集团)有限公司与我校合作成立上海复旦-利诚生物高技术有限公司的签字仪式在逸夫楼贵宾室举行。该公司注册资金 500 万美元,投资总额将达 1 500 万美元。上海市科委主任华裕达、利诚集团董事局主席吴淞、校长杨福家分别在签字仪式上讲话。同时,杨福家宣布吴淞为我校新任校董并颁发校董证书。

首届复旦-NTT DATA 合作指导委员会全体会议在本校举行。校长杨福家和日本电讯电话数据公司会长藤田史郎出席会议。

学校举行第 30 届学术报告会。中科院院士谢希德、杨福家分别在"环境科学"和"同步辐射应用"专场报告会领衔开讲;中科院院士谷超豪主持"非线性科学与非线性问题"专场报告会的交流与研讨。

5月28日

"庆祝复旦大学建校 91 周年"大会召开。党委书记程天权和校长杨福家分别发表讲话,副校长严绍宗宣布先进集体和个人名单,副校长施岳群宣读 14 名首席教授及享受校内特殊津贴、青年高级职务岗位津贴的教师名单。校长杨福家向新增补的 11 位首席教授颁发荣誉证书。

学校举行研究生院正式建院大会。上海市教委主任郑令德、市学位评定委员会主任王志中到会祝贺。大会由副校长施岳群主持,郑令德和杨福家为研究生院揭牌。

6月12日

学校举行 1996 届上海市和复旦大学优秀毕业生表彰会。党委书记程天权、校长杨福家等向获市、校优秀毕业生称号的学生代表颁发荣誉证书。本届共有 76 名学生荣获上海市优秀毕业生称号,156 名学生获复旦大学优秀毕业生称号。

由香港周生生集团国际有限公司董事长、复旦大学校董周君廉倡议,并率先捐资 200 万元港币设立的复旦大学香港人赞助优异奖学(教)金首届颁发仪式在逸夫楼贵宾室举行。周君廉校董和杨福家校长分别向获奖的 14 位首席教授以及 10 位研究生、20 位本科生颁发奖教金、奖学金及证书。在颁奖仪式前,杨福家校长还向新增补的香港利记制品有限公司董事长曹金霖校董颁发复旦大学校董证书。

6月20日

校学生工作部召开"复旦大学跨世纪干部人才工程"工作交流会。校党政领导程天权、杨福家、宗有恒、张济顺以及有关部门负责人出席会议。5名首批预备队成员代表汇报一年来担任学生辅导员工作的体会。

上海第二医科大学校长薛成良、上海中医药大学校长施杞、第二军医大学校长王庆舜、上海医科大学校长姚泰聚首我校,分别与杨福家校长签署联合培养七年制医学专业学生的协议书。根据协议规定:从1996年起,这4所大学部分专业的200多名新生入学后,首先在复旦大学接受1~2年基础课程的教育;复旦大学临床医学专业学生第三至第五学年的全部医学课程以及第二、第六学年部分课程的教学任务,将由上海第二医科大学承担。根据国家教委的有关规定,联合培养的学生毕业后,其毕业证书将由两校共同签章颁发。

6月27日

应复旦大学发展研究院邀请,香港和泰企业集团有限公司董事长、原校办主任、移居香港8年的张晓林校友重返母校,并作题为"我所认识的香港"的报告。校长杨福家、副校长施岳群出席报告会。报告开始前,复旦发展研究院常务副院长俞吾金向张晓林颁发"复旦发展论坛演讲者"证书。

6月28日

美国俄克拉何马大学校长戴维·博伦来校访问。

澳门理工学院院长狄伟立来校访问。

美国微软公司总裁比尔·盖茨在相辉堂为1 000多名师生作了题为"未来之路"的演讲。校长杨福家授予盖茨"复旦大学发展研究院名誉研究员"称号,并亲手为他佩戴复旦大学校徽。

7月2日

上午,来自世界50多个国家和地区的近600名学生欢聚在国际文化交流学院,隆重举行1996届外国留学生结业典礼。典礼由国际文化交流学院院长陈仁凤主持,校长杨福家出席典礼并讲话。1996年毕业、结业的外国留学生共有200多名。

下午,1996届研究生毕业典礼在相辉堂隆重举行,杨福家校长和程天权书记先后讲话。1996年我校共有各类毕业研究生748人。

7月12日

本校与浦东新区国有资产经营管理公司、张江高新技术发展促进中心共同签署成立复旦张江生物高科技实业有限责任公司的协议。浦东新区党工委书记周禹鹏、校长杨福家、上海市教委副主任魏润柏、浦东新区管委会副主任胡炜等出席签字仪式并讲话。

7月14日至17日

校长杨福家出席在美国旧金山举行的国际大学校长协会第11次大会，并当选该协会1996—1999年执行理事。

8月22日至24日

学校召开暑期党委常委扩大会议，讨论学校近期的改革与发展思路。会议通报"211工程"项目论证、1996年招生工作和世界校长会议等情况，并讨论具体工作的落实。校党政领导出席会议。

9月3日

校长办公会议决定成立复旦大学发展与研究委员会，校长杨福家兼任主任。

9月10日

学校召开庆祝第12届教师节大会。党委书记程天权、校长杨福家分别发表讲话。

9月11日

1996级研究生新生在相辉堂举行开学典礼。程天权书记、杨福家校长分别到会讲话，殷切期望研究生努力成为建设祖国的优秀人才，为振兴中华做出更大的贡献。1996年我校共招收1160名研究生。

10月11日

本校知识产权研究中心召开首届年会，60多位校内外知识产权领域的专家、学者和复旦研究生参加会议。

10月13日至15日

应香港大学和香港城市大学邀请，校长杨福家在结束中国教育代表团访美的行程之后，顺访这两所大学。同时，杨福家还应邀主持复旦大学香港校友会成立典礼，并会见在港的部分校董。

10月14日

本校与香港城市大学互签校际交流协议。

10月15日至18日

"国际大都市与科学技术"论坛在本校举行，这是上海市科协主办的首届上海科技论坛。校长杨福家、上海市科协主席任组委会主任。参加复旦会场活动的有复旦大学、同济大学、上海财经大学、上海大学等13所高校及研究所的学生。

10月17日

由日本电信电话株式会社董事长藤田史郎撰写、复旦大学出版社出版的《革新的企业战略》一书首发式在李达三楼一楼会议室举行。上海市委副书记陈至立会见藤田史郎，校长杨福家在首发式上致辞祝贺。

10月24日

美国国际联合电脑(CA)公司董事长兼执行总裁王嘉廉和校长杨福家共同为复旦CA-Unicenter技术支援中心揭幕。

11月1日

本校与韩国亚洲大学合作交流协议签字仪式举行，校长杨福家、亚洲大学校长金德中分别代表双方签字。

11月14日

杨福家校长和徐明稚副校长在逸夫楼会见前来我校访问的澳大利亚墨尔本大学校长艾伦·D·吉尔伯特(Alan D. Gilbert)及副校长鲍里斯·谢德温(Boris Schedvin)一行。

11月21日

第二次来华访问的美国国务卿克里斯托弗在上海市副市长赵启正的陪同下抵达我校美国研究中心，受到200多名复旦师生的热烈欢迎。杨福家校长致欢迎词，克里斯托弗发表题为"美国和中国：21世纪的合作"的演讲。

11月26日

由复华实业股份有限公司出资500万元设立的复华教学科研奖励基金首届颁奖仪式在学校逸夫楼隆重举行。共有30多个院系的208位教师获奖，获奖项目达337项。该基金每年用增值的60万元奖励我校在教学科研工作中取得优异成绩的教师，为我校现有奖教基金中最多的一项。校长杨福家、复华公司总经理陈苏阳出席仪式并讲话，颁奖仪式由副校长施岳群主持。

12月5日至25日

学校先后举行8场"211工程"建设项目"九五"实施计划论证及汇报会，包括18个重点学科、10个教学实验室和2个公共服务体系。会议由党委书记程天权、校长杨福家，以及其他"211工程"领导小组成员分别主持。共有专家405人次应邀出席论证及汇报会。

12月10日

全球最大的金融信息和世界新闻提供商英国路透集团向本校捐赠金融信息网络仪式在我校举行。校长杨福家、美国汤森·路透（Thomson Reuters）集团大中华区首席代表董溥圣出席捐赠仪式。

1997年

1月间

上海市委副书记陈至立、市教卫党委书记王荣华在校党委书记程天权、校长杨福家的陪同下，亲切看望家境困难的学生并向他们赠送棉被。

3月5日

上海市委副书记陈至立、市科技党委书记朱寄萍、市科委主任华裕达等来校进行科技成果产业化调研。党委书记程天权、校长杨福家等陪同。

3月24日

首次在我国举行的国际大学校长会议在本校美国研究中心隆重开幕，来自中国、美国、日本、澳大利亚、韩国、菲律宾、新西兰等国高校的150多位校长、副校长出席会议，就"太平洋地区高等教育和人力资源的发展"这一议题进行为期两天的研讨。国家教委副主任韦钰、上海市副市长龚学平出席开幕式。复旦大学校长杨福家担任中方会议主席。

3月25日

上海市教委、市政协教育委员会、市教育发展基金会、市教育科学研究院联合主办的"21世纪高教论坛"在本校逸夫楼会议厅举行。上海市政协主席陈铁迪，副市长龚学平，市政协副主席谢丽娟、刘恒橡等领导出席论坛，国家教委副主任韦钰发来贺信。龚学平代表上海市政府致欢迎词。在两天的会议中，上海市教委主任郑令德、校长杨福家就21世纪的高等教育发展问题作了专题报告。

3月27日

美国国会议员兼军事研究和发展小组委员会主席、国家安全及环境委员会成员C·威尔顿（Curt Weldon）应校长杨福家的邀请，在本校美国研究中心发表题为"迈向中美关系的新纪元"的演讲,以此揭开复旦"林肯论坛"的序幕。

3月28日

奥地利国民议会议长海因茨·菲舍尔一行来访,校长杨福家、副校长徐明稚在逸夫楼接待海因茨议长一行,并陪同参观学校网络中心。

3月29日

本校和中国银行、万事达卡国际组织联袂推出我国第一张国际校友信用卡——"长城复旦万事达"认同卡,在我校举行发行签字仪式。中国银行上海分行行长刘金保和我校校长杨福家分别在发行协议上签字,中国银行总行副行长蒋祖祺出席仪式。

4月11日至22日

校长杨福家访问挪威、比利时,并顺访西班牙和瑞典。杨福家参加在卑尔根大学召开的第四次北欧中心理事会。

5月27日

庆祝复旦大学建校92周年大会在相辉堂隆重举行。千余名师生代表和校党政领导杨福家、宗有恒等出席大会。

学校研究生院在逸夫楼举行复旦大学博士后证书颁发仪式暨博士后成才演讲会。校长杨福家、研究生院院长李大潜等向已出站的34名博士后颁发由全国博士后管委会统一制发的博士后证书。

上海市教卫党委在本校召开"复旦国政九二成长之路"现场交流研讨会。

学校1992、1993级毕业生发起的"复旦爱心基金"成立仪式在美国研究中心大厅隆重举行。校长杨福家出席仪式并发表演讲。

5月29日

蔡冠深复旦大学教育基金成立仪式在本校举行。首批捐款200万元人民币已到位,将用于资助我校新闻学院的发展。全国政协副主席钱伟长、校长杨福家等领导出席仪式,并亲切会见我校校董、香港新华集团总裁蔡冠深。

6月3日

应校长杨福家的邀请,全国政协副主席、上海大学校长钱伟长在"复旦发展论坛"作题为"本科生、研究生的教与学"的演讲。党委书记程天权主持报告会。

6月5日

国家教委在本校美国研究中心举办为期10天的"世界银行贷款重点学科项目科技成果转化展览会"。全国50余所高校和科研所参展。上海市委副书记陈至立、市教委主任郑令德、校长杨福家等出席开幕式并致辞。

6月8日

国家教委"高等学校文科七大学科面向21世纪教学内容和课程体系改革"大项目召集人会议在本校美国研究中心举行。国家教委高教司司长钟秉林、校长杨福家、党委书记程天权出席开幕式。

7月4日至7日

学校教务处召开本科教学改革讨论会,各院系分管教学的院长、系主任等80多人参加会议。校长杨福家、党委书记程天权、副校长严绍宗到会并讲话。本次研讨会的主题是如何进一步推进课程体系和教学内容改革、推进学分制管理体制改革。研讨会期间,代表们还讨论通过《关于严格执行教学计划的几项规定》和《关于本科生提前毕业规定的实施细则》两个条例。

8月18日至22日

学校召开党委常委扩大会议,研究如何抓住机遇推进学校综合改革,并形成以下共识:①注重素质教育,实施通才教育,开展高水平科学研究,积极参与现代化建设,不断向社会贡献思想理论文化成果;②坚持"服务上海,发展复旦"的基本方针;③进一步认清形势,解放思想,加大改革步伐,适应上海改革与发展的蓬勃势头;④必须遵循教育规律,系统研究,整体推进;⑤必须调动各方面的积极性,最大限度发挥复旦资源优势,增加学校财政收入,较大幅度提高教职工的收入。会议提出:①要进一步全面提高教育质量;②全面启动实施"211工程"项目;③全面推进学校综合改革;④为实现上海"一流城市一流教育"战略,积极提供复旦的改革思路与方案。党委书记程天权、校长杨福家就上述问题作了阐述。

9月9日

学校举行庆祝第13届教师节大会暨复华教学科研奖励基金颁奖仪式。党委书记程天权、校长杨福家,副书记宗有恒、赵衍盛出席大会。

9月11日

校长办公会议决定聘请日本神户大学赤泽坚造为复旦大学顾问教授。

聘请美国罗格斯大学艾瑞克(Erie Garfankel)为复旦大学顾问教授。

本校"211工程"建设项目启动动员大会在逸夫楼报告厅举行，这标志着经过两年多时间的预审、论证，复旦"211工程"项目建设已正式开始运作。国家计委第一批到位经费5 230万元和财政部第一批到位经费2 170万元已分别下拨到各建设项目组。校长杨福家、党委书记程天权、国家教委"211工程"办公室副主任范文曜出席会议并讲话。

9月20日

上海市对外文化交流协会与本校在新锦江大酒店白玉兰厅为全国政协副主席、复旦大学名誉校长、著名数学家苏步青院士举行执教65周年暨95华诞庆贺活动。全国政协主席李瑞环、国家教委党组书记陈至立、国家教委主任朱开轩赠送花篮，国家科委主任宋健、中科院院长路甬祥、国家教委等发来贺电。上海市领导徐匡迪、金炳华、沙麟、龚学平、王生洪、赵定玉，上海市教委领导王荣华、郑令德以及我校党政领导杨福家、程天权等出席庆贺会。

9月间

校长办公会议决定撤销物理二系（原子核科学系）建制。物理二系曾为国家核工业的创建与发展做出重要贡献，在复旦校史上留下光彩的一页。

10月19日

第八次"全国心脏起搏与电生理"学术会议在本校召开，共有500多名全国各地专家参加会议。上海市人大主任叶公琦、市科委主任华裕达、校长杨福家到会祝贺并讲话。

10月30日

中国国家技术监督局产品质量认证机构国家认可委员会、中国实验室国家认可委员会以及欧洲联盟的代表分别向建于本校的上海东方计算机网络测试实验室和上海东方计算机网络认证中心颁发认可证书。国家技监局副局长王以铭、校长杨福家、副校长方林虎等到会祝贺。

11月27日

我国10所有较高成就的研究型大学校长在本校发起成立中国大学校长联谊会。国家教委副主任韦钰、上海市副市长左焕琛、市教卫党委书记王荣华到会祝贺。在联谊会第一次理事会上，通过推举正式产生的第一届会长由复旦大学校长杨福家担任，清华大学校长王大中和香港中文大学校长李国章任副会长。市长徐匡迪会见了联谊会各大学校长。

12月30日

学校老年活动中心举行启用仪式。校长杨福家、原校党委书记林克、市退管会退休部副部长沈和娣和老同志代表为中心启用剪彩。

1998年

1月19日

复旦大学举行干部迎春茶话会。校党政领导程天权、杨福家等与各院系、部处室负责同志欢聚一堂，展望新年。

1月20日

美国时代华纳公司董事长李文（Gerald M. Levin）在校长杨福家的主持下，为复旦百余名师生作了演讲。

2月间

校长杨福家等一行应邀参加美国安恒利（国际）有限公司（ACE）年会，访问金门大学等5所大学和林肯国民保险公司等4家大公司。

3月16日

"1998年上海-北欧可持续发展国际研讨会"在我校开幕。上海市外办主任周明伟代表市政府致欢迎词，杨福家校长致开幕词，挪威驻华大使代表北欧四国致辞。

3月22日

新黄浦集团与本校签署《校企合作协议》《组建复旦新黄浦科技发展公司协议》仪式在新黄浦大厦举行，校长杨福家、新黄浦董事长兼总裁吴明烈在协议书上签字。

4月1日

拥有我国自行研制超级并行计算机的国家高性能计算中心（上海）在本校上海应用物理研究中心成立。上海市科委主任华裕达主持揭牌仪式，上海市副市长左焕琛、国家科技部副部长惠永正为中心揭牌并讲话。市长徐匡迪为中心题字。校长杨福家在成立仪式上致贺词。

上海应用物理研究中心-美国国际理论与应用物理研究所联合办公室在本校成立。教育部科技委主任翁史烈院士、上海市科委主任华裕达、校长杨福家院士出席揭牌仪式并讲话。

4月10日

学校召开"面向世界,共铸未来"大型座谈会,100多位留学归来的教师代表参加座谈会。校党委书记程天权,校长杨福家,副校长施岳群、徐明稚出席座谈会,市人事局副局长蔡哲人到会祝贺并致辞。

4月间

校长杨福家等出席在英国召开的"21世纪大学"会议。

5月5日

中国大学校长联谊会第二次理事会在北京举行,联谊会10所会员大学的校长出席会议。会议由联谊会会长、复旦大学校长杨福家主持。

5月7日

校长杨福家与挪威管理学院院长勒夫(Reve)在本校北欧研究中心共同为挪威管理学院中国联络处成立仪式揭牌。

5月9日

"复旦-新黄浦人类基因工程推进大会"隆重举行。大会公布重大成果信息:本校生命科学学院科研人员寻找到100多条人类全长新基因。中共中央政治局委员、上海市委书记黄菊发来贺信。国家科技部副部长惠永正、教育部办公厅为大会发来贺信。市人大常委会副主任胡正昌、副市长左焕琛、市政协副主席谢丽娟、校长杨福家、党委书记程天权出席大会。

5月26日

庆祝校庆93周年大会在相辉堂举行。校长杨福家做报告。

6月14日

校长杨福家率中国大学校长代表团出访英国。

7月18日

学校举行首期1.19万平方米学生公寓开工建设仪式。上海市市政府副秘书长殷一璀宣读市委副书记龚学平的贺信。市教委副主任薛佩建、校长杨福家、东方明珠股份有限公司代理总经理赵宝平分别致辞。校党委书记程天权、副书记张济顺和副校长徐明稚等出席仪式。

9月7日

中共中央政治局委员、上海市委书记黄菊在市委副书记龚学平、副市长周慕尧、市政府副秘书长殷一璀、市教育党委书记王荣华、市教委主任张伟江、校党委书记程天权、校长杨福家等陪同下,到复旦亲切看望来自灾区的同学,并参观实验室。

9月8日

学校历届劳模、"三八"红旗手与先进教师代表欢聚工会礼堂,共庆1998年教师节。校领导杨福家、宗有恒、赵衍盛等出席会议。

9月11日

学校举行遗传学楼铜牌揭幕仪式。著名遗传学家谈家桢院士为遗传学楼题词并揭幕。

9月14日

中科院上海冶金研究所所属上海新泰新技术公司与本校电子工程系共建的复旦-新泰(联合)数码化实验室正式成立。校长杨福家和中科院上海冶金所所长江绵恒博士共同签署合作协议。

9月17日

学校举行"东亚经济发展和展望"大型国际研讨会。会议由复旦经济学院和日本大阪经济法科大学经济研究所联合主办,50多位国内外的专家学者出席会议。校长杨福家出席开幕式并致欢迎词。

教育部副部长周远清在复旦发展论坛作报告,介绍近年我国高等教育事业改革和发展情况以及当前深化改革所面临的问题。校长杨福家主持报告会。

9月18日

学校召开"211工程"建设项目干部会,副校长徐明稚就本学期工作做了布置。

9月19日

本校与香港大学合作设立的沪港管理教育与研究中心揭牌仪式以及两校合作举办的工商管理硕士项目第一期开学典礼在本校李达三楼举行。上海市副市长周慕尧、香港特别行政区政府教育统筹委员会主席梁锦松、校长杨福家等出席仪式。

9月23日

正在上海考察工作的中共中央政治局常委、国务院副总理李岚清在教育部部长陈至立、上海市委书记黄菊、市长徐匡迪、市委副书记龚学平和校领导程天权、杨福家等陪同下,视察杨浦高科技企业孵化基地的复旦网络工程公司。

9月24日

云南省人民政府与复旦大学全面合作协议在本校逸夫楼签署,云南省副省长梁公卿和校长杨福家分别在全面合作协议书上签字。

10月30日

应外交部邀请访华的禁止化学武器公约组织(OPCW)总干事布斯塔尼在本校发表演讲,校长杨福家出席并致欢迎词。

10月间

国家教育部副部长吕福源在上海市教育党委书记王荣华、校党委书记程天权、副校长方林虎等陪同下视察本校工作。

本校召开中澳大学校长研讨会。此次研讨会由中国教育国际交流协会和澳大利亚校长委员会合作举办。来自澳大利亚国立大学、弗林德斯大学、迪肯大学、拉卓布大学、麦夸里大学、西澳大利亚大学和复旦大学、上海交大、同济大学、华东师范大学、上海大学、上海外国语大学、浙江大学、南京大学等高校的校长、副校长及主办单位的有关负责人参加会议。

11月4日

美国半导体工业协会(SIA)在华东医院外宾接待室向复旦大学美国研究中心主任谢希德院士颁赠荣誉证书,并决定以谢希德的名义,在复旦大学美国研究中心设立谢希德奖学金。美国半导体工业协会代表、复旦大学校长杨福家、市外办主任周明伟等出席仪式。

11月9日

中国大学校长联谊会成立1周年庆祝大会暨'98中国大学校长论坛在上海交通大学召开。10所大学校长出席会议,教育部副部长韦钰、上海市副市长周慕尧和市教育党委书记王荣华等出席会议。联谊会会长、复旦大学校长杨福家作中国大学校长联谊会成立1周年的工作总结报告。徐匡迪市长、周慕尧副市长在市政府大楼会见并宴请10所大学校长。

11月19日

学校产学合作教育中心成立,杨福家校长参加大会并致辞。

12月间

由挪威自由言论研究所和本校北欧研究中心、国际交流办公室主办的

"比较现代化：斯堪的纳维亚与中国"国际研讨会在复旦举行。来自斯堪的纳维亚国家和中国社会科学院、上海社会科学院、复旦大学等单位的学者和研究人员约 40 多人出席会议。校长杨福家在开幕式上致欢迎词。

后 记

2018年是我们尊敬的老校长杨福家院士从教60周年。复旦大学出版社提出选题,并约我为杨先生撰写传记。虽然任务艰巨,但我仍不揣浅陋应允了下来。这首先是因为我本人正是在杨先生任校长时来到复旦读书并于1997年初留校任教,完整亲历了复旦的"杨福家时代",当时满城争说"知识经济"的盛况至今仍历历在目,作为中文人,自然有责任站出来讲好这些故事。第二,自己的成长也受惠于杨校长的教育理念。以前受杨校长的通识教育思想的影响,为了改善知识结构和拓展知识面,就经常特立独行地泡在理科图书馆苦读,后来更是到计算机系做过两年博士后研究。虽然现在因为学科建设的需要主要还是从事汉语修辞学的本行研究,但是以前所做的知识储备、学到的研究方法、形成的科学观念却使自己能微笑面对任何发展困境,左右逢源,甚至绝处求生。只要党的事业需要,随时出发,什么都能干,什么都能干好!杨校长给我们攻坚克难、砥砺奋进的底气、勇气和豪气,我个人是永远铭感在心的。第三,最近几年我的研究重心又转移到老校长陈望道(我是他的第二代学生)身上,一直深感他解放后的情况反而是研究的薄弱环节,而杨先生正是陈望道任复旦校长时期着力培养的年轻人,撰写杨先生的传记,研究两代老校长之间复旦精神的传承,更可以带动自己对陈望道任校长25年历史的挖掘和探究,深化和拓展自己的研究范围。"你是复旦人,我是复旦人",杨校长时代的复旦校歌还经常在耳边回荡,写杨校长,实际上也是在回望自己在复旦成长的青葱岁月。

写作主要以对杨先生的访谈、杨先生个人著述(包括文章、著作、演讲等)及媒体上对杨先生的新闻报道为依据,同时参考《复旦大学百年志》《复旦大学百年记事》《复旦大学统计年鉴》等校史材料,并结合其他相关历史文献和研究资料,力求在对复旦从50年代到90年代的历史有了明晰把握的前提下,在一个较为宏阔的时代背景下,叙述杨先生从童年到复旦求学再到就任复旦校长、宣传和推广博雅教育思想的整个过程。杨先生还在百忙之中不厌其烦地抽空解答我在写作过程中出现的疑难问题,并多次指示要实事求是、客观真实。杨先生将初稿中所有的"杰出"和"卓越"的修饰语一一划去,让我们再次感受到老一辈科学家虚怀若谷、淡泊名利的高尚人品。为了防止对杨先生的学术成就的叙述出现常识错误,我把杨先生的《应用核物理》《原子物理学》等著作也粗粗地研读了一遍,并将部分文字呈送给复旦大学现代物理研究所邹亚明教授等核物理研究专家审核把关。

杨先生1954年考到复旦,适逢复旦的第一个腾飞时代。在1993年,杨先生成为复旦的当家人,在世纪之交,不负众望,带领复旦迎来了第三次腾飞,向复旦人交上了一份满意的答卷。更加让人敬佩的是,不久后他又完成了一个华丽的转身,在国际教育舞台开创出另一个辉煌的杨福家时代。"奋进一甲子"。值此杨先生从教60周年之际,我很高兴能以这种方式为先生寿,为先生贺!

因为专业很不同,水平也有限,我在写作中常有力不从心之感。而且杨先生丰富多彩的人生,深邃的学术思想,绝非区区一书所能道尽。希望本传记能起抛砖引玉之功,能为学界今后对杨福家先生的研究开一个好头,奠定一个基础。古人说得好:"倪遭不世明达君子,安可不攀附景仰之乎?"(《颜氏家训·慕贤》)如果广大读者尤其是青年朋友通过阅读本书,获得一些启迪,受到一些教育,激励自己博学笃行、报效国家,那更是我们始终所期待的。这也正是撰写杨先生这本传记的使命所在吧。

在写作过程中,我得到杨福家院士助理杨柳老师的全力协助。经由杨柳介绍和联系,还得到复旦大学现代物理研究所邹亚明所长、刘召伟书记以及复旦大学档案馆、上海市格致中学等单位领导和工作人员提供的帮助。复旦大学出版社梁玲、范仁梅老师为图书的出版付出了很多心血。在此谨一并致以衷心的感谢!

　　书中有不当之处,敬请不吝指正。

霍四通
2018 年 4 月于上海

图书在版编目(CIP)数据

博学笃行　福家报国:杨福家传/霍四通著.—上海:复旦大学出版社,2018.
(复旦大学校长传记系列)
ISBN 978-7-309-13808-5

Ⅰ.①博…　Ⅱ.①霍…　Ⅲ.①杨福家-传记　Ⅳ.①K825.46

中国版本图书馆 CIP 数据核字(2018)第 166549 号

博学笃行　福家报国:杨福家传
霍四通　著
责任编辑/梁　玲

复旦大学出版社有限公司出版发行
上海市国权路 579 号　邮编:200433
网址:fupnet@fudanpress.com　http://www.fudanpress.com
门市零售:86-21-65642857　团体订购:86-21-65118853
外埠邮购:86-21-65109143　出版部电话:86-21-65642845
上海丽佳制版印刷有限公司

开本 787×1092　1/16　印张 25.25　字数 357 千
2018 年 8 月第 1 版第 1 次印刷

ISBN 978-7-309-13808-5/K·666
定价:98.00 元

如有印装质量问题,请向复旦大学出版社有限公司出版部调换。
版权所有　侵权必究